高等学校"十三五"应用型本科规划教材

经 济 法

主　编　李小丽

副主编　任瑞丽　马香品　王青亚

西安电子科技大学出版社

内 容 简 介

　　本书内容紧密结合我国现行经济法立法实践，反映了经济法最新法律制度，并系统地论述了经济法学的基本理论，简明地阐述了经济法主体、市场监管法、宏观调控法的制度以及相关理论与实务，突出了实用性与时效性。为开阔学生视野，提高学生经济法理论水平和从事经济法实务的能力，本书吸纳了国内外经济法学和相关学科的最新研究成果，在每章的开篇设置了学习目标、案例导入，章节中穿插了案例分析，章末附有本章练习。本书从整体上反映了国内经济法教材的最新水平，其结构合理，体例科学，特色鲜明。

　　本书适合高等教育财经类专业学生使用，也可作为在职人员的学习参考用书。

图书在版编目(CIP)数据

经济法/李小丽主编. —西安：西安电子科技大学出版社，2017.8(2020.1 重印)
ISBN 978-7-5606-4623-7

Ⅰ. ① 经… Ⅱ. ① 李… Ⅲ. ① 经济法—中国 Ⅳ. ① D922.29

中国版本图书馆 CIP 数据核字(2017)第 174407 号

策划编辑　戚文艳
责任编辑　王　妍　阎　彬
出版发行　西安电子科技大学出版社(西安市太白南路 2 号)
电　　话　(029)88242885　88201467　　　邮　　编　710071
网　　址　www.xduph.com　　　　　　电子邮箱　xdupfxb001@163.com
经　　销　新华书店
印刷单位　陕西天意印务有限责任公司
版　　次　2017 年 8 月第 1 版　　2020 年 1 月第 2 次印刷
开　　本　787 毫米×1092 毫米　1/16　印 张 24
字　　数　566 千字
印　　数　2001～3000 册
定　　价　56.00 元

ISBN 978 - 7 - 5606 - 4623 - 7/D

XDUP 4915001-2

高等学校"十三五"应用型本科规划教材
编审专家委员会名单

出 版 说 明

本书为西安科技大学高新学院课程建设的最新成果之一。西安科技大学高新学院是经教育部批准，由西安科技大学主办的全日制普通本科学校。

学院秉承西安科技大学五十余年厚重的历史文化积淀，充分发挥其优质教育教学资源和学科优势，注重实践教学，突出"产学研"相结合的办学特色，务实进取，开拓创新，取得了丰硕的办学成果。学院先后被评为"西安市文明校园""西安市绿化园林式校园"、陕西省民政厅"5A 级社会组织"单位；学院产学研基地建设项目于 2009—2015 年连续七年被列为"西安市重点建设项目"，2015—2016 年被列为"省级重点建设项目"；学院创业产业基地被纳入陕西省 2016 年文化产业与民生改善工程重点建设项目；2014 年被陕西省教育厅确定为"向应用技术型转型院校试点单位"，已成为一所管理规范、特色鲜明的普通本科院校。

学院现设置有机电信息学院、城市建设学院、经济与管理学院、能源学院和国际教育学院五个二级学院，以及公共基础部、体育部、思想政治教学与研究部三个教学部，开设有本、专科专业 38 个，涵盖工、管、文、艺等多个学科门类，在校生 12 000 余人。学院现占地 900 余亩，总建筑面积 23 万平方米，教学科研仪器设备总值 6000 余万元，建设有现代化的实验室、图书馆、运动场等教学设施，学生公寓、餐厅等后勤保障设施完善。

学院注重教学研究与教学改革，实现了陕西独立学院国家级教改项目零的突破。学院围绕"应用型创新人才"这一培养目标，充分利用合作各方在能源、建筑、机电、文化创意等方面的产业优势，突出以科技引领、产学研相结合的办学特色，加强实践教学，以科研、产业带动就业，为学生提供了实习、就业和创业的广阔平台。学院注重国际交流合作和国际化人才培养模式，与美国、加拿大、英国、德国、澳大利亚以及东南亚各国进行深度合作，开展本科双学位、本硕连读、本升硕、专升硕等多个人才培养交流合作项目。

在学院全面、协调发展的同时，学院以人才培养为根本，高度重视以课程设计为基本内容的各项专业建设，以扎扎实实的专业建设构建学院社会办学的核心竞争力。学院大力推进教学内容和教学方法的变革与创新，努力建设与时俱进、先进实用的课程教学体系，在师资队伍、教学条件、社会实践及教材建设等各个方面不断增加投入，提高质量，为广大学子打造能够适应时代挑战、实现自我发展的人才培养模式。为此，学院与西安电子科技大学出版社合作，发挥学院办学条件的优势，不断推出反映学院教学改革与创新成果的新教材，以逐步建设学校特色系列教材为又一举措，推动学院人才培养质量不断迈向新的台阶，同时为在全国建设独立本科教学示范体系、服务全国独立本科人才培养做出有益探索。

西安科技大学高新学院

西安电子科技大学出版社

2016 年 6 月

前　言

本书根据应用型本科教育培养高素质应用型人才的目标，以我国现行的经济法律、法规为主要内容编写而成。本书在内容上还兼顾经济实务的法律需要，在注重法律、法规与经济活动相结合的基础上，突出了经济法对经济活动的规范与指导作用。

本书注重理论与实践相结合，以运用最新法律及近年新型经济法案例为编写原则，突出体现了应用型本科教育的特色，其主要特点如下：

(1) 注重实用性。经济法的特点和应用型高等教育的教学特点决定了本书在编写时必须注重实用性。根据教学对象的特点和教学的需求，我们在每章节的开始和结尾安排有案例导入、综合训练及案例解析，以实现理论与实践相结合，培养学生解决实际问题的能力。

(2) 兼顾理论性。学习经济法基本理论知识，是学好、用活经济法的基础。本书在注重实用性的基础上，遵循理论实用和够用的原则，对经济法基本的法律原理进行了深入浅出的阐述和介绍，力求为财经类专业学生的后续专业发展和提升奠定扎实的理论基础。

(3) 强调可读性。本书从实际出发，兼顾不同专业学生对经济法学习的需求，内容丰富、简洁明了、通俗易懂，既可以作为学生自学经济法的教材，又可以作为各类企业有关经济法律、法规培训的参考书籍。

(4) 突出新颖性。本书选用了最新经济法律、法规，引用了近三年以来典型经济法案例，使读者在学习最新法律、法规的同时，了解国内外经济发展中最新个案的发生以及法律规范的调节，突显了现代经济运行的特点和法律调节的保驾护航作用。

全书共十三章，由李小丽担任主编，负责编写前言、大纲和总撰定稿，任瑞丽、马香品、王青亚担任副主编。参编人员具体分工如下：

李小丽编写第一章经济法基础理论、第二章企业法律制度、第三章公司法律制度、第四章破产法律制度，共9.8万字。

任瑞丽编写第五章物权法律制度、第六章合同法律制度、第七章反不正当竞争法律制度，共8.6万字。

马香品编写第八章消费者权益保护法律制度、第十章金融法律制度、第十三章仲裁法与民事诉讼法，共 8.3 万。

王青亚编写第九章知识产权法律制度、第十一章会计法与税法、第十二章劳动和社会保障法律制度，共 8.1 万字。

由于本书作者水平有限，加之编写时间仓促，书中难免有疏漏之处，恳请读者批评指正。

编　者

2017 年 5 月

目 录

第一章 经济法基础理论

📐 **学完本章后，你应该能够：**

> ➤ 了解经济法的产生与发展；
> ➤ 理解经济法的概念并掌握经济法的特征；
> ➤ 掌握经济法的调整对象、经济法律关系及其构成。

📖 **案例导入**

宏观调控促生猪价格增长　养猪户走出"猪周期"

2014 年 4 月，当记者见到宋茂林的时候，他刚刚以 10 元每公斤的价格卖掉了家里仅剩的 4 头猪。而仅在一个月前，宋茂林养猪场里还有 700 头猪。"大部分是母猪，还有几头马上就要生了。每卖一头猪平均亏 500 块不止，从去年下半年到现在，已经亏几十万了。实在撑不下去了。"宋茂林苦笑着说。

家住河北省三河市杨庄镇大曹庄村的宋茂林是千千万万养猪散户中的一个，"猪海"沉浮十几年，宋茂林深谙"猪周期"的诡异："养猪的少了，市场上猪肉供应量一少，猪肉价格就涨了。人们一看养猪有利可图，就都扎堆养猪，结果次年供应量一上来，价格又跌了。就这样起起落落，一年半到两年循环一次。一般来讲，赚一年，平半年，赔半年，循环往复。"可是这一次的"猪周期"，却让宋茂林有点儿措手不及。

"卖了亏，不卖更亏"

据新华社全国农副产品和农资价格行情系统监测的数据显示，2014 年 2 月到 4 月，全国超过九成省市的猪肉价格大幅下降，很多地区跌到了每斤 5 元左右，东北部分地区甚至跌到了每斤 4.8 元。在部分地区的菜市场上，甚至出现了猪肉价格比大蒜、生姜还要低的现象。

"猪肉价下跌不是一天两天的事儿了，从去年 11 月中旬开始，生猪的收购价就一直下跌，但因为赶上春节旺季，没有太大的跌幅。去年生猪价高的时候达到过 18 块一公斤，但之后就一路狂跌，一直到现在的 10 块钱一公斤左右。传统方式大规模养殖的猪，收购价格会更低些。"在三河市从事生猪收购生意的张先生这样告诉《中国经济周刊》的记者。

过完春节，猪肉的收购价格应声从春节期间的十二三元每公斤，跌到了 10 元左右。"以往，肉联厂几乎天天都来收猪，但是现在市场上供应量充足，肉联厂迟迟不来。"宋茂林告诉记者，"眼看着栏里的猪很多都长到了 250 多斤，有的甚至超过了 300 斤。"为了止损，宋茂林那会儿天天盼着肉联厂的人来。

"猪在 200 斤之前长得非常快,而超过 200 斤后就会长得越来越慢,这时候不卖掉就得赔钱了。"宋茂林告诉记者,自己的成本投入是每斤生猪 7 元钱左右,而现在的生猪收购价格却是 5 元钱一斤,一斤就亏 2 元钱,一头猪如果算 200 斤卖出去就亏 400 元,再加上水电和其他亏损,一头猪就亏 500 元。但就是亏,也得咬着牙把猪卖出去,因为继续养赔得更多。

猪贱肉贵的背后

记者走访时发现一个奇怪的现象,虽然生猪价格下行让养猪户叫苦不迭,亏损惨重,但市场上的猪肉价格却并没有降多少。

"便宜了吗?我怎么没觉得,也就是比春节那会儿降了一点吧。"2014 年 4 月,在天津市河西区平江南道的农贸市场里,正在买猪肉的李女士告诉记者,"新闻都说猪肉降价降得厉害,但实际真没觉得。"

根据该农贸市场管理处给出的统计结果,受生猪出栏价下降的影响,猪肉零售价小幅下降,4 月第一个周末的数据显示,猪肉的平均零售价为每斤 13.94 元,环比下降 3.0%。精瘦肉 14.5 元/斤,下降 2.14%;肋条肉 10.5 元/斤,下降 3.67%;排骨 20 元/斤,下降 1.89%;上脑 10.75 元/斤,下降 5.13%。

对于这个现象,中国畜牧业协会秘书长沈广向《中国经济周刊》解释道:"造成终端市场这种反应迟钝的现象,大体上有两个原因:一是由于价格信息的不对称,猪肉的市场价格是在考虑了仓储、物流、人工成本影响后形成的一个价格,而普通消费者并不知道出栏价是多少,这就给了肉贩加价的空间;二是市区各大市场的零售商是一个相对固定的整体,价格都是各方约定好的,这种价格低谷时期正是他们赚钱的好时机,在这个团体稳定的情况下,一般不会出现某个商户突然降价的现象,因为这种行为会打破平衡,受到同行挤对。"

调控奏效,但仍"供大于求"

"这一轮 '猪周期' 下跌时间之长,低谷价格之低肯定是不正常的,就像这些养殖户遭遇的情况那样,生猪的价格已经严重背离了它的价值。"沈广告诉《中国经济周刊》的记者,"造成这种现状最根本的原因就是产大于销,供过于求"。

沈广告诉记者,按照国家农业部的长期规划,到 2020 年全国出栏的生猪数量要达到 7 亿头,而按照目前的产量来看,我们已经提前 6 年完成了这个目标,这并不是一个好现象。

"造成产能过剩的主要原因除了国内养殖规模的急剧扩张以及养殖技术的提高,还有就是国家进口猪肉数量近几年的急剧增加。而与过热的生猪养殖产业比起来,大众对猪肉的消费需求却持续低迷,诸多原因促成了此次肉价异常波动的发生。"沈广说。

"'猪周期' 是很正常的市场价格波动现象,但由于猪肉和牛羊肉比起来属于必需品,如果价格大幅波动势必会造成 '猪贱伤农' 现象的发生。为了保护养殖户的利益,国家发改委等六部委曾经制定了《缓解生猪市场价格周期性波动调控预案》,将猪肉和粮食价格的固定比例作为养猪是否能盈利的参考,划分了蓝、黄、红三种颜色的预警区域,进入红色预警区域就会启动猪肉收储制度,提高猪肉收购价格,保障养殖户的利益;而在价高的时候,通过实施补贴、投放储备肉等措施保障困难群众的基本生活。"沈广说。

2014 年 3 月,由于生猪价格连续 14 周下降,发改委首次启动了冻猪肉收储。随着收储工作的开展,5 月初,生猪出栏价格迎来了首轮增长。4 月 30 日,全国瘦肉型猪出栏均价还是 10.7 元/公斤,5 月 10 日,这个均价已经涨到了近 13 元/公斤,10 天内涨幅高达 21.5%,

这让不少养殖户欣喜不已。

5月8日，商务部会同发改委、财政部等部门，组织开展了2014年第二批中央储备冻猪肉收储的电子竞价采购工作，收储库点包括北京、天津、河北等20个地区。

虽然国家宏观调控已经初见成效，但很多人担心随着猪瘟频频暴发，"猪周期"内价格涨跌幅度可能还会更大。对此，沈广表示，"虽然5月初期肉价暴涨，但是从市场整体的情况来看，供大于求的基本情况并未发生改变。一段时间内价格会逐渐企稳，出现之前那种暴跌的情况不大可能了"。

(案例来源：http://news.0898.net/n/2014/0520/c231185-21241000.html)

第一节　经济法的概念及其调整对象

一、经济法的产生和发展

调整经济关系的法律规范，自人类社会有了阶级和国家时就出现了。在古代奴隶制与封建制国家的立法中，已经存在着一些对经济实施管理的立法活动了。当时的这些立法，在物质层面上与当时简单商品生产经济关系相适应；反映在立法层面上，则体现出数量比较少且没能形成自身体系的特点。同时，由于不存在民法、刑法、经济法以及诉讼法等法律部门的区分，调整不同社会关系的法律规范共存于"诸法合一"的法律大全之中，当时的经济法也当然地服从了这一规律。在国外，最早的调整简单商品生产经济关系的法律可以追溯到公元前19世纪古巴比伦王国的《汉谟拉比法典》。在这部人类历史上第一部较完备的成文法典中，写入了很多调整当时社会经济关系、维护经济秩序、体现国家对经济实行一定程度的管理的法律条文。此外，《摩奴法典》《十二铜表法》《查士丁尼民法大全》等古代著名的法典，不但规定了商品所有者之间进行商品交换的一般规则，而且还以立法或国王赦令等形式发布了若干管理性的规定，以国家的名义干预商品交换活动。应该说，在古代奴隶社会、封建社会出现的调整国家管理经济关系的法律规范旨在表达统治阶级对经济生活进行有意识的管理的思想和意志，以维护奴隶主和封建地主所有制免受侵犯，与当时大量存在的旨在确认一般商品交易规则的私法有着很大不同。从严格意义上说，它们也并不是真正的经济法，但其承载着国家管理经济职能的价值却是可以认定的，尤其是在古罗马私法盛行的时代，仍然能够透过它们清晰地看到国家对简单商品经济所具有的秩序引导与维护功能。

进入自由资本主义时代，资产阶级在政治上贯彻"自由""平等""天赋人权"等思想，在经济上确认市场在整个经济生活中资源配置的核心地位。在现实的经济生活中，资产阶级奉行自由竞争主义，强调市场主体追逐私利是推动经济发展的动力，国家的职能也应作出相应的调整，对经济生活管得最少的政府是最好的政府。作为对历史的继承和发展，这个历史阶段对经济关系进行调整的法律也发生了一些变化，采用经济性的而不是刑事性的方式调整经济生活成为这一领域的最大改变，确认自由竞争的秩序、保护市场主体的权利成为法律调整的重心。"诸法合体"的局面不复存在，部门法的划分取得较大的发展，因而就总体而言，以调整平等主体之间经济关系为特征的民法和商法成为法律的主要形式。

资本主义进入垄断阶段之后，社会生产力和生产关系的矛盾日益加深，资本主义经济危机的出现以及为满足资本扩张需要而进行的战争，成为资本主义国家转变政府职能的动因，社会公共利益的需要迫切地显现出来，资产阶级从反省市场缺陷入手来论证国家干预经济生活的必要性，在立法操作上，出现了以德国战时法和美国反危机对策法为代表的国家干预经济生活之法。尽管这些法规作为对策具有明显的临时性和应急性，但作为一种反思后得出的结论，其作用却是普通的、较为长久的。国家干预这只"看得见的手"对于市场而言，不但是必要的，而且是必需的。尽管"经济法"这一概念早在 18 世纪就已由法国空想社会主义者摩莱里在其名著《自然法典》中提出，但开始在现代意义上使用并研究经济法的概念，却是 20 世纪以后由德国法学家进行的。因此，应该得出这样的结论：在独立法部门意义上理解的经济法，最早始于 19 世纪末 20 世纪初的德国，美国、英国和日本等国的经济立法在 20 世纪 20 年代至 30 年代也广泛出现，并在事实上成为新的独立的法律部门。

在第二次世界大战前后，资本主义国家的经济法得到了长足的发展。国家干预经济生活，既是满足战争的需要又是战后经济恢复和重建的需要，因而作为一种外在力量介入市场的国家干预已经不复存在。经济立法的特点表现为数量较大、涉及范围比较广，几乎包罗了社会经济的全部领域和整个进程。在走过自由竞争和国家干预这样两个极端性的历史阶段之后，资本主义国家对经济思想的选择更趋折中。作为对凯恩斯主义的批判和继承，战后的经济思想仍然没能实现统一，但面对全新的经济生活，论证市场与国家干预结合的合理性却是一个共同性的基点，甚至成为资本主义国家重新选择发展方向的突破口。1949年联邦德国正式建立后，就将实行社会市场经济作为国家经济政策的指导原则。而所谓社会市场经济，实质上就是由国家调节的资本主义市场经济。

二、经济法的概念及其调整对象

我国经济法是对我国经济关系进行整体、系统、全面、综合调整的法律部门。在现行立法体制中，它只调整一定范围的经济关系，即主要调整社会生产和再生产领域中与市场经济运行过程中，以各种组织为基本主体所参加的经济管理关系和经营协调关系。经济法具体包括以下几个方面。

（一）经济管理关系

经济管理关系主要指国民经济管理关系，即国家在实施组织管理职能过程中所发生的各类关系。经济管理关系包括：

(1) 综合机关对社会组织的经济管理关系。

(2) 专业机关对企业组织的经济管理关系。

(3) 行业经济管理关系。

(4) 区域经济管理关系。

(5) 经济监督关系。

国家都有着一定的组织经济的职能。由于社会主义国家掌握着主要的生产资料及其与绝大多数企业组织和劳动者根本利益一致的人民性质，决定了社会主义国家能够在全社会范围内有效地动员和组织人力、物力、财力，合理部署生产建设，实现经济战略目标。但是在旧体制下，我们对政府组织经济的职能，从性质、范围到方式、手段，都缺乏科学的认识，逐渐形成一种依靠行政体制和行政手段管理经济的模式。在这种体制下，国家与企业等社会组织之间的关系实际上是一种行政管理关系，政企职责不分，国家的国有资产所有权同企业的经营权、政府的经济管理权同行政管理权都没有明确划分，宏观经济管理和微观经济管理也没有分开，结果造成企业缺乏活力，经济效益不高。经济体制改革的重要任务就是要改革、理顺国家与企业组织的关系。经济法不是调整以往的行政管理关系，而是调整经过经济体制改革所形成的新型管理关系，即在国家与企业等组织之间形成的以物质利益为核心的，责、权、利、效相统一的经济管理关系。随着经济体制改革的深化、市场经济发育的完善以及现代企业体制的建立，上述各类经济管理关系还会继续变化。

（二）经营协调关系

经营协调关系是指市场运行过程中发生的应由经济法调整的一定范围内的横向经济关系。经营协调关系包括：

(1) 经济联合关系。经济法主要调整各组织体在联合过程中发生的经济关系，重点调整根据国家总体规划和长远部署而组织设立的全国性的公司、企业，以及跨地区、跨部门组织联合体时发生的经济关系。

(2) 经济协作关系。经济法与民法都调整这类关系，两相交错，很难绝对分清。经济法主要调整全国范围内的，跨地区、跨部门的，以及涉及经济全局和社会整体利益的经济关系。

(3) 经济竞争关系，即有关保护竞争和反对不正当竞争过程中发生的关系。

民法所调整的财产关系是一种主要的横向经济关系，因而可以说，民法是调整横向经济关系的大法，但它不可能调整所有横向经济关系。基于社会利益需要，经济法不可能不调整一定的横向经济关系，或对之施加影响，那种仍然将经济关系分为行政关系和民事关系的主张是不符合我国经济体制改革要求和法制现实的。

（三）组织内部经济关系

组织内部经济关系主要是指企业、公司等生产经营性组织内部的一些重要经济关系，如有关内部领导体制、经济体制、内部承包、内部经济合同、经济核算制等方面发生的关系。组织内部经济关系既包括企业内部领导机构与内部组织、分支机构、职工之间的经济管理关系，也包括企业内部领导机构之间、各内部组织之间的经济协调关系。

在法的历史上，任何一个法律部门都只是调整社会关系的，即只调整组织之间、组织与公民之间、公民与公民之间的外部关系。资本主义国家的工厂法仍然是将劳资关系作为社会关系对待的，社会主义国家的劳动法在一定意义上可以说是调整内部关系，但真正对传统理论造成突破的是经济法。经济法不仅调整组织的外部关系，而且还调整其内部一些重要的经济关系。经济法包括了一系列有关内部经营管理的经济法规，如全民所有制工业企业的三个有关内部领导体制的条例，还有有关财务、成本、经济核算制、技术规程、安全规程等方面的法规和规范性文件。

经济法调整一定范围的内部经济关系，是和经济法作为经营管理法这一基本特性相联系的，也是现代社会经济发展的客观要求。但是，经济法只是调整一些重要的内部经济关系，不能也不应该以法律调整全部内部经济关系。大多数内部经济关系主要由企业章程调整，国家法律不应过多干预。所以，将此类关系确定为经济法调整对象时应审慎选择，必须有专门的法律规定之。

（四）涉外经济关系

涉外经济关系指涉外经济领域内具有涉外因素的经济管理关系和经营协调关系。它们也应属上述(一)、(二)两类关系，因其发生领域特殊，多由国家专门的涉外经济法律、法规调整，故单列之。

此类关系包括企业组织与涉外经济管理机关之间的经济管理关系，以及外贸组织、企业组织、外国投资者等相互之间的经营协调关系。现阶段，我国是将这一领域内的经济关系作为特殊的一类关系，以专门的涉外法律、法规调整的，加入世贸组织后与国际市场进一步接轨，情况已发生重大变化。

（五）其他应由经济法调整的经济关系

调整上述各类经济关系的法律规范分别组成了各个部门经济法，并进而组合成一个有层次、有序列的统一体系，这就是经济法。中国的经济法是宪法之下一个重要的独立的法律部门。

中国的经济法的定义可表述为如下：中国的经济法是国家为了保证社会主义市场经济建立、完善和稳定协调发展而制定的有关调整经济管理关系和经营协调关系的法律规范的统一体系(总称)。

第二节 经济法的基本原则

一、经济法的地位

明确经济法的地位，是要解决经济法在现行法律体系中的定位问题，这需要从三个方面来理解。

（一）经济法是一个独立的法律部门

经济法到底是不是一个独立的法律部门，一直是理论界存有较大争议的问题。在现实经济生活中已存在大量的经济性法律、法规，它们在管理和协调经济运行的过程中发挥着重要的作用，这意味着经济法是一个独立的法律部门在理论上是一个不争的事实；但是，问题在于这些法律、法规能否被一个具有严谨内涵的法律部门所统率。这个结论应该是肯定的，即经济法是一个独立的法律部门，基本理由有两个。

首先，法律部门是人们对现行法律、法规按照一定标准做出的一种主观性的划分。既然这些经济性的法律、法规与民法、行政法等部门法的内在规定性相冲突，不能划归到其他法律部门中，就会导致在现行的法律体系之外仍然游离着大量的法律、法规，找不到归宿，这显然违背了分类的逻辑性。试图采取大民法、大行政法等途径来解决这一问题也是不明智的，这样既打破了这些部门法本身的内在秩序，也会降低对法律体系进行部门划分的重要性。因此，基于维护逻辑分类的科学性、严谨性的考虑，也应该将这些现存的法律、法规划归到一个法律部门之中。至于该法律部门内部秩序如何科学地确立，则属于另一个问题，这也恰恰是必须大力加强经济法基础理论研究的一个重要原因。

其次，对部门法划分标准进行重新思考，也是回答经济法问题过程中要解决的一个前提。以调整对象为主是划分法律部门较为权威性的标准，但事实上，将生动而复杂的社会关系做出较为明确的、相对不变的分类是非常困难的，也是不现实的。因此，作为与现实社会关系有着对应关系的法律部门，也不是处于静止状态的，这种动态过程取决于法律资源供给与社会秩序需求之间的关系，而其中的社会秩序需求作为物质性因素又在其中起着决定性的作用。由于无论单纯依靠市场还是单纯求助于国家的干预，都不会在更大程度上促进市场经济的发展，所以基于这样的物质性需求，在对其进行法律调整的过程中，才会促使人们承认民法的局限性。尽管由于这类社会关系暴露的程度等因素的限制，会影响人们认识和把握的深度，但因此而否认其存在则是不可能的。因此，从这个角度来理解，经济法有着明确的属于它自己的调整对象。

（二）经济法是一个重要的法律部门

经济法的重要性可以从经济法与其他法律部门，特别是与民法和行政法的关系中看出。

1. 经济法与民法的关系

经济法与民法皆属于上层建筑的组成部分，它们都以经济关系作为自己的调整对象。从法律发展的历史看，民法出现在前，经济法出现在后，但由于它们调整不同类型的经济关系，因而又各自具有特殊的概念和理论。

民法调整的对象主要是基于私有制而产生的商品经济关系，经济法调整的对象主要是基于经济的社会化而产生的经济关系。前者与私有制为基础的商品经济相适应，后者以对社会经济进行宏观调控为出发点，二者的根本区别就在这里。将民法与经济法的具体区别归纳起来，主要有以下几点：

（1）调整的对象不同。经济法调整的对象是国家对经济活动的协调与管理关系；民法调整的是平等主体间如公民之间、法人之间、公民和法人之间的财产关系和人身关系。

（2）调整的目的不同。经济法对其对象进行调整的主要目的是维护国家和国民经济的整体利益，提高宏观经济效益；民法对其对象进行调整的主要目的是保障公民、法人的合法民事利益，即商品生产经营者的利益。

（3）主体不同。经济法的主体主要是国家机关和社会组织，主体地位可以具有不平等性；而民法主体是平等地位的公民、法人或公民和法人。

（4）调整的原则、方法不同。经济法调整的原则是，既需要体现经济法主体平等的一面(这与民法调整原则是一致的)，又要服从统一的国民经济计划，体现上下级的服从关系。

在调整方法上，民法调整主要采取民事的方法，而经济法调整则采用经济的、行政的和刑事的等综合方法。

2. 经济法与行政法的关系

经济法与行政法的关系也是比较密切的。行政法是调整行政管理关系的法律规范，包括行政主体和行政行为等。经济管理关系与行政管理关系不同，尽管在行政法调整的对象中也包括经济行政行为，但经济法调整的国民经济管理关系要比行政关系广泛、深入得多。至于经济法调整的经济协调关系，更是行政法不可企及的。行政法的主体与经济法的主体不同，行政法不包括经济组织内部的职能机构和生产经营单位。在调整方法上，行政法使用行政命令的方法，采取行政制裁的形式，同经济法采用的隶属关系与平等协商相结合，以追究其经济责任、行政责任和刑事责任相结合的制裁形式也是有区别的。

（三）经济法是一个具有严密体系的法律部门

经济法有着自己的调整对象和基本原则，因而其内部已经形成了相对严密的体系，主要包括经济法理论、市场主体法、市场管理法、宏观调控法、社会保障法以及法律责任等内容。

二、经济法的作用

经济法的重要性表现在其作用上。经济法的作用，是指国家通过经济法的制定、发布和实施而对社会经济活动所产生的功效或影响。我国经济法在社会主义市场经济中的重要作用可以归纳为以下几个方面。

（一）保护各经济主体的合法权益，促进社会经济全面发展

经济主体多元化是市场经济的重要特征之一。我国存在着以公有制为主体的多种经济成分，为了促进各种经济成分的共同发展，国家通过经济法赋予各经济主体平等的法律地位，确认和保护不同经济主体的合法权益，从而有效地发挥经济主体的资产营运效益，促进整个社会经济综合效益的提高。

（二）维护公平竞争和市场经济秩序

公平的竞争和规范的秩序，是市场经济发展的内在要求。为了维护公平竞争和市场经济秩序，国家通常采取的重要手段之一，就是通过经济立法限制不正当竞争和扰乱经济秩序的行为，打击经济活动中的违法犯罪行为，保护市场经济参与者的合法权益，保障社会经济健康、有序的发展。随着我国市场经济的发展，经济法在维护公平竞争和市场秩序中的作用将会日益明显。

（三）巩固经济改革成果，推动经济改革发展

为了实现建立我国社会主义市场经济体制这一改革目标，国家利用经济法所具有的按照经济规律要求调整一定经济关系的功能，理顺在改革开放和经济活动中发生的经济关系。同时，国家通过经济立法，把已确定的改革目标、方针、政策以及实践证明是正确的做法

等用法律形式固定下来，巩固改革开放的成果，并且使改革决策与经济立法紧密结合起来，用法律引导和推动改革开放不断深入，以保障改革开放的顺利进行。

（四）促进对外经济交流与合作

对外开放是我国的一项基本国策。为了扩大对外经济交流与合作，我国制定了一系列经济法规，以促进对外贸易，吸引外商投资，引进先进技术和管理经验；同时，在经济立法中越来越多地借鉴国际惯例，促进我国经济组织按照国际惯例参与国际经济交流和竞争，更好地保护自己的合法权益和经济利益。

三、经济法的基本原则

经济法的基本原则，是指贯穿于经济法制全过程，并为经济法制和经济法规所确认和体现的总体指导思想和根本法律准则。它是经济法的性质、任务、目的、调整对象和调整方法的综合概括，是经济法本质的集中体现。我国经济法的基本原则主要有以下几个：

（一）经济民主与自由相结合的原则

经济法贯彻国家在管理与协调经济运行方面的基本意志，但却不是粗暴地破坏自由竞争的市场秩序，而是以限制行政权力的基本思想去实行经济领域的民主化，以保障国家意志的实现，这二者并不矛盾。经济自由超过必要的限度，必然会导致市场负面效应的充分发挥，不但不能维护自由竞争的市场运行秩序，而且会使市场主体尤其是处于相对弱势地位的市场主体的利益受到危害，其利益也无法得到保障。因此，经济法必须实现经济民主与经济自由的统一。

（二）政府行为优先原则

从公共利益出发是经济法与民法相区别的根本点，因而经济法在调整社会关系的过程中，应注意发挥其协调利益的功能。在公共利益与个体利益出现冲突时，应使个体利益服从于公共利益。强调政府行为优先，并不等于行政权力可以任意地介入私人领域并侵害私人利益；相反，行政权力在干预经济生活的过程中，必须遵守合法性的要求，在干预的范围、程度、条件、程序等诸方面都应如此。

（三）责、权、利、效相结合的原则

经济法对经济关系的调整上升为对经济权利和经济义务关系的调整，其具体表现就是责、权、利、效相一致的关系。"责"，是指法律要求经济主体必须履行的义务，以及不履行或不适当履行的法律后果；"权"，是指法律赋予经济主体一定的职权和权利；"利"，是指法律对经济主体的物质利益的确认和保护；"效"，是指法律对经济关系的调整应以提高经济效益和社会效益为出发点和归宿。责、权、利、效是统一的，在经济生活中是以相互联系、相互制约、相互依存为前提的，因而经济法对责、权、利、效的调整必须互相兼顾，孤立地强调某一个方面都是错误的。

第三节　经济法律关系

　　法律关系是根据法律规范产生的主体之间的权利和义务性质的社会关系。经济法律关系，是指经济法主体在进行经济管理和经济活动过程中所形成的，由经济法加以确认的经济权利和经济义务的关系。在我国市场经济的生产、交换、分配和消费的过程中，随时发生着各种各样具体的经济关系，当这些关系属于经济法的调整对象且又为经济法所调整时，就使这些现实的、具体的经济关系具有了法律关系的性质，形成了某种经济上的权利、义务关系，并为国家法律所保护。

　　经济法律关系不同于经济关系。经济法律关系作为法律关系的一种，是社会意志关系，它属于社会上层建筑的范畴；而经济关系则是社会物质关系，它属于社会经济基础的范畴。那么，作为社会经济基础的经济关系是怎么转化为社会意志关系——经济法律关系的呢？显然，这是经济法作用于经济关系的结果。只有靠法律的力量，把某些有利于统治阶级意志的经济关系上升为经济法律关系，才可能实现这个转变。因此，没有经济法，也就无所谓经济法律关系；反之，没有具体的经济关系，经济法也就失去了赖以产生和存在的物质基础。

　　任何一种经济法律关系都是由主体、内容、客体三个要素所组成，这三个要素是互相联系，缺一不可的。缺少其中一个要素，就不能构成经济法律关系；变更其中一个要素，就不再是原来的经济法律关系。

一、经济法律关系的主体

　　经济法律关系主体，也称经济法主体，是指享有经济权利并承担经济义务的当事人。在一个经济法律关系中，存在着两个或两个以上的主体，其中权利的享有者称为权利主体，义务的承担者称为义务主体。一般而言，各方主体既享有经济权利，又承担经济义务，具有权利主体和义务主体的双重身份。

（一）经济法主体资格

　　经济法主体必须具备一定的主体资格。主体资格是指当事人参加经济法律关系，享受经济权利和承担经济义务的资格或能力。只有具有经济法主体资格的当事人，才能参与经济法律关系，享受经济权利和承担经济义务。经济法主体资格由经济法规定。

　　经济法对经济法主体资格的认可，一般采用法律规定一定条件或规定一定程序成立的方式予以确认，包括依照宪法和法律由国家各级权力机关批准成立；依照法律和法规由国家各级行政机关批准成立；依照法律、法规或章程由经济组织自身批准成立；依照法律和法规由主体自己向国家有关机关申请并经核准登记而成立；由法律、法规直接赋予一定身份而成立等各种情形。

（二）经济法律关系主体的范围

经济法律关系主体的范围是由经济法调整对象的范围决定的，主要包括以下几个：

(1) 国家机关。国家机关是行使国家职能的各种机关的统称，包括国家权力机关、国家行政机关、国家司法机关等。作为经济法律关系主体的国家机关，主要是指国家行政机关中的经济管理机关。国家机关在经济法律关系中的职能主要是行使经济管理职能，但也不排除基于对经济关系调控的需要，国家机关以法人的身份直接参与经济法律关系的情形。在某些特殊情况下，国家也可作为主体参加经济法律关系，如发行国库券等。

(2) 企业和其他社会组织。企业是经济法律关系主体中最为重要的一类，是以营利为目的，从事商品生产、经营和服务活动的独立的社会经济组织。其他社会组织主要是指事业单位和社会团体。

(3) 企业内部组织和有关人员。企业内部组织虽无独立法律地位，但在和有关人员根据经济法律规定参与企业内部的生产经营管理活动时，如实行内部承包经济责任制、实行内部独立经济核算等情况下，形成相应的经济法律关系，便具有经济法主体的地位。

(4) 农村承包经营户、个体工商户和公民。他们在通常情况下是民事法律关系的主体，但当他们参加经济法律关系，同国家经济管理机关或其他社会组织发生经济权利和经济义务关系时，就成为经济法律关系主体。

二、经济法律关系的内容

经济法律关系的内容是指，经济法主体享有的经济权利和承担的经济义务。

（一）经济权利

经济权利是指经济法主体在国家管理与协调社会主义市场经济运行过程中，依法具有的自己为或不为一定行为和要求他人为或不为一定行为的资格。经济权利具有以下特征：经济权利源于经济法律规范的规定，并得到国家强制力保障；经济权利是保障经济法主体实现其利益的法律手段；经济权利与经济义务密切相关，相辅相成，以相应的义务为保证；经济权利在内容上可依据其权利做出或不做出一定行为，或要求义务人做出或不做出一定行为。

在不同的经济法律关系中，经济法主体享有不同的经济权利，主要有以下几种：

(1) 所有权，是指所有人依法对自己所有的财产享有占有、使用、收益和处分的权利。所有权具有排他性、绝对性，一物只能附一所有权。所有权具有四项权能：一是占有权，指对财产的实际控制权利；二是使用权，指按照财产的性能与用途加以利用的权利；三是收益权，指获取财产所产生的利益的权利；四是处分权，指决定财产在事实上和法律上的命运的权利。所有权的占有、使用、收益、处分四项权能可以在一定条件下与所有人分离，这种分离是所有人行使所有权的一种方式。

(2) 法人财产权，是指企业法人对企业所有者投资所设企业的全部财产在经营中所享有占有、使用、收益与处分的权利。《中华人民共和国公司法》(以下简称《公司法》)规定，公司享有由股东投资形成的全部法人财产权。《中华人民共和国国有企业财产监督管理条例》规定，企业享有法人财产权，依法独立支配国家授予其经营管理的财产。

(3) 经营管理权，是指企业对所有人授予其经营管理的财产所享有占有、使用和依法处分的权利，以及由此产生的对企业机构设置、人事、劳动等方面的管理权利。经营管理权是企业进行生产经营活动时所产生的权利，通常由非财产所有者所享有和行使，它主要是从企业内部关系角度设置的权利。

(4) 经济职权，是指国家机关及其工作人员在行使经济管理职能时依法享有的权利。经济职权是具有隶属性质的权利，具有一定行政权力的性质。在国家机关及其工作人员依法行使经济职权时，其他经济法主体均应服从。经济职权对国家机关及其工作人员既是权利，又是义务，不得随意放弃或转让，否则便是违法。

(5) 债权，是指按照合同约定或法律规定，在当事人之间产生的特定权利。债权是一种请求权，其义务主体是特定的。

(6) 知识产权，即专利权、商标权、著作权等，是智力成果的创造人依法所享有的权利和生产经营活动中标记所有人依法所享有的权利的总称。

(二) 经济义务

经济义务是指法定义务人应当依照经济权利人要求为一定行为或不为一定行为，以满足权利人利益的责任。经济义务具有以下两个特征：一是经济义务以法律规定为界定范围，不履行义务者要承担相应的法律责任，受到国家的制裁；二是义务人履行义务的方式包括做出一定行为和不做出一定行为两种方式。

(三) 经济权利与经济义务的关系

经济权利与经济义务相互依存，没有经济权利，就不会有经济义务。经济法主体不能只享有经济权利而不承担经济义务，也不能只承担经济义务而不享有经济权利。

三、经济法律关系的客体

(一) 经济法律关系客体的概念

经济法律关系的客体是指经济法律关系主体权利和义务所指向的对象。客体是确立权利、义务关系性质和具体内容的依据，也是确定权利行使和义务履行的客观标准。如果没有客体，经济权利和经济义务就失去了依附的目标和载体，也就不可能发生经济权利和经济义务。因此，客体是经济法律关系不可缺少的要素之一。

(二) 经济法律关系客体的种类

(1) 物。物是指能够被人控制和支配，具有一定经济价值，可通过具体物质形态表现存在的物品。物包括自然存在的物品和人类劳动生产的产品，以及固定充当一般等价物的货币和有价证券等。物是经济法律关系中最广泛的客体。

（2）经济行为。经济行为是指经济法主体为达到一定经济目的，实现其权利和义务所进行的经济活动，包括经济管理行为、提供劳务行为和完成工作行为等。作为经济法律关系客体的经济行为，仅指具有法律意义即为实现权利和义务的行为。

（3）智力成果。智力成果又称精神财富，是指经济法主体从事智力劳动创造取得的成果，如科学发明、技术成果、艺术创作成果、学术论著等。智力成果本身不直接表现为物质财富，但可以转化为物质财富。智力成果作为经济法律关系的客体，其法律表现形式主要为商标权、专利权、专有技术、著作权等。

四、经济法律关系的确立

（一）经济法律关系确立的含义

经济法律关系的确立，是指由经济法律规范所确认的经济法主体之间的经济权利与经济义务关系在社会经济生活中的实际实现。它包括经济法律关系的设立、变更和终止三种情况。

经济法律关系的设立，是指在经济法主体之间形成某种经济权利与经济义务关系；经济法律关系的变更，是指在原有的经济法律关系中，部分或全部要素发生改变；经济法律关系的终止，是指经济法主体之间已有的经济权利与经济义务关系不再存在。

（二）法律事实

经济法律关系的确立是有条件的，需要有法律事实的存在。所谓法律事实，是指能够引起经济法律关系设立、变更与终止的客观情况。法律事实可以依照其发生与当事人的意志有无关系，分为行为与事件两类。

（1）行为。行为是指当事人的有意识的活动，分为合法行为和违法行为两种。

合法行为是符合法律规范的行为，包括经济管理行为、经济法律行为和经济司法行为。经济管理行为，是指国家经济管理机关依法实施的且能够引起法律后果的行为，例如国家计划的下达、工商企业设立登记等。经济法律行为，是指经济法主体为发生、变更或终止一定法律关系，按照法律规定而实施的行为，例如依法签订经济合同，其产生的权利、义务受到国家的保护。经济司法行为，是指司法机关所为的行为，其中包括判决、裁定、调解等，如经过法院的判决或裁定，就要按照判决或裁定发生新的法律关系或变更、终止原有的法律关系。

违法行为是违反法律规定的行为或法律所禁止的行为，它不能产生行为人所预期的法律后果，但可能产生其他法律后果，也会引起相应的经济法律关系的发生、变更或终止，如引起经济制裁法律关系等。违法行为是行为人承担法律责任的依据。

（2）事件。事件是不依当事人的主观意志为转移的客观事实。

事件包括由自然现象和社会现象引起的事实。由自然现象引起的事实又称绝对事件，如自然灾害；由社会现象引起的事实又称相对事件。相对事件虽由人的行为引起，但其出现在特定的经济法律关系中并不以当事人的意志为转移，如因人类战争导致合同无法履行等。

第四节　相关经济法律制度

一、财产所有权制度

1．财产所有权的概念

民法通则第 71 条规定：财产所有权是指所有人依法对自己的财产享有占有、使用、收益和处分的权利。财产所有权的特征在于其权利主体，即所有人是特定的，而义务主体是不特定的。

物权是指民事主体依法对特定的物进行管理、支配，并享受物质利益的排他性财产权利。物权法确定的基本原则有物权法定原则、一物一权原则和公示公信原则。

2．财产所有权的权能

财产所有权的权能包括：占有、使用、收益和处分。占有权是指权利主体对其财产进行实际的占领、控制的权利，是所有人对于自己的财产进行消费(包括生产性和生活性的)、投入流通的前提条件。使用权是指依照物的性能和用途，并不损毁其物或变更其性质而加以利用的权利。收益权是指通过对其财产的利用而获取经济利益的权利。处分权是指所有人在法律规定的范围内对财产进行处置的权利。

3．财产所有权的取得与消灭

(1) 所有权的取得。

所有权的合法取得主要有原始取得和继受取得两种方式。原始取得是指根据法律的规定，首次取得该项财产的所有权，或不依赖原所有人的所有权和意志直接取得某项财产的所有权。原始取得方式主要包括：生产和扩大再生产、没收、收益、添附、拾得遗失物、发现埋藏物、善意取得、无主财产的接收等。没收、生产和扩大再生产时国家所有权特有的取得方法。继受取得是指通过某种法律行为或基于法律事实从原所有人处取得财产所有权。继受取得是财产所有权取得的最普通的方法。财产所有权继受取得的主要原因有两种：一是因法律行为而取得，二是因法律事件而取得。继受取得常见的如，因买卖、受赠、继承而取得。

(2) 所有权的消灭。

所有权可因一定的法律事实而取得，也可因一定的法律事实而消灭。所有权的消灭是指因一定的法律事实而使原所有人丧失所有权。引起所有权消失的原因主要有：转让所有权；抛弃所有权；所有权客体的消灭；司法机关依法采取强制措施；所有权主体消失。

4．财产所有权的种类

(1) 国家财产所有权。

国家财产所有权是指法律所确认和保护的对全民的财产享有占有、使用、收益和处分的权利，是国家所有制在法律上的表现。国家财产所有权的特点是：

① 国家财产所有权的权利主体具有唯一性。只有社会主义国家才能成为国家的主体，但它可以经过国家授权，由国际机关、企事业单位行使国家财产所有权的某些权能。

② 国家财产所有权的客体具有广泛性和专属性。《中华人民共和国民法通则》(以下简称《民法通则》)规定，国家财产神圣不可侵犯，禁止任何组织或者个人侵占、哄抢、私分、截留、破坏。

(2) 劳动群众集体财产所有权。

劳动群众集体财产所有权是集体组织对它们自己所有的财产行使占有、使用、收益和处分的权利，它是劳动群众集体组织在法律上的体现。集体所有的财产受法律保护，禁止任何组织或者个人侵占、哄抢、私分、破坏或者非法查封、扣压、冻结、没收。

(3) 公民个人财产所有权。

公民个人财产所有权是公民个人对其财产享有占有、使用、收益和处分的权利，它是保护公民个人财产所有的合法财产的法律制度。在我国，公民个人财产所有权包括以下两种形式：

① 公民个人生产资料所有权。其客体主要包括公民的合法收入、房屋、储蓄、生活用品、文物、图书资料、林木、牲畜和法律允许公民所有的其他合法财产。

② 个体劳动者生产资料所有权。其客体主要包括生产工具、必需的原材料、必要的房屋和设备等。

5. 财产共有权和与财产所有权有关的财产权

(1) 财产共有权。

财产共有权，即两个以上公民或法人对同一项财产享有所有权。共有又分为共同共有和按份共有。

共同共有是指两个以上共有人对同一项财产不分份额地享有平等的所有权，如夫妻共有和家庭共有。每个共有人不能划分共有财产中多大比例或哪些财产属于自己的份额，对于共有财产上的负担或因共有财产管理造成第三人的损害，均由各共有人共同承担。只有共有关系终止时，才能确定各共有人的份额，以便分割财产。

按份共有依据其事先约定好的各自份额，分别对共有财产享有权利和分担义务。共有人有权要求将自己的份额分出或转让，但在出售时，同等条件下，其他共有人有优先购买权。

(2) 与财产所有权有关的财产权。

与财产所有权有关的财产权是指非所有人在所有人财产上享有占有、使用，以及在一定程度上依法享有收益或处分的权利。由于这种财产权利是基于财产所有权而产生的，权利主体是非所有人，并且是通过对所有人的财产使用和收益而获得一定的使用权益和利益，因而它也称为财产用益权。《民法通则》中规定的财产用益权主要包括：土地用益权、土地承包经营权、自然资源用益权、自然资源承包经营权、国有企业财产经营权、相邻权等。

二、债权制度

(一) 债的概念和特征

《民法通则》第 84 条规定："债是按照合同约定或法律规定，在当事人之间产生的特定的权利和义务关系。"

从以上规定可以得出以下结论：首先，债是一种民事法律关系，称为债权债务关系；其次，债的产生是基于合同的约定或法律的规定；再次，债产生于特定当事人之间，债的当事人也就是债权人与债务人；最后，债是一种特定的权利义务关系，债权人有权要求债务人为特定行为(包括作为与不作为)。

债的要素是指构成债所必备的因素，包含债的主体、债的内容、债的客体。

(1) 债的主体，即债的法律关系的双方当事人。其中享受权利的一方为债权人，负担义务的一方为债务人，双方都是特定的自然人或法人。

(2) 债的内容，即债的主体双方之间的权利义务，也就是债权人享有的债权和债务人承担的债务。

(3) 债的客体，即在债的关系中权利义务所共同指向的对象。对此，学术界有不同的观点，通说认为，债的客体是债务人的给付，即债务人的履行行为。

(二) 债的发生原因

债是一种民事法律关系，其发生必须基于一定的法律事实，能够引起债的关系发生的法律事实就是债的发生原因。在我国，债的发生原因主要有以下几类：

1. 合同

合同又称契约，是指平等主体的公民、法人之间设立、变更、终止民事关系的协议。合同是债发生的根据，而且是最普遍的根据。任何一个民事合同的有效成立，都可以在当事人之间发生债的关系，合同中规定的当事人的权利义务，就是债的关系中的债权和债务。

2. 无因管理

无因管理是指没有法定的或约定的义务，为避免他人利益受损失而对他人事务进行管理和服务的行为。管理他人事务的人称为管理人，受管理事务的人称为本人，管理人与本人之间因无因管理的行为而产生权利义务关系，称为无因管理之债。其中管理人有权要求本人偿还因管理事务所支付的必要费用，本人有义务偿还。

3. 不当得利

不当得利是指无法律或合同上的依据而取得利益，致他人受损害的事实。根据不当得利的法律规定，受损失一方当事人有权请求受利益一方返还其所得的利益，受益人有义务返还这种利益，由此构成的债的关系，称为不当得利之债。

4. 侵权行为

侵权行为是指不法侵害他人合法权益应负民事责任的行为。因侵权行为而受侵害的当事人一方有权请求侵害人赔偿损失，侵害人则负有赔偿受害人损失的义务，当事人间的这种特定民事法律关系，称为侵权行为之债。

5. 其他原因

除上述几种原因外，债还可因其他法律事实而发生。例如，因遗赠的事实，可能在遗嘱执行人和受遗赠人之间产生债的关系，即受赠人在遗嘱人死亡后享有请求权，遗嘱执行人负有将遗赠财产交付受遗赠人的义务。

(三) 债的担保

债的担保有一般担保与特别担保之分。债的一般担保是指债务人必须以其全部财产作为履行债务的总担保，它不是特别针对某一项债务，而是面向债务人成立的全部债务。此种担保在保障债权实现方面有明显弱点，即在债务人没有责任财产或责任财产不足的情况下，债权人的债权便全部不能或不能全部实现。所谓特别担保，即通常所言之担保，在现代法上包括人的担保、物的担保和金钱担保。

(1) 人的担保。人的担保是指在债务人的全部财产之外，又附加第三人的一般财产作为债权实现的总担保。保证是人的担保的典型。

(2) 物的担保。物的担保是以债务人或第三人的特定财产作为抵偿债权的标的，在债务人不履行其债务时，债权人可以将财产变价并从中优先受偿的制度，例如抵押、质押、留置等。广义的物的担保还包括所有权保留，即在分期付款买卖中，标的物的所有权不因交付而转移，而是随着买受人付清全部价款而转移，从而使买受人积极支付价款，保障出卖人获得全部价款的制度。

(3) 金钱担保。金钱担保是债务人在约定给付以外交付一定数额的金钱，该金钱的返还与丧失和债务履行与否联系在一起，使当事人双方产生心理压力，从而促使其积极履行债务，保障债权实现的制度。金钱担保的主要方式有定金、押金。

(4) 反担保。所谓反担保是指在商品贸易、工程承包和资金借贷等经济往来中，为了换取担保人提供保证、抵押或质押等担保方式而由债务人或第三人向该担保人提供担保，该新设担保相对于原担保而言被称为反担保。《中华人民共和国担保法》(以下简称《担保法》)第4条第1款规定：第三人为债务人向债权人提供担保时，可以要求债务人提供反担保。

我国《担保法》规定的担保方式有五种，即保证、抵押、质押、留置和定金。

(1) 保证。保证是指保证人和债权人约定，当债务人不履行债务时，由保证人按照约定履行主合同的义务或者承担责任的行为。

(2) 抵押。抵押是指债务人或者第三人不转移抵押财产的占有，将抵押财产作为债权的担保。当债务人不履行债务时，债权人有权依照《担保法》的规定以抵押财产折价或者以拍卖、变卖该财产的价款优先受偿。

(3) 质押。质押是指债务人或者第三人将其动产移交债权人占有，或者将其财产权利交由债权人控制，将该动产或者财产权利作为债权的担保。当债务人不履行债务时，债权人有权依照《担保法》的规定以该动产或者财产权利折价，或者以拍卖、变卖该动产或者财产权利的价款优先受偿。

(4) 留置。留置是指在保管合同、运输合同、加工承揽合同中，债权人依照合同约定占有债务人的动产。当债务人不按照合同约定的期限履行债务时，债权人有权依照《担保法》规定留置该财产，以该财产折价或者以拍卖、变卖该财产的价款优先受偿。

(5) 定金。定金是指合同当事人一方为了担保合同的履行，预先支付另一方一定数额的金钱的行为。债务人履行债务后，定金应当抵作价款或者收回。若给付定金的一方不履行合同约定的债务，则无权要回定金；若收受定金的一方不履行合同约定的债务，则应当双倍返还定金。

上述五种担保方式中，留置是法定担保方式，即债权人依照法律规定行使留置权，无需当事人之间约定。其他四种担保方式需由当事人之间约定，是协议的担保方式。

三、代理制度

(一) 代理的概念和特征

代理是代理人以被代理人的名义，在代理授权范围内，与第三人进行的确立被代理人和第三人之间的法律关系的法律行为。

代理的法律特征如下：

(1) 代理是一种法律行为。

(2) 代理人以被代理人的名义进行的，即代替被代理人进行的法律行为。

(3) 代理是代理人在授权范围内所为的独立意思表示。

(4) 代理人在代理授权范围内进行代理的法律后果皆归被代理人，代理人与第三人确立的权利义务关系(甚至于代理的不良后果和损失)均由被代理人承受，从而在被代理人和第三人之间确立了法律关系。

(二) 代理权行使的规则

《民法通则》对代理权有关行为和责任进行了详细规定：

(1) 无代理权、超越代理权或代理权已终止仍进行代理的，均为无权代理，均由行为人承担民事责任；如被代理人追认，则由被代理人承担民事责任。本人知道他人以本人名义实施民事行为而不做否认表示的，视为同意。

(2) 代理人不履行代理职责而给被代理人造成损害的，应当承担民事责任。

(3) 代理人知道被委托事项违法而仍然进行代理活动，或者被代理人知道代理人代理行为违法却不表示反对，则代理人和被代理人负连带责任。

(4) 委托代理转托时，应事先取得被代理人同意，或事后及时告知被代理人取得其同意，否则由代理人负民事责任；但在紧急情况下，为保护被代理人的利益而转托的不在此限。

(三) 代理的种类

(1) 委托代理。委托代理是指代理人的代理权根据被代理人的委托授权行为而产生。因委托代理中被代理人是以意思表示的方法将代理权授予代理人的，故又称 "意定代理" 或 "任意代理"。

(2) 法定代理。法定代理是指根据法律规定，代理无诉讼行为能力的当事人进行诉讼，直接行使诉讼代理权的人。无诉讼行为能力的公民进行诉讼活动时，只能由其监护人为法定代理人代理其进行行政诉讼活动。

(3) 指定代理。指定代理是指代理人的代理权根据人民法院或其他机关的指定而产生。例如，根据我国《民法通则》第16、17 条的规定，人民法院及村民委员会等有权为未成年人或精神病人指定监护人，也就是指定法定代理人。由于指定代理人的机关及代理权限都是由法律直接规定的，所以指定代理不过是法定代理的一种特殊类型。

（四）表见代理

表见代理是指行为人没有代理权、超越代理权或者终止代理权后仍以被代理人的名义订立合同，相对人有理由相信该行为人有代理权的，该代理行为有效。

表见代理的成立要件：

(1) 表见代理属于广义的无权代理，因而只能在代理人无权代理而从事代理行为的情况下发生。

(2) 相对人有合理的理由相信无权代理人有代理权。

(3) 相对人主观上是善意的、无过错的。

(4) 无权代理行为的发生与本人有关。

表见代理一般需要表见事由，表见事由包括工作证、空白合同书、介绍信及商业惯例。

表见代理产生的法律后果：

(1) 表见代理成立，订立的合同有效，表见代理中的相对人不享有《中华人民共和国合同法》(以下简称《合同法》)第 48 条规定的撤销权。《合同法》第 48 条第 1 款规定：行为人没有代理权，或超越代理权，或者代理权终止后以被代理人名义订立合同，未经被代理人追认，对被代理人不发生法律效力，由行为人承担民事责任。第 2 款规定：相对人可以催告代理人在一个月内予以追认。合同被追认之前，善意相对人有撤销的权利，撤销应以通知对方的方式做出。本条所指的无权代理应当是狭义的无权代理，在此情况下，相对人有撤销权。而《合同法》第 49 条规定表见代理的情况虽然也是无权代理，但是这种情况属于广义的无权代理，与第 48 条规定中的狭义的无权代理不同，其根本区别在于是否存在有使相对人有理由相信本无代理权的行为人有代理权的客观事实。表见代理虽属无权代理，但是只要存在相对人有理由相信行为人有代理权的事实，表见代理成立，行为人的代理行为就应当按有效的代理来看待，在此情况下签订的合同就应当是有效合同。因此，相对人不享有《合同法》第 48 条规定的撤销权。

(2) 本人(被代理人)对相对人(善意第三人)承担民事责任。表见代理被认定成立后，其在法律上产生的后果同有权代理的法律后果一样，即由被代理人对代理人实施的代理行为承担民事责任。

(3) 代理人对本人(被代理人)承担民事赔偿责任。被代理人因表见代理成立而承担民事责任，因此给被代理人造成损失的，被代理人有权根据是否与代理人有委托关系、代理人是否超越代理权以及代理权是否已经终止等不同的情况，以及无权代理人的过错情况，依法请求无权代理人给予相应的赔偿。无权代理人应当赔偿给被代理人造成的损失。

(4) 无权代理人对被代理人的费用返还请求权。表见代理的法律后果使被代理人的利益受到损害时，无权代理人应依法赔偿。同时，并非所有的表见代理的法律后果都必然对被代理人不利，当表见代理的法律后果是使被代理人从中受益时，根据公平原则，权利义务应当对等，无权代理人有权要求被代理人支付因实施代理行为而支出的相关合理费用。

（五）代理的终止

代理关系终止的共同原因有：

(1) 被代理人死亡。

(2) 代理人死亡或者丧失行为能力。

对于委托代理，代理终止的原因还有：

(1) 代理期间届满或者代理事项完成。

(2) 被代理人取消委托或者代理人辞去委托。

(3) 代理人死亡或丧失民事行为能力。

(4) 作为被代理人或代理人的法人组织终止。

对于法定代理和指定代理的终止原因还有：

(1) 被代理人取得或者恢复民事行为能力。

(2) 指定代理的法院或者指定单位取消指定。

(3) 他原因，如收养关系接触，监护人不履行监护义务而被撤销监护，夫妻离婚等。

本 章 小 结

1. 经济法是对我国经济关系进行整体、系统、全面、综合调整的法律部门。在现行立法体制中，它只调整一定范围的经济关系，即主要调整社会生产和再生产领域中与市场经济运行过程中，以各种组织为基本主体所参加的经济管理关系和经营协调关系。经济法具体包括：经济管理关系、经济协调关系、组织内部经济关系、涉外经济关系、其他应由经济法调整的社会关系。

2. 经济法作为一个独立的、重要的、具有严密体系的法律部门有其基本原则：经济民主与自由相结合原则；政府行为优先原则；责、权、利、效相结合原则。

3. 经济法律关系的主体主要有：国家机关、企业和其他社会组织、企业的内部组织和有关人员、农村承包经营户、个体工商户和公民。经济法律关系的客体主要有：物、经济行为、智力成果；经济法律关系的内容是指经济法主体享有的经济权利和承担的经济义务。

4. 财产所有权的权能有：占有、使用、收益和处分；债的发生原因有：合同、无因管理、不当得利、侵权行为、其他原因；代理是代理人以被代理人的名义，在代理授权范围内，与第三人进行的确立被代理人和第三人之间的法律关系的法律行为。

知识结构

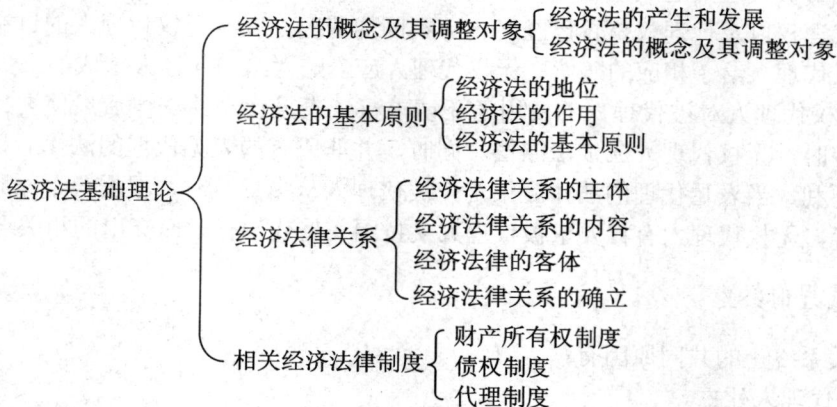

思 考 题

1. 简述经济法的概念。
2. 简述经济法律关系。
3. 简述所有权制度。
4. 简述担保制度。
5. 简述代理制度。

案 例 演 练

A公司总经理甲委托本公司职工乙去异地购买1000套男士西装。乙到达目的地以后，通过自己的熟人关系在市场做了调查，与朋友一同分析出西装销路不好，但有一款女士服装销路特别好，朋友建议其购买。乙打算向甲汇报，但电话一直打不通，乙害怕错失良机，就购买了1000套女士服装。但合同签订后，货拉回公司所在地时，甲拒绝收货，乙迫于无奈便自己在市场销售。没有想到销路很好，销售剩下300套的时候，甲委托丙告知乙，让其把剩余的300套拿回公司。于是，乙把货拿回公司，但甲组织销售不合理，导致销路很不好，甲想退给乙，乙拒绝接受。

请分析：

(1) A公司与职工乙是否存在法律关系？

(2) 乙签订购买1000套女士服装合同的行为与A公司有何关系？

(3) 甲委托丙告知乙，让乙把剩余的300套拿回公司的行为与乙之间又发生了何种法律关系？

答案解析：

(1) A公司与职工乙存在劳动关系，总经理甲与职工乙之间为委托与被委托关系。

(2) 乙签订购买1000套女士服装合同的行为与A公司无关，因职工乙已超越委托权限。

(3) 甲与乙之间发生合同关系。

第二章 企业法律制度

学完本章后，你应该能够：

➢ 了解企业的概念和特征；
➢ 了解合伙企业的概念和特征；
➢ 掌握合伙企业的设立条件和程序、合伙企业的财产和事务执行；
➢ 掌握个人独资企业的概念、法律特征、设立条件和设立程序；
➢ 了解中外合资经营企业、中外合作经营企业和外商独资企业的有关出资方式、组织机构、设立程序和条件等相关法律规定。

案例导入

1.3 万元撬动华数传媒 65 亿定增 马云 A 股炫耀合伙人制度

合伙人制度是指由两个或两个以上合伙人拥有公司并分享公司利润，合伙人即为公司主人或股东的组织形式。合伙人制度的主要特点是：合伙人共享企业经营所得，并对经营亏损共同承担无限责任；它可以由所有合伙人共同参与经营，也可以由部分合伙人经营，其他合伙人仅出资并自负盈亏；合伙人的组成规模可大可小。

马云掌控的阿里巴巴曾有意赴香港上市，并于 2013 年 8 月向港交所提出了一项引入合伙人制度的"创新方案"，而香港证券交易所以坚守"同股同权"制度予以拒绝，此后阿里宣布赴美上市。

（记者：覃秘　编辑：邱江）

高达 65 亿元的再融资，引进马云和史玉柱两位大腕，细究其精巧的方案设计，投行人士议论纷纷，甚至戏言：马云在用实际案例向 A 股市场"炫耀"其力推多年的合伙人制度。

回看华数传媒的定增方案，唯一的发行对象云溪投资为有限合伙企业，其三名股东分别为史玉柱、云煌投资和谢世煌，持股比例分别为 0.9943%、0.0002% 和 99.0055%。其中，史玉柱为普通合伙人、执行事务合伙人，云煌投资为普通合伙人，谢世煌为有限合伙人。云煌投资的股东为马云和谢世煌，持股比例分别为 99% 和 1%。

据此计算，在高达 65.36 亿元的该项投资中，史玉柱的出资额仅为 6500 万元，马云的个人出资额不足 1.3 万元。不过，根据有限合伙人企业制度，作为普通合伙人的史玉柱，以及普通合伙人云煌投资控股股东的马云，却最终掌握着合伙企业的控制权，并将收取合伙企业的管理费。

由于合伙人企业内部的利润分享比例非常自由，外界几乎无法知晓具体的合同条款。在常见的有限合伙制企业中，有限合伙人提供大约99%的资金，分享约80%的收益；普通合伙人则享有管理费、利润分配等经济利益。其中，管理费一般以普通合伙人所管理资产总额的一定比例收取，约为3%左右；利润分配中，普通合伙人以1%的资本最多可获得20%的投资收益。

一位不愿具名的投行人士向上证报记者分析指出，从目前披露的投资架构来看，应是史玉柱看中了此次投资机会并邀请马云参与。借助这种特殊的设计，史玉柱和马云在表面上拥有平等的地位(都是普通合伙人)，而所谓的有限合伙人(金主)谢世煌不过是马云安排的一个替身。从公告内容来看，谢世煌的资金来自于浙江天猫向其提供的借款，贷款本金不超过65.37亿元，贷款期限10年，复合年利率8%，以持有的云溪投资合伙企业财产份额向浙江天猫提供质押担保。

据前述投行人士介绍，在上市公司的定向增发案例中，这种借助合伙人企业进行杠杆操作已有很多先例，只不过杠杆比例要小得多，且普通合伙人的名气亦没有马云和史玉柱大。相关统计显示，从2010年以来，合伙企业人一直是定增市场的主力军之一，一些私募性质的定增大户都会采用合伙人企业形式进行杠杆式操作，甚至还有银行发行了"定增+合伙"的理财产品。

马云和史玉柱的此番合作，让A股市场再次见识了合伙人企业制度的威力。有投行人士就此评价，马云和史玉柱凭借个人名头获得这个投资机会，并给予上市公司控股股东与阿里巴巴之间的战略合作协议以抬升股价。由于在入股华数传媒之前，马云刚刚投资了恒生电子，有市场人士开玩笑称，借助高比例的杠杆和天猫的现金流，马云究竟能买下多少家上市公司？

华数传媒定增案的另一个后果是，让合伙人制度再次成为市场的焦点议题。此前，万科总裁郁亮在内部讲话中吹风，提出"事业合伙人"制度，希望未来十年内可以打造200个亿万富翁。

(案例来源：http://finance.ifeng.com/a/20140410/120836890.shtml)

第一节　企业法概述

企业是市场经济中最重要、最活跃的主体，是运用资本赚取利润的一种经济组织。市场经济中各种不同所有制形式、组织形式的企业并存，分别由不同的法律制度加以规范。本章将介绍我国现行有关合伙企业、个人独资企业和外商投资企业的法律规定。

一、企业的概念

(一) 企业的概念

企业是依法设立的、以营利为目的、从事商品生产和经营活动、独立核算的经济组织。

所谓"以营利为目的"，是指企业从事生产和经营活动的目的是为了取得利润，并将利润分配给投资人。所谓"独立核算"，是指企业应同时满足以下三个条件：在银行单独开设账户；独立建立账簿，编制财务会计报表；独立计算盈亏。

（二）企业的特征

1. 组织性

企业在形式上是一种组织体，表明其主要从事经济活动，并有相应的财产。因此，企业是人的要素和物的要素的集合。

2. 营利性

企业的设立目的在于追求经济和社会利益，具体说是为了获得更多的利润，这一特征使它有别于行政事业单位以及社会团体。

3. 独立性

企业一经设立，即具有了独立性，有自己独立的地位和利益。企业是实行独立核算的社会经济组织，单独计算成本费用，以收抵支，计算盈亏，以对经济业务做出全面反映及控制。

4. 合法性

企业必须依法设立，进而取得法律关系的主体资格，可以以自己的名义从事生产经营活动。

二、企业的分类

依据不同的分类标准，企业存在多种分类。

(1) 以所有制性质为标准，企业可分为全民所有制企业、集体所有制企业、私营企业和混合所有制企业。

(2) 以组织形式为标准，企业可分为公司企业、合伙企业和独资企业。

(3) 以法律地位为标准，企业可分为法人企业和非法人企业。

(4) 以所属行业为标准，企业可分为工业企业、交通运输企业、邮电通信企业、地质勘探企业、建筑安装企业、农林企业、商业企业、金融企业等。

三、企业法概述

企业法是调整关于企业的各种经济关系的法律规范的总称。企业法的主要内容包括企业的设立条件、设立程序、权利能力和行为能力、财产、组织形式、经营管理，以及企业的变更、解散、清算等内容。企业法的主要任务是确立企业的法律地位，调整企业的内、外部关系。随着我国社会主义市场经济体制的建立与完善，在立法方面进一步加大了市场主体法的立法力度，相继制定并颁布了《中华人民共和国公司法》《中华人民共和国合伙企业法》《中华人民共和国个人独资企业法》《中华人民共和国中外合资经营企业法》《中华人民共和国中外合作经营企业法》《中华人民共和国外资企业法》和《中华人民共和国企业

《破产法》等一系列法律规范，对建立现代企业制度，完善社会主义市场经济体制起到了积极的作用。

第二节　合伙企业法

📖 案例导入

　　2015 年 7 月，张某和李某、王某三人设立了一家有限合伙企业，张、李是有限合伙人。其中李某、王某各出资 5 万元，张某以劳务出资。李某未经授权就和 C 公司订立了一份购买原料的合同，C 公司有理由相信有限合伙人李某为普通合伙人并与其交易。由于李某未对 C 的资质进行核实，所购原料质量不好，给有限合伙企业造成损失。2015 年 8 月，王某出资 5 万元新入伙，作为普通合伙人。同时，王某欠第三人 5 万元。2015 年 9 月，四人不和，决定解散有限合伙企业，当时企业负债 5 万元。

　　根据以上事实，回答下列问题：

　　(1) 四人的出资形式是否合法，为什么？

　　(2) 李某应就其擅自订立合同的行为承担什么责任？

　　(3) 王某欠第三人 5 万元，第三人是否可直接对王某的 5 万元出资行使其权利？

　　(4) 企业负债 5 万元，该责任如何在四人中分配？

一、合伙企业法概述

（一）合伙企业的概念

　　合伙企业，是指自然人、法人和其他组织依照《中华人民共和国合伙企业法》(以下简称《合伙企业法》)在中国境内设立的，由两个或两个以上的自然人通过订立合伙协议，共同出资经营、共负盈亏、共担风险的企业组织形式。合伙企业可以由部分合伙人经营，其他合伙人仅出资并共负盈亏，也可以由所有合伙人共同经营。合伙企业包括普通合伙企业和有限合伙企业。

　　普通合伙是指全体合伙人共同出资、合伙经营、共享利润和共负亏损，对合伙债务承担无限连带责任的合伙。有限合伙是指一名以上普通合伙人与一名以上有限合伙人组成的合伙，其中普通合伙人执行合伙事务，对外代表合伙组织，并对合伙的债务承担无限责任，有限合伙人不执行合伙事务，不对外代表组织，只按出资比例享受利润分配和分担亏损，并仅以其出资额为限对合伙的债务承担清偿责任。

　　《中华人民共和国合伙企业法》第 2 条规定："本法所称合伙企业，是指自然人、法人和其他组织依照本法在中国境内设立的普通合伙企业和有限合伙企业。普通合伙企业由普通合伙人组成，合伙人对合伙企业债务承担无限连带责任。本法对普通合伙人承担责任的形式有特别规定的，从其规定。有限合伙企业由普通合伙人和有限合伙人组成，普通合伙人对合伙企业债务承担无限连带责任，有限合伙人以其认缴的出资额为限对合伙企业债务承担责任。"

（二）《合伙企业法》概述

1997 年 2 月 23 日，八届全国人大常委会通过了《合伙企业法》，该法自 1997 年 8 月 1 日起施行。2006 年 8 月 27 日，十届全国人大常委会对该法进行了修订，修订后的《合伙企业法》自 2007 年 6 月 1 日起施行。此次修订涉及面广，新法将原法中合伙人资格扩大到自然人、法人和其他组织，新法规定了普通合伙企业和有限合伙企业，并且包括了以专业知识和专门技能为客户提供有偿服务的专业服务机构可以设立的特殊的普通合伙企业。另外，新法对合伙企业损益分配、事务执行、入伙退伙、解散清算等均有修订。

二、合伙企业的设立

（一）合伙企业的设立条件

1. 普通合伙企业的设立条件

(1) 有两个以上的合伙人，且均须为承担无限责任者。合伙人为自然人的，应当为完全民事行为能力人。国有独资公司、国有企业、上市公司，以及公益性的事业单位、社会团体不得成为普通合伙人。

(2) 有书面合伙协议。合伙协议是合伙企业成立的依据，也是确定合伙人权利义务的依据。订立合伙协议应当遵循自愿、平等、公平、诚实信用原则。合伙协议应当依法由全体合伙人协商一致，以书面形式订立，并经全体合伙人签名、盖章后方能生效。

合伙协议应载明以下事项：合伙企业的名称和主要经营场所的地点；合伙目的和合伙经营范围；合伙人的姓名或者名称、住所；合伙人的出资方式、数额和缴付期限；利润分配、亏损分担方式；合伙事务的执行；入伙与退伙；争议解决办法；合伙企业的解散与清算；违约责任。

(3) 有合伙人认缴或者实际缴付的出资。合伙人可以用货币、实物、知识产权、土地使用权或者其他财产权利出资，也可以用劳务出资。合伙人以实物、知识产权、土地使用权或者其他财产权利出资，需要评估作价的，可以由全体合伙人协商确定，也可以由全体合伙人委托法定评估机构评估。合伙人以劳务出资的，其评估办法由全体合伙人协商确定，并在合伙协议中载明。合伙人应当按照合伙协议约定的出资方式、数额和缴付期限履行出资义务，以非货币财产出资的，依照法律、行政法规的规定，需要办理财产权转移手续的，应当依法办理。

(4) 有合伙企业的名称和生产经营场所。根据《合伙企业法》的规定，以专业如识和专门技能为客户提供有偿服务的专业服务机构，可以设立为特殊的普通合伙企业。特殊的普通合伙企业是指合伙人依照《合伙企业法》第 57 条的规定，承担责任的普通合伙企业。特殊的普通合伙企业的设立条件与普通合伙企业的设立条件相同，只是企业的名称不同。设立普通合伙企业，其名称中应当标明"普通合伙"字样；设立特殊的普通合伙企业，其名称中应当标明"特殊普通合伙"字样。

(5) 法律、行政法规规定的其他条件。

2．有限合伙企业的设立条件

有限合伙企业设立除应具备普通合伙企业设立的条件外，其在主体上还有特别的要求，即有限合伙企业由2个以上、50个以下的合伙人设立，但是法律另有规定的除外。同时，有限合伙企业至少应当有一个普通合伙人；有限合伙人不得以劳务出资。另外，有限合伙企业的名称中应当标明"有限合伙"字样。

（二）合伙企业的设立登记

申请设立合伙企业，应当向企业登记机关提交登记申请书、合伙协议书、合伙人身份证明等文件。合伙企业的经营范围中有属于法律、行政法规规定在登记前须经批准的项目的，该项经营业务应当依法经过批准，并在登记时提交批准文件。申请人提交的登记申请材料齐全，符合法定形式，企业登记机关能够当场登记的，应予当场登记，并发给营业执照。除前述规定情形外，企业登记机关应当自受理申请之日起20日内，作出是否登记的决定，予以登记的，发给营业执照；不予登记的，应当给予书面答复，并说明理由。合伙企业的营业执照签发日期，即为合伙企业成立日期。合伙企业领取营业执照前，合伙人不得以合伙企业名义从事合伙业务。

合伙企业设立分支机构，应当向分支机构所在地的企业登记机关申请登记，领取营业执照。

合伙企业登记事项发生变更的，执行合伙事务的合伙人应当自作出变更决定或者发生变更事由之日起15日内，向企业登记机关申请办理变更登记。

（三）合伙人的责任

根据《合伙企业法》的规定，普通合伙的合伙人承担无限连带责任，其中特殊普通合伙的合伙人的责任形式有特别规定，即如果一个合伙人或者数个合伙人在执业活动中因故意或者重大过失造成合伙企业债务的，应当承担无限责任或者无限连带责任，而其他合伙人以其在合伙企业中的财产份额为限承担责任；如果合伙人在执业活动中非因故意或者重大过失造成合伙企业债务以及合伙企业的其他债务，由全体合伙人承担无限连带责任。有限合伙企业中，普通合伙人对合伙企业债务承担无限连带责任，有限合伙人以其认缴的出资额为限对合伙企业债务承担责任。但当第三人有理由相信有限合伙人为普通合伙人并与其交易的，该有限合伙人对该笔交易承担与普通合伙人同样的责任。有限合伙人未经授权以有限合伙企业名义与他人进行交易，给有限合伙企业或者其他合伙人造成损失的，该有限合伙人应当承担赔偿责任。

三、合伙企业的财产

根据《合伙企业法》，合伙企业的财产主要由两部分构成：一是合伙人出资构成的企业财产；二是以合伙企业名义取得的收益（即合伙经营中积累的财产）和依法取得的其他财产。

合伙人在合伙企业清算前，不得请求分割合伙企业的财产；但是，合伙企业法另有规定的除外。合伙人在合伙企业清算前私自转移或者处分合伙企业财产的，合伙企业不得以此对抗善意第三人。

合伙人处置其在合伙企业中的财产份额时应符合以下规定：合伙人之间转让在合伙企业中的全部或者部分财产份额时，应当通如其他合伙人。除合伙协议另有约定外，合伙人向合伙人以外的人转让其在合伙企业中的全部或者部分财产份额时，须经其他合伙人一致同意。合伙人向合伙人以外的人转让其在合伙企业中的财产份额的，在同等条件下，其他合伙人有优先购买权；但是，合伙协议另有约定的除外。有限合伙人可以按照合伙协议的约定向合伙人以外的人转让其在有限合伙企业中的财产份额，但应当提前 30 日通知其他合伙人。合伙人以其在合伙企业中的财产份额出质的，须经其他合伙人一致同意；未经其他合伙人一致同意的，其行为无效，由此给善意第三人造成损失的，由行为人依法承担赔偿责任。有限合伙人可以将其在有限合伙企业中的财产份额出质；但是，合伙协议另有约定的除外。

合伙人以外的人依法受让合伙人在合伙企业中的财产份额的，经修改合伙协议即成为合伙企业的合伙人，依照合伙企业法和修改后的合伙协议的规定享有权利、履行义务。

四、合伙企业的事务执行

合伙企业事务的执行，是指为了实现合伙企业的目的而进行的业务活动。合伙企业事务的执行涉及合伙事务的执行方式、决策方式和监督管理等多个方面。

（一）合伙企业事务的执行方式

合伙企业事务执行的具体方式可以由合伙人在协议中约定。根据我国《合伙企业法》的规定，合伙企业事务执行的具体方式可以有以下四种：

(1) 由全体合伙人共同执行合伙企业事务。合伙企业法规定，合伙人对执行合伙事务享有同等的权利，这意味着全体合伙人都有权执行合伙事务，可以共同来行使。但是，有限合伙企业只能由普通合伙人执行合伙事务，有限合伙人不执行合伙事务，不得对外代表有限合伙企业。

(2) 委托一名或数名合伙人执行合伙企业事务。按照合伙协议的约定或者经全体合伙人决定，可以委托一个或者数个合伙人对外代表合伙企业，执行合伙事务。作为合伙人的法人、其他组织执行合伙事务的，由其委派的代表执行。

(3) 由合伙人分别执行合伙企业事务，即由各合伙人分别执行某一方面的事务。未参与执行的合伙人除享有监督权外，对其他合伙人执行的合伙事务还有权提出异议。

(4) 经全体合伙人同意，企业可以聘请合伙人以外的人担任合伙企业的经营管理人员。被聘任的合伙企业的经营管理人员应当在合伙企业授权范围内履行职务。被聘任的合伙企业的经营管理人员，超越合伙企业授权范围履行职务，或者在履行职务过程中因故意或者重大过失给合伙企业造成损失的，依法应当承担赔偿责任。

（二）合伙企业事务的执行及监督

1. 合伙企业的议事规则

合伙人对合伙企业有关事项作出决议，按照合伙协议约定的表决办法办理。合伙协议未约定表决办法或者约定不明确的，实行合伙人一人一票并经全体合伙人过半数通过的表决办法。下列事项除合伙协议另有约定外，应当经全体合伙人一致同意。

(1) 改变合伙企业的名称。

(2) 改变合伙企业的经营范围、主要经营场所、地点。

(3) 处分合伙企业的不动产。

(4) 转让或者处分合伙企业的知识产权和其他财产权利。

(5) 以合伙企业名义为他人提供担保。

(6) 聘任合伙人以外的人担任合伙企业的经营管理人员。

(7) 普通合伙人转变为有限合伙人，或者有限合伙人转变为普通合伙人。

2．合伙企业事务的监督管理

执行合伙企业事务的合伙人，对外代表合伙企业，其他合伙人不再执行合伙企业的事务。无论是合伙人共同执行事务，还是委托个别合伙人执行事务，合伙人均有权随时了解有关合伙企业的经营状况和财务状况，有权查阅账簿和其他业务文件。在委托事务执行人的情况下，不执行事务的合伙人享有对事务执行人的监督权。事务执行人有义务向不参加事务执行的合伙人报告事务执行情况以及合伙企业经营状况和财务状况。

合伙协议约定或者经全体合伙人决定，合伙人分别执行合伙事务时，合伙人可以对其他合伙人执行的事务提出异议。提出异议时，应暂停该项事务的执行；如果发生争议，可以由全体合伙人共同决定。

被委托执行合伙企业事务的合伙人不按照合伙协议或者全体合伙人的决定执行事务的，其他合伙人可以决定撤销该委托。

需要特别注意的是，在有限合伙企业中，有限合伙人的权利是受到一定限制的，即有限合伙人不执行合伙事务，不得对外代表有限合伙企业。但是，有限合伙人的下列行为不视为执行合伙事务：参与决定普通合伙人入伙、退伙；对企业的经营管理提出建议；参与选择承办有限合伙企业审计业务的会计师事务所；获取经审计的有限合伙企业财务会计报告；对涉及自身利益的情况，查阅有限合伙企业财务会计账簿等财务资料；在有限合伙企业中的利益受到侵害时，向有责任的合伙人主张权利或者提起诉讼；执行合伙事务合伙人怠于行使权利时，督促其行使权利或者为了本企业的利益以自己的名义提起诉讼；依法为本企业提供担保。

五、合伙企业与第三人的关系

（一）保护善意第三人

合伙企业可以通过内部协议对执行合伙人及其代理人的外部行为的效力加以限制，但是这种限制对第三人发生效力的前提是第三人知晓这一限制条件。如果第三人不知情，该内部效力对第三人不发生抗辩效力。

（二）合伙企业的债务清偿

1．合伙企业债务的对外清偿

合伙企业对其债务，应先以其全部财产进行清偿。合伙企业不能清偿到期债务的，合伙人应当承担无限连带责任。

2. 合伙人之间的债务分担与追偿

合伙人由于承担无限连带责任，清偿数额超过其应当承担亏损分担比例的，有权向其他合伙人追偿。各合伙人承担比例的确定方法如下：合伙企业的亏损分担，按照合伙协议的约定办理；合伙协议未约定或者约定不明确的，由合伙人协商决定；协商不成的，由合伙人按照实缴出资比例分担；无法确定出资比例的，由合伙人平均分担。

3. 合伙人个人债务与合伙企业的关系

《合伙企业法》规定，合伙人发生与合伙企业无关的债务，相关债权人不得以其债权抵消其对合伙企业的债务，也不得代位行使合伙人在合伙企业中的权利。

合伙人的自有财产不足清偿其与合伙企业无关的债务的，该合伙人可以以其从合伙企业中分取的收益用于清偿；债权人也可以依法请求人民法院强制执行该合伙人在合伙企业中的财产份额用于清偿。

人民法院强制执行以合伙人的财产份额清偿时，应当通知全体合伙人，其他合伙人有优先购买权；其他合伙人未购买，又不同意将该财产份额转让给他人的，依照《合伙企业法》第 51 条规定为该合伙人办理退伙结算，或者办理削减该合伙人相应财产份额的结算。

六、入伙与退伙

(一) 入伙

入伙，即合伙人之外的第三人加入合伙，获得合伙人资格。新合伙人入伙，除合伙协议另有约定外，应当经全体合伙人一致同意，并依法订立书面入伙协议。订立入伙协议时，原合伙人应当向新合伙人如实告知原合伙企业的经营状况和财务状况。

入伙的新合伙人与原合伙人享有同等权利，承担同等责任。入伙协议另有约定的，从其约定。新合伙人对入伙前合伙企业的债务承担无限连带责任。

(二) 退伙

1. 退伙的概念及条件

退伙是指在合伙企业存续期间，合伙人退出合伙企业，从而丧失合伙人资格的法律行为。根据退伙发生的原因不同，分为自愿退伙、当然退伙、除名退伙。

自愿退伙，是指在合伙人有权自主选择是否退伙的情形下的退伙。自愿退伙又分为两种情况：一是在合伙协议约定合伙企业经营期限的情况下，有合伙协议约定的退伙事由出现，或经全体合伙人一致同意，或发生合伙人难以继续参加合伙的事由，或其他合伙人严重违反合伙协议约定的义务，合伙人可以退伙。二是在合伙协议未约定合伙企业经营期限的情况下，合伙人在不给合伙企业事务执行造成不利影响的前提下，可以退伙，但应当提前 30 日通知其他合伙人。

当然退伙，指合伙人因法定事由的出现，不具备合伙人的基本条件而必须退伙的情形。当然退伙的事由有：作为合伙人的自然死亡或者被依法宣告死亡；个人丧失偿债能力；作为合伙人的法人或者其他组织依法被吊销营业执照、责令关闭、撤销，或者被宣告破产；

法律规定或者合伙协议约定合伙人必须具有相关资格而丧失该资格的；合伙人在合伙企业中的全部财产份额被人民法院强制执行。退伙事由实际发生之日为退伙生效日。

除名退伙，指在法定条件下，经其他合伙人一致同意，合伙人被合伙企业除名而发生的退伙。合伙人有下列情形之一的，经其他合伙人一致同意，可决议将其除名：未履行出资义务；因故意或者重大过失给合伙企业造成损失；执行合伙事务时有不正当行为；发生合伙协议约定的事由。对合伙人的除名决议应当书面通知被除名人，被除名人接到除名通知之日，除名生效，被除名人退伙。被除名人对除名决议有异议的，可以自接到除名通知之日起 30 日内，向人民法院起诉。

2. 退伙的法律后果

合伙人退伙势必要引起合伙企业财产的清理、结算与退还，这是关系到退伙人与其他合伙人重大财产关系的事项，对此，合伙企业法做出了具体的规定。

合伙人退伙，其他合伙人应当与该退伙人按照退伙时的合伙企业财产状况进行结算，退还退伙人的财产份额。退伙人对给合伙企业造成的损失负有赔偿责任的，相应扣减其应当赔偿的数额；退伙时有未了结的合伙企业事务的，待该事务了结后进行结算；退伙人在合伙企业中财产份额的退还办法，由合伙协议约定或者由全体合伙人决定，可以退还货币，也可以退还实物；退伙人对基于其退伙前的原因发生的合伙企业债务，承担无限连带责任。

合伙人退伙时，合伙企业财产少于合伙企业债务的，退伙人应当按照合伙协议约定的比例分担合伙企业的亏损；如果在合伙协议中未约定分担比例的，退伙人则与其他合伙人平均分担亏损。

七、合伙企业的解散与清算

(一) 合伙企业的解散

根据《合伙企业法》，有下列情形之一的，合伙企业应当解散。
(1) 合伙期限届满，合伙人决定不再经营。
(2) 合伙协议约定的解散事由出现。
(3) 全体合伙人决定解散。
(4) 合伙人已不具备法定人数满 30 天。
(5) 合伙协议约定的合伙目的已经实现或者无法实现。
(6) 依法被吊销营业执照、责令关闭或者被撤销。
(7) 法律、行政法规规定的其他原因。

(二) 合伙企业的清算

合伙企业解散后应当依法进行清算，并通知和公告债权人。

1. 清算人的确定方式

合伙企业解散，应当由清算人进行清算。清算人由全体合伙人担任；经全体合伙人过半数同意，可以自合伙企业解散事由出现后 15 日内指定一个或者数个合伙人，或者委托第三人，担任清算人。自合伙企业解散事由出现之日起 15 日内未确定清算人的，合伙人或者其他利害关系人可以申请人民法院指定清算人。

2．清算人的职责

清算人在清算期间应执行以下事务：

(1) 清理合伙企业财产，分别编制资产负债表和财产清单。

(2) 处理与清算有关的合伙企业未了结事务。

(3) 清缴所欠税款。

(4) 清理债权、债务。

(5) 处理合伙企业清偿债务后的剩余财产。

(6) 代表合伙企业参加诉讼或者仲裁活动。

3．合伙企业债务的清偿

在清算过程中，合伙企业财产应当首先用于支付清算费用，如果有剩余的，按照下列顺序清偿。

(1) 所欠职工工资、社会保险费用、法定补偿金。

(2) 合伙企业所欠税款。

(3) 合伙企业的债务。

合伙企业按照上述顺序清偿后仍有剩余的，依照合伙协议的约定进行分配；合伙协议未约定或者约定不明确的，由合伙人协商决定；协商不成的，由合伙人按照实缴出资比例分配；无法确定出资比例的，由合伙人平均分配。

清算结束后，清算人应当编制清算报告，经全体合伙人签名、盖章后，在 15 日内向企业登记机关报送清算报告，申请办理合伙企业注销登记。

合伙企业注销后，原普通合伙人对合伙企业存续期间的债务仍应承担无限连带责任。合伙企业不能清偿到期债务的，债权人可以依法向人民法院提出破产清算申请，也可以要求普通合伙人清偿。合伙企业依法被宣告破产的，普通合伙人对合伙企业债务仍应承担无限连带责任。

第三节 个人独资企业法

📖 **案例导入**

2016 年 1 月，甲出资 5 万元设立 A 个人独资企业。甲聘请乙管理企业事务，同时规定，凡乙对外签订标的额超过 1 万元以上的合同，须经甲同意。2 月 10 日，乙未经甲同意，以 A 企业名义向丙购入价值 2 万元的货物，但丙并不知道甲乙之间的约定。2016 年 7 月 4 日，A 企业亏损，不能支付到期的欠丁的债务，甲决定解散该企业，并请求人民法院指定清算人。7 月 10 日，人民法院指定戊作为清算人对 A 企业进行清算。经查实，A 企业和甲的资产及债权债务情况如下：

(1) A 企业欠缴税款 5000 元，欠乙工资 15000 元，欠社会保险费用 5000 元，欠丁 10 万元。

(2) A 企业的银行存款 2 万元，实物折价 8 万元。

(3) 甲在 B 合伙企业出资 6 万元，占 50% 的出资额，B 合伙企业每年可向合伙人分配利润。

(4) 甲个人其他可执行的财产价值 2 万元。

根据上述事实及有关法律规定，分析下列问题：

(1) 乙于 2 月 10 日以 A 企业名义向丙购买价值 2 万元货物的行为是否有效，请说明理由。

(2) 试述 A 企业的财产清偿顺序。

(3) 如何满足丁的债权请求？

一、个人独资企业法概述

(一) 个人独资企业的概念和特征

个人独资企业是指在中国境内依法设立的，由一个自然人投资，财产为投资人个人所有，投资人以其个人财产对企业债务承担无限责任的经营实体。

个人独资企业与其他企业形式相比具有以下法律特征：

(1) 个人独资企业是自然人投资的企业。个人独资企业的投资主体仅限于自然人且是中国公民，人数仅限 1 人，不包括任何组织，外商独资企业不适用于《中华人民共和国个人独资企业法》(以下简称《个人独资企业法》)。

(2) 个人独资企业投资人对企业的债务承担无限责任。无限责任是相对于有限责任而言，指企业的资产不足以清偿到期债务时，投资人应以自己的个人财产用以清偿，不以投资人申报的出资额为限。

(3) 个人独资企业内部机构设置简单，经营管理方式灵活，既可自己管理，又可委托或聘用他人管理。个人独资企业的内部机构除对财务会计制度方面以及劳动合同、劳动保护方面有要求外，其他内容在《个人独资企业法》中未明确规定。

(4) 个人独资企业的法律性质属非法人企业，不能独立承担民事责任，但能以自己的名义从事民事活动，责任由投资人承担。

(二) 个人独资企业法的概述

个人独资企业法是调整个人独资企业经济关系的法律规范的总称。为了保护个人独资企业的财产和其他合法权益，规范个人独资企业的生产经营活动，1999 年 8 月 30 日，第九届全国人民代表大会常务委员会第十一次会议通过了《中华人民共和国个人独资企业法》，自 2000 年 1 月 1 日起施行。

二、个人独资企业的设立

(一) 个人独资企业的设立条件

个人独资企业的设立须满足以下条件：

(1) 投资人为一个自然人，且只能是中国公民。投资人应当具有完全民事行为能力。

(2) 有合法的企业名称。个人独资企业的名称中不得使用"有限""有限责任"或者"公司"字样。

(3) 有投资人申报的出资。设立个人独资企业可以用货币出资，也可以用实物、土地使用权、知识产权或者其他财产权利出资。除货币出资之外，其他的出资形式都需要经过评估折算成货币。投资人可以个人财产出资，也可以家庭共有财产作为个人出资。以家庭共有财产作为个人出资的，投资人应当在设立登记申请书上予以注明。

(4) 有固定的生产经营场所和必要的生产经营条件。生产经营场所包括企业的住所(主要办事机构所在地为住所)和进行生产经营活动的处所；生产经营条件是指生产经营过程中所用到的办公场所、厂房、机器设备等，这些条件必须与企业的生产经营范围、规模相适应。

(5) 有必要的从业人员。

（二）个人独资企业的设立程序

申请设立个人独资企业，应当由投资人或者其委托的代理人向个人独资企业所在地的登记机关提出设立申请。投资人申请设立登记，应当向登记机关提交下列文件：

(1) 投资人签署的个人独资企业设立申请书，其中应当载明企业的名称和住所、投资人的姓名和住所、投资人的出资额和出资方式、经营范围等。

(2) 投资人身份证明。

(3) 企业住所证明和生产经营场所使用证明等文件。

(4) 委托代理人申请设立登记的，应当提交投资人的委托书和代理人的身份证明或资格证明。

(5) 国家工商行政管理总局规定提交的其他文件。

登记机关应当在收到设立申请文件之日起 15 日内，对符合个人独资企业法规定条件者，予以登记，发给营业执照；对不符合个人独资企业法规定的条件者，不予登记，并且给予书面答复，说明理由。个人独资企业营业执照的签发日期为个人独资企业的成立日期。

个人独资企业设立分支机构的，应当由投资人或者其委托的代理人向分支机构所在地的登记机关申请登记，领取营业执照。分支机构经过核准登记后，应将登记情况报该分支机构隶属的个人独资企业的原登记机关备案。个人独资企业的分支机构是企业的一部分，其民事责任实际上还是由投资人承担，因为投资人以其个人财产对整体债务承担无限责任。

三、个人独资企业的投资人与事务管理

（一）个人独资企业的投资人

个人独资企业的投资人应当是对企业的财产依法享有所有权的、具有完全行为能力的自然人，法律、行政法规禁止从事营利性活动的人 (如法官、检察官、军人、国家公务员

等)，不得作为投资人申请设立个人独资企业。

个人独资企业投资人对本企业的财产依法享有所有权，其有关权利可以依法转让或继承。个人独资企业投资人在申请企业设立登记时明确以家庭共有财产作为个人出资的，应当依法以家庭共有财产对企业债务承担无限责任。

(二) 个人独资企业的事务管理

1. 个人独资企业事务管理的方式

个人独资企业事务管理有三种模式：

(1) 自行管理，即由个人独资企业的投资人本人对本企业的经营事务进行管理。

(2) 委托管理，即投资人委托其他有民事行为能力的人负责企业事务的管理。

(3) 聘任管理，即投资人聘用其他有民事行为能力的人负责企业的事务管理。

投资人有权自由选择上述三种模式。在后两种情况下，投资人应当与受托人或者被聘用的人签订书面合同，明确委托的具体内容和授予的权利范围。受托人或者被聘用的人员应当履行诚信、勤勉的义务，按照与投资人签订的合同负责个人独资企业的事务管理。投资人对受托人或者被聘用的人员职权的限制，不得对抗善意第三人。

投资人委托或者聘用的管理个人独资企业事务的人员不得有下列行为：

(1) 利用职务上的便利，索取或者收受贿赂。

(2) 利用职务或者工作上的便利侵占企业财产。

(3) 挪用企业的资金归个人使用或者借贷给他人。

(4) 擅自将企业资金以个人名义或者以他人名义开立账户储存。

(5) 擅自以企业财产提供担保。

(6) 未经投资人同意，从事与本企业相竞争的业务。

(7) 未经投资人同意，同本企业订立合同或者进行交易。

(8) 未经投资人同意，擅自将企业商标或者其他知识产权转让给他人使用。

(9) 泄露本企业的商业秘密。

(10) 法律、行政法规禁止的其他行为。

2. 个人独资企业事务管理的内容

个人独资企业的事务管理有以下五个方面的要求：

(1) 个人独资企业应当依法设置会计账簿，进行会计核算。

(2) 个人独资企业招用职工的，应当依法与职工签订劳动合同，保障职工的劳动安全，按时、足额发放职工工资。

(3) 个人独资企业应当按照国家规定参加社会保险，为职工缴纳社会保险费。

(4) 个人独资企业可以依法申请贷款、取得土地使用权，并享有法律、行政法规规定的其他权利。

(5) 任何单位和个人不得违反法律、行政法规的规定，以任何方式强制个人独资企业提供财力、物力、人力；对于违法强制提供财力、物力、人力的行为，个人独资企业有权拒绝。

四、个人独资企业的解散与清算

(一) 个人独资企业的解散

个人独资企业的解散是指，当出现某些法律事由时，导致企业民事主体资格消灭的行为。个人独资企业有下列情形之一时，应当解散。

(1) 投资人决定解散。

(2) 投资人死亡或者被宣告死亡，无继承人或者继承人决定放弃继承。

(3) 被依法吊销营业执照。

(4) 法律、行政法规规定的其他解散情形。

(二) 个人独资企业的清算

个人独资企业解散时，应当依法清算。清算指清理企业的债权债务，了结尚未完结的企业事务，使企业终止的行为。

个人独资企业的清算方式有两种：

(1) 由投资人自行清算。

(2) 由债权人申请人民法院指定清算人进行清算。

投资人应当在清算前 15 日内书面告知债权人，无法通知的，应当予以公告。债权人应当在接到通知之日起 30 日内，未接到通知的应当在公告之日起 60 日内，向投资人申报其债权。清算人在债权人申报债权后开始清理企业的债权、债务。在清算期间，企业不得开展与清算无关的活动。在清偿债务前，投资人不得转移、隐匿财产。

清偿时按照以下顺序进行：

(1) 所欠职工工资和社会保险费用。

(2) 所欠税款。

(3) 其他债务。

个人独资企业财产不足以清偿债务的，投资人应当以其个人财产进行清偿。清算结束后，投资人或者人民法院指定的清算人应当编制清算报告，并于 15 日内到登记机关办理注销登记。注销登记一旦完成，个人独资企业即告消灭。个人独资企业解散后原投资人对于企业存续期间的债务应当承担偿还责任，但债权人在 5 年之内未向债务人提出偿债请求的，该责任消灭。

第四节　外商投资企业法

案例导入

奔马电子有限公司为一家中美合资企业，企业的注册资本为 450 万美元。中方投资 350 万美元，其中场地使用权作价 50 万美元，厂房机器 200 万美元，现金 100 万美元；外方投资 100 万美元，其中现金 70 万美元，机器设备 30 万美元(是向其国租赁来的)。

请分析：上述合同内容存在什么问题？请说明理由。

一、外商投资企业法概述

（一）外商投资企业的概念、特征和种类

1．外商投资企业的概念

外商投资企业是指依照中华人民共和国法律的规定，由中国投资者和外国投资者共同投资或者由外国投资者单独投资，经中国政府批准，在中国境内投资兴办的企业。

2．外商投资企业特征

(1) 外商投资企业由外国投资者参与设立或由外国投资者单独设立。外国投资者包括外国的公司、企业、其他经济组织或者个人。外商投资企业可以是中国投资者与外国投资者共同投资设立，也可以是外国投资者单独投资设立，外国投资者单独设立包括外国的一方投资者设立或多方投资者共同设立，其投资者不包括外国政府和国际组织。

(2) 外商投资企业依照中国法律在中国境内设立，具有中国国籍。企业设立后，必须遵守中国的法律，依法履行企业的义务，并接受中国政府的管理和监督，同时其合法权益受中国法律保护。

(3) 国家对外商投资企业实施专门、特殊的管理政策。

(4) 外商投资企业由外国投资者以私人直接投资的方式设立，外国投资者在企业中拥有部分或全部资本，也拥有部分或全部的控制权，并参与企业的经营管理。

3．外商投资企业的种类

我国目前的外商投资企业主要有中外合资经营企业、中外合作经营企业、外资企业，一般称之为"三资企业"。

（二）外商投资企业法概况

外商投资企业法是指调整外商投资企业在设立、经营管理过程中所发生的经济关系的法律规范的总称。我国的外商投资企业立法伴随着改革开放而不断完善，目前已经形成了一系列重要的法律、法规，包括《中华人民共和国中外合资经营企业法》(以下简称《合资企业法》)及其实施条例、《中华人民共和国中外合作经营企业法》(以下简称《合作企业法》)及其实施条例、《中华人民共和国外资企业法》(以下简称《外资企业法》)及其实施条例等法律法规。

1．外商投资企业法所调整的经济关系

(1) 我国有关国家机关与外商投资企业在审批、设立、登记、税收、外汇等方面的管理关系。

(2) 外商投资企业与我国境内、境外的企业，以及经济组织之间的经济关系。

(3) 外商投资企业内部的组织管理关系。

2．我国保护外商投资企业的合法权益

我国对外商投资企业的法律保护为了保护外商投资企业的合法权益，我国外商投资企

业的有关法律规定：不对中外合资经营企业和外资企业进行国有化征收；特殊情况下，予以征收的，应给予相应的补偿。

3．不符合设立外资企业申请条件的情况

根据法律规定申请设立外资企业，有下列情况之一的，不予批准。

(1) 有损中国主权或者社会公共利益的。

(2) 危及中国国家安全的。

(3) 违反中国法律、法规的。

(4) 不符合中国国民经济发展要求的。

(5) 可能造成环境污染的。

二、中外合资经营企业法

1979年7月1日第五届全国人民代表大会第二次会议通过，1990年4月4日第七届全国人民代表大会第三次会议和2001年3月15日第九届全国人民代表大会第四次会议两次修订的《中华人民共和国中外合资经营企业法》及其实施条例，是中外合资经营企业的主要法律依据。

（一）中外合资经营企业的概念及特征

中外合资经营企业亦称股权式合营企业。它是由外国公司、企业和其他经济组织或个人同中国的公司、企业或其他经济组织，依照中国的法律和行政法规，经中国政府批准，设在中国境内的，由双方共同投资，共同经营，按照各自的出资比例共担风险、共负盈亏的企业。中外合资经营企业的法律特征有：

(1) 合营企业的双方分别为中国合营者和外国合营者。中国合营者可以是公司、企业或者其他经济组织，而外国合营者可以是公司、企业、其他经济组织或者个人；另外，我国的港、澳、台地区视同外国。

(2) 中外合营各方共同投资、共同经营，按各自的出资比例共担风险、共负盈亏。

(3) 合营企业的组织形式为有限责任公司，董事会为最高权力机关。

(4) 合营企业是经中国政府批准设立的具有中国国籍的企业法人，其必须遵守中国的法律和行政法规，并受中国的法律和行政法规的保护。

（二）中外合资经营企业的设立

1．中外合资企业的设立条件

根据《合资企业法》和实施条例的规定，为促进中国经济发展和科学技术水平的提高，我国允许设立合营企业的主要行业是：能源开发，建筑材料工业，化学工业，冶金工业；机械制造工业，仪器仪表工业，海上石油开采设备的制造业；电子工业，计算机工业，通讯设备的制造业；轻工业，纺织工业，食品工业，医药和医疗器械工业；农业，牧业，养殖业。

在具体设立合营企业时，应注重效益，并符合下列一项或者数项要求：采用先进技术设备和科学管理方法，能增加产品品种，提高产品质量和产量，节约能源和原材料；有利于企业技术改造，能做到投资少、见效快、收益大；能扩大产品出口，增加外汇收入；能培训技术人员和经营管理人员。

申请设立合营企业有下列情况之一的，不予以批准：有损中国主权的；违反中国法律的；不符合中国国民经济发展要求的；造成环境污染的；签订的协议、合同、章程明显属于不公平，损害合营一方权益的。

2．中外合资企业的设立程序

设立合营企业要经过申请、审批和登记三个步骤。

(1) 申请。

由中国合营者向企业的主管部门呈报拟与外国合营者设立合营企业的项目建议书和初步可行性研究报告。经企业的主管部门审查同意并转报审批机构批准后，合营各方才能进行以可行性研究为中心的各项工作，协商合营企业的协议、合同、章程。此外，如果合营各方已就合营事宜形成一致意见，应先行向国家工商管理机关申请合营企业名称的预先核准。

中方合营者负责向审批机构报送以下文件：设立合营企业的申请书；合营各方共同编制的可行性研究报告；由合营各方授权代表签署的合营企业协议、合同和章程；由合营各方委派的合营企业董事长、副董事长、董事人选名单；中国合营者的企业主管部门和合营企业所在地的省、自治区、直辖市人民政府对设立该合营企业签署的意见。

(2) 审批。

在中国境内设立合营企业必须经国务院对外经济贸易主管部门即商务部审查批准，发给批准证书。但具备以下条件的国务院授权省、自治区、直辖市人民政府或者国务院有关部门审批：投资总额在国务院规定的投资审批权限以内，中国合营者的资金来源已经落实的；不需要国家增拨原材料，不影响燃料、动力、交通运输、外贸出口配额等方面全国平衡的。此种情况应报商务部备案，审批机关自接到中国合营者按规定报送的全部文件之日起，在三个月内决定批准或者不批准。

(3) 登记。

申请者应在得到批准后的 1 个月之内，凭批准证书、合同、章程、场地使用文件、企业名称预先核准通知书等向合营企业所在地的省、自治区、直辖市的工商行政管理局办理登记手续，领取企业法人营业执照。合营企业营业执照的签发日期，即为合营企业的成立日期。

（三）中外合资经营企业的投资

1．注册资本和投资总额

合营企业的注册资本是指为设立合营企业在登记管理机关注册的资本总额，其应为合营各方认缴的出资额之和。在合营企业的注册资本中，外国合营者的投资比例一般不低于25%，特殊情况需要低于该比例的，如设立高新技术产业合营企业的，需报国务院审批。合营企业的注册资本，应当与生产经营的规模、范围相适应。合营企业在合营期内不得减少其注册资本。

经合营他方同意和审批机构批准，合营一方可以向第三者转让其全部或部分出资额；一方转让出资额时，合营他方有优先购买权。合营期限内，不得减少其注册资本。但因投资总额和生产经营规模等发生变化，确需减少注册资本的，须经审批机关批准。增加注册资本，应符合法律程序。

投资总额是指按照合营企业合同、章程规定的生产规模需要投入的基本建设资金和生产流动资金的总和。合营企业的注册资本与投资总额之间应当保持一个适当的、合理的比例。现行有关规定如下：

(1) 合营企业的投资总额在 300 万美元以下 (含 300 万美元)的，其注册资本至少应占投资总额的 7/10。

(2) 合营企业的投资总额在 300 万美元以上至 1000 万美元 (含 1000 万美元)的，其注册资本至少应占投资总额的 1/2，其中投资总额在 420 万美元以下的，注册资本不得低于 210 万美元。

(3) 合营企业的投资总额在 1000 万美元以上至 3000 万美元(含 3000 万美元)的，其注册资本至少应占投资总额的 2/5，其中投资总额在 1250 万美元以下的，注册资本不得低于 500 万美元。

(4) 合营企业的投资总额在 3000 万美元以上的，其注册资本至少应占投资总额的 1/3，其中投资总额在 3600 万美元以下的，注册资本不得低于 1200 万美元。

2．合营企业各方的出资方式和出资期限

合营企业合营各方可以用货币出资，也可以用实物、知识产权、场地使用权等出资。合营各方认缴的出资，必须是合营者自己所有的现金，自己所有并且未设立任何担保物权的实物、工业产权、专有技术等。合营企业任何一方不得用以合营企业名义取得的贷款、租赁的设备或者其他财产以及合营者以外的他人财产作为自己的出资，也不得以合营企业的财产和权益或者合营他方财产和权益为其出资担保。

以工业产权、专有技术出资签订的技术协议应符合的条件是：

(1) 技术转让协议期限不得超过 10 年。

(2) 协议期满后，输入方有权继续使用该技术。

(3) 除双方另有协议外，技术输出方不得限制技术输入方出口其产品的地区、数量和价格，不得含有中国法律、法规所禁止的不合理限制性条款。

以场地使用权出资仅是中国合营者的出资方式，如果场地使用权不作为中国合营者出资的一部分，合营企业应该向中国政府缴纳场地使用费。

合营各方的出资期限有两种：一是一次缴清，二是分期缴付。合同规定一次缴清的，合营各方应当从营业执照签发之日起 6 个月内缴清。分期缴付，合营各方的第一期出资不得低于各自认缴出资额的 15%，并且应当在营业执照签发之日起 3 个月内缴清。

(四) 中外合资经营企业的组织机构

合营企业的组织形式为有限责任公司，即合营企业以其拥有的全部资产对债务负责，而合营各方对企业的责任也仅以其各自认缴的出资额为限。

1．董事会

董事会是合营企业的最高权力机构，按照合营企业章程的规定，讨论决定合营企业的一切重大问题。

董事会成员不得少于 3 人，董事长和副董事长由合营各方协商确定或由董事会选举产生。中外合营者中一方担任董事长的，由他方担任副董事长。董事名额的分配由合营各方参照出资比例协商确定，董事由合营各方按照分配的名额委派和撤换。董事的任期为 4 年，经合营各方继续委派可以连任。董事长是合营企业的法定代表人，董事长不能履行职责时，应当授权副董事长或者其他董事代表合营企业。

董事会会议每年至少召开 1 次，由董事长负责召集并主持。董事长不能召集时，由董事长委托副董事长或者其他董事负责召集并主持董事会会议。经 1/3 以上的董事提议，可以由董事长召开董事会临时会议。董事会会议应当有 2/3 以上董事出席方能举行。董事不能出席的，可以出具委托书委托他人代表其出席和表决。董事会会议一般应当在合营企业法定地址所在地举行。

下列事项由出席董事会会议的董事一致通过方可作出决议：合营企业章程的修改；合营企业的中止、解散；合营企业注册资本的增加、减少；合营企业的合并、分立。其他事项，可以根据合营企业章程载明的议事规则作出决议。

2. 经营管理机构

合营企业设经营管理机构，负责企业的日常经营管理工作。经营管理机构设总经理 1 人，副总经理若干人。总经理执行董事会会议的各项决议，组织领导合营企业的日常经营管理工作。在董事会授权范围内，总经理对外代表合营企业，对内任免下属人员，行使董事会授予的其他职权。总经理、副总经理由合营企业董事会聘请，可以由中国公民担任，也可以由外国公民担任。经董事会聘请，董事长、副董事长、董事可以兼任合营企业的总经理、副总经理或者其他高级管理职务。总经理处理重要问题时，应当同副总经理协商。总经理或者副总经理不得兼任其他经济组织的总经理或者副总经理，不得参与其他经济组织对本企业的商业竞争。总经理、副总经理及其他高级管理人员有营私舞弊或者严重失职行为的，经董事会决议可以随时解聘。

（五）中外合资企业的管理

合营企业在中国法律、法规规定的范围内，有权自主地从事经营管理活动。

1. 合营企业的生产经营管理

合营企业按照合营合同规定的经营范围和生产规模所制定的生产经营计划，由董事会执行，报企业主管部门备案。企业的主管部门和各级计划管理部门不得对合营企业下达指令性的生产经营计划。合营企业所需的机器设备、原材料、燃料、配套件、运输工具和办公用品等物资，有权自行决定在中国购买或向国外购买。

2. 合营企业的利润分配

合营企业的销售收入扣除成本、缴纳企业所得税后，即为合营企业的净利润或叫税后利润。根据我国法律，净利润应当依以下原则分配：提取储备基金、职工奖励及福利基金、企业发展基金。企业的储备基金除用于弥补合营企业的亏损外，也可以用于本企业增加资本。三项基金扣除后的余额，按合营各方的出资比例进行分配。外方欲将分得的利润再在中国投资的，可以申请减免税收；如要汇出国外，则应经中国银行按《中华人民共和国外汇管理暂行条例》的规定办理。

（六）中外合资经营企业的期限、解散与清算

1. 合营企业的期限

中外合资企业的合营期限，根据不同的行业和项目做不同的约定。有的行业的合资企业应当约定合营期限，有的行业的合资企业可以约定合营期限，也可以不约定合营期限。约定合营期限的，一般的项目期限为 10 年至 30 年；投资大、回收周期长、利润率低的项目，以及产品有竞争能力、外国合营者提供了尖端技术的，可延长至 50 年；经国务院特别批准的项目，可以超过 50 年。合营企业的合营期限，由合营各方在合营企业协议、合同、章程中规定。合营期限从合营企业营业执照签发之日起计算。合营各方如同意延长合营期限，应在距合营期满 6 个月前，向审批机构报送由合营各方授权代表签署的延长合营期限的申请书。审批机构应在接到申请书之日起 1 个月内决定批准或不批准。合营期限的延长经批准后，应及时办理变更登记手续。

2. 合营企业的解散

根据我国法律的规定，合营企业在下列情况下解散：

(1) 合营期限届满。

(2) 企业发生严重亏损，无力继续经营。

(3) 合营一方不履行合营企业协议、合同、章程规定的义务，致使企业无法继续经营。

(4) 因自然灾害、战争等不可抗力遭受严重损失，无法继续经营。

(5) 合营企业未达到其经营目的，同时又无发展前途。

(6) 合营企业合同、章程规定的其他解散原因已经出现。

合营企业解散，第(2)、(4)、(5)、(6)项情况发生的，由董事会提出解散申请书，报审批机构批准；第(3)项情况发生的，由履行合同的一方提出申请，报审批机构批准。在第(3)项情况下，不履行合营企业协议、合同、章程规定的义务一方，应当对给合营企业由此造成的损失负赔偿责任。

3. 合营企业的清算

合营企业宣告解散时，应当进行清算。合营企业应当按照规定成立清算委员会，由清算委员会负责清算事宜。清算委员会的成员一般应在合营企业的董事会中选任。董事不能担任或不适合担任清算委员会成员时，合营企业可以聘请在中国注册的会计师、律师担任。清算过程中，审批机构可派人监督。

清算委员会对合营企业的财产、债权、债务进行全面清查，编制资产负债表和财产目录，提出财产作价和计算依据，制定清算方案，提请董事会会议通过后执行。在清算期间，清算委员会代表合营企业起诉和应诉，合营企业以其全部资产对其债务承担责任。合营企业清偿债务后的剩余财产，按照合营各方的出资比例进行分配。

合营企业的清算工作结束后，由清算委员会提出清算结束报告，提请董事会会议通过后，报原审批机关，并办理注销登记手续，缴销营业执照。合营企业解散后，各项账册及文件应当由原中国合营者保存。

三、中外合作企业法

1988 年 4 月 13 日第七届全国人民代表大会第一次会议通过，并于 2000 年 10 月 31 日第九届全国人民代表大会常务委员会第十八次会议修改的《中华人民共和国中外合作经营企业法》(以下简称《中外合作经营企业法》)及其实施细则是中外合作经营企业主要的法律依据。

(一) 中外合作经营企业的概念及特征

1. 中外合作经营企业的概念

《中外合作经营企业》是指中国合作者与外国合作者依法在中国境内共同举办的，按合作企业合同的约定分配收益或者产品，分担风险和亏损的企业。

2. 中外合作经营企业的特征

与其他企业形式相比较，合作企业在合营方式、组织形式、经营管理方式及利润分配方式等方面都有一定区别。合作企业的特点，主要体现在以下几个方面：

(1) 合作企业合作者其中一方为外国合作者，另一方为中国合作者。同合营企业一样，外国合作者可以是公司、企业、其他经济组织或者个人，中国合作者可以是公司、企业或其他经济组织。

(2) 中外合作经营企业是典型的契约式合营企业，中外合作者投资或提供的合作条件不折算成股份，合作各方的权利、义务是依照合作合同的约定而不是按出资比例分享和承担。合作企业合作各方的权利和义务都在双方签订的合作合同中确定，其内容主要包括投资或提供合作的条件、利润或产品分配、风险和亏损的分担、经营管理的方式和合作企业终止时财产的归属等。

(3) 合作企业在组织形式上可以选择法人型和合伙型两种类型。合作企业的组织形式也由中外合作者协商选定。合作企业合作者双方可以根据合作各方的意愿，通过合同确定企业的组织形式，可以是依法取得中国法人资格的合作企业，也可以是不具备法人资格的合伙型企业。合作双方可根据合作合同约定及法律规定承担民事责任。

(4) 合作企业的外国合作者可以先行收回投资。合作期满后，合作企业的全部财产一般归中国合作者所有。

(5) 合作企业的内部管理机构因组织形式的不同而具有多样性。合作企业可以采取董事会制，也可以采用联合管理委员会制，还可以采用委托管理制等多种方式。

(二) 中外合作经营企业的设立

我国鼓励举办产品出口的或者技术先进的生产型合作企业，对损害国家主权或者社会公共利益，危害国家安全的，对环境造成污染损害的，有违反法律、行政法规或者国家产业政策的其他情形的不予批准。

申请设立合作企业，由中国合作者向审批机关报送由合作各方的法定代表人或授权的代表签署的合作企业协议、合同、章程等有关文件。审批机关应当自收到设立申请的全部文件之日起 45 日内决定批准或者不予批准。审批机关认为报送的文件不全或者有不当之处的，有权要求合作各方在指定期间内补全或修正。经批准设立的合作企业应当自接到批准证书之日起 30 日内向工商行政管理机关申请登记，领取营业执照。营业执照签发日期，为合作企业成立日期。

（三）中外合作企业的组织形式、注册资本和出资

1. 合作企业的组织形式

(1) 法人型合作企业。法人型合作企业符合中国法律关于法人条件的规定，依法取得中国法人资格，其组织形式为有限责任公司。法人型合作企业拥有自己独立的财产，以企业法人的名义享受权利和承担义务。除合作企业合同另有约定外，合作各方以其投资或提供的合作条件为限对合作企业承担责任，合作企业以其全部财产对合作企业的债务承担责任。

(2) 非法人型合作企业。非法人型合作企业不具有法人资格，合作各方应根据其认缴的出资额或提供的合作条件，在合作合同中约定各自承担债务责任的比例，但不得影响合作各方连带责任的承担。偿还合作企业债务超过自己应当承担数额的合作一方，有权向其他合作者追偿。

2. 合作企业的注册资本

合作企业的注册资本指为设立合作企业，在工商行政管理机关登记的合作各方认缴的出资额之和。合作企业注册资本在合作期限内不得减少，但是，因投资总额和生产经营规模等变化，确需减少的，须经审查批准机关批准。

3. 合作企业的出资

中外合作经营企业合作各方投资或提供合作条件的方式可以是货币，也可以是实物或者工业产权、专有技术、土地使用权等财产权利。合作各方以自有的财产或财产权利作为投资或合作条件，对该投资或合作条件不得设立抵押或其他形式的担保。合作各方缴纳投资或提供合作条件后，应当由中国注册会计师验证，合作企业据此发给合作各方出资证明书。

依法取得法人资格的，外方合作者的投资一般不低于合作企业注册资本的 25%；不具备法人资格的，应当向工商行政管理机关登记合作各方的投资或所提供的合作条件。由于合作企业是契约式的合营企业，合作各方的出资不一定都需折算为货币形式计算投资比例，只需确定各方的合作条件。这种做法与合营企业相比较更为灵活简便，可以避免合作各方在对实物，如厂房、设备和工业产权、专有技术等如何作价中的许多争议。

（四）中外合作经营企业的管理形式与议事规则

1. 合作企业的管理形式

合作企业管理形式有以下三种：

(1) 董事会制。

法人型合作企业一般实行董事会制，董事会是合作企业的最高权力机构，决定合作企

业的重大问题。董事会的组成、董事长的人选由合作各方协商确定。中外合作者的一方担任董事长的，由他方担任副董事长。董事会决定或聘请总经理负责合作企业的日常经营管理工作，总经理对董事会负责。

(2) 联合管理制。

非法人型合作企业采用联合管理制，即由合作各方委派代表组成联合管理委员会，代表合作各方共同管理合作企业。联合管理机构是合作企业最高领导和决策机构，有权决定合作企业的一切重大问题，任命或选派总经理负责企业的日常经营管理工作。

(3) 委托管理制。

经合作各方一致同意，合作企业可以委托中外合作一方进行经营管理，另一方不参加管理；也可以委托合作方以外的第三方经营管理企业。采用这种管理形式的合作企业，应当与被委托人签订委托经营管理合同。合作企业成立后改为委托第三方经营管理的，属于合作合同的重大变更，必须经董事会或者联合管理机构一致同意。合作企业应当与第三方签订委托管理合同，连同第三方的资信证明文件，并报审批机关审批，向工商行政管理机关办理变更登记手续。

2. 合作企业的议事规则

合作企业的董事会会议或者联合管理委员会会议每年至少召开一次，由董事长或主任召集并主持。董事长或者主任因特殊原因不能履行职务时，由董事长或者主任指定副董事长、副主任或者其他董事、委员召集并主持。1/3 以上董事或委员可以提议召开董事会会议或联合管理委员会会议。

召开董事会会议或者联合管理委员会会议，应当在会议召开的 10 天前通知全体董事或者委员。董事会或联合管理委员会作出决议一般由出席会议董事或委员过半数同意，但是章程的修改，合作企业注册资本的增减，合作企业的解散、资产抵押，合作企业的合并、分立和变更组织形式等，须由出席会议的董事或委员一致同意，方可作出决议。

（五）中外合作经营企业收益分配、亏损风险分担及投资回收

合作企业的合作各方是依照合作企业合同的约定，分配收益或产品，承担风险和亏损。合作企业在分配方式上，可以实行利润分成，也可以实行产品分成。中外合作者在合作企业合同中约定合作期满合作企业的全部固定资产归中国合作者所有，可以在合作企业合同中约定外国合作者在合作期限内先行收回投资的办法。

外国合作者在合作期限内可以申请按照下列方式先行回收其投资：

(1) 在按照投资或提供合作条件进行分配的基础上，在合作企业合同中约定扩大外国合作者收益分配比例。

(2) 经财政税务机关按照国家有关税收的规定审查批准，外国合作者在合作企业缴纳所得税前回收投资。

(3) 经财政税务机关和审查批准机关批准的其他回收投资方式。

外国合作者在合作期限内先行回收投资的，中外合作者应当依照有关法律的规定和合作企业合同的约定，对合作企业的债务承担责任。

（六）中外合作经营企业的期限和终止

合作企业的合作期限由中外合作者协商并在合作企业合同中规定。合作企业期限届满，中外合作者同意延长合作期限的，应在距合作期满 180 天前向审查批准机关提出申请，审查批准机关应自接到申请之日起 30 天内决定批准或不批准。如果合作企业合同约定外国合作者先行回收投资，并且投资已经回收完毕，不再延长合作期限；但外国合作者增加投资，合作各方协商同意延长的，可向审查批准机关申请延长合作期限。合作企业经批准延长合作期限的，应向原登记机关办理变更登记手续。

合作企业在合作期限届满或合作企业合同中规定终止原因出现时终止。合作企业期满或提前终止时，应依照法定程序对资产及债权、债务进行清算。中外合作者应依照合作企业合同的约定确定合作企业财产的归属。

合资企业期满或提前终止，应向工商行政管理机关和税务机关办理注销登记手续。

四、外资企业法

外资企业法是调整外资企业从设立到终止期间所发生的各种经济关系的法律规范的总称。这些法律规范主要包括 1986 年 4 月 12 日第六届全国人民代表大会第四次会议通过并经 2000 年 10 月 31 日第九次全国人大常委会第 18 次会议修改通过的《中华人民共和国外资企业法》(以下简称《外资企业法》)和 1990 年 12 月 12 日由原对外经济贸易合作部发布并经国务院于 2001 年 4 月 12 日修订的《中华人民共和国外资企业法实施细则》，以及我国宪法和其他法律、法规关于外资企业的规定。

（一）外资企业的概念及特征

外资企业，是指依照中国有关法律在中国境内设立的全部资本由外国投资者投资的企业，但不包括外国企业和其他经济组织在中国境内设立的分支机构。

外资企业具有以下特征：

(1) 外资企业是依照中国的法律规定在中国境内设立的企业，具有中国国籍，其主要办事机构必须设在中国境内。

(2) 外资企业不包括外国的企业和其他经济组织在中国境内的分支机构。

(3) 外资企业的全部资本由外国投资者(包括外国企业、其他经济组织或个人)投资，中国企业或其他经济组织不提供任何注册资本。

(4) 外资企业是独立的法律主体，它可以根据在中国设立企业的形式的不同而成为法人企业或非法人企业。

（二）外资企业的设立

1．外资企业设立的条件

《外资企业法》及其实施细则对外资企业设立的条件作了如下具体规定：

(1) 设立外资企业必须有利于中国国民经济的发展，能够取得显著的经济效益。

(2) 国家鼓励外资企业采用先进技术和设备，从事新产品开发，实现产品升级换代，节约能源和原材料，并鼓励举办产品出口的外资企业。

2．外资企业的设立程序

设立外资企业要经过以下程序：

(1) 申请。

外国投资者设立外资企业，应当通过拟设立外资企业所在地的县级或者县级以上人民政府向审批机关提出申请，并报送下列文件：设立外资企业申请书；可行性研究报告；外资企业章程；外资企业法定代表人(或者董事会人选)名单；外国投资者的法律证明文件和资信证明文件；拟设立外资企业所在地的县级或县级以上人民政府的书面答复；需要进口的物资清单；其他需要报送的文件。

两个或者两个以上外国投资者共同申请设立外资企业，应当将其签订的合同副本报送审批机关备案。

(2) 审批。

设立外资企业的申请，由国家对外经济贸易主管部门或者国务院授权的机关审查批准。审查批准机关应当在接到申请之日起 90 天内决定批准或者不批准。

(3) 登记。

外国投资者在收到批准证书的 30 天之内向工商行政管理机关申请登记，领取营业执照。营业执照的签发日期为外资企业的成立日期。

(三) 外资企业的组织形式、注册资本与出资方式

1．外资企业的组织形式

外资企业的组织形式为有限责任公司，经批准也可以为其他责任形式。为有限责任公司的外资企业，以其全部资产为其债务承担责任，外国投资者对企业的责任以其认缴出资额为限。外资企业为其他责任形式的，外国投资者对企业的责任适用中国法律、法规的规定。

2．外资企业的注册资本

外资企业的注册资本，是指为设立外资企业在工商行政管理机关登记的资本总额，即外国投资者认缴的全部出资额。外资企业的注册资本要与其经营规模相适应，注册资本与投资总额的比例应当符合中国法律的有关规定。外资企业在经营期内不得减少其注册资本。外资企业注册资本的增加、转让，须经审批机关批准，并向工商行政管理机关办理变更登记手续。外资企业将其财产或权益对外抵押、转让，须经审批机关批准并向工商行政管理机关备案。

3．外资企业的出资方式

外国投资者可以用可自由兑换的外币出资，也可以用机械、工业产权、专有技术等作价出资，经审批机关批准，外国投资者也可以用中国境内举办的其他外商投资企业获得的人民币利润出资。外国投资者缴付出资的期限应当在设立外资企业申请书和企业章程中载明。一次性交付出资的，应在企业营业执照签发之日起 90 日内缴清。外国投资者分期缴付

出资的，其最后一期出资应当在营业执照签发之日起 3 年内缴清。第一期出资不得少于外国投资者认缴的出资额的 15%，并应当在外资企业营业执照签发之日起 90 天内缴清。外国投资者缴付每期出资后，外资企业应当聘请中国的注册会计师验证，并出具验资报告，报审批机关和工商行政管理机关备案。

（四）外资企业的经营管理

根据我国《外资企业法》第 11 条的规定，外资企业依照经批准的章程进行经营管理活动，不受干涉。

1．供、销方面

外资企业有权自行决定购买本企业自用的机器设备、原材料、燃料、零部件、配套件、运输工具和办公用品等。外资企业进口的物资以及技术劳务的价格不得高于当时的国际市场同类物资以及技术劳务的正常价格。外资企业的出口产品价格，由外资企业参照当时的国际市场价格自行确定，但不得低于合理的出口价格。

2．利润分配

外资企业依照中国税法规定缴纳所得税后的利润，应当提取储备基金和职工奖励及福利基金。储备基金的提取比例不得低于税后利润的 10%，当累计提取金额达到注册资本的 50% 时，可以不再提取。职工奖励及福利基金的提取比例由外资企业自行确定。

外资企业以前会计年度的亏损未弥补的，不得分配利润；以往会计年度未分配的利润，可与本会计年度可供分配的利润一并分配。

（五）外资企业的经营期限、变更和终止，以及清算

1．外资企业的经营期限

根据《外资企业法》及其实施细则的规定，外资企业的经营期限，根据不同行业和企业的具体情况，由外国投资者在设立外资企业的申请书中拟订，经审批机关批准。外资企业的经营期限，从其营业执照签发之日起计算。

2．外资企业的变更和终止

外资企业注册资本的增加、转让，须经审批机关批准，并向工商行政管理机关办理变更登记手续。外资企业经营期限经批准延长的，应自收到批准延长期限文件之日起 30 天内，向工商行政管理机关办理变更登记手续。

外资企业有下列情形之一的，应予以终止：

(1) 经营期限届满。

(2) 经营不善，严重亏损，外国投资者决定解散。

(3) 因自然灾害、战争等不可抗力而遭受严重损失，无法继续经营的。

(4) 破产。

(5) 违反中国法律、法规，危害社会公共利益被依法撤销。

(6) 外资企业章程规定的其他解散事由已经出现。

外资企业如存在上述(2)、(3)、(4)项情形，应自行提交终止申请书，报审批机关核准终

止；如依上述(1)、(2)、(3)、(6)项规定终止的，应在终止之日起 15 天内对外公告并通知债权人。

3．外资企业的清算

外资企业应在终止公告发出之日起 15 天内，提出清算程序、原则和清算委员会人选，报审批后进行清算。清算委员会应当由外资企业的法定代表人、债权人代表以及有关主管机关的代表组成，并聘请中国的注册会计师、律师参加。清算费用从外资企业现有资产中支付。

清算委员会行使下列职权：

(1) 召集债权人会议。

(2) 接管并清理企业财产，编制资产负债表和财产目录。

(3) 提出财产作价和计算依据。

(4) 制定清算方案，收回债权和清偿债务。

(5) 追回股东应缴而未缴的款项。

(6) 分配剩余财产。

(7) 代表外资企业起诉和应诉。

外资企业在清算结束之前，外国投资者不得将该企业的资金汇出或携出中国境外，不得自行处理企业的财产。在清算结束后，外资企业资产净额和剩余财产超过注册资本的部分视同利润，应依照中国税法缴纳所得税，并应向工商行政管理机关办理注销登记手续，缴销营业执照。

本 章 小 结

1．企业是依法设立的、以营利为目的、从事商品生产和经营活动、独立核算的经济组织。以企业的组织形式为标准，企业可分为公司企业、合伙企业和独资企业。

2．合伙是指两个或者两个以上的合伙人按照法律和合伙协议的规定共同出资、共同经营、共享收益、共担风险，合伙人对合伙经营所产生的债务承担无限连带责任的企业组织形式。合伙企业包括普通合伙企业和有限合伙企业。

3．个人独资企业是指在中国境内依法设立的，由一个自然人投资，财产为投资人个人所有，投资人以其个人财产对企业债务承担无限责任的经营实体。个人独资企业是自然人投资的企业；投资人对企业的债务承担无限连带责任；企业内部机构设置简单，经营管理方式灵活；企业在法律性质上是非法人组织。

4．外商投资企业是指依照中华人民共和国法律的规定，由中国投资者和外国投资者共同投资或者由外国投资者单独投资，经中国政府批准，在中国境内投资兴办的企业。外商投资企业由外国投资者参与设立或由外国投资者单独设立；依照中国法律在中国境内设立，具有中国国籍；国家对其实施专门、特殊的管理政策；由外国投资者以私人直接投资方式设立，外国投资者在企业中拥有部分或全部资本，也拥有部分或全部的控制权，参与企业的经营管理。我国目前的外商投资企业主要有中外合资经营企业、中外合作经营企业、外资企业，一般称之为"三资企业"。

知识结构

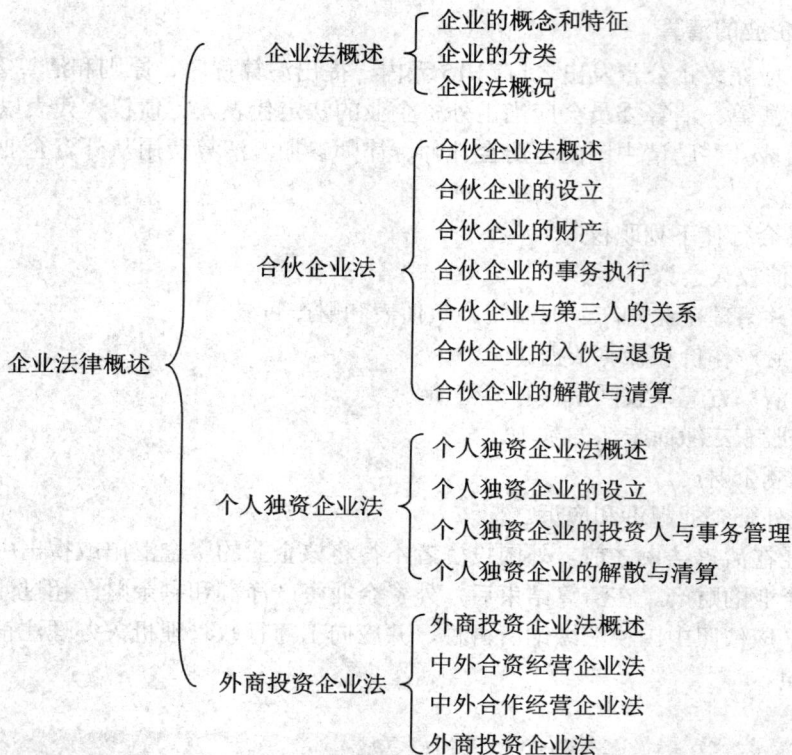

企业法律概述
- 企业法概述
  - 企业的概念和特征
  - 企业的分类
  - 企业法概况
- 合伙企业法
  - 合伙企业法概述
  - 合伙企业的设立
  - 合伙企业的财产
  - 合伙企业的事务执行
  - 合伙企业与第三人的关系
  - 合伙企业的入伙与退货
  - 合伙企业的解散与清算
- 个人独资企业法
  - 个人独资企业法概述
  - 个人独资企业的设立
  - 个人独资企业的投资人与事务管理
  - 个人独资企业的解散与清算
- 外商投资企业法
  - 外商投资企业法概述
  - 中外合资经营企业法
  - 中外合作经营企业法
  - 外商投资企业法

思 考 题

1. 什么是普通合伙企业、有限合伙企业？
2. 简述合伙企业的设立条件。
3. 试述合伙企业的入伙与退伙、解散与清算。
4. 个人独资企业的设立条件和程序是什么？
5. 简述外商投资企业的概念和种类。
6. 试述个人独资企业的设立程序。

案 例 演 练

2013 年 1 月，甲、乙、丙共同设立一家合伙企业。合伙协议约定：甲以现金人民币 5 万元出资，乙以房屋作价人民币 8 万元出资，丙以劳务作价人民币 4 万元出资；各合伙人按相同比例分配盈利、分担亏损。合伙企业成立后，为扩大经营，于 2013 年 6 月向银行贷款人民币 5 万元，期限为一年。2013 年 8 月，甲提出退伙，鉴于当时合伙企业盈利，乙、丙表示同意。同月，甲办理了退伙结算手续。2013 年 9 月，丁入伙。丁入伙后，因经营环境变化，企业严重亏损。2014 年 5 月，乙、丙、丁决定解散合伙企业，并将合伙企业现有财产价值人民币 3 万元予以分配，但对未到期的银行贷款未予清偿。2014 年 6 月，银行贷款到期后，银行找合伙企业清偿债务，发现该企业已经解散，遂向甲要求偿还全部贷款，甲称自己早已退伙，不负责清偿债务。银行向乙要求偿还全部贷款，乙表示只按照合伙协议约定的比例清偿相应数额。银行向丙要求偿还全部贷款，丙则表示自己是以劳务出资的，不承担偿还贷款义务。银行向丁要求偿还全部贷款，丁称该笔贷款是在入伙前发生的，不负责清偿。

请分析：

(1) 甲、乙、丙、丁各自的主张能否成立，请说明理由。

(2) 合伙企业所欠银行贷款应如何清偿？

(3) 在银行贷款清偿后，甲、乙、丙、丁内部之间应如何分担清偿责任？

答案解析：

(1) 甲、乙、丙、丁的主张不能成立。根据《合伙企业法》的规定，退伙人对其退伙前发生的债务与其他合伙人承担连带责任，故甲对其退伙前发生的银行贷款应负连带清偿责任。合伙人之间对债务承担份额的约定对债权人没有约束力，故乙提出按约定比例清偿债务的主张不能成立。以劳务出资成为合伙人，也应承担合伙人的法律责任，故丙也应对银行贷款承担连带清偿责任。入伙的新合伙人对入伙前的债务承担连带清偿责任。

(2) 根据《合伙企业法》的规定，合伙企业所欠银行贷款首先应用合伙企业的财产清偿，合伙企业财产不足清偿时，由各合伙人承担无限连带责任。乙、丙、丁在合伙企业解散时，未清偿债务便分配财产，这是违法无效的，应全部退还已得的财产；退还的财产应首先应用于清偿银行贷款，不足清偿的部分，由甲、乙、丙、丁承担无限连带清偿责任。

(3) 根据《合伙企业法》的规定，合伙企业各合伙人在其内部是依合伙协议约定承担按份责任的。据此，甲因已办理退伙清算手续，结清了对合伙企业的财产债务关系，故不再承担内部清偿份额，只在银行的要求下承担了对外部债务的连带清偿责任，则可向乙、丙、丁追偿。乙、丙、丁应按合伙协议的约定分担清偿责任；如乙、丙、丁任何一人实际支付的清偿数额超过其应承担的份额，则有权就其超过的部分向其他未支付或未足额支付应承担份额的合伙人追偿。

第三章 公司法律制度

➢ 了解公司的概念和特征及分类；
➢ 掌握有限责任公司与股份有限公司的基本制度；
➢ 掌握公司组织机构及其权利义务的主要内容；
➢ 掌握公司债券的发行和转让、股份有限公司股份发行和转让的规则；
➢ 了解公司变更、合并、分立、解散与清算的法律规定。

📖 案例导入

募集设立的股份有限公司

2015 年 4 月，某市经济协作发公司与长征汽车集团公司(私营)等三家公司订立了以募集方式设立某汽车配件股份有限公司的发起人协议，公司注册资本 5000 万元。同年 5 月 6 日，省有关部门批准同意组建该公司。三家发起人公司按协议制定章程，认购部分股份，起草招股说明书，签订股票承销协议、代收股款协议，经国务院证券监督管理机构批准，向社会公开募股。由于该汽车配件公司发展前景光明，所以股份募集顺利，发行股份股款缴足后经约定的验资机构验资证明后，发起人认为已完成任务，迟迟不召开创立大会，经股民强烈要求才在 2 个月后召开创立大会，发起人为图省事，只通知了代表股份总数的 1/3 以上的认股人出席，会议决定了一些法定事项。

问题：
(1) 汽车配件公司的募集设立是否存在问题？
(2) 本案中召开创立大会的程序存在什么样的问题？

解析：
(1) 我国《中华人民共和国公司法》(以下简称《公司法》)规定，设立股份有限公司，应当有 2 人以上 200 人以下为发起人，其中须有半数以上的发起人在中国境内有住所。本案中，发起人三家公司，符合法定条件。

(2) 关于创立大会，我国《公司法》有下述有关规定：发起人应当自股款缴足之日起30日内主持召开公司创立大会。创立大会由发起人、认股人组成。发起人应当在创立大会召开15日前将会议日期通知各认股人或者予以公告。创立大会应有代表股份总数过半数的发起人、认股人出席，方可举行。创立大会行使职权并作出决议，必须经出席会议的认股人所持表决权过半数通过。本案中，汽车配件公司的发起人在股款缴足并验资后不及时召开创立大会，拖延两个月，损害了股东与公司的利益。同时，创立大会的股东人数低于法定比例，创立大会的组成不合法。

第一节　公司法概述

案例导入

甲公司与乙公司各出资 30 万元组建丙公司，丙公司主要经营建材批发业务。为扩大经营规模，两公司向某建设银行贷款 56 万元，期限 1 年半，丙公司最晚于 2013 年 8 月 1 日还本付息。期限届满时，丙公司无力清偿建行贷款。建行在追债过程中查明丙公司在成立之后甲公司只向其实际投入注册资本 18 万元，其余的 12 万元一直未汇入丙公司账户。建行于 2013 年 12 月 25 日向人民法院起诉，诉称原《公司法》第 23 条规定以商品批发为主的公司注册资本不得少于人民币 50 万元，丙公司实际注册资本只有 48 万元，因此不具备法人资格，作为股东的甲乙两公司应当对建行的债务承担无限连带责任。

问题：新《公司法》对上述问题如何认定？

一、公司的概念和种类

（一）公司的概念和特征

公司是企业的一种组织形式，是依照《公司法》的规定设立的，以营利为目的，由股东投资设立的企业法人。《公司法》所称的公司是指依照本法在中国境内设立的有限责任公司和股份有限公司。

一般而言，公司具有四个基本的法律特征：

(1) 公司要依法设立。由于公司在经济生活中的重要地位，各国法律对公司的成立和运作都有严格的形式要件和实质要件的规定。公司只有依照法律的规定，通过登记注册后才能取得法人资格，必须依照公司法规定的条件和程序设立，这是它与其他企业所不同的。

(2) 公司是社团组织。依法人内部组织基础的不同，可将法人分为社团法人和财团法人，公司属于社团法人。

(3) 公司以营利为目的。公司以营利为目的，是指设立公司的目的及公司的运作，都是为投资人谋求经济利益。为此，公司必须连续不断地从事某种经济活动，如商品生产或交换，或提供某种服务。公司的营利性特征已为世界上许多国家和地区的公司立法所确认，从而成为公司的基本特征。

(4) 公司具有企业法人资格。公司是企业法人，依法设立，有独立的法人财产，能独立承担民事责任。公司是企业的一种组织形式，它具有各种企业所共有的特性。但是公司与其他商事组织如独资企业、合伙企业的主要区别在于公司具有法人的属性。公司的法人属性使公司财产与公司成员的个人财产完全区别开来，公司能够以自己的名义独立从事民事活动、享受民事权利和承担民事义务。

(二) 公司的分类

1. 以股东对公司所负责任为标准划分

(1) 有限责任公司，是股东以其认缴的出资额为限对公司承担责任，公司以其全部财产对公司的债务承担责任的公司。

(2) 股份有限公司，是将其全部资本分为等额股份，股东以其持有的股份为限对公司承担责任，公司以其全部财产对公司的债务承担责任的公司。

(3) 无限公司，即股东对公司债务承担无限连带责任的公司。

(4) 两合公司，即由承担无限责任的股东和承担有限责任的股东组成的公司。一般的，无限责任股东是公司的经营管理者，有限责任股东则不参与公司的经营管理。

(5) 股份两合公司，即由负无限责任的股东和负有限责任的股东组成的公司，资本分为等额股份，其股东承担法律责任情况与两合公司相同。

2. 以公司的信用基础为标准划分

(1) 资合公司，指以资本的结合作为信用基础的公司。此类公司仅以资本的实力取信于人，股东个人是否有财产、能力或信誉与公司无关。资合公司以股份有限公司为典型。

(2) 人合公司，指以股东个人的财力、能力和信誉作为信用基础的公司，其典型形式是无限公司。

(3) 资合兼人合公司，指同时以公司资本和股东个人信用作为公司信用基础的公司，其典型形式为两合公司和股份两合公司。

3. 以公司的管辖为标准分类

(1) 母公司与子公司。这是按公司外部组织关系所作的分类。在不同公司之间存在控制与依附关系时，处于控制地位的是母公司，处于依附地位的是子公司。虽然它们存在控制与被控制的组织关系，但它们都具有法人资格，在法律上是彼此独立的企业。

(2) 总公司与分公司。这是从公司内部组织关系上进行的分类，分公司其实只是总公司的分支机构，并非真正意义上的公司，分公司没有独立的公司名称、章程，没有独立的财产，不具有法人资格，但可以领取营业执照，进行经营活动，其民事责任由总公司承担。

4. 以公司国籍为标准的分类

以国籍为标准分类，可以将公司分为本国公司、外国公司和跨国公司。各国确定公司国籍的标准不尽相同，我国采用以公司注册登记地和设立依据法律地相结合的标准确定公司的国籍。本国公司是指依本国法律在本国境内设立的公司；外国公司是指依照外国法律在中国境外设立的公司。跨国公司是指以本国为基地，在其他国家或地区设立的分公司、子公司或其他参股性投资企业，从事国际性生产和经营及服务活动的大型经济组织。

二、公司法概述

(一) 公司法概念

公司法是规定公司法律地位，调整公司组织关系，规范公司的设立、变更与终止过程中的组织行为的法律规范的总称。公司法的概念有广义与狭义之分。狭义的公司法仅指专门调整公司问题的法典，如《公司法》；广义的公司法除包括专门的公司法外，还包括其他有关公司的法律、法规、行政规章、司法解释以及其他各法之中的调整公司组织关系、规范公司组织行为的法律规范，如《公司登记管理条例》《民法通则》等。

我国的《公司法》由第八届全国人大常委会第五次会议于 1993 年 12 月 29 日通过，自 1994 年 7 月 1 日起施行。此后，《公司法》于 2010 年、2004 年进行了两次修订。2005 年 10 月 27 日，《公司法》在进行了大规模的修订后，第十届全国人大常委会十八次会议重新颁布，并于 2006 年 1 月 1 日起施行。

(二) 公司法的性质

公司法是组织法与行为法的结合，作为组织法，公司法规定了公司的法律地位，规范了公司股东之间、股东与公司之间的关系，对公司的设立、变更与终止，公司内部组织机构的设置与运作等做出了规定。在调整公司组织关系的同时，也对与公司组织活动有关的行为加以调整。

《公司法》的立法宗旨是为规范公司的组织和行为，保护公司、股东和债权人的合法权益，维护社会经济秩序，促进社会主义市场经济的发展。

(三) 公司法的基本原则

1. 出资者所有权与企业法人财产权相分离

公司股东作为出资者按投入公司的资本额享有所有者的资产受益，重大决策和选择管理者等权利。公司享有由股东投资形成的全部法人财产权。

2. 有限责任原则

《公司法》第 3 条规定：有限责任公司的股东以其认缴的出资额为限对公司承担责任，法律上承认投资者(即股东)仅就其股份出资负担有限责任。

3. 公司自主经营，自负盈亏

公司以其全部法人财产，依法自主经营，自负盈亏。公司在国家宏观调控下，按照市场需求自主组织生产经营。

4. 社会责任原则

公司从事经营活动，必须遵守法律，遵守职业道德，加强社会主义精神文明建设，接受政府和社会公众的监督。公司的合法权益受法律保护，不受侵犯。

5. 保障公司职工的合法权益原则

公司必须依法组织工会，开展工会活动，加强劳动保护，实现安全生产，维护职工的合法权益。

第二节　有限责任公司

案例导入

甲、乙、丙三个企业准备投资组建一家新的有限责任公司。经协商，他们共同制定了

公司章程。章程中有以下条款:

(1) 公司以生产经营某一科技项目为主,注册资本为 30 万元人民币。

(2) 甲方以专利权和专有技术折价出资,占注册资本的 30%;乙方以土地使用权、房屋和机器设备折价出资,占注册资本的 50%;丙方以现金出资,占注册资本的 20%。

(3) 公司获得利润时,除依法提取各项基金外,甲、乙、丙分别按 40%、30%、30% 的比例进行利润分配。

(4) 公司存续期间,出资各方均可自由抽回投资;等等。

问题: 上述章程中的条款哪些符合规定,哪些不符合规定,为什么?

一、有限责任公司的设立

(一) 有限责任公司的概念和特征

有限责任公司又称有限公司,是指股东以其认缴的出资额为限对公司承担责任,公司以其全部财产对公司的债务承担责任的企业法人。

有限责任公司的主要特征如下:

(1) 人数有一定的限制。《公司法》规定:有限责任公司由 50 个以下股东出资设立。

(2) 有限责任公司的股东均负有限责任。股东仅以其出资额为限对公司承担责任,而不再涉及其他个人财产。

(3) 有限责任公司不能发行股票,资本不分成等额股份,而是以出资证明书证明股东出资份额。

(4) 股份转让的有限性。有限责任公司股份的转让受到较严格的限制。

(二) 设立条件

根据《公司法》规定,设立有限责任公司,应当具备下列条件:

1. 股东符合法定人数

《公司法》规定有限责任公司由 50 个以下股东出资设立。国家授权投资的机构或者国家授权的部门可以单独投资设立国有独资的有限责任公司。

2. 股东出资达到法定资本最低限额

《公司法》规定有限责任公司注册资本的最低限额为人民币 3 万元,法律、行政法规对有限责任公司注册资本的最低限额有较高规定的,从其规定。

《公司法》规定股东可以用货币出资,也可以用实物、知识产权、土地使用权等财产作价出资,但是,法律、行政法规规定不得作为出资的财产除外。允许股东在认缴全部出资后分期缴付,公司全体股东的首次出资额不得低于注册资本 (在公司登记机关登记的全体股东认缴的出资额)的 20%,也不得低于法定的注册资本最低限额,其余部分由股东自公司成立之日起 2 年内缴足;其中,投资公司可以在 5 年内缴足。全体股东的货币出资金额不得低于有限责任公司注册资本的 30%。

3. 股东共同制定公司章程

章程是记载公司组织、活动基本准则的公开性法律文件。设立有限责任公司必须由股东共同依法制定公司章程，股东应当在公司章程上签名、盖章。公司章程对公司、股东、董事、监事、高级管理人员具有约束力。

根据《公司法》规定，有限责任公司章程应当载明下列事项：

(1) 公司名称和住所。

(2) 公司经营范围。

(3) 公司注册资本。

(4) 股东的姓名或者名称。

(5) 股东的出资方式、出资额和出资时间。

(6) 公司的机构及其产生办法、职权、议事规则。

(7) 公司法定代表人。

(8) 股东会会议认为需要规定的其他事项。

4. 有公司名称，建立符合有限责任公司要求的组织机构

公司名称必须标明有限责任公司的字样，必须符合有关法律、行政法规的规定。公司须建立与法律规定相一致的组织机构。

5. 有公司住所

公司的住所是公司经济活动的中心，公司以其主要办事机构所在地为住所。

(三) 设立程序

有限责任公司只要具备了法定设立条件，不用报经审批就可办理设立登记，但如果法律、行政法规规定必须报经审批时，则只有履行了审批手续后才能办理设立登记。

股东的全部出资经法定的验资机构验资后，由全体股东指定的代表或者共同委托的代理人向公司登记机关申请设立登记，提交公司登记申请书、公司章程、验资证明等文件。法律、行政法规规定需要经有关部门审批的，应当在申请设立登记时提交批准文件。公司登记机关对符合规定条件的予以登记，发给公司营业执照；对不符合规定条件的，不予登记。公司营业执照签发日期，为有限责任公司成立日期。

(四) 股东的权利和义务

1. 股东的权利

有限责任公司成立后，应当向股东签发出资证明书，并由公司盖章。出资证明书是确认股东出资的凭证，应当载明下列事项：

(1) 公司名称。

(2) 公司成立日期。

(3) 公司注册资本。

(4) 股东的姓名或者名称、缴纳的出资额和出资日期。

(5) 出资证明书的编号和核发日期。

公司应当将股东的姓名或者名称及其出资额向公司登记机关登记；登记事项发生变更的，应当办理变更登记。股东未经登记或者变更登记的，不得对抗第三人。

股东有权查阅、复制公司章程、股东会会议记录、董事会会议决议、监事会会议决议和财务会计报告。

2．股东的义务

股东应当按期足额缴纳公司章程中规定的各自所认缴的出资额。股东出资缴纳方式随出资形式而定，以货币出资的，应当将货币出资足额存入有限责任公司在银行开设的账户；以非货币财产出资的，应当依法办理其财产权的转移手续。股东不按照规定缴纳出资的，除应当向公司足额缴纳外，还应当向已按期足额缴纳出资的股东承担违约责任。股东缴纳出资后，必须经依法设立的验资机构验资并出具证明。

公司成立后，股东不得抽逃出资。

有限责任公司成立后，发现作为设立公司出资的非货币财产的实际价款显著低于公司章程所定价额的，应当由缴付该出资的股东补足其差额，公司设立时的其他股东承担连带责任。

【资料阅读】

出 资 风 波

甲、乙、丙于 2013 年 3 月出资设立 A 有限责任公司。2014 年 4 月，该公司又吸收丁入股。2016 年 10 月，该公司因经营不善造成严重亏损，拖欠巨额债务，被依法宣告破产。人民法院在清算中查明：甲在公司设立时作为出资的机器设备，其实际价额为 120 万元，显著低于公司章程所定价额 300 万元；甲的个人财产仅为 20 万元。

要求：根据有关法律规定，分别回答以下问题。

(1) 对于股东甲出资不实的行为，在公司内部应承担何种法律责任？

(2) 当 A 公司被宣告破产时，对甲出资不实的问题应如何处理？

(3) 对甲出资不足的问题，股东丁是否应对其承担连带责任，请说明理由。

解析：

(1) 根据规定，股东不按规定缴纳所认缴的出资，应当向已足额缴纳出资的股东承担违约责任。

(2) 根据规定，破产企业的开办人注册资本投入不足的，应当由开办人予以补足，补足部分计入破产财产。在本题中，补足的 180 万元应计入破产财产。

(3) 丁不应承担连带责任。根据规定，有限责任公司成立后，发现作为出资的实物、工业产权、非专利技术、土地使用权的实际价值显著低于公司章程所定价额时，应当由交付出资的股东补缴其差额，公司"设立时"的其他股东对其承担连带责任。在本题中，对甲出资不实的问题，如果甲的个人财产不足以弥补其差额时，应当由公司设立时的其他股东"乙、丙"承担连带责任，与设立后加入的丁没有关系。

二、有限责任公司的组织机构

一般情况下，有限责任公司的组织机构是由股东会、董事会、经理和监事会以及公司民主管理机构构成。

（一）股东会

1．有限责任公司的股东

有限责任公司的股东会由股东组成，股东是公司的出资人。除法律法规有禁止或限制的特别规定外，有权代表国家投资的政府部门或机构、企业法人、具有法人资格的事业单位和社会团体、自然人均可按照规定成为有限责任公司股东。

股东的权利主要包括：

(1) 参加股东会并根据出资比例享有表决权(公司章程另有规定的除外)。

(2) 有权查阅以及复制公司章程、股东会会议记录、董事会会议决议、监事会会议决议和财务会议报告。

(3) 可以要求查阅公司会议账簿，公司拒绝提供查阅的，股东可以请求人民法院要求公司提供查阅。

(4) 选举和被选举为董事会成员、监事会成员。

(5) 按照实缴的出资比例分取红利。

(6) 公司新增资本时，有权优先按照实缴的出资比例认缴出资，但是全体股东约定不按照出资比例分取红利或者不按照出资比例优先认缴出资的除外。

(7) 依法转让股权和监督公司行为。

(8) 当公司或股东权益受到损害时，依据《公司法》行使诉讼权。

(9) 公司终止后，依法分得公司的剩余财产。

(10) 公司章程规定的其他权利。

股东的义务包括：

(1) 足额缴纳出资。

(2) 在公司登记后，不得抽回出资。

(3) 遵守公司章程。

(4) 公司章程规定的其他义务等。

2．股东会的职权

有限责任公司的股东会由全体股东组成，是公司的最高权力机构，它行使下列职权：

(1) 决定公司的经营方针和投资计划。

(2) 选举和更换非职工代表担任的董事、监事，决定有关董事、监事的报酬事项。

(3) 审议批准董事会的报告。

(4) 审议批准监事会或者监事的报告。

(5) 审议批准公司的年度财务预算方案、决算方案。

(6) 审议批准公司的利润分配方案和弥补亏损方案。

(7) 对公司增加或者减少注册资本做出决议。

(8) 对发行公司债券做出决议。

(9) 对公司合并、分立、解散、清算或者变更公司形式做出决议。

(10) 修改公司章程。

(11) 公司章程规定的其他职权。

对上述事项股东以书面形式一致表示同意的，可以不召开股东会议直接做出决定，并由全体股东在决定文件上签名、盖章。

3．股东会会议

股东会会议分为定期会议和临时会议。定期会议应当按照公司章程的规定按时召开。代表 1/10 以上表决权的股东、1/3 以上的董事，监事会或者不设监事会的公司的监事提议召开临时会议的，应该召开临时会议。

首次股东会会议由出资最多的股东招集和主持，依法行使职权。以后的股东会会议，公司设立董事会的，由董事会召集，董事长主持；董事长不能或者不履行职务的，由副董事长主持；副董事长不能或者不履行职务的，由半数以上董事共同推举 1 名董事主持。公司不设董事会的，股东会会议由执行董事召集和主持。执行董事不能或者不履行职责的，由监事会或者不设监事会的公司的监事召集和主持；监事会或者监事不召集和主持的，代表 1/10 以上表决权的股东可以自行召集和主持。

召开股东会会议应当于会议召开 15 日以前通知全体股东，但公司章程另有规定或者全体股东另有约定的除外。股东会应当对所议事项的决定做成会议记录，出席会议的股东应当在会议记录上签名。

4．股东会的决议制度

股东会会议由股东按照出资比例行使表决权，但公司章程另有规定的除外。股东会的议事方式和表决程序，除《公司法》有规定的外，由公司章程规定。

股东会会议做出修改公司章程、增加或者减少注册资本的决议，以及公司合并、分立、解散或者变更公司形式的决议，必须经代表 2/3 以上表决权的股东通过。

【资料阅读】

股东出资引发纠纷

甲乙丙丁四人出资设立太平有限公司，拟定章程为：除每年一个会议外，还可以召开临时会议，临时会议必须经代表 1/2 以上表决权的股东或 1/2 以上董事提出召开。在申请设立登记时，公司登记机关指出了公司章程存在问题，经全体股东会协商后予以纠正。2010年3月公司成立，注册资本为 3600 万元，其中甲以工业产权作价出资 800 万元，乙以现金出资 1200 万元，丙丁各以现金出资 800 万元。公司成立后，有甲召集和主持了股东会首次会议，设立了董事会。5月，公司董事会发现，甲作为出资的工业产权实际价额为 600 万元，为了使公司注册资本达到 3600 万元，公司董事会提出解决方案，即由甲补足其差额 200 万元，如果甲不能补足差额，则由其他股东按照出资比例出资分担该差额。2011年6月，公司董事会制定了一个增资方案，方案提出将公司注册资本增到 5000 万元。增资方案提交股东会表决时，甲乙丙同意，丁反对。股东会通过了增资决议，并授权董事会执行。2012 年太平公司在北京依法成立了北京分公司，北京分公司在经营过程中，因违反合同被诉至法院。原告以太平公司是北京分公司的总公司为由，要求太平公司承担违约责任。

问题：

(1) 太平公司在设立前拟定的章程中有关召开临时股东会的决定是否合法，为什么？

(2) 太平公司首次股东会有甲召集和主持是否符合《公司法》的规定，为什么？

(3) 太平公司作出的关于甲出资不足的解决方案是否符合《公司法》的规定，为什么？

(4) 太平公司股东会作出的增资决议是否符合《公司法》的规定，为什么？

(5) 太平公司是否应为北京分公司承担责任，为什么？

解析：

(1) 不合法。因为根据《公司法》第 40 条的规定，股东会会议分为定期会议和临时会议，代表十分之一以上表决权的股东，三分之一以上的董事，监事会或者不设监事会的公司的监事提议召开临时会议的，应当召开临时会议。该条规定为法律的强制性规定，没有关于公司章程可以另行规定的许可。同时，该条规定是对公司僵局或者小股东利益的保护措施，案例中的公司章程擅自改变这一法律规定不合法。

(2) 不符合规定。根据《公司法》第 39 条规定，首次股东会会议由出资最多的股东召集和主持，所以首次会议应由乙召集和主持。

(3) 符合规定。根据《公司法》31 条规定，有限责任公司成立后，发现作为设立公司出资的非货币财产的实际价额显著低于公司章程规定的价额的，应当由交付该出资的股东不补足差额，公司设立时的其他股东承担连带责任，所以该董事会的决定有部分是正确的，但是后约定由其他股东按照出资比例出资分担其差额与承担连带责任还是不一样的。

(4) 符合规定。根据《公司法》44 条规定，股东会会议作出有关增加、减少注册资本的决议，必须经代表三分之二以上表决权的股东通过。根据出资比例，甲乙丙的表决权已达三分之二以上，所以该决议是有效的。

(5) 应当承担责任。分公司是不具有独立的法人资格的，同时根据民事诉讼法的规定，该责任应由总公司承担。

（二）董事会

1. 董事会的组成

有限责任公司设董事会（依法不设董事会者除外），董事会是指由公司依法产生的负责公司日常管理和经营决策的机构，是公司的常设机构，其成员为 3～13 人。两个以上的国有企业或者其他两个以上的国有投资主体投资设立的有限责任公司，其董事会成员中应当有公司职工代表；其他有限责任公司董事会成员中也可以有公司职工代表。董事会中的职工代表由公司职工通过职工代表大会、职工大会或者其他形式民主选举产生。董事会设董事长 1 人，可以设副董事长。董事长、副董事长的产生办法由公司章程规定。

董事的任期由公司章程规定，但每届任期不得超过 3 年。董事的任期届满，可以连选连任。

2. 董事会的职权

根据《公司法》规定，董事会对股东会负责，行使下列职权：

(1) 召集股东会议，并向股东会报告工作。

(2) 执行股东会的决议。

(3) 决定公司的经营计划和投资方案。

(4) 制定公司的年度财务预算方案、决算方案。

(5) 制定公司的利润分配方案。

(6) 制定公司增加或者减少注册资本以及发行公司债券的方案。

(7) 制定公司合并、分立、变更公司形式、解散的方案。

(8) 决定公司内部管理机构的设置。

(9) 决定聘任或者解聘公司经理及其报酬事项，并根据经理的提名决定聘任或者解聘公司的副经理、财务负责人及其报酬事项。

(10) 制定公司的基本管理制度。

(11) 公司章程规定的其他职权。

3. 董事会会议

董事会会议由董事长召集和主持；董事长不能履行职务或者不履行职务的，由副董事长召集和主持；副董事长不能履行职务或者不履行职务的，由半数以上董事共同推举一名董事召集和主持。董事会的议事方式和表决程序，除《公司法》规定的以外，由公司章程规定。董事会应当对所议事项的决定做成会议记录，出席会议的董事应当在会议记录上签名。董事会决议的表决实行一人一票。

股东人数较少或者规模较小的有限责任公司，可以设 1 名执行董事，不设立董事会。执行董事可以兼任公司经理。执行董事的职权由公司章程规定。

（三）经理

有限责任公司可以设经理，由董事会决定聘任或者解聘，董事会成员可以兼任经理。有限责任公司不设董事会而设一名执行董事的，执行董事可以兼任经理。经理对董事会负责，行使下列职权：

(1) 主持公司的生产经营管理工作，组织实施董事会决议。

(2) 组织实施公司年度经营计划和投资方案。

(3) 拟订公司内部管理机构设置方案。

(4) 拟订公司的基本管理制度。

(5) 制定公司的具体规章。

(6) 提请聘任或者解聘公司副经理、财务负责人。

(7) 决定聘任或者解聘除应由董事会决定聘任或者解聘以外的负责管理人员。

(8) 董事会授予的其他职权。

经理列席董事会会议。公司章程对经理职权另有规定的，从其规定。

（四）监事会

有限责任公司的监督机构是监事会或监事，它是对公司执行机构的业务活动进行专门监督的机构。有限责任公司设立监事会，其成员不得少于 3 人。股东人数较少或者规模较小的有限责任公司，可以设 1～2 名监事或不设立监事会。监事在执行职务时，有时可以对外代表公司。

监事会应当包括股东代表和适当比例的公司职工代表，其中职工代表的比例不得低于

1/3，具体比例由公司章程规定。监事会中的职工代表由公司职工通过职工代表大会、职工大会或者其他形式民主选举产生。监事会设主席 1 人，由全体监事过半数选举产生。监事会主席召集和主持监事会会议；监事会主席不能或者不履行职务的，由半数以上监事共同推举 1 名监事召集和主持监事会会议。

监事的任期每届为 3 年，任期届满，可以连选连任。董事、高级管理人员不得兼任监事。

监事会、不设监事会的公司的监事行使下列职权：

(1) 检查公司财务。

(2) 对董事、高级管理人员执行公司职务的行为进行监督，对违反法律、行政法规、公司章程或者股东会决议的董事、高级管理人员提出罢免的建议。

(3) 当董事、高级管理人员的行为损害公司的利益时，要求董事、高级管理人员予以纠正。

(4) 提议召开临时股东会会议，在董事会不履行本法规定的召集和主持股东会会议职责时召集和主持股东会会议。

(5) 向股东会会议提出提案。

(6) 依照《公司法》第 152 条的规定，对董事、高级管理人员提起诉讼。

(7) 公司章程规定的其他职权。

监事可以列席董事会会议，并对董事会决议事项提出质询或者建议。

监事会每年度至少召开一次会议，监事可以提议召开临时监事会会议。监事会的议事方式和表决程序，除《公司法》有规定的外，由公司章程规定。监事会决议应当经半数以上监事通过。监事会应当对所议事项做成会议记录，出席会议的监事应当在会议记录上签名。

（五）董事、监事、高级管理人员的任职资格及其义务

1. 董事、监事、高级管理人员的任职资格的禁止性规定

《公司法》规定，有下列情形之一的，不得担任公司的董事、监事、高级管理人员。

(1) 无民事行为能力人或者限制民事行为能力人。

(2) 因犯有贪污、贿赂、侵占财产、挪用财产罪或者破坏社会经济秩序罪，被判处刑罚，执行期满未逾 5 年，或者因犯罪被剥夺政治权利，执行期满未逾 5 年。

(3) 担任因经营不善破产清算的公司、企业的董事或者厂长、经理，并对该公司、企业的破产负有个人责任的，自该公司、企业破产清算完结之日起未逾 3 年。

(4) 担任因违法被吊销营业执照、责令关闭的公司、企业的法定代表人，并负有个人责任的，自该公司、企业被吊销营业执照之日起未逾 3 年。

(5) 个人所负数额较大的债务到期未清偿。

2. 董事、监事、高级管理人员的义务和责任

公司的董事、监事和高级管理人员在依法行使职权时，应承担如下义务：

(1) 遵守公司章程，忠实履行职务，维护公司利益，不得利用在公司的地位和职权为自己谋取私利。

(2) 不得收受贿赂或者其他非法收入，侵占公司的财产。

(3) 不得任意动用公司的资产。董事、经理不得挪用公司资金或者将公司资金借贷给他人；不得将公司资产以其个人名义或者其他个人名义开立账户存储；不得以公司资产为本公司的股东或者其他个人债务提供担保。

(4) 不得自营或者为他人经营与其所任职公司同类的营业或者从事损害本公司利益的活动；从事上述营业或者活动的，所得收入归公司所有。除公司章程规定或者股东会同意外，不得同本公司订立合同或者进行交易。

(5) 除依照法律规定或者经股东会同意外，不得泄露公司秘密。

凡是董事、监事和高级管理人员执行公司职务时违反法律、行政法规或者公司章程的规定，给公司造成损害的，应当承担赔偿责任。

三、一人有限责任公司的法律规定

一人有限责任公司，是指只有一个自然人股东或者一个法人股东的有限责任公司。《公司法》对一人有限责任公司的设立和组织机构做了特殊规定。

(1) 一人有限责任公司只有一个自然人股东或者法人股东。一个自然人只能投资设立一个一人有限责任公司，禁止其设立多个一人有限责任公司，而且该一人有限责任公司不能投资设立新的一人有限责任公司。

(2) 一人有责任公司的注册资本最低限额为人民币 10 万元，而且股东应当一次足额缴纳公司章程规定的出资额，不允许分期缴付出资。

(3) 在公司登记和公司营业执照中载明自然人独资或者法人独资。一人有限责任公司章程由股东制定。

(4) 一人有限责任公司不设股东会。法律规定的股东会职权由股东行使，当股东行使相应职权做出决定时，应当采用书面形式，并由股东签字后置备于公司。在每一会计年度终了时编制财务会计报告，并经会计师事务所审计。

(5) 当一人有限责任公司的股东不能证明公司财产独立于股东自己的财产时，股东对公司债务承担连带责任。

四、国有独资公司的法律规定

(一) 国有独资公司的概念和特点

国有独资公司是指国家授权投资的机构或者国家授权的部门单独投资设立的有限责任公司。

国有独资公司具有以下特点：国有独资公司为国家授权投资的机构或国家授权的部门所开办；国有独资公司只有一个股东即国家授权投资的机构或者国家授权的部门；国务院确定的生产特殊产品的公司或者属于特定行业的公司，应当采取国有独资公司的形式。

(二) 国有独资公司的组织机构

《公司法》对国有独资公司的设立和组织机构也以专门一节做了如下特殊规定：

国有独资公司不设股东会，由国家授权投资的机构或者国家授权的部门，授权公司董事会行使股东会的部分职权，决定公司的重大事项，但公司的合并、分立、解散、增加或者减少注册资本和发行公司债券，必须由国有资产监督管理机构决定；其中，重要的国有独资公司合并、分立、解散、申请破产的，应当由国有资产监督管理机构审核后，报本级人民政府批准。

国有独资公司的董事会、董事每届任期不得超过 3 年。董事会成员中应当有公司职工代表。董事会成员由国有资产监督管理机构委派，并且董事会成员中的职工代表由公司职工代表大会选举产生。董事会设董事长 1 人，可以设副董事长。董事长、副董事长由国有资产监督管理机构从董事会成员中指定。

国有独资公司设经理，由董事会聘任或者解聘。经国有资产监督管理机构同意，董事会成员可以兼任经理。

国有独资公司监事会成员不得少于 5 人，其中职工代表的比例不得低于 1/3，具体比例由公司章程规定。监事会成员由国有资产监督管理机构委派，并且监事会成员中的职工代表由公司职工代表大会选举产生。监事会主席由国有资产监督管理机构从监事会成员中指定。

国有独资公司的董事长、副董事长、董事、高级管理人员，未经国有资产监督管理机构同意，不得在其他有限责任公司、股份有限公司或者其他经济组织兼职。

五、有限责任公司的股权转让和继承

(一) 有限责任公司的股权转让及其办法

《公司法》规定：有限责任公司的股东之间可以相互转让其全部或者部分股权。

股东向股东以外的人转让股权，应当经其他股东过半数同意。股东应就其股权转让事项书面征求其他股东同意，其他股东自接到书面通知之日起满 30 日未答复的，视为同意转让。其他股东半数以上不同意转让的，不同意的股东应当购买该转让的股权；不购买的，视为同意转让。经股东同意转让的股权，在同等条件下，其他股东有优先购买权。两个以上股东主张行使优先购买权的，协商确定各自的购买比例；协商不成的，按照转让时各自的出资比例行使优先购买权。公司章程对股权转让另有规定的，从其规定。

人民法院依照法律规定的强制执行程序转让股东的股权时，应当通知公司及全体股东，其他股东在同等条件下有优先购买权。其他股东自人民法院通知之日起满 20 日不行使优先购买权的，视为放弃优先购买权。

转让股权后，公司应当注销原股东的出资证明书，向新股东签发出资证明书，并相应修改公司章程和股东名册中有关股东及其出资额的记载。对公司章程的该项修改不需再由股东会表决。

有下列情形之一的，对股东会该项决议投反对票的股东可以请求公司按照合理的价格收购其股权：

(1) 公司连续五年不向股东分配利润，而公司该五年连续盈利，并且符合《公司法》规定的分配利润条件的。

(2) 公司合并、分立、转让主要财产的。

(3) 公司章程规定的营业期限届满或者章程规定的其他解散事由出现，股东会会议通过决议修改章程使公司存续的，自股东会会议决议通过之日起 60 日内股东与公司不能达成股权收购协议的，股东可以自股东会会议决议通过之日起 90 日内向人民法院提起诉讼。

（二）有限责任公司的股权继承

《公司法》规定：自然人股东死亡后，其合法继承人可以继承股东资格，但是公司章程另有规定的除外。

第三节　股份有限公司

📖 案例导入

甲、乙、丙三家机械公司共同发起设立宏达机械股份有限公司。三家公司共同制定了发起人协议和公司章程，拟定公司注册资本 5000 万股，划分为 5000 万股，协议约定甲承担 180 万股，乙承担 120 万股，丙承担 100 万股，其余的股份实行公募。在发起设立该公司的过程中，在发起人协议和公司章程上，乙、丙两家公司进行了签字盖章。由于甲公司负责人李某临时去外地出差，未来得及在发起人协议和章程上签字盖章，不过甲公司参与了发起人协议和章程的制定，并且承购了股份。在对余下的股份实行公募过程中，该区共有 560 人按照招股说明书应募并缴纳了股金。由于一直未见该公司成立，这部分股民共同推举李某等 5 人与发起人联系，要求返还投资款。但是，甲、乙、丙三家公司借口股东投资不得要求退回，拒绝返还，于是李某等人提出诉讼，要求返还已经缴纳的股款。

请分析：

(1) 宏达公司的设立是否符合法律规定？

(2) 发起人对公司不能成立应负何种责任？

一、股份有限公司的概念和特征

股份有限公司，是指全部资本分为等额股份，股东以其所认购股份为限对公司承担责任，公司以其全部资产对公司债务承担责任的企业法人。股份有限公司主要具有以下特征：

(1) 股份有限公司的股东有最低人数的限制，而没有最高人数的限制。

(2) 股份有限公司的全部资本分为等额股份，股份采取股票的形式。

(3) 股东对公司的责任仅以其所持股份为限，公司则以其全部资产对外承担责任。

(4) 具有开放性与社会性的股份有限公司的设立程序较为复杂。

二、股份有限公司的设立

（一）设立股份有限公司的方式

股份有限公司的设立分为发起设立和募集设立。发起设立是指由发起人认购公司的全部股份而设立公司的方式。股份有限公司发起人，是指按照《公司法》规定，制定公司章程，积极筹办公司事务，认购其应认购股份，并在公司章程上签名、盖章的人。募集设立是指发起人认购公司应发行股份的一部分，其余部分进行募集而设立公司的方式。

（二）设立股份有限公司的条件

（1）发起人符合法定人数。设立股份有限公司，应当有 2 人以上 200 人以下为发起人，其中须有半数以上的发起人在中国境内有住所。

（2）发起人认缴和社会公开募集的股本应达到法定资本最低限额。股份有限公司在登记机关登记的注册资本最低限额为人民币 500 万元。公司注册资本最低限额需高于上述所定限额的，由法律、行政法规另行规定。发起设立公司的发起人以书面认定公司章程规定发行的股份后，应即缴纳全部股款；募集设立公司的发起人认购的股份不得少于公司股份总数的 35%，其余股份应当向社会公开募集。

（3）股份发行、筹办事项符合法律规定。发起人向社会公开募集股份时，须经国务院证券管理部门批准，公告招股说明书，制作认股书，并应当由依法设立的证券经营机构承销。

（4）发起人制定公司章程，并经创立大会通过。

（5）有公司名称，建立符合股份有限公司要求的组织机构。

（6）有公司住所。

（三）设立股份有限公司的程序

1. 发起设立的程序

（1）发起人制订公司章程。股份有限公司章程应当载明下列事项：公司名称和住所；公司经营范围；公司设立方式；公司股份总数、每股金额和注册资本；发起人的姓名或者名称、认购的股份数、出资方式和出资时间；董事会的组成、职权、任期和议事规则；公司法定代表人；监事会的组成、职权和议事规则；公司利润分配办法；公司的解散事由与清算办法；公司的通知和公告办法；股东大会会议认为需要规定的其他事项。

（2）发起人认购股份、缴纳出资。以发起设立方式设立股份有限公司的，发起人应当书面认足公司章程规定其认购的股份。一次缴纳的，应即缴纳全部出资；分期缴纳的应缴纳首期出资。以非货币财产出资的，应当依法办理其财产权的转移手续。发起人不按照上述规定缴纳出资的，应当按照发起人协议的约定承担违约责任。

（3）验资。发起人认购股份、缴纳出资后，必须经依法设立的验资机构验资并出具证明。

（4）选举董事会和监事会。发起人首次缴纳出资后，应当选举董事会和监事会，由董事会向公司登记机关报送公司章程、由依法设立的验资机构出具的验资证明以及法律、行政法规规定的其他文件。

（5）申请设立登记。

2. 募集设立的程序

（1）发起人发起成立股份有限公司，并制定公司章程。

(2) 发起人认购股份。《公司法》要求发起人认购的股份不得少于公司股份总数的35%，但是，法律、行政法规另有规定的，从其规定。

(3) 发起人缴纳出资、验资。发起人按照所认购的股份和《公司法》的规定缴纳出资，股款缴足后，须经法定的验资机构验资，并出具证明。股份有限公司成立后，发起人未按照公司章程的规定缴足出资的，应当补缴；其他发起人承担连带责任。股份有限公司成立后，发现作为设立公司出资的非货币财产的实际价额显著低于公司章程所定价额的，应当由交付该出资的发起人补足其差额；其他发起人承担连带责任。

(4) 起草招股说明书，申请募股。招股说明书应当附有发起人制订的公司章程，并载明下列事项：发起人认购的股份数；每股的票面金额和发行价格；无记名股票的发行总数；募集资金的用途；认股人的权利、义务；本次募股的起止期限及逾期未募足时认股人可以撤回所认股份的说明。

股票公开发行实行核准制，即必须依照法律规定的条件，报经国务院证券监督管理机构(中国证券监督管理委员会)核准。国务院证券监督管理机构设发行审核委员会，依法审核股票发行申请。未经依法批准，任何单位和个人不得公开发行股票。

(5) 公告招股说明书，制作认股书。认股书应当载明招股说明书中所载明的事项，由认股人填写认购股数、金额、住所，并签名、盖章。认股人按照所认购股数缴纳股款。

(6) 签订承销协议。

(7) 签订代收股款协议。

(8) 召开创立大会。发起人应当自股款缴足之日起30日内主持召开公司创立大会。创立大会由发起人、认股人组成。创立大会行使下列职权：审议发起人关于公司筹办情况的报告；通过公司章程；选举董事会成员；选举监事会成员；对公司的设立费用进行审核；对发起人用于抵作股款的财产的作价进行审核；发生不可抗力或者经营条件发生重大变化直接影响公司设立的，可以作出不设立公司的决议。

发起人应当在创立大会召开15日前将会议日期通知各认股人或者予以公告。创立大会应有代表股份总数过半数的发起人、认股人出席，方可举行。创立大会行使职权并作出决议，必须经出席会议的认股人所持表决权过半数通过。

出现下列情况之一，发起人应当返还认股人所缴股款并加算银行同期存款利息：一是发行的股份超过招股说明书规定的截止期限尚未募足；二是发行股份的股款缴足后，发起人在30日内未召开创立大会；三是创立大会决议不设立公司。

(9) 申请设立登记。董事会应于创立大会结束后30日内，向公司登记机关报送下列文件以申请设立登记：公司登记申请书；创立大会的会议记录；公司章程；验资证明；法定代表人、董事、监事的任职文件及其身份证明；发起人的法人资格证明或者自然人身份证明；公司住所证明。另外，还应当向公司登记机关报送国务院证券监督管理机构的核准文件。

(10) 公告。公司成立后，依法进行公告。

三、股份有限公司的组织机构

(一) 股东大会

股东大会由股份有限公司股东组成，它是公司的权力机构。股东大会的职权与有限责任公司股东会的职权基本相同。

股东大会应当每年召开一次年会。有下列情形之一的，应当在两个月内召开临时股东大会：董事人数不足本法规定人数或者公司章程所定人数的 2/3 时；公司未弥补的亏损达实收股本总额 1/3 时；单独或者合计持有公司 10% 以上股份的股东请求时；董事会认为必要时；监事会提议召开时；公司章程规定的其他情形。

股东出席股东大会，所持每一股份有一个表决权。股东大会做出决议，必须经出席会议的股东所持表决权的半数以上通过。股东大会对公司合并、分立或者解散公司做出的决议以及修改公司章程的决议，必须经出席股东大会的股东所持表决权的 2/3 以上通过。

新《公司法》规定，股东大会选举董事、监事时，可以实行累积投票制。所谓累积投票制，是选举两名以上董事或监事时，每一股份拥有与可当选人数相等的投票权，这样每个股东手里的投票权就等于他所持有的股份数与可当选人数的乘积。股东既可以用所有的投票权集中选举某一人，也可以分散投票选举数人，最终按照得票多少依次确定当选人选。

（二）董事会

董事会为公司经营决策和业务执行机构，其成员为 5～19 人。董事会设董事长 1 人，可设副董事长 1～2 人。董事长和副董事长由董事会以全体董事的过半数选举产生。董事会对股东大会负责，依据《公司法》第 112 条的规定行使职权。董事长主持股东大会和召集、主持董事会会议，副董事长协助董事长工作，董事长不能履行职权时，由董事长指定的副董事长代行其职权。公司根据需要，可由董事会授权董事长在董事会闭会期间，行使董事会的部分职权。董事任期由公司章程规定，但每届任期不得超过 3 年，任期届满可以连选连任。

董事会会议分定期会议和临时会议。定期会议每年至少召开两次，每次会议应当于会议召开 10 日以前通知全体董事和监事。临时会议的通知方式和时限，可由公司章程作出规定。董事会会议应有 1/2 以上董事出席方可举行。董事会做出决议，必须经全体董事的过半数通过。董事会应当对会议所议事项的决定做成会议记录，董事应当对董事会的决议承担责任。

（三）经理

公司经理由董事会聘任或解聘，也可由董事会决定由董事兼任经理。经理对董事会负责，列席董事会会议，并依据《公司法》规定行使职权。

（四）监事会

股份有限公司监事会是公司业务活动的监督机构，其成员不得少于 3 人。监事会由股东代表和适当比例的公司职工代表组成，职工代表的比例不得低于1/3，具体比例由公司章程规定。监事会中的职工代表由公司职工通过职工代表大会、职工大会或者其他形式民主选举产生。

监事会设主席 1 人，可以设副主席。监事会主席和副主席由全体监事过半数选举产生。

监事会主席召集和主持监事会会议，监事会主席不能履行职务或者不履行职务的，由监事会副主席召集和主持监事会会议；监事会副主席不能履行职务或者不履行职务的，由半数以上监事共同推举 1 名监事召集和主持监事会会议。董事、高级管理人员不得兼任监事。

有限责任公司监事会职权的规定，适用于股份有限公司监事会。

监事会每 6 个月至少召开一次会议，监事可以提议召开临时监事会会议。监事会的议事方式和表决程序，除本法有规定的外，由公司章程规定。监事会决议应当经半数以上监事通过。监事会应当对所议事项的决定做成会议记录，出席会议的监事应当在会议记录上签名。

四、股份有限公司的股份发行和转让

股份有限公司的股份是以股票为表现形式，体现股东权利和义务的，是公司资本的组成部分。股份有限公司的资本划分为股份，每一股的金额相等。股票是公司签发的证明股东所持股份的凭证，是股份资本的表现形式，是体现股份所有权的凭证和有价证券。股份有限公司股东权利义务的范围及大小取决于其持有股份凭证，股票具有一定的价值，并且可以自由流通和转让。

（一）股份发行

股份的发行是指股份有限公司或者设立中的股份有限公司为了筹集公司资本，出售和分配股份的法律行为，它分为设立发行和新股发行。

公司发行新股，应依照公司章程的规定由股东大会或者董事会做出决议。新股的发行主要有两种方式：一是向社会投资者公开发行股票；二是向原公司股东以配售股份的形式公开发行股票。其发行除符合上述设立发行条件外，还应符合下列条件：

(1) 前一次发行的股份已经募足，并间隔一年以上。

(2) 公司在最近三年内连续盈利，并可向股东支付股利。

(3) 公司在最近三年内财务会计文件无虚假记载。

(4) 公司预期利润率可达同期银行存款利率。

公司发行新股，股东大会应当对下列事项做出决议：新股种类及数额；新股发行价格；新股发行的起止日期；向原有股东发行新股的种类及数额。

股份发行的原则为公开、公平、公正，同股同权，同股同利。同次发行的股票，每股的发行条件和价格应当相同。

股票的发行价格可以按票面金额，也可以超过票面金额，但不得低于票面金额；以超过票面金额为股票发行价格的，须经国务院证券管理部门批准，并且以超过票面金额发行股票所得溢价款列入公司资本公积金。股票的发行形式，采用纸面形式或者国务院证券管理部门规定的其他形式。公司向发起人、国家授权投资的机构、法人发行股票，为记名股票。公司对社会公众发行的股票，为记名股票也可为无记名股票。股份有限公司成立后，即向股东正式交付股票。公司成立前不得向股东交付股票。

（二）股份的转让

股份转让是指股份有限公司的股份持有人依法自愿将自己的股份转让给他人的法律行

为。股东转让其股份，必须在依法设立的证券交易场所进行。记名股票由股东以背书方式或者法律、行政法规规定的方式进行转让，转让后由公司将受让人的姓名或名称、住所记载于股东名册。无记名股票的转让，由股东在依法设立的证券交易场所将股票交付给受让人后即发生转让的效力。股东大会召开前 20 日内或者公司决定分配股利的基准日前 5 日内，不得进行前款规定的股东名册的变更登记；但是，法律对上市公司股东名册变更登记另有规定的，从其规定。

发起人持有的本公司股份，自公司成立之日起 1 年内不得转让。公司公开发行股份前已发行的股份，自公司股票在证券交易所上市交易之日起 1 年内不得转让。公司董事、监事、高级管理人员应当向公司申报所持有的本公司的股份及其变动情况，在任职期间每年转让的股份不得超过其所持有本公司股份总数的 25%，所持本公司股份自公司股票上市交易之日起 1 年内不得转让。上述人员离职后半年内，不得转让其所持有的该公司股份。公司章程可以对公司董事、监事、高级管理人员转让其所持有的本公司股份做出其他限制性规定。

公司不得收购本公司股份，但有下列情形之一的除外：减少公司注册资本；与持有本公司股份的其他公司合并；将股份奖励给本公司职工；股东因对股东大会做出的公司合并、分立决议持异议，要求公司收购其股份的。

【资料阅读】

公司职能部门决议之合法性认定

甲乙丙丁，四个国有企业和戊有限责任公司投资设立股份有限公司，注册资金为 8000 万元。2016 年 8 月 1 日，丁公司召开的董事会，会议情况如下：该公司共有董事 7 人，5 人出席，列席本次董事会的监事 A 向会议提交另一名因故不能到会的董事出具的代为行使表决权的委托书，该委托书委托 A 代为行使本次董事会的表决权；董事会会议结束后，所有决议事项均载入会议记录，并由出席董事会会议的全体董事和列席会议的监事签名后存档。

2006 年 9 月 1 日，公司召开的股东大会作出如下决议：

(1) 更换两名监事。一是由甲国有企业的代表杨某代替乙国有企业代表韩某出任该公司的监事；二是公司职工代表曹某代替公司职工代表赵某。

(2) 为扩大公司的生产规模，决定发行公司债券 500 万元。

(3) 公司法定盈余公积金 2011 万元中提取 500 万元转增公司资本。

根据公司法律制度的规定，分析说明下列问题。

(1) 董事会会议中 A 能否接受委托代为行使表决权，为什么？

(2) 董事会会议记录是否存在不妥之处，为什么？

(3) 股东大会会议决定更换两名监事是否合法，为什么？

(4) 股东大会会议决定发行公司债券是否符合规定，为什么？

(5) 股东大会会议决定将法定盈余公积金转增资本是否合法，为什么？

解析：

(1) A 不能接受委托代为行使表决权。根据规定，董事因故不能出席董事会会议的，可以书面委托其他董事代为出席，但 A 为监事，不是董事，不能代为行使表决权。

(2) 董事会会议记录存在不妥之处。根据规定，董事会会议记录应由出席会议的董事在会议记录上签名，列席董事会会议的监事无须在会议记录上签名，而该公司列席董事会会议的监事在会议记录上签名，是不符合规定的。

(3) 股东大会会议做出由甲国有企业的代表杨某代替乙国有企业代表韩某出任该公司监事决议符合公司法的规定。根据《公司法》的规定，股份有限公司股东代表出任的监事由公司股东会选举产生。而是由职工代表大会、职工大会或者其他民主形式选举产生。

(4) 股东大会会议决定发行公司债券是符合规定的。根据规定，所有的公司都是可以发行公司债券的。

(5) 股东大会会议决定将法定盈余公积金转增资本的决议方式是符合规定的，但是转增的金额是不符合规定的。根据规定，公司将法定盈余公积金转增资本时，留存的该项公积金不得少于该公司转增前注册资本的 25%。丁公司转增资本时，留存的法定盈余公积金占注册资本的比例为(2011－500)÷8000×100%=18.75%，留存的法定盈余公积金少于转增前该公司注册资本的 25%，所以是不符合规定的。

五、上市公司

（一）上市公司的概念

上市公司是指所发行的股票经国务院或国务院授权的证券管理部门批准在证券交易所上市交易的股份有限公司。

所谓上市交易，是指证券在依法设立的证券交易市场内采用公开竞价的方式进行证券交易。

上市公司在 1 年内购买、出售重大资产或者担保金额超过公司资产总额 30%的，应当由股东大会作出决议，并经出席会议的股东所持表决权的 2/3 以上通过。上市公司的股票，依照有关法律、行政法规及证券交易所交易规则上市交易。上市公司必须公开其财务状况、经营情况及重大诉讼，在每会计年度内半年公布一次财务会计报告。

（二）上市公司的独立董事

上市公司独立董事是指不在公司担任除董事以外的其他职务，并且不存在与其受聘的上市公司中主要股东可能影响其进行独立客观判断的关系。

独立董事对上市公司及全体股东负有诚信与勤勉义务。独立董事应当按照相关法律、行政法规和公司章程的要求，认真履行职责，维护公司整体利益，尤其要关注中小股东的合法权益不受损害。上市公司董事与董事会会议决议事项所涉及的企业有关联关系的，不得对该项决议行使表决权，也不得代理其他董事行使表决权。该董事会会议由过半数的无关联关系董事出席即可举行，董事会会议所做决议须经无关联关系董事过半数通过。出席董事会的无关联关系董事人数不足 3 人的，应将该事项提交上市公司股东大会审议。

第四节　公 司 债 券

📖 **案例导入**

　　2014 年 5 月某股份有限公司成功发行了 3 年期公司债券 1200 万元，1 年期公司债券 800 万元。该公司截止 2013 年 9 月 30 日的净资产额为 8000 万元，计划于 2016 年 10 月再次发行公司债券。根据有关规定，该公司此次发行公司债券额最多不得超过多少万元？

一、公司债券的概念和种类

（一）公司债券的概念

　　公司债券是指公司依照法定条件和程序发行的，约定在一定期限还本付息的有价证券。公司债券是要式证券，必须在债券标明公司名称、债券票面金额、利率、偿还期限等事项，并由法定代表人签名，公司盖章。

　　公司债券与公司股票有不同的法律特征，两者的主要区别是：

　　(1) 性质不同。股票表示的是股东权，是股权凭证；债券表示的是债权，是债权凭证。

　　(2) 收益不同。股票持有人是从公司利润中分取股息、红利；债券持有人则不论公司是否赢利，都有权依事先约定的利率计取利息。

　　(3) 承担的风险不同。债券持有人承担的风险相对于股票持有人要小，在公司解散破产时可以和其他债权人一起分配公司财产。

　　(4) 对公司经营管理享有的权利不同。股票持有人可通过在股东大会上行使表决权参与公司的经营管理，而债券持有人则无权参与公司经营管理。

（二）公司债券的种类

　　依不同的标准，公司债券可以进行不同的分类：

1. 记名公司债券和无记名公司债券

　　以是否在公司债券上记载公司债权人的姓名为标准划分，公司债券可分为记名公司债券和无记名公司债券。记名公司债券是指在公司债券上记载债权人姓名或者名称的债券；无记名公司债券是指在公司债券上不记载债权人姓名或者名称的债券。

2. 可转换公司债券和不可转换公司债券

　　以公司债券能否转换成股票为标准划分，公司债券可分为可转换公司债券和不可转换公司债券。可转换公司债券是指可以转换成公司股票的公司债券，这种公司债券在发行时规定了转换为公司股票的条件与办法，当条件具备时，债券持有人拥有将公司债券转换为公司股票的选择权。不可转换公司债券是指不能转换为公司股票的公司债券，凡在发行债券时未做出转换约定的，均为不可转换公司债券。

3. 信用债券和担保债券

以公司债券有无担保为标准划分，公司债券可分为信用债券和担保债券。信用债券指仅凭筹资人自己的信用发行的、没有担保的债券。担保债券是指以抵押、质押、保证等方式担保发行人按期还本付息的债券。其中，抵押债券是指以不动产作为担保品所发行的债券，质押债券是指以其存单、有价证券、动产等作为担保品所发行的债券，保证债券是指由第三者的信用担保所发行的债券。

二、公司债券的发行和转让

(一) 公司债券的发行

公司发行公司债券应当符合《证券法》规定的发行条件与程序。

1. 公司债券发行的条件

(1) 股份有限公司的净资产额不低于人民币 3000 万元；有限责任公司的净资产额不低于人民币 6000 万元。

(2) 累计债券余额不超过公司净资产的 40%。

(3) 最近 3 年平均可分配利润足以支付公司债券一年的利息。

(4) 筹集的资金投向符合国家产业政策。

(5) 债券的利率不得超过国务院限定的利率水平。

(6) 国务院规定的其他条件。

但有下列情形之一的，不得再次发行公司债券。

(1) 前一次发行的公司债券尚未募足的。

(2) 对已发行的公司债券或者其债务有违约或者迟延支付本息的事实，且仍处于继续状态的。

发行公司债券筹集的资金，必须用于审批机关批准的用途，不得用于弥补亏损和非生产性支出。

2. 公司债券的发行程序

股份有限公司、有限责任公司发行公司债券，应由董事会制订方案，股东会做出决议；国有独资公司发行公司债券，应由国家授权投资的机构或国家授权的部门做出决议。上述决议做出后，公司应向国务院证券管理部门报请批准；国务院证券管理部门对公司的申请做出批准或不批准的决定。

公司债券的发行规模由国务院确定，国务院证券管理部门的审批不得超此规模。

(二) 公司债券的转让

公司债券是一种有价证券，可以依法转让，转让价格由转让人与受让人约定。进行转让时，则应依照法规规定，在依法设立的证券交易场所进行，按照证券交易所的交易规则转让。

公司债券的转让，依据债券种类的不同有两种不同的转让方法。

(1) 记名债券须由债券持有人以背书方式或者法律、行政法规规定的其他方式转让。记名债券的转让，由公司将受让人的姓名或者名称及住所记载于公司债券存根簿上，以便公司备查。

(2) 无记名债券的转让只需由债券持有人在依法设立的证券交易场所将转让的债券交付给受让人即可。受让人一经持有该债券，即成为公司债权人。

发行可转换为股票的公司债券的，公司应当按照其转换办法向债券持有人换发股票，但债券持有人对转换股票或者不转换股票有选择权。

第五节　公司财务会计

财务会计工作是企业经营活动中的一项基础工作，对这一工作做出规范的要求，有利于保护投资者和债权人的利益，有利于吸收社会投资，也有利于政府的宏观管理。公司应当依照法律、法规和国务院相关主管部门的规定，建立公司的财务会计制度。公司财务会计制度的规定主要有两方面内容：一是财务会计报告制度；二是利润分配制度。

一、公司财务会计报告制度

公司应当依照法律、行政法规和国务院财政主管部门的规定建立公司的财务、会计制度。公司的财务会计报告是指公司业务执行机构制作的反映公司财务会计状况和经营效果的书面文件。公司财务会计报告主要包括资产负债表、损益表、财务状况变动表、财务情况说明书、利润分配表等。

公司的财务会计报告必须在每一会计年度终了时制作完成，并应及时报送有关人员和部门。

有限责任公司应当按照公司章程规定的期限将财务会计报告送交各股东；股份有限公司的财务会计报告应当在召开股东大会年会的 20 日以前置备于本公司，供股东查阅。公开发行股票的股份有限公司必须公告其财务会计报告。依照有关法律的规定，公司财务会计报告要报送国家有关行政部门，以接受其管理和监督。

公司除法定的会计账簿外，不得另立会计账簿。对公司资产不得以任何个人名义开立账户存储。

二、公司的利润分配制度

我国《公司法》对公司当年利润分配规定的法定顺序是：

(1) 弥补以前年度的亏损，即在公司已有的法定公积金不足以弥补上一年度公司亏损时，先用当年利润弥补亏损，但不得超过税法规定的弥补年限。

(2) 缴纳所得税。

(3) 弥补在税前利润弥补亏损后仍存在的亏损。

(4) 提取法定公积金，公司应提取税后利润的 10%列入公司的法定公积金，公司法定公积金累计额达到公司注册资本的 50%以上时，可不再提取。

(5) 经股东会决议，提取任意公积金。

(6) 支付股利，即在公司弥补亏损和提取公积金后，所余利润应分配给股东。

第六节　公司的变更、合并和分立

📖 案例导入

  2013 年 3 月 1 日，某有限责任公司甲经董事会 2/3 以上的董事决议，分立为两个有限责任公司乙和丙。其中，甲企业的厂房、机器设备和人员等主要资源都分给了乙公司，只有一小部分资产分给了丙公司，甲公司同时终止。公司在 2013 年 3 月 13 日通知原甲公司的债权人丁和戊，丙分别于 3 月 10 日、3 月 30 日、4 月 10 日三次在报纸上公告了其分立事项。丁于 2013 年 4 月 3 日向原甲公司发出公函，要求对其所持有的 10 万元债权提供担保。2013 年 5 月 30 日，原甲公司的债权人戊向原公司提出要求对其 15 万元的债权予以清偿，但原甲公司对丁和戊的要求未予理睬。乙公司和丙公司于 2013 年 6 月 1 日正式营业，未进行登记。

  请思考问题：

  (1) 甲公司的分立属于哪种形式？

  (2) 甲公司的分立行为有哪些违法之处？

  (3) 是否可以认为甲公司已经分立？

一、公司的变更

  公司的变更是指公司设立登记事项中某一项或某几项的改变。公司变更的内容主要包括：公司名称、住所、法定代表人、注册资本、组织形式、经营范围、营业期限、有限责任公司股东或者股份有限公司发起人的姓名或名称的变更。

  公司变更设立登记事项应当向原公司登记机关即公司设立登记机关申请变更登记，未经核准变更登记，公司不得擅自改变登记事项。

二、公司的合并

（一）公司合并的形式

  公司合并是指两个或两个以上的公司订立合并协议，依照公司法的规定，结合为一个公司的法律行为。公司合并有两种形式：一是吸收合并，是指一个公司吸收其他公司加入本公司，被吸收的公司解散；二是新设合并，是指两个或两个以上的公司合并设立一个新的公司，合并各方解散。

（二）公司合并的程序

  (1) 签订合并协议。公司合并，应当由合并各方签订合并协议。

  (2) 编制资产负债表及财产清单。

(3) 做出合并决议。公司在签订合并协议并编制资产负债表及财产清单后，应当就公司合并的有关事项做出合并决议。

(4) 通知债权人。公司应当自做出合并决议之日起 10 日内通知债权人，并于 30 日内在报纸上公告。债权人自接到通知书之日起 30 日内，未接到通知书的自公告之日起 45 日内，可以要求公司清偿债务或者提供相应的担保。

(5) 依法进行登记。公司合并后，应当依法向公司登记机关办理变更登记。

三、公司的分立

(一) 公司分立的形式

公司的分立是指一个公司依法分为两个或两个以上公司的法律行为。公司分立有两种形式：一是派生分立，是指公司以其部分财产另设一个或数个新的公司，原公司存续；二是新设分立，是指公司全部财产分别划归两个或两个以上的新公司，原公司解散。

(二) 公司分立的程序

公司分立的程序与公司合并的程序基本一样，要签订分立协议，编制资产负债表及财产清单，做出分立决议，通知债权人，办理工商变更登记等。

根据合同法的规定，公司合并时，合并各方的债权、债务应当由合并后存续的公司或者新设的公司继承。法人分立后，除债权人和债务人另有约定的以外，由分立的法人对合同的权利和义务享有连带债权，承担连带债务。

第七节　公司的解散和清算

一、公司解散的原因

《公司法》规定，公司解散的原因有以下五种情形：

(1) 公司章程规定的营业期限届满或者公司章程规定的其他解散事由出现。

(2) 股东会或者股东大会决议解散。

(3) 因公司合并或者分立需要解散。

(4) 依法被吊销营业执照、责令关闭或者被撤销。

(5) 公司经营管理发生严重困难，继续存续会使股东利益受到重大损失，且通过其他途径不能解决的，持有公司全部股东表决权 10% 以上的股东可以请求人民法院解散公司。

二、公司解散的清算

(一) 成立清算组

公司解散时，除因合并或者分立外，应当依法进行清算。公司因上述第(1)项、第(2)

项、第(4)项、第(5)项规定而解散的，应当在解散事由出现之日起 15 日内成立清算组，开始清算。有限责任公司的清算组由股东组成，股份有限公司的清算组由董事或者股东大会确定的人员组成。逾期不成立清算组进行清算的，债权人可以申请人民法院指定有关人员组成清算组进行清算。人民法院应当受理该申请，并及时组织清算组进行清算。公司被依法宣告破产的，依照有关企业破产的法律实施破产清算。

(二) 清算组的职权

根据《公司法》的规定，清算组在清算期间行使下列职权：
(1) 清算公司财产，分别编制资产负债表和财产清单。
(2) 通知、公告债权人。
(3) 处理与清算有关的公司未了结的业务。
(4) 清缴所欠税款以及清算过程中产生的税款。
(5) 清理债权、债务。
(6) 处理公司清偿债务后的剩余财产。
(7) 代表公司参与民事诉讼活动。

(三) 清算组的义务

根据《公司法》规定，清算组成员应当忠于职守，依法履行清算义务。清算组成员不得利用职务收受贿赂或者其他非法收入，不得侵占公司财产。清算组成员因故意或者重大过失给公司或者债权人造成损失的，应当承担赔偿责任。

(四) 清算工作程序

1. 登记债权

清算组应当自成立之日起 10 日内通知债权人，并于 60 日内在报纸上公告。债权人应当自接到通知书之日起 30 日内，未接到通知书的自公告之日起 45 日内，向清算组申报其债权。债权人申报债权，应当说明债权的有关事项，并提供证明材料。清算组应当对债权进行登记。在申报债权期间，清算组不得对债权人进行清偿。

2. 清理公司财产，制定清算方案

清算组应当对公司财产进行清理，编制资产负债表和财产清单，制定清算方案。其中，清算方案应当报股东会、股东大会或者人民法院确认。清算组在清理公司财产、编制资产负债表和财产清单后，发现公司财产不足清偿债务的，应当依法向人民法院申请宣告破产。公司经人民法院裁定宣告破产后，清算组应当将清算事务移交给人民法院。

3. 分配公司财产

公司财产在分别支付清算费用、职工的工资、社会保险费用和法定补偿金，缴纳所欠税款，清偿公司债务后的剩余财产，有限责任公司按照股东的出资比例分配，股份有限公司按照股东持有的股份比例分配。清算期间，公司存续，但不得开展与清算无关的经营活动。公司财产在未按上述规定清偿前，不得分配给股东。

4．公告公司终止

公司清算结束后，清算组应当制作清算报告，报股东会、股东大会或者人民法院确认，并报送公司登记机关，申请注销公司登记，公告公司终止。

【典型案例】

强力股份有限公司的违法行为

强力股份有限公司于 2013 年 3 月 10 日组成，股本总额为人民币 3000 万元，其中 2200 万元是向社会公开发行募集的股本。2014 年 1 月 8 日，该公司为进行技术改造，增资发行 1000 万元股本。2015 年为增加实力，该公司与另一股份有限公司进行合并。两公司于 2015 年 3 月 10 日做出合并决议，4 月 1 日通知债权人，5 月 6 日开始在报纸上刊登公告两次，并于 8 月 1 日正式合并，还办理了工商登记。

问题：该公司的上述活动中有何违反《公司法》之处。

分析：

该公司在三个方面违反了《公司法》的规定：

(1) 发起人认购部分不足法律规定。《公司法》规定，以募集方式设立股份有限公司的，发起人认购的股份不得少于公司股份的 35%。

(2) 该公司增发新股与上次发行间隔时间不足 1 年。《公司法》规定，公司发行新股应与前一次发行时间间隔一年以上。

(3) 该公司在合并过程中，其通知债权人的时间、公告发出时间和公告次数均与法律规定不符；该公司自公告之日起未满 45 日即办理合并的工商登记也与法律不相符。《公司法》规定，公司合并应当自作出合并协议之日起 10 日内通知债权人，并于 30 日内在报纸上至少公告，债权人自接到通知书之日起 30 日内，未接到通知书的债权人自公告之日起 45 日内，有权要求公司清偿债务或提供相应的担保。公司不清偿债务或不提供担保的，公司不得合并。

本 章 小 结

1．公司是企业的一种组织形式，是依照《公司法》的规定设立的，以营利为目的，由股东投资设立的企业法人。《公司法》所称的公司是指依照本法在中国境内设立的有限责任公司和股份有限公司。公司具有四个基本的法律特征：公司要依法设立；公司是社团组织；公司以营利为目的；公司具有企业法人资格。

2．有限责任公司又称有限公司，是指股东以其认缴的出资额为限对公司承担责任，公司以其全部财产对公司的债务承担责任的企业法人。有限责任公司的组织机构是由股东会、董事会、经理和监事会以及公司民主管理机构构成。一人有限责任公司，是指只有一个自然人股东或者一个法人股东的有限责任公司。国有独资公司是指国家授权投资的机构或者国家授权的部门单独投资设立的有限责任公司。

3．股份有限公司是指全部资本分为等额股份，股东以其所认购股份为限对公司承担责任，公司以其全部资产对公司债务承担责任的企业法人。股份有限公司采用发起人设立和募集设立两种形式。

4．公司债券是指公司依照法定条件和程序发行的，约定在一定期限还本付息的有价证券。公司财务会计制度的规定主要有两方面内容：一是财务会计报告制度；二是利润分配制度。

5．公司的变更是指公司设立登记事项中某一项或某几项的改变。公司合并是指两个或两个以上的公司，订立合并协议，依照公司法的规定，结合为一个公司的法律行为。公司的分立是指一个公司依法分为两个或两个以上公司的法律行为。公司分立有两种形式：一是派生分立，是指公司以其部分财产另设一个或数个新的公司，原公司存续；二是新设分立，是指公司全部财产分别划归两个或两个以上的新公司，原公司解散。

知识结构

```
                                                          ┌ 设立条件
                                      ┌ 有限责任公司的设立 ┤ 设立程序
                                      │                   └ 股东的权利和义务
                                      │                   ┌ 股东会
                      ┌ 有限责任公司 ┤ 有限责任公司的组织机构 ┤ 董事会
                      │               │                   └ 经理
                      │               └ 有限责任公司的股权转让和继承
                      │
                      │  公司债券
                      │  公司财务会计
     公司法律制度 ┤  公司的变更、合并和分立
                      │  公司的解散和清算
                      │                   ┌ 设立方式
                      │               ┌ 股份有限公司的设立 ┤ 设立条件
                      │               │                   └ 设立程序
                      │               │                   ┌ 股东大会
                      └ 股份有限公司 ┤ 股份有限公司的组织机构 ┤ 董事会
                                      │                   │ 经理
                                      │                   └ 监事会
                                      └ 股份有限公司的股份发行和转让
```

思 考 题

1．解释有限责任公司和股份有限公司的异同。
2．《公司法》对有限责任公司的形式做了哪些规定？
3．股份的发行和转让有何规定？
4．公司债券的发行条件有哪些？
5．上市公司有哪些特殊规定？

第四章 破产法律制度

📖 学完本章后，你应该能够：

➢ 了解破产程序中和解、整顿的进行与终结；
➢ 熟悉债权人会议的概念、债权人会议议事规则、债权人的权利、破产财产的分配方式；
➢ 掌握破产的概念和特征、破产程序、破产清算的财产的分配顺序。

📖 案例导入

东星航空破产案

东星航空破产重整案是我国新《中华人民共和国企业破产法》(以下简称《破产法》)颁布后，首例跨境破产重整案。该案由境外 GECAS 公司(通用电气商业航空服务有限公司)在中国法院，对境内东星航空有限公司申请破产，且是我国首例航空公司破产案。

(中国普法网记者　廉颖婷)

武汉市中级人民法院的一纸裁决，并没有消弭外界对东星航空的关注。东星航空更是心有不甘。

就在武汉中院下达最终裁决的前一天，即 2009 年 8 月 26 日下午，东星集团还在北京召开有关东星航空破产重整最新发布会。

发布会上东星集团称，武汉市交通委员会一再阻挠公司和债权人提出的重整方案。东星集团表示，已经就东星航空破产重整案上书中央，并表示，中纪委已经介入调查。

"我们正在等待中纪委的书面通知。" 9 月 1 日，东星航空破产管理人指定律所——湖北山河律师事务所主任张杰说。

破产是最好的归宿

"我们非常支持和尊重法院的判决。"张杰表示。但是，对于武汉中院的这一裁决，并不是所有人都乐于看到。

今年 3 月 30 日，武汉中院受理了通用电气商业航空服务有限公司等 6 家通用电气子公司提交的对东星航空进行破产清算的申请。

由此，围绕东星航空究竟该破产重整还是破产清算，原股东、债权人、意向投资方以及破产管理人几方开始角力。

原股东东星集团、东星国旅，债权人中航油、中航信、新郑机场等，意向投资方上海宇界和信中利，都是东星航空重整的坚持者。与国内债权人立场不同的是，"涉外债权人更希望破产"。

对东星航空进行破产清算的破产管理人则始终坚持破产清算。在破产管理人看来，东星航空不具备任何重整的客观基础和价值。"负债数额巨大、流动资产严重短缺、租赁飞机被取回、人力资源匮乏、航线和时刻资源流失、公司股权被质押、重整资金投入巨大"。

"人有生死，企业也一样。东星航空破产更有利于保障债权人及职工的利益！"张杰说。

资本运作下的牺牲品

从 2006 年 5 月首航，到 2009 年 8 月破产，东星航空短短 3 年即夭折，与其自身流动资金严重不足有着密切关联。

据了解，东星航空增资 3.06 亿元注册资本主要为实物资产，9 架飞机全为租赁，但兰世立对外宣称有 20 架飞机。由于资金紧缺，东星航空实际运行的飞机只有 8 架。

除了资本金严重短缺外，据媒体报道，东星航空的人事管理也相当混乱。公司高管人员没签劳动合同；有的员工劳动关系在集团，有的在国旅，长期拖欠员工社会保险；东星航空、东星集团、东盛房地产和东星国旅资金混同，连带担保，等等。

概括来讲东星航空的失败在于资金短缺、诚信丧失、管理混乱、经营不善等方面。

（案例来源：www.legalinfo.gov.cn/2009-09-07）

第一节　破产法概述

一、破产的概念和特征

法律上的破产是指债务人不能清偿到期债务，并且资产不足以清偿全部债务或者明显缺乏清偿能力，法院依债权人或债务人本人的申请宣告债务人破产，并以其全部财产抵偿所欠的债务，对于此项抵偿后的剩余债务不再清偿的一种制度。破产是一种概括的执行程序，目的在于剥夺不能清偿到期债务的债务人对其全部财产的管理处分权，让全体债权人取得公平受偿的机会。破产具有如下特点：

1. 破产是一种法定的偿债手段

当债务人不能清偿到期债务时，如何分配债务人的财产满足多个清偿人的要求，一般的民事诉讼程序难以解决这一问题，所以法律特别规定破产这一专门程序。通过这一程序，将债务人全部财产一次性地分配给全体债权人，终结其与债务人之间的债权债务关系。

2. 破产是一种特殊的偿债手段

欠债还债是一种最为常见的民事法律行为，但破产偿债与一般偿债不同，破产偿债是以债务人主体资格消灭为偿债结果。一般偿债的债务人主要以其流动资金为限，破产偿债以债务人的全部财产为限，当债务人用其全部财产使其债务得到全部或部分清偿后，债务人因失去存在的物质基础而丧失其民事主体资格。

3. 破产是在特定情况下运用的偿债方式

债务人不能清偿到期债务是破产的原因，破产不过是对债务人不能清偿到期债务的事实予以法律的确认，即通过法院的司法裁决承认债务人事实上的破产状态。

4．破产是使债权人公平受偿的程序

破产程序可以合理地协调多数债权人之间就债务人的有限财产如何受偿的利益冲突，使债权人共同分担损失和共享利益。以全部财产清偿债务，不但是对债权人最大限度的满足，依破产程序，还是对债权人的最公平的受偿，因为依破产法的有关规定，同一顺序的债权人地位平等和受偿机会平等。

5．破产是一种特殊的执行程序

债务人不能清偿债务时，一旦选择了破产还债程序，则必须受法定的执行程序支配。法院宣告债务人破产，任命或者批准选任破产管理人负责破产人全部财产的管理、变价和分配事宜，并严格监控，除非法律有特别规定，其他任何组织和个人都无权处分破产人的财产。

二、破产法的概念及我国的立法现状

破产法是规定在债务人不能清偿到期债务时，法院强制对其全部财产清算分配，公平清偿给债权人，或者通过和解协议，进行整顿、清偿债务的法律规范的总和。破产法有广义和狭义之分，狭义的破产法仅指对债务人破产清算的法律，而广义的破产法还包括为了避免债务人破产的和解和整顿的法律。由于单纯以破产清算为目的的法律难以全面、妥善地解决债务人丧失清偿能力时的债务偿还问题，所以现代意义上的破产法通常均由规定破产清算与和解整顿两方面构成。

随着我国经济体制改革的逐步深入，八十年代初期，法学界开始提出企业的破产问题。1985 年，国家有关部门成立了破产法起草小组，经过多次修改和广泛讨论，1986 年 12 月 2 日第六届全国人民代表大会常务委员会第十八次会议通过了《中华人民共和国企业破产法(试行)》(以下简称《企业破产法》)。该法适用于国有企业，并于 1988 年 11 月 1 日正式试行。为了保障《企业破产法》的顺利实施，最高人民法院于 1992 年 11 月 7 日以 "法(经)发[1991]35 号" 发布了《关于贯彻执行〈中华人民共和国企业破产法(试行)〉若干问题的意见》。这一司法解释从法院工作的角度，对如何正确理解与执行企业破产法作出了许多详尽的规定，对法院审理破产案件提供了更具操作性的法律根据。1997 年 3 月，最高人民法院发布《关于当前人民审理企业破产案件应当注意的几个问题的通知》，对破产法适用中的一些问题作出了更为具体的规定。

1991 年 4 月 9 日，第七届全国人大第四次会议通过的《中华人民共和国民事诉讼法》中，在第二编第十九章中规定了企业法人破产还债程序，适用于非国有企业的企业法人，弥补了《企业破产法》仅适用于国有企业，其他企业的破产无法可依、立法调整范围过窄的不足，适应经济体制改革发展的实际需要。

为建立现代企业制度指导并规范国有企业的破产试点工作，国务院于 1994 年和 1997 年下发《关于在若干城市试行国有企业破产有关问题的通知》和《关于在若干城市试行国有企业兼并破产和职工再就业有关问题的补充通知》，着重就规定范围内的国有企业的职工安置、破产财产包括国有土地使用权的处置以及银行贷款损失的处理等《企业破产法》实

施中的一些难点问题作了较为具体的规定。

2006 年 8 月 27 日第十届全国人民代表大会常务委员会第二十三次会议通过了《中华人民共和国企业破产法》(以下简称《企业破产法》)，该法从 2007 年 6 月 1 日起实施，原有的《中华人民共和国企业破产法(试行)》同时废止。该法统一了所有企业法人的破产制度，并改变了全民所有制企业法人和非全民所有制企业法人分别适用不同法律的混乱局面。

第二节　　破产申请的提出和受理

📖 案例导入

甲企业到 2013 年总资产 8 亿元，总负债 10.2 亿元。2014 年、2015 年由于经营管理的不善，该企业负债继续加大，总资产未变。债权人认为该企业早已资不抵债，达到破产的界限。

乙企业 2015 年底总资产 2.6 亿元，欠银行贷款 1.5 亿元，欠其他债务 1.7 亿元，欠大部分单位的债务到期后，基本都能按期偿还。但是乙欠 A 企业的债务已经逾期 1 年，仍未偿还，乙企业认为欠 A 公司 1.2 亿元债务，而 A 公司认为欠 1.4 亿元债务，双方就债务的具体数额无法达成一致，A 公司认为乙企业达到破产界限。

丙企业最近 3 年欠所有债权人包括 C 公司的债务，均到期无力偿还，C 公司认为丙企业达到破产界限。

请分析：甲、乙、丙公司是否达到破产界限。

一、破产界限

破产界限，又称破产原因、破产条件，是指认定债务人丧失债务清偿能力，当事人提出破产申请，法院据此启动破产程序、宣告债务人破产的法律事实。

《企业破产法》对于破产的原因作了如下规定：

(1) 从我国的实际出发，规定企业法人不能清偿到期债务，并且资产不足以清偿全部债务，两个条件必须同时具备才能构成企业破产的原因。

不能清偿到期债务是指债务人对请求偿还的到期债务，因丧失清偿能力而无法偿还的客观经济状况。不能清偿在法律上的着眼点是债务关系能否正常维系，其要点包括：债务人不能清偿的是清偿期限已经届满，债权人提出清偿要求的，无争议或已有确定名义(指已经生效判决、裁决确认)的债务；债务人停止清偿到期的债务并且呈连续的状态，如果没有相反的证据，可以推定为不能清偿到期的债务。

(2) 参考了国外通行的规定，也就是企业法人不能清偿到期债务，明显缺乏清偿能力。而明显缺乏偿债的能力是指债务人不能以资金、信用和生产力(技术、设备、材料及劳动力)等任何方式清偿债务。在实际中，法官可以结合停止支付的时间、债务的金额、债务人的信用状况以及债务人的偿债历史等综合因素加以判断。

上述两个原因，可以供债务人和债权人选择。对债权人来说，只要企业不能清偿到期债务，就可以向法院申请宣告债务人破产，没有必要去了解企业是否资不抵债，这样可以促使债务人及时清偿债务，有助于保护债权人的利益。而对于债务人来说，在企业不能清偿到期债务时，是否资不抵债，债务人最清楚。在一般情况下，债务人只有在企业不能清偿到期债务，并且资不抵债的时候，才会申请自己破产。

二、破产的管辖

破产的管辖是指各级法院及同级法院之间受理破产案件的分工和权限，它包括地域管辖和级别管辖。

关于破产案件的地域管辖，我国破产案件由债务人所在地人民法院管辖。债务人所在地是指企业主要办事机构所在地。

关于破产案件的级别管辖，县、县级市或区的工商行政管理机关核准登记的企业，其破产案件一般由基层人民法院管辖；地区、地级市(含本级)以上工商行政管理机关核准登记的企业，其破产案件一般由中级人民法院管辖。个别案件可以依照《民事诉讼法》第39条关于移送管辖的规定确定管辖级别。

三、破产申请的提出

（一）破产申请人

破产申请是债务人或者债权人向法院请求宣告债务人破产的意思表示，是债务人或债权人的破产请求权的具体行使。

根据我国法律的规定，债务人、债权人可以向人民法院提出破产申请；企业法人已解散但未清算或者未清算完毕，资产不足以清偿债务的，依法负有清算责任的人应当向人民法院提出破产申请。

（二）破产申请的条件

(1) 债务人提出破产申请的条件：债务人不能清偿到期债务，并且资产不足以清偿到期债务或者明显缺乏清偿能力。

(2) 债权人提出破产申请的条件：债务人不能清偿到期债务。

(3) 依法负有清算责任的人申请破产清算的条件：企业法人已解散但未清算或者未清算完毕，资产不足以清偿债务。

（三）破产申请应当提交的材料

提出破产申请，当事人应当提交申请书和有关证据。破产申请书应当载明下列事项：申请人、被申请人的基本情况；申请目的；申请的事实和理由；人民法院认为应当载明的其他事项。

债务人提出申请的还应当向法院提交财产状况说明、债务清册、有关财务会计报告、职工安置预案以及职工工资的支付和社会保险费用的缴纳情况。

四、破产案件的受理

(一) 破产申请受理的期限

债权人提出破产申请的，人民法院应当自收到申请之日起 5 日内通知债务人。债务人对申请有异议的，应当自收到人民法院通知起 7 日内向人民法院提出，人民法院应当自异议期满之日起 10 日内裁定是否受理。除上述情形外，人民法院应当自收到破产申请之日起 15 日内裁定是否受理。

法院在法定的时间内做出了受理的裁定，但法院在受理破产申请后至破产宣告前，经审查发现债务人不符合破产界限的，可以裁定驳回申请。申请人对裁定不服的，可以自裁定送达之日起 10 日内向上一级人民法院提起上诉。

(二) 通知和公告

债权人提出破产申请的，人民法院应当在裁定作出之日起 5 日内送达债务人。债务人应当在裁定送达之日起 15 日内，向人民法院提交财产状况说明、债务清册、债权清册、有关财务会计报告以及职工工资的支付和社会保险费用的缴纳情况。

人民法院受理破产案件后，应自裁定受理破产申请之日起 25 日内通知已知债权人，并发布公告。公告除了在受理破产案件的人民法院公告栏内张贴外，还应根据案情(如债权人所分布的区域、破产财产所在的区域等)在地方或全国性的报刊上登载。公告的作用在于向未知的债权人以及无法通知的已知债权人发布通知，使社会上所有与此案有关的债权人都有平等参与破产诉讼的机会，从而获得公平的清偿。通知和公告的事项包括：

(1) 申请人、被申请人的名称或者姓名。

(2) 人民法院受理破产申请的时间。

(3) 申报债权的期限、地点和注意事项。

(4) 管理人的名称或者姓名及其处理实务的地址。

(5) 债务人的债务人或者财产持有人应当向管理人清偿债务或者交付财产的要求。

(6) 第一次债权人会议召开的时间和地点。

(7) 人民法院认为应当通知和公告的其他事项。

(三) 受理的法律后果

法院受理破产申请，意味着破产程序的开始。破产程序开始后，债务人的财产进入保全状态，债权人的权利行使也受到约束。

1. 对债务人的法定代表人及有关人员的约束

自人民法院受理破产申请的裁定送达债务人之日起至破产程序终结之日，债务人的法定代表人以及经人民法院决定的企业财务管理人员和其他经营管理人员承担下列义务：

(1) 妥善保管其占有和管理的财产、印章和账簿、文书等资料。

(2) 根据人民法院、管理人的要求进行工作，并如实回答询问。

(3) 列席债权人会议并如实回答债权人的询问。

(4) 未经人民法院许可，不得离开住所地。

(5) 不得新任其他企业的董事、监事、高级管理人员。

2．对债务人的约束

人民法院受理破产申请后，债务人对个别债权人的债务清偿无效。

3．对第三人的约束

(1) 人民法院受理破产申请后，债务人的债务人或财产持有人应当向管理人清偿债务或交付财产。

(2) 人民法院受理破产申请后，管理人对破产申请受理前成立而债务人和对方当事人均未履行完毕的合同有权决定解除或继续履行，并通知对方当事人。

4．对其他民事程序的影响

(1) 人民法院受理破产申请后，有关债务人财产的保全措施应当解除，执行程序应当中止。

(2) 人民法院受理破产申请后，已经开始而尚未终结的有关债务人的民事诉讼或者仲裁应当中止；在管理人接管债务人的财产后，该诉讼或者仲裁继续进行。

(3) 有关债务人的民事诉讼，只能向受理破产申请的人民法院提起。

五、破产管理人

（一）破产管理人的产生和组成

破产管理人，是指破产程序开始后依法成立的，在法院指挥与监督之下全面负责债务人财务的管理、估价、分配以及破产方案的拟定和执行等破产事务的专门机构。

破产管理人由人民法院指定和更换，并接受债权人会议和债权人委员会的监督。债权人会议认为破产管理人不能依法公正执行职务或有其他不能胜任职务情形的，可以申请人民法院更换。

按照《企业破产法》第24条的规定，可以担任破产管理人的有以下3类：

(1) 由有关部门、机构组成的清算组。

(2) 依法设立的律师事务所、会计师事务所、破产清算事务所等社会中介机构。

(3) 具有相关专业知识并取得执业资格的人员，主要指律师和会计师。

有下列情形之一的，不得担任破产管理人。

(1) 因故意犯罪受过刑事处罚。

(2) 曾被吊销相关专业执业证书。

(3) 与本案有利害关系。

(4) 人民法院认为不宜担任管理人的其他情形。

（二）破产管理人的职责

为了发挥破产管理人的作用，《企业破产法》赋予了管理人相当广泛的职责，同时规定对管理人进行监督。管理人履行下列职责：

(1) 接管债务人的财产、印章和账簿、文书等资料。

(2) 调查债务人财产状况，制作财产状况报告。

(3) 决定债务人的内部管理事务。

(4) 决定债务人的日常开支和其他必要开支。

(5) 在第一次债权人会议召开之前，决定继续或者停止债务人的营业。

(6) 管理和处分债务人的财产。

(7) 代表债务人参加诉讼、仲裁或者其他法律程序。

(8) 提议召开债权人会议。

(9) 人民法院认为管理人应当履行的其他职责。

（三）破产管理人的权利与义务

1. 破产管理人的权利

管理人经法院许可有聘任必要的工作人员的权利和报酬请求权。管理人的报酬是由法院决定的，确定管理人报酬的办法由最高人民法院决定。债权人会议对于管理人的报酬有权向法院提出异议，债权人会议只享有异议权，而不是决定权。对于管理人执行职务的费用、报酬以及聘用工作人员的费用，都属于破产费用，由债务人的财产支付。

2. 破产管理人的义务

管理人在破产程序启动以后，有以下义务：

(1) 勤勉尽责，忠实执行职务。

(2) 向人民法院报告工作，并接受债权人会议和债权人委员会的监督。

(3) 列席债权人会议，向债权人会议报告职务执行情况，并回答询问。

(4) 管理人没有正当理由不得辞去职务，管理人辞去职务应当经人民法院许可。

在第一次债权人会议召开之前，管理人实施下列行为时，应当及时报告债权人委员会，未设立债权人委员会的，应当及时报告法院。

(1) 涉及土地、房屋等不动产权益的转让。

(2) 探矿权、采矿权、知识产权等财产权的转让。

(3) 全部库存或者营业的转让。

(4) 借款。

(5) 设定财产担保。

(6) 债权和有价证券的转让。

(7) 履行债务人和对方当事人均未履行完毕的合同。

(8) 放弃权利。

(9) 担保物的取回。

(10) 对债权人的利益有重大影响的其他财产处分行为。

第三节 债 权 人 会 议

📖 案例导入

某市某公司是一家国有企业，经营服装、鞋帽和文教用品。该公司于 2009 年 5 月成立，注册资金为 80 万元。公司成立前三年，经营状况一直不错，但自 2012 年底扩大经营规模后，经济情况开始恶化。因为扩大经营家用电器，再加上购置办公楼、汽车等固定资产，公司向银行大量贷款和委托贷款共近 1 亿。由于经营管理不善，决策失误，市场疲软和侵犯其他法人权益纠纷败诉等原因，公司大量商品积压，流动资金枯竭，2013 年以后亏损越来越严重，并于 2014 年 12 月向法院申请破产。该公司在申请时向法院提交了有关审计报告，会计报表，债权、债务清册及其上级主管部门同意申请破产的批复等。

人民法院受理本案后，通知和公告债权的申报期限为自公告之日起 3 个月内。法院在 2 个半月时主持召开了第一次债权人会议，审查各债权人的主体资格、委托代理人的资格及权益，并通报清算工作的情况和进程等。法院指定了最大的债权人甲担任债权人会议主席。第二、第三次债权人会议确认了各债权人的债权额，确认债权人乙的抵押权。经过第四、第五次债权人会议讨论同意，产生了破产财产分配方案。在第六次债权人会议上，经半数以上的债权人同意，通过了破产财产分配方案。

该公司的债权人会议开得一直不是很顺利，债权人意见纷纷。债权人丙认为第一次债权人会议开得太早了，当时他尚未申报债权，被剥夺了参加该次会议的资格；债权人丁不同意甲担任债权人会议主席，认为会议主席应当由债权人会议选举产生；债权人戊、己认为乙的债权是抵押债权，享有优先受偿权，因而乙不能参加债权人会议；债权人庚认为破产财产分配方案不必经债权人会议讨论；债权人辛则认为第六次债权人会议通过财产分配方案可能无效。试分析以上观点。

一、债权申报

（一）债权申报的期限

债权申报，是指债务人的债权人在接到人民法院的破产申请受理裁定通知或者公告后，在人民法院确定的债权申报期限内向管理人申请登记债权，以取得破产债权人地位的行为。

人民法院受理破产申请后，应当确定债权人申报债权的期限。债权申报期限自人民法院发布受理破产申请公告之日起计算，最短不得少于 30 日，最长不得超过 3 个月。

在人民法院确定的债权申报期限内，债权人未申报债权的，可以在破产财产最后分配前补充申报；但是，此前已进行的分配，不再对其补充分配。为审查和确认补充申报债权的费用，由补充申报人承担。债权人未按照本法规定申报债权的，不得行使债权人的权利。

（二）债权范围的特别规定

破产案件受理前成立的对债务人的债权，均为可申报的债权，有财产担保和无财产担保的债权均在申报之列。

(1) 未到期的债权，在破产申请受理时视为到期。

(2) 附利息的债权自破产申请受理时起停止计息。

(3) 附条件、附期限的债权和诉讼、仲裁未决的债权，债权人可以申报。

(4) 债务人所欠职工的工资和医疗、伤残补助、抚恤费用，所欠的应当划入职工个人账户的基本养老保险、基本医疗保险费用，以及法律、行政法规规定应当支付给职工的补偿金，不必申报，由管理人调查后列出清单并予以公示。职工对清单记载有异议的，可以要求管理人更正；管理人不予更正的，职工可以向人民法院提起诉讼。

(5) 连带债权人可以由其中一人代表全体连带债权人申报债权，也可以共同申报债权。

(6) 债务人的保证人或者其他连带债务人已经代替债务人清偿债务的，以其对债务人的求偿权申报债权。债务人的保证人或者其他连带债务人尚未代替债务人清偿债务的，以其对债务人的将来求偿权申报债权。但是，债权人已经向管理人申报全部债权的除外。

(7) 连带债务人数人被裁定适用《企业破产法》规定的程序的，其债权人有权就全部债权分别在各破产案件中申报债权。

(8) 管理人或者债务人依照《企业破产法》规定解除合同的，对方当事人以因合同解除所产生的损害赔偿请求权申报债权。

(9) 债务人是委托合同的委托人，被裁定适用《企业破产法》规定的程序，受托人不知该事实，继续处理委托事务的，受托人以由此产生的请求权申报债权。

(10) 债务人是票据的出票人，被裁定适用《企业破产法》规定的程序，该票据的付款人继续付款或者承兑的，付款人以由此产生的请求权申报债权。

(三) 申报方式

债权人申报债权时，应当书面说明债权的数额和有无财产担保，并提交有关证据。申报的债权是连带债权的，应当说明。

(四) 债权表的编制

管理人收到债权申报材料后，应当登记造册，对申报的债权进行审查，并编制债权表。债权表和债权申报材料由管理人保存，供利害关系人查阅。

债权表应当提交第一次债权人会议核查。债务人、债权人对债权表记载的债权无异议的，由人民法院裁定确认；债务人、债权人对债权表记载的债权有异议的，可以向受理破产申请的人民法院提起诉讼。

二、债权人会议

(一) 债权人会议及组成

1. 债权人会议的概念

债权人会议是破产程序中全体债权人的自治性组织，是债权人行使破产参与权的场所。债权人会议是全体债权人参加破产程序并集体行使权利的决议机构，其职能是使全体债权人成为一个整体，对内协调和形成全体债权人的共同意思，对外通过对破产程序的参与、决策和监督来实现全体债权人的破产参与权。

2. 债权人会议的组成和表决权

依法申报债权的债权人为债权人会议的成员，有权参加债权人会议，享有表决权。债权人可以委托代理人出席会议，行使表决权。

对债权人是否享有表决权的问题，《企业破产法》规定如下：

(1) 债权尚未确定的债权人，除人民法院能够为其行使表决权而临时确定债权额的外，不得行使表决权。

(2) 对债务人的特定财产享有担保权的债权人,未放弃优先受偿权利的,其对通过和解协议和破产财产的分配方案的事项不享有表决权。

债权人会议设主席一人,由人民法院从有表决权的债权人中指定,负责召集和主持债权人会议。

(二) 债权人会议的召集和职权

1. 债权人会议的召集

第一次债权人会议由人民法院召集,自债权申报期限届满之日起 15 日内召开。人民法院在通知和公告中应当规定第一次债权人会议召开的时间和地点。

以后的债权人会议,在人民法院认为必要时,或者管理人、债权人委员会、占债权总额 1/4 以上的债权人向债权人会议主席提议时召开。

召开债权人会议,管理人应当提前 15 日将会议的时间、地点、内容等事项通知已知的债权人。

2. 债权人会议的职权

债权人会议行使下列职权:

(1) 核查债权。

(2) 申请人民法院更换管理人,审查管理人的费用和报酬。

(3) 监督管理人。

(4) 选任和更换债权人委员会成员。

(5) 决定继续或者停止债务人的营业。

(6) 通过重整计划。

(7) 通过和解协议。

(8) 通过债务人财产的管理方案。

(9) 通过破产财产的变价方案。

(10) 通过破产财产的分配方案。

(11) 人民法院认为应当由债权人会议行使的其他职权。

债权人会议应当对所议事项的决议作成会议记录。

(三) 债权人会议的决议

1. 决议规则

债权人会议的决议,由出席会议的有表决权的债权人过半数通过,并且其所代表的债权额占无财产担保债权总额的 1/2 以上。但是,通过和解协议,需由出席会议的有表决权的债权人过半数通过,并且其所代表的债权额占无资产担保债权总额的 2/3 以上。债权人会议通过重整计划草案,依照债权分类分组表决,出席会议的同一表决组的债权人过半数通过重整计划草案并且其所代表的债权额占该组已确定债权总额的 2/3 以上的,即为该组通过重整计划草案;各表决组均通过重整计划草案时,重整计划即为通过。

债权人会议的决议,对全体债权人均有法律约束力。

2．决议的异议

债权人认为债权人会议违反法律规定的，可以在债权人会议作出决议之日起 15 日内提请法院裁定。人民法院在审理后，认为决议确有违法情事，应当裁定撤销该决议；如果经审理认为并无违法情事，则应当裁定驳回请求。

3．人民法院的裁定权

经债权人会议的表决，对于有些事项无法达成决议的，《企业破产法》赋予人民法院最终决定权。

《企业破产法》规定，经债权人会议表决，如果债务人财产管理方案和破产财产的变价方案未能通过的，对于破产财产的分配方案，经债权人会议二次表决仍未通过的，由人民法院裁定。债权人对人民法院裁定不服的，可以自裁定宣布之日起或者收到通知之日起15 日内向人民法院申请复议。复议期间不停止裁定的执行。

三、债权人委员会

《企业破产法》规定了债权人委员会制度，由债权人委员会作为债权人会议的代表对破产程序实行监督。

1．组成

债权人会议可以决定设立债权人委员会。债权人委员会由债权人会议选任的债权人代表和一名债务人的职工代表或者工会代表组成。债权人委员会成员不得超过 9 人。

设立债权人委员会并不是法定的强制程序，其是否设立完全由债权人会议决定。债权人委员会成员应经法院书面决定认可。

2．职能

债权人委员会行使下列职权：

(1) 监督债务人财产的管理和处分。

(2) 监督破产财产分配。

(3) 提议召开债权人会议。

(4) 债权人会议委托的其他职权。

债权人委员会执行职务时，有权要求管理人、债务人的有关人员对其职权范围内的事项作出说明或者提供有关文件。管理人、债务人的有关人员拒绝接受监督的，债权人委员会有权就监督事项请求人民法院作出决定。

第四节　重 整 与 和 解

📖 **案例导入**

甲企业申请破产清算，共 11 名债权人申报债权。其中，A 申报破产债权为 100 万元，占无财产担保债权总额的 10%；B 申报债权 200 万元，占无财产担保债权总额的 20%；C

申报破产债权 300 万元，占无财产担保债权总额的 30%。之后，破产企业与 A、B、C 三个债权人达成了和解协议，约定减免债务 40%。和解协议提请债权人会议讨论时，只有 5 名债权人参加。会上除了 A、B、C 三个债权人表决同意和解协议，其他与会的 2 名债权人反对。会议最终通过了和解协议，并报法院裁定。

请分析：本案和解程序存在哪些问题？

一、重整

重整是指不对无偿付能力的债务人的财产立即清算，而在法院的主持下制定重整计划，规定在一定期限内，债务人按一定方式全部或部分清偿债务，同时债务人可以继续经营其业务的制度。

（一）重整申请

1．重整申请

债务人尚未进入破产程序时，债务人或债权人可以直接向法院申请对债务人进行重整。债权人申请对债务人进行破产清算的，在人民法院受理破产申请后，宣告债务人破产前，债务人或出资额占债务人注册资本 1/10 以上的出资人，可以向法院申请重整。

人民法院经审查认为重整申请符合规定的，应当裁定债务人重整，并予以公告。

2．申请重整的原因

《企业破产法》第 2 条对重整的条件做出了限制：一是债务人符合破产清算条件的可以申请重整；二是债务人有明显丧失清偿能力可能的可以申请重整。

（二）重整期间

自人民法院裁定债务人重整之日起至重整程序终止，为重整期间。

1．重整期间债务人的财产管理和营业事务

在重整期间，经债务人申请，人民法院批准，债务人可以在管理人的监督下自行管理财产和营业事务；管理人直接负责财务管理和营业事务，但聘任债务人的经营管理人员负责营业事务。

2．财产权的限制

在重整期间，对债务人的特定财产享有的担保权暂停行使。但是，担保物有损坏或者价值明显减少的可能，足以危害担保权人权利的，担保权人可以向人民法院请求恢复行使担保权。债务人或者管理人为继续营业而借款的，可以为该借款设定担保。

在重整期间对取回权的行使，《企业破产法》第 76 条规定："债务人合法占有的他人财产，该财产的权利人在重整期间要求取回的，应当符合事先约定的条件。"

在重整期间，债务人的出资人不得请求投资收益分配。债务人的董事、监事、高级管理人员不得向第三人转让其持有的债务人的股权，但是经人民法院同意的除外。

（三）重整计划的制定

我国企业破产法对重整计划草案的制定人采用"谁负责管理财产和营业事务谁制定"

的原则，责任明确，让了解债务人企业状况的人制定，更能制定出切实可行的方案。

《企业破产法》第 80 条规定，债务人自行管理财产和营业事务的，由债务人制作重整计划草案。管理人负责管理财产和营业事务的，由管理人制作重整计划草案。

债务人或者管理人应当自人民法院裁定债务人重整之日起 6 个月内，同时向人民法院和债权人会议提交重整计划草案。期限届满，有正当理由的，经债务人或管理人请求，人民法院可以裁定延期 3 个月。

债务人或者管理人未按期提出重整计划草案的，人民法院应当裁定终止重整程序，并宣告债务人破产。

重整计划草案的内容包括：债务人的经营方案；债务分类；债权调整方案；债权受偿方案；重整计划的执行期限；重整计划执行的监督期限；有利于债务人重整的其他方案。

(四) 重整计划草案的表决和批准

1. 重整计划草案的表决

为了加大重整计划草案的可行性，增加重整计划草案顺利获得通过的几率，《企业破产法》规定，对重整计划草案的通过，采用债权人会议分组讨论通过的方式。这样，使债务人可以根据不同的债权性质和数额作出切合债权人实际需要和要求的计划方案，切实保护各个债权人的利益。

表决按照债权分类分组进行。重整计划中的债权分类为：

(1) 对债务人的特定财产享有担保权的债务。

(2) 劳动债权，具体包括债务人所欠职工的工资和医疗、伤残补助、抚恤费用，所欠的应当划入职工个人账户的基本养老保险、基本医疗保险费用，以及法律、行政法规规定应当支付给职工的补偿金。

(3) 税费。

(4) 普通债权。

《企业破产法》规定重整计划草案涉及出资人权益调整事项的，还应当设立出资人组进行表决。

人民法院应当自收到重整计划草案之日起 30 日内召开债权人会议，对重整计划草案进行表决。出席会议的同一表决组的债权人过半数同意重整计划草案，并且其所代表的债权额占该组债权总额的 2/3 以上的，即为该组通过重整计划草案。

各表决组均通过重整计划草案时，重整计划即为通过。部分表决组未通过重整计划草案的，债务人或者管理人可以同未通过重整计划草案的表决组协商，该表决组可以在协商后再表决一次，但双方协商结果不得损坏其他表决组的利益。

2. 重整计划草案的批准

重整计划的批准，分为一般情况下的批准和特殊情况下的批准两种。

一般情况下的批准是自重整计划通过之日起 10 日内，债务人或者管理人应当向人民法院提出批准重整计划的申请。人民法院经审查认为符合规定的，应当自收到申请之日起 30 日内裁定批准，终止重整程序，并予以公告。自此，重整计划开始执行。

特殊情况下的批准是指未通过重整计划草案的表决组拒绝再次表决或者再次表决仍未

通过重整计划草案，但重整计划草案符合下列法律规定的条件的，债务人或者管理人可以申请人民法院批准重整计划草案。

(1) 按照重整计划草案，对债务人的特定财产享有担保权的债权将获得全额清偿，其因延期清偿所受的损失将得到公平补偿，并且其担保权未受到实质性损害，或者该表决组已经通过重整计划草案。

(2) 债务人所欠职工的工资和医疗、伤残补助、抚恤费用，债务人所欠税款将获得全额清偿，或者相应表决组已经通过重整计划草案。

(3) 按照重整计划草案，普通债权所获得的清偿比例，不低于其在重整计划草案被提请批准时依照破产清算程序所能获得的清偿比例，或者该表决组已经通过重整计划草案。

(4) 重整计划草案对出资人权益的调整公平、公正，或者出资人组已经通过重整计划草案。

(5) 重整计划草案公平对待同一表决组的成员，并且所规定的债权清偿顺序不违反本法的相关规定。

(6) 债务人的经营方案具有可行性。

（五）重整计划的执行

重整计划由债务人负责执行。管理人在重整计划执行期间，履行监督职责。在监督期间，债务人应当向管理人报告重整计划的执行情况和债务人的财产情况。监督期满，管理人应当向人民法院提交监督报告。重整计划的利害关系人有权查阅监督报告。

重整计划的效力：人民法院裁定批准的重整计划，对债务人和全体债权人均有约束力。债权人未依照规定申报债权的，在重整计划执行期间不得行使权利；在重整计划执行完毕后，可以按照重整计划规定的同类债权的清偿条件行使权利。债权人对债务人的保证人和其他连带债务人所享有的权利，不受重整计划的影响。

（六）重整程序的终止

依照《企业破产法》的规定，具有下列情形之一的，人民法院应当裁定终止重整程序，并宣告债务人破产。

(1) 在重整期间，债务人的经营状况和财产状况继续恶化，缺乏挽救的可能，或者债务人有欺诈、恶意减少债务人财产或者其他显著不利于债权人的行为，或者由于债务人的行为致使管理人无法执行职务的，经管理人或利害关系人请求，终止重整程序。

(2) 债务人不能执行或者不执行重整计划的，人民法院经管理人或者利害关系人请求终止重整程序。

(3) 债务人或者管理人未按期提出重整计划草案。

(4) 重整计划草案未获通过。

(5) 重整计划草案未获人民法院批准。

二、和解

和解是达到破产界限的债务人，为了避免受破产宣告或破产分配，经与债权人会议磋商，就延期清偿或减免债务等事项达成协议，经法院认可后生效的法律程序。和解是为了暂时缓解债务人的压力，克服和避免破产制度所不能克服的弊端而创设的一种程序制度，也是一项债务清理制度。

（一）和解的提出和受理

依照《企业破产法》的规定，债务人在达到破产界限时可以直接向人民法院申请和解，也可以在人民法院受理破产申请后、宣告债务人破产前向人民法院申请和解。

债务人申请和解，应当提出和解协议草案。

法院审查认为和解申请符合规定的，应当裁定和解，予以公告，并召集债权人会议讨论和解协议草案。对债务人的特定财产有担保权的债权人，自人民法院裁定和解之日起可以行使权利。

（二）和解协议的通过及裁定

和解协议需由债权人会议通过，并经人民法院裁定认可才能生效。

债权人会议通过和解协议的决议，由出席会议的有表决权的债权人过半数同意，并且其所代表的债权额占无财产担保债权总额的 2/3 以上。

债权人会议通过和解协议的，由人民法院裁定认可，终止和解程序，并予以公告。

和解协议草案经债权人会议表决未获得通过，或者已经在债权人会议通过的和解协议未获得人民法院认可的，人民法院应当裁定终止和解程序，并宣告债务人破产。

（三）和解协议的效力

经人民法院裁定认可的和解协议，对债务人和全体和解债权人均有约束力。债务人应当按照和解协议规定的条件清偿债务。和解债权人未依照规定申报债权的，在和解协议执行期间不得行使权利；在和解协议执行完毕后，可以按照和解协议规定的清偿条件行使权利。

和解债权人对债务人的保证人和其他连带债务人所享有的权利，不受和解协议的影响。

和解协议无强制执行效力，如债务人不履行协议，债权人不能请求人民法院强制执行，只能请求人民法院终止和解协议的执行，宣告其破产。

因债务人的欺诈或者其他违法行为而成立的和解协议，人民法院应当裁定无效，并宣告债务人破产。和解债权人因执行和解协议而受的清偿，在其他债权人所受清偿同等比例的范围内，不予返还。

（四）和解协议的终止

一是和解协议执行完毕，自行终止。按照和解协议减免的债务，自和解协议执行完毕时，债务人不再承担清偿责任。

二是债务人不能执行或者不执行和解协议的，人民法院经和解债权人请求，应当裁定终止和解协议的执行，并宣告债务人破产。和解债权人在和解协议中关于债权调整的承诺失去效力，所受清偿仍然有效，未受清偿的部分作为破产债权。受清偿的债权人只有在其他债权人所受破产财产分配同自己所受清偿达到同一比例时，才能继续接受分配。第三人为和解协议的执行提供的担保继续有效。

债务人不能执行或者不执行和解协议的行为有：

(1) 拒不执行或者延迟执行和解协议。

(2) 财务状况继续恶化，足以影响执行和解协议。

(3) 给个别债权人和解协议以外的特殊利益。

(4) 转移财产、隐匿或私分财产。

(5) 非正常压价出售财产、放弃自己的债权。

(6) 对原来没有财产担保的债务提供财产担保，对未到期的债务提前清偿等行为。

人民法院受理破产申请后，债务人与全体债权人就债权债务的处理自行达成协议的，可以请求人民法院裁定认可，并终结破产程序。

第五节 破产宣告与破产清算

案例导入

日盛贸易有限责任公司(以下简称"贸易公司")是由甲公司和乙公司分别出资 300 万元和 200 万元设立，贸易公司实际到位的注册资本为 400 万元，甲公司尚有 100 万元出资因公司章程规定的出资期限未到期而没有完全履行出资义务。贸易公司在经营中因投资决策发生严重失误，造成重大损失，不能清偿到期债务，向其所在地的人民法院申请破产。人民法院于 2013 年 2 月 8 日受理了该破产申请后，指定了管理人全面接管贸易公司。经审理，人民法院于 2014 年 1 月 8 日依法宣告贸易公司破产。管理人对贸易公司的相关事项清理如下：

(1) 2012 年 4 月 20 日向丙公司无偿赠与一批物资，价值 30 万元。

(2) 2012 年 1 月 24 日向丁银行借款 10 万元，借期 2 年，其借款利息截至 2013 年 2 月 8 日为 8 万元，其后截至 2008 年 1 月 8 日为 5 万元。

(3) 2012 年 12 月 16 日与甲公司签订一份买卖合同，约定甲公司为贸易公司订制一批特殊规格的服装，合同标的额为 68 万元，由甲公司于 2013 年 4 月上旬交货，货到付款。现双方均尚未履行该合同，管理人决定解除该合同，由此造成甲公司实际经济损失为 10 万元。

(4) 武汉一债权人因参加债权人会议发生差旅费 1 万元，南京一债权人为参加贸易公司的破产清算而聘请律师的费用 2 万元。

(5) 2013 年 6 月 19 日贸易公司的一幢危房突然倒塌，致路人戊不幸受到伤害，遭到损失 3 万元。

(6) 除上述事项外，贸易公司经评估确认尚有资产 1200 万元(变现价值)；负债 2800 万元(其中，应付工资 300 万元、基本养老保险费用 60 万元、补充养老保险费用 40 万元、基本医疗保险费用 30 万元、补充医疗保险费用 20 万元、应缴税金 400 万元、其他流动负债 650 万元、长期负债 1300 万元)；破产费用 100 万元。

请根据以上事实和破产法律制度的规定，分别分析回答下列问题。

(1) 甲公司享有的破产债权是多少数额，其尚未缴纳的出资是否应补缴，请分别说明理由。

(2) 贸易公司向丙公司赠与物资的行为是否可以撤销，请说明理由。

(3) 丁银行享有的破产债权是多少，请说明理由。

(4) 丁银行享有的破产债权在破产清算中能得到清偿的具体数额是多少？

一、破产宣告

1. 破产宣告的概念

破产宣告是指人民法院以裁定方式作出的认定债务人已经缺乏清偿债务的能力，应当依照破产程序进行破产清算的法律裁定。

2. 破产宣告的原因

有下列情形之一的，人民法院应当以书面裁定宣告债务人企业破产。

(1) 企业不能清偿到期债务，又不具备法律规定的不予宣告破产条件的。

(2) 企业被人民法院依法裁定终止重整程序的。

(3) 人民法院依法裁定终止和解协议执行的。

人民法院依法宣告债务人破产的，应当自裁定作出之日起 5 日内送达债务人和管理人，自裁定作出之日起 10 日内通知已知债权人，并予以公告。破产宣告的裁定不能上诉，自作出之日起生效。破产案件转入破产清算程序。

债务人被宣告破产后，债务人称为破产人，债务人财产称为破产财产，人民法院受理破产申请时对债务人享有的债权称为破产债权。

3. 不予宣告债务人破产清算

破产宣告前，有下列情形之一的，人民法院应当裁定终结破产程序，并予以公告。

(1) 第三人为债务人提供足额担保或者为债务人清偿全部到期债务的。

(2) 债务人已清偿全部到期债务的。

对破产人的特定财产享有担保权的权利人，对该特定财产享有优先受偿的权利。

对破产人的特定财产享有优先受偿权的债权人，行使优先受偿权利未能完全受偿的，未受偿的债权作为普通债权；放弃优先受偿权利的，其债权作为普通债权。

二、破产财产

（一）破产财产及构成

破产财产，是指破产申请受理时属于债务人的全部财产，以及破产申请受理后至破产程序终结前债务人取得的财产。具体而言，破产财产由下列财产构成：

(1) 破产申请受理时属于破产人的全部财产。

(2) 破产人在破产申请受理后至破产程序终结前取得的财产。

（二）与确定破产财产有关的几项权利

1. 撤销权

撤销权指因债务人实施的减少债务人财产的行为危及债权人的债权时，管理人可以请求人民法院撤销该行为的权利。

《企业破产法》中规定管理人可以申请人民法院撤销和宣告无效的行为主要有三类，具体如下：

(1) 人民法院受理破产申请前 1 年内，涉及债务人财产的下列行为，管理人有权请求人民法院予以撤销。

① 无偿转让财产的。

② 以明显不合理的价格进行交易的。

③ 对没有财产担保的债务提供财产担保的。

④ 对未到期的债务提前清偿的。

⑤ 放弃债权的。

(2) 人民法院受理破产申请前 6 个月内，债务人有不能清偿到期债务，并且资产不足以清偿全部债务或者明显缺乏清偿能力的情形，仍对个别债权人进行清偿的，管理人有权请求人民法院予以撤销。

(3) 涉及债务人财产的下列行为无效。

① 为逃避债务而隐匿、转移财产的。

② 虚构债务或者承认不真实的债务的。无效行为自始无效，即行为从实施时起就没有法律约束力。

通过上述被撤销或宣告无效行为而取得的债务人的财产，管理人有权予以追回。对于已领受债务人财产的第三人，应负有返还财产的义务，原物不存在时，应折价赔偿。

2．抵消权

债权人在破产申请受理前对债务人负有债务的，可以向管理人主张抵消的权利。根据这一规定，破产债权人在破产宣告前对破产企业负有债务的，无论是否已到清偿期限，无论债务的标的、给付的种类是否相同，均可在破产分配公告前主张抵消。

但是，有下列情形之一的不得抵消：

(1) 债务人的债务人在破产申请受理后取得他人对债务人的债权的。

(2) 债权人已知债务人有不能清偿到期债务或者破产申请的事实，对债务人负担债务的，但是，债权人因为法律规定或者有破产申请 1 年前所发生的原因而负担债务的除外。

(3) 债务人的债务人已知债务人有不能清偿到期债务或者破产申请的事实，对债务人取得债权的，但是，债务人的债务人因为法律的规定或者有破产申请 1 年前所发生的原因而取得债权的除外。

3．追回权

追回权是指在破产申请受理前的法定时间内实施的，违反公平清偿原则并有损于债权人共同利益而处分的财产，依法应由管理人通过向人民法院申请，予以追回该财产的一种权利。

管理人有权追回的财产包括：

(1) 对因债务人实施的撤销行为、无效行为而取得的债务人财产或财产权利。

(2) 对债务人的董事、经理等人员利用职权获取的非正常收入和侵占的财产。

此外，根据《企业破产法》第35条的规定，人民法院受理破产申请后，债务人的出资人尚未完全履行出资义务的，管理人应当要求该出资人缴纳所认缴的出资，而不受出资期限的限制。

4. 取回权

取回权是指不属于破产企业所有的财产，但由破产企业占有或使用的，所有人或经营管理人有不依破产程序取回该财产的权利。

《企业破产法》第 38 条规定："人民法院受理破产申请后，债务人占有的不属于债务人的财产，该财产的权利人可以通过管理人取回。但是，法律另有规定的除外。"

人民法院受理破产申请时，出卖人已将买卖标的物向作为买受人的债务人发运，债务人尚未收到且未付清全部价款的，出卖人可以取回在运途中的标的物。但是，管理人可以支付全部价款，请求出卖人交付标的物。

三、破产费用和共益债务

1. 破产费用

破产费用是指破产过程中，为保障破产程序(包括破产清算、重整、和解)的顺利进行而支付的费用。

人民法院受理破产申请后发生的下列费用为破产费用：
(1) 破产案件的诉讼费用。
(2) 管理、变价和分配债务人财产的费用。
(3) 管理人执行职务的费用、报酬和聘用工作人员的费用。

2. 共益债务

共益债务是指为维护破产利害关系人的共同利益，以破产财产为基础所形成的债务。

人民法院受理破产申请后发生的下列债务为共益债务：
(1) 因管理人或者债务人请求对方当事人履行双方均未履行完毕的合同所产生的债务。
(2) 债务人财产受无因管理所产生的债务。
(3) 因债务人不当得利所产生的债务。
(4) 为债务人继续营业而应支付的劳动报酬和社会保险费用以及由此产生的其他债务。
(5) 管理人或者相关人员执行职务致人损害所产生的债务。
(6) 债务人财产致人损害所产生的债务。

3. 破产费用和共益债务的清偿

破产费用和共益债务由债务人财产随时清偿。债务人财产不足以清偿所有破产费用和共益债务的，先行清偿破产费用。债务人财产不足以清偿所有破产费用或者共益债务的，按照比例清偿。债务人财产不足以清偿破产费用的，管理人应当提请人民法院终结破产程序。人民法院应当自收到请求之日起 15 日内裁定终结破产程序，并予以公告。

四、破产财产的变价和分配

(一) 变价

变价是指将破产财产通过拍卖的方式，转变为货币资金，以清偿债权人的债权。

管理人应当及时拟订破产财产变价方案，提交债权人会议讨论通过。

管理人应当按照债权人会议通过的或者人民法院依法裁定的破产财产变价方案，适时变价出售破产财产。

变价出售破产财产应当通过拍卖方式进行，但债权人会议另有决议的除外。

破产企业可以全部或者部分变价出售。企业变价出售时，可以将其中的无形资产和其他财产单独变价出售。

(二) 破产财产的分配

1. 破产财产的清偿顺序

破产财产在优先清偿破产费用和共益债务后，如果有剩余财产，可依照下列顺序清偿。

(1) 破产人所欠职工的工资和医疗、伤残补助、抚恤费用，所欠的应当划入职工个人账户的基本养老保险、基本医疗保险费用，以及法律、行政法规规定应当支付给职工的补偿金。

(2) 破产人欠缴的除前项规定以外的社会保险费用和破产人所欠税款。

(3) 普通破产债权。

前一顺序的债权全额偿还之前，后一顺序的债权不予分配。破产财产不足以清偿同一顺序的清偿要求的，按照比例分配。

破产企业的董事、监事和高级管理人员的工资，按照该企业职工的平均工资计算。

2. 分配方案

管理人应当及时拟订破产财产分配方案，提交债权人会议讨论。债权人会议通过破产财产分配方案后，由管理人将该方案提请人民法院裁定认可。破产财产分配方案经人民法院裁定认可后，由管理人执行，具体分配和处分债务人的破产财产。

破产财产分配方案应当载明下列事项：

(1) 参加破产财产分配的债权人的名称或者姓名、住所。

(2) 参加破产财产分配的债权额。

(3) 可供分配的破产财产数额。

(4) 破产财产分配的顺序、比例及数额。

(5) 实施破产财产分配的方法。

破产财产分配方案的表决必须由出席会议的有表决权的债权人过半数通过，并且其所代表的债权额占无财产担保债权总额的 1/2 以上。经债权人会议表决通过的破产财产分配方案对全体债权人有约束力。

管理人按照破产财产分配方案实施多次分配的，应当公告本次分配的财产额和债权额。管理人实施最后分配的，应当在公告中指明。

对于附生效条件或者解除条件的债权，管理人应当将其分配额提存。管理人依照规定提存的分配额，在最后分配公告日，生效条件未成就或者解除条件成就的，应当分配给其他债权人；在最后分配公告日，生效条件成就或者解除条件未成就的，应当交付给债权人。

债权人未受领的破产财产分配额，管理人应当提存。债权人自最后分配公告之日起满 2 个月仍不领取的，视为放弃受领分配的权利，管理人或者人民法院应当将提存的分配额分配给其他债权人。

破产财产分配时，对于诉讼或者仲裁未决的债权，管理人应当将其分配额提存。自破产程序终结之日起满 2 年仍不能受领分配的，人民法院应当将提存的分配额分配给其他债权人。

五、破产程序的终结

破产程序自人民法院受理破产申请时开始，破产程序开始后，发生法律规定的使破产程序继续进行已无必要的原因，由法院裁定终结破产程序，结束破产案件。

破产程序可因以下事由的发生而终结：

(1) 债务人财产不足以清偿破产费用的，管理人应当提请人民法院终结破产程序。

(2) 债务人已清偿全部到期债务的。

(3) 第三人为债务人提供足额担保或者为债务人清偿全部到期债务的。

(4) 破产财产分配完毕。

人民法院应当自收到管理人终结破产程序的请求之日起 15 日内作出是否终结破产程序的裁定；裁定终结的，应当予以公告。

管理人应当自破产程序终结之日起 10 日内，持人民法院终结破产程序的裁定，向破产人的原登记机关办理注销登记。管理人于办理注销登记完毕的次日终止执行职务，存在诉讼或者仲裁未决情况的除外。

破产程序终结后，债权人通过破产分配未能得到清偿的债权不再予以清偿，破产企业未偿清余债的责任依法免除。自破产程序依法终结之日起 2 年内，有下列情形之一的，债权人可以请求人民法院按照破产财产分配方案进行追加分配。

(1) 发现有依照法律规定应当追回的财产的。

(2) 发现破产人有应当供分配的其他财产的。

有上述规定情形，但财产数量不足以支付分配费用的，不再进行追加分配，由人民法院将其上交国库。

破产人的保证人和其他连带债务人，在破产程序终结后，对债权人依照破产清算程序未受清偿的债权，依法继续承担清偿责任。

第六节　破产救济和破产责任

一、破产救济

破产救济是指在处理企业破产的过程中，应当注意体现企业职工的民主权利。为充分保障破产企业职工的合法权益，《企业破产法》规定了以下内容：

(1) 人民法院审理破产案件应当依法保障企业职工的合法权益。

(2) 在破产分配时，将劳动债权即企业欠职工的工资和医疗、伤残补助、抚恤费用，所欠的应当划入职工个人账户的基本养老保险、基本医疗保险费用，以及法律、行政法规规定应当支付给职工的补偿金等费用作为第一顺序清偿。

(3) 企业破产公布前的劳动债权，在作为第一受偿顺序以破产企业无担保财产清偿后，仍未得到足额清偿的部分，在破产人的已作为担保的特定财产中，优先于担保权人受偿。

（4）劳动债权无须债权申报即可生效，由管理人调查后计入债权表予以公示。职工对清单记载有异议的，可以要求管理人更正；管理人不予更正的，职工可以向让人民法院提起诉讼。

（5）债权人会议应当有债务人的职工和工会代表参加，对有关事项发表意见。

（6）债权人委员会中必须有 1 名劳动债权代表。

（7）在重整计划表决时，劳动债权作为债权分类之一进行表决。

二、破产责任

（一）破产企业高级管理人员的法律责任

《企业破产法》规定，企业董事、经理或者其他负责人违反忠于职守、勤勉尽责义务，致使所在企业破产的，应当承担相应的民事责任；构成犯罪的，依法追究其刑事责任。

有前款规定情形的人员，自破产程序终结之日起三年内不得担任任何企业的董事、监事、高级管理人员。

（二）债务人、管理人等妨碍破产程序行为的法律责任

1. 债务人的法律责任

（1）债务人违反《企业破产法》的规定，拒不向人民法院提交或者提交不真实的财产状况说明、债务清册、债权清册、有关财务会计报告以及职工工资的支付情况和社会保险费用的缴纳情况的，人民法院可以对直接责任人员依法处以罚款；构成犯罪的，追究其刑事责任。

（2）债务人违反本法规定，拒不向管理人移交财产、印章和账簿、文书等资料的，或者伪造、销毁有关财产证据材料而使财产状况不明的，人民法院可以对直接责任人员依法处以罚款；构成犯罪的，追究其刑事责任。

（3）有义务列席债权人会议的债务人的有关人员，经人民法院传唤，无正当理由拒不列席债权人会议的，人民法院可以拘传，并依法处以罚款。债务人的有关人员违反本法规定，拒不陈述、回答，或者作虚假陈述、回答的，人民法院可以依法处以罚款；构成犯罪的，追究其刑事责任。

（4）债务人实施可撤销和无效行为，损害债权人利益的，债务人的法定代表人和其他直接责任人员依法承担赔偿责任。

（5）债务人的有关人员违反本法规定，擅自离开住所地的，人民法院可以予以训诫、拘留，可以依法并处罚款。

2. 管理人的法律责任

就管理人而言，管理人未依照企业破产法的规定勤勉尽责，忠实执行职务的，人民法院可以依法处以罚款。管理人若在执行职务的过程中，利用职务的便利或地位，索取、收受贿赂；构成犯罪的，依法追究其刑事责任。管理人因玩忽职守或者其他违法行为，造成债权人、债务人或者第三人损失的，应当承担赔偿责任；构成犯罪的，追究其刑事责任。

本 章 小 结

1. 法律上的破产是指债务人不能清偿到期债务，并且资产不足以清偿全部债务或者明显缺乏清偿能力，法院依债权人或债务人本人的申请宣告债务人破产，并以其全部财产抵偿所欠的债务，对于此项抵偿后的剩余债务不再清偿的一种制度。

2. 破产界限又称破产原因、破产条件，是指认定债务人丧失债务清偿能力，当事人得以提出破产申请，法院据以启动破产程序、宣告债务人破产的法律事实。《企业破产法》规定了两个可选择的破产原因：第一是从我国的实际出发，规定企业法人不能清偿到期债务，并且资产不足以清偿全部债务，两个条件必须同时具备才能构成企业破产的原因；第二是参考了国外通行的规定，也就是企业法人不能清偿到期债务，明显缺乏清偿能力。

3. 债权人会议是破产程序中全体债权人的自治性组织，是债权人行使破产参与权的场所。债权人会议是全体债权人参加破产程序并集体行使权利的决议机构，其职能是使全体债权人成为一个整体，对内协调和形成全体债权人的共同意思，对外通过对破产程序的参与、决策和监督来实现全体债权人的破产参与权。

4. 重整是指不对无偿付能力的债务人的财产立即清算，而在法院的主持下制定重整计划，规定在一定期限内，债务人按一定方式全部或部分清偿债务，同时债务人可以继续经营其业务的制度。和解是达到破产界限的债务人，为了避免受破产宣告或破产分配，经与债权人会议磋商，就延期清偿或减免债务等事项达成协议，经法院认可后生效的法律程序。和解是为了暂时缓解债务人的压力，克服和避免破产制度所不能克服的弊端而创设的一种程序制度，也是一项债务清理制度。

5. 破产宣告是指人民法院以裁定方式作出的认定债务人已经缺乏清偿债务的能力，应当依照破产程序进行破产清算的法律裁定。破产财产在优先清偿破产费用和共益债务后，如果有剩余财产，依照下列顺序清偿：

(1) 破产人所欠职工的工资和医疗、伤残补助、抚恤费用，所欠的应当划入职工个人账户的基本养老保险、基本医疗保险费用，以及法律、行政法规规定应当支付给职工的补偿金。

(2) 破产人欠缴的除前项规定以外的社会保险费用和破产人所欠税款。

(3) 普通破产债权。

前一顺序的债权全额偿还之前，后一顺序的债权不予分配。破产财产不足以清偿同一顺序的清偿要求的，按照比例分配。

6. 破产救济是指在处理企业破产的过程中，应当注意体现企业职工的民主权利。为充分保障破产企业职工的合法权益，《企业破产法》规定，企业董事、经理或者其他负责人违反忠于职守、勤勉尽责义务，致使所在企业破产的，应当承担相应的民事责任；构成犯罪的，依法追究其刑事责任。有上述规定情形的人员，自破产程序终结之日起三年内不得担任任何企业的董事、监事、高级管理人员。

知识结构

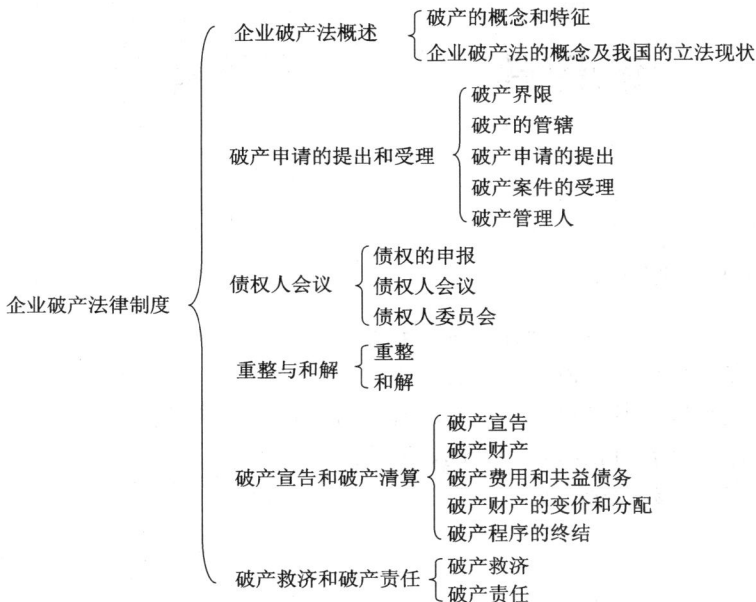

思 考 题

1. 破产费用的含义。
2. 破产费用与共益债务的区别。
3. 追回权的有关规定。
4. 追回权与取回权的区别。
5. 破产法中的无效行为。
6. 破产法中的可撤销行为。

案 例 演 练

南翔物流有限公司因严重亏损，已无法清偿到期债务。2013年6月，各债权人纷纷上门讨债。甲公司：南翔公司租用仓库期间，因疏于管理于2014年12月失火烧毁了仓库，未赔偿损失；乙公司：南翔公司拖欠其燃料款40万元应于2013年1月偿还，但乙公司一直未追索；丙公司：法院于2014年10月终审判决南翔公司10日内赔偿丙公司货物损失20万元，但丙一直没有申请执行；丁公司：南翔公司拖欠丁的30万货款，按照约定2013年10月到期。

请分析：若各债权人讨债无果，谁可以对南翔公司申请破产？

答案解析：

只有甲公司可以。根据《企业破产法》和相关法律规定，乙公司的债权已过诉讼时效；丙公司没有在法定申请执行期间(一年)申请强制执行，其债权已经没有强制力；丁公司的债权还未到期。

第五章 物权法律制度

📖 **学完本章后，你应该能够：**

➢ 了解物权的基本概念、特征、种类和原则；
➢ 掌握所有权的特征、内容、种类和保护；
➢ 掌握建筑物区分所有权、相邻关系和共有的内容和类型；
➢ 掌握担保物权和用益物权的内容、类型；
➢ 理解占有种类和效力。

📖 **案例导入**

耕 牛 之 争

2016 年 4 月 16 日，宋某正在家中耕田，被林山县公安局传唤。公安局认为，宋某的耕牛是赃物，应予扣押。宋某申辩，耕牛是买来的。公安局调查后证实，此牛原为陈德所有，2015 年 12 月 25 日被王二偷走。王二当天就把牛卖给了刘丕，因为刘丕不知道牛是赃物，所以只花了 500 元。此牛在刘丕家饲养了不到一个月，便再次丢失。刘根拾得此牛，饲养了 12 天，后又将此牛卖给了宋某。

请思考：

(1) 若陈德要求返还耕牛，宋某是否应当返还，为什么？

(2) 刘丕饲养耕牛的费用能够要求补偿吗，为什么？

解析：

(1) 宋某应当返还耕牛。《中华人民共和国物权法》（以下简称《物权法》）第 107 条规定："所有权人或者其他权利人有权追失物。该遗失物通过转让被他人占有的，权利人有权向无处分权人请求损害赔偿，或者自知道或者应当知道受让人之日起二年内向受让人请求返还原物，但受让人通过拍卖或者向具有经营资格的经营者购得该遗失物的，权利人请求返还原物时应当付受让人所付的费用。权利人向受让人支付所付费用后，有权向无处分权人追偿。"因此，陈德有权要求受让人宋某返还原物。

(2) 刘丕无权要求补偿饲养耕牛的费用。刘丕明知该牛是赃物仍予以购买，其对耕牛的占有是恶意的，与善意占有相比，恶意占有收到的法律保护的程度比较低。对于善意占有人而言，权利人应当支付其因维护动产或不动产所支出的必要费用，但恶意占有人无权要求权利人支付此种费用。因此，陈德无须支付刘丕因此付出的饲养费用。

第一节　物　权　概　述

一、物权的概念和效力

（一）物权的概念和特征

物权是权利主体直接支配特定财产(主要是有体物，在特定情况下也可以是权利)的权利，既具有人对物直接支配的内容，又具有对抗权利主体以外的第三人的效力。因此，作为一个法律范畴，物权是指权利人对特定的物享有直接支配和排他的权利，包括所有权、用益物权和担保物权。

1．物权是权利人直接支配物的权利

所谓直接支配物，是指物权人可以依自己的意志就标的物直接行使其权利，无须他人的意思或义务人行为的介入。权利人的支配可以通过民事行为来实现，如房屋所有人出卖、出租自己的房屋或者在自己的房屋上设定抵押权；也可以通过事实行为来实现，如房屋所有人自行居住。物权的权利人是特定的，义务人是不特定的，义务内容是不作为，只要不特定的第三人没有非法干涉其行使权利，即为履行了义务。所以，物权是一种绝对权。

2．物权是权利人直接享受物的利益的权利

物权作为财产权，是一种具有物质内容的、直接体现为财产利益的权利。因此，物权的目的在于享受物之利益。物的利益以权利人对于标的物的直接支配与享受为特点。这里的利益，可以分为物的归属、物的利用和就物的价值而设立的债务的担保。因此，物权的内容就因对标的物之利益的不同，而有所有权、用益物权和担保物权的区别。

3．物权是排他性的权利

物权为权利人直接支配物的权利，故必然具有排他性。首先，物权人有权排除他人对物上权利之行使的干涉，可以对抗一切不特定的人；其次，同一物上不许有内容不相容的物权并存，例如一间房屋上不能同时有两个所有权，一块耕地上不能同时设定两个土地承包经营权，但是在共有关系上，只是几个共有人共同享有一个所有权，并非一物之上有几个所有权。

（二）物权的效力

1．物权的优先效力

物权的优先效力，亦称为物权的优先权，其含义是指同一标的物上有数个相互矛盾、冲突的权利并存时，具有较强效力的权利排斥具有较弱效力的权利的实现。考察先后成立的物权之间及物权与债权之间的关系，物权的这种优先效力都是存在的。

(1) 物权相互间的优先效力。

这种优先效力是以物权成立时间的先后确定物权效力的差异。一般说来，两个在性质

上不能共存的物权不能同时存在于一个物上，故而后发生的物权根本不能成立。例如在某人享有所有权的物上，不得再同时成立其他人的所有权。如果物权在性质上可以并存，则后发生的物权仅于不妨碍先发生的物权的范围内得以成立。在这种情况下，先发生的物权优先于后发生的物权。例如，在同一物上设立数个抵押权，先发生的抵押权优于后发生的抵押权。再如，抵押权设立后再设立地上权时，地上权因抵押权的实行而消灭；但于地上权设立后再设立抵押权时，抵押权的实行不能使地上权消灭。物权相互之间以成立时间的先后确定其效力的强弱，本质上是对现存的、既得的物之支配权的保护。因为任何人都必须尊重物权人对于其物的支配范围，不得干涉物权的行使。这也包括在同一标的物上，后成立的物权只有在不侵入、不干涉先成立的物权的支配范围的条件下才能得以成立，否则成立时间在后的物权根本就不能成立。

(2) 物权对于债权的优先效力。

在同一标的物上物权与债权并存时，物权有优先于债权的效力，这主要表现在两个方面。首先，在同一标的物上，既有物权又有债权时，物权有优先于债权的效力。例如，甲同意将 10 吨水泥出卖给乙，乙就取得了请求甲交付该 10 吨水泥的债权，后来甲又将这 10 吨水泥出卖给丙，并交付给丙，丙就取得了已交付的 10 吨水泥的所有权，而乙只能请求甲承担债务不履行的责任。再如，甲将其房屋借给乙使用，又为丙设定了典权，此时丙的典权优先，他可以优先于乙对房屋进行使用、收益。这是因为物权是直接支配物的权利，而债权的实现则要依靠债务人的行为，债权人不能对物进行直接支配。基于两者在性质上的不同，物权具有这种优先效力。其次，在债权人依破产程序或强制执行程序行使其债权时，作为债务人财产的物上存在他人的物权时，该物权优先于一般债权人的债权。例如，在债务人的财产上设有担保物权的，担保物权人享有优先受偿的权利，此为别除权；在破产时，非为债务人所有之物，所有人有取回该物的权利，此为取回权。例如，出卖人已将出卖物发送，买受人尚未收到，也没有付清全部价款而宣告破产时，出卖人可以解除买卖合同，并取回其标的物。

2. 物上请求权

物权人在其权利的实现上遇有某种妨害时，有权请求造成妨害事由发生的人排除此等妨害，称为物上请求权，有时亦称为物权的请求权。物权是对物的直接支配权，权利的实现无须他人行为的介入，如果有他人干涉的事实使物权受到妨害或有妨害的危险时，必然妨碍物权人对物的直接支配，法律赋予了物权人请求除去此等妨害的权利。可见，物上请求权是基于物权的绝对权、对世权，可以对抗任何第三人的性质而发生的法律效力。它赋予物权人各种请求权，以排除对物权的享有与行使造成的各种妨害，从而恢复物权人对其标的物的原有的支配状态。

(1) 物上请求权在性质上是请求权。

所谓请求权，是指权利人请求他人(特定的人)为一定行为(作为或者不作为)的权利。物上请求权在物权受到妨害时发生，是物权人请求特定的人(妨害物权的人)为特定行为(除去妨害)的权利，属于行为请求权。它不以对物权标的物的支配为内容，故不是物权的本体，而是独立于物权的一种请求权。

(2) 物上请求权的行使。

物上请求权的行使，不必非得依诉讼的方式进行，也可以依意思表示的方式为之，即物权受到妨害后，物权人可以直接请求侵害人为一定的行为或不为一定的行为，包括请求侵害人停止侵害、排除妨碍、消除危险、返还财产等。例如，甲的汽车发生故障，停在乙的门口，挡住乙的通道，甲有义务排除妨碍，乙有权直接请求甲排除妨碍。

(3) 物上请求权与债权请求权。

物权人在其标的物受到损害，例如甲的汽车撞坏了乙的房屋时，有权请求侵权人赔偿损失。传统民法理论认为这是一种债权请求权，又称为损害赔偿请求权。这种请求权不是直接以物权的存在为前提，而是以物权受到侵害后产生的物权人与侵权人间的债权关系为前提的。物上请求权与损害赔偿请求权不可混为一谈。物上请求权旨在恢复物权人对其标的物的支配状态，从而使物权得以实现。损害赔偿请求权的目的在于消除损害，它是在不能恢复物的原状时，以金钱作为赔偿，补偿物权人受到的财产损失。基于侵权行为的损害赔偿，必须是实际上受有损害，即标的物价值的减少或灭失；物上请求权则不以此为要件。在物权因他人的违法行为受到妨害时，如果有标的物的实际损害，可以同时发生损害赔偿请求权，故物上请求权与损害赔偿请求权是可以并存的。

二、物权的类型

（一）物权法定主义

物权法定主义是在罗马法时代就已经确定的原则。在罗马法上，具有物权属性的权利有所有权、地上权、地役权、用益权、抵押权和质权等。这些权利的类型及取得方式都由法律做了明确规定，非以法定方式取得这些权利的，法律不予保护。以后大陆法系各国物权法均毫无例外地继承了罗马法确定的这一原则。物权法定主义，就是物权的种类和内容法定化，这样便于物权的公示，以确保交易的安全和快捷。

物权法定主义原则的要求有：

(1) 物权的种类不得创设，即不得创设法律未规定的新种类的物权。例如对于担保物权，虽然世界各国关于担保物权的种类很多，但在我国就只能依《担保法》及其他法律，设定其认可的抵押权、质权、留置权等担保物权形式。

(2) 物权的内容不得创设，即不得创设与法律规定的内容不同的物权。例如，创设不移转占有的质权，即使名为质权，但由于与法律规定的质权内容不同，故也是不允许的。当事人如果违反物权法定主义原则的要求，其行为一般不发生物权效力。物权的种类和内容法定，在这一点上与债权不同。债权依合同自由原则，当事人在不违反法律和社会公共利益的范围内，可以创设任何种类的债权。法律也往往不限制合同的种类和内容，允许当事人协商确定合同的内容，并承认其效力。

（二）民法上物权的种类

基于物权法定主义原则，各国民法都对物权作出明确的规定。因社会经济制度和历史文化传统的不同，各国民法上规定的物权种类参差不一，但大都可以归纳为以下四类。

(1) 所有权。这是所有人在法律规定的范围内独占性地支配其所有的财产的权利。所有人可以对其所有的财产占有、使用、收益、处分，并可以排除他人违背其意志所为的干涉。

(2) 用益物权。这是对他人所有的物在一定范围内使用、收益的权利，包括地上权、地役权、典权等。

(3) 担保物权。这是为了担保债的履行，在债务人或第三人的特定财产上设定的物权，主要有抵押权、质权、留置权。

(4) 占有。这是指对物的控制、占领。占有究竟是一种单纯的事实，还是一种权利，各国的立法是不一致的。

(三) 民法学上物权的分类

在学理上根据不同的分类标准，通常对物权做以下分类。

1. 自物权与他物权

这是根据权利人是否对自己的财产享有权利进行的分类。自物权是权利人对于自己的财产所享有的权利，因其与他人之物无关，故称为自物权。所有权是最典型的自物权。他物权是在他人所有的物上设定的物权，是对他人财产享有的权利，其内容是在占有、使用、收益或处分某一方面对他人之物的支配。

2. 动产物权与不动产物权

这是根据物权的客体是动产还是不动产所做的分类。不动产所有权、地上权、永佃权、典权、不动产抵押权等是不动产物权，而动产所有权、动产质权、留置权则是动产物权。这种分类的意义在于动产物权与不动产物权的取得方法、成立要件等各有不同，一般来说，动产物权的公示方法为交付，而不动产物权的公示方法为登记。

3. 主物权和从物权

这是以物权是否具有独立性进行的分类。主物权是指能够独立存在的物权，如所有权、地上权、永佃权。从物权则是指必须依附于其他权利而存在的物权，如抵押权、质权、留置权，它是为担保的债权而设定的。地役权在与需役地的所有权或使用权的关系上，也是从物权。这种分类的意义在于，在物权的取得、变更、丧失问题上，从物权应与其所依附的权利共命运。

4. 所有权与限制物权

这是以对于标的物的支配范围的不同对物权所做的区分。所有权是全面支配标的物的物权，限制物权是于特定方面支配标的物的物权。限制物权与所有权相比较，指的就是所有权以外的物权。所有权是一种于全面关系上支配物的权利，是一种完全的权利。而其他物权与所有权不同，是在他人之物上设定的权利，只是在一定方面支配物的权利，没有完全的支配权。如地役权、地上权仅限于一定方面使用他人土地，而抵押权、质权、留置权仅是提供债的担保，通常不得对物使用、收益。限制物权是在他人之物上设定的权利，实际上是根据所有权人的意志设定的所有权上的负担，起着限制所有权的作用。因此，限制物权有较为优先的效力。例如，土地所有人在自己的土地上为他人设定了地上权，那么就只能由享有地上权的人使用土地。

5. 有期限物权与无期限物权

这种分类的标准是物权的存续有没有期限。有期限物权是指有一定存续期间的物权，如典权、抵押权、质权、留置权。无期限物权则是指没有预定存续期间，而永久存续的物权，如所有权。这两类物权区分的法律意义在于，有期限物权在期限届满时即当然归于消灭，而无期限物权除了转让、抛弃、标的物灭失等特定情形外，永久存续。

三、物权的变动

物权的变动，是物权的产生、变更和消灭的总称。

物权的产生，即物权人取得物权，它在特定的权利主体与不特定的义务主体之间形成了物权法律关系，并使特定的物与物权人相结合。物权的取得有原始取得与继受取得之分。前者是指不以他人的权利及意思为依据，而是依据法律直接取得物权，如因先占、取得时效取得一物的所有权；后者则是指以他人的权利及意思为依据取得物权，如因买卖、赠与取得物的所有权。继受取得又可分为创设与移转两种方式。创设的继受取得，即所有人在自己的所有物上为他人设定他物权，而由他人取得一定的他物权。例如，房屋所有人在其房屋上为他人设定抵押权，则他人基于房屋所有人设定抵押权的行为取得抵押权。移转的继受取得，即物权人将自己享有的物权以一定民事行为移转给他人，由他人取得该物权。例如，房屋所有人将房屋出卖或赠与他人，则他人根据其出卖或赠与而取得该房屋的所有权。

物权的变更有广义和狭义之分。广义的物权的变更，是指物权的主体、内容或客体的变更，但是严格来讲，物权主体的变更是权利人的更迭，应属物权的取得与丧失的问题。狭义的物权的变更，仅指物权的内容或者客体的变更。物权内容的变更，是指在不影响物权整体属性的情况下物权的范围、方式等方面的变化，如典权期限的延长、缩短，地役权行使方法的改变，抵押权所担保的主债权的部分履行。物权客体的变更则是指物权标的物所发生的变化，如所有权的客体因附合而有所增加，抵押权的客体因部分灭失而有所减少。

物权的消灭，从权利人方面观察，即物权的丧失，可以分为绝对的消灭与相对的消灭。绝对的消灭是指物权本身不存在了，即物权的标的物不仅与其主体相分离，而且他人也未取得其权利，如所有权、抵押权因标的物灭失而消灭。典权因期限届满而消灭。相对的消灭则是指原主体权利的丧失和新主体权利的取得。例如，因出卖、赠与等行为，使一方丧失所有权而另一方取得所有权。严格地说，物权的相对消灭并非物权消灭的问题，而应当属于物权的继受取得或主体变更的问题。

（一）物权的变动的原则

物权是对于物进行直接支配的权利，具有优先权和物上请求权的效力。基于物权这样的性质，如果不以一定的可以从外部察知的方式表现物权的产生、变更、消灭，必然纠纷不已，难以保证交易的安全。因此，民法上对于物权的变动规定了公示原则和公信原则。

1. 公示原则

公示原则要求物权的产生、变更、消灭，必须以一定的可以从外部察知的方式表现出来。因为物权具有排他的性质，所以，如果没有通过公示方式将物权的变动表现出来，就会给第三人带来不测的损害，影响交易的安全。例如，在房屋上设定抵押权，如果不以一定的方式表现出该抵押权的存在，那么，不知该抵押权存在的购买该房屋的第三人就可能蒙受损害。因此，民法上关于物权的变动，以"登记"为不动产物权的公示方法，以"交付"为动产物权的公示方法。不动产登记制度，虽然要受到地域的限制，其记载的内容也未必全面翔实，但是人们毕竟可以通过登记了解物权变动的事实，不动产登记制度在很大程度上起着维护不动产交易安全的作用。交付为动产物权变动的公示方法，这是因为动产物权变动不仅容易而且频繁，无法以登记的方法公示，只能用移转占有这一手段来表现动产物权的变动。

2. 公信原则

物权的变动以登记或交付为公示方法，当事人如果信赖这种公示而为一定的行为(如买卖、赠与)，那么，即使登记或交付所表现的物权状态与真实的物权状态不相符合，也不能影响物权变动的效力。公信原则包括两方面的内容：其一，记载于不动产登记簿的人推定为该不动产的权利人，动产的占有人推定为该动产的权利人，除非有相反的证据证明，这称为"权利的正确性推定效力"；其二，凡善意信赖公示的表象而为一定的行为，在法律上应当受到保护，保护的方式就是承认发生物权变动的效力。

物权的变动之所以要有公信原则，是因为仅贯彻公示原则进行物权交易时，固然不必顾虑他人主张未公示的物权，免受不测的损害，但公示所表现的物权状态与真实的物权状态不相符合的情况，在现实生活中也是存在的。如果法律对这种情形无相应的措施，当事人一方也会因此而遭受损失，如假冒房屋所有人进行移转房屋所有权的登记、彩色电视机的借用人将其出卖。如果在物权交易中都得先一一进行调查，必然十分不便。在物权变动中贯彻公信原则，使行为人可以信赖登记与交付所公示的物权状态进行交易，而不必担心其实际权利的状况。可见，公信原则的目的在于保护交易的安全和稳定社会经济秩序，但有时不免会牺牲真正权利享有人的利益，这是法律从促进社会经济发展以及在权利人的个人利益与社会利益之间进行均衡、选择的结果。

对于物权的变动，应采取公示原则，对于动产以交付为公示方法，对于不动产则以登记为公示方法；应采取公信原则，对于动产予以交付(占有)公信力，对于不动产则予以登记公信力。公示原则在于使人"知"，公信原则在于使人"信"。一般来说，物权的变动本来应当是在事实和形式上都是真实的才会产生效力，但由于这两个原则被采用的结果，就会发生即使事实上已经变动(如当事人已经将房屋进行了买卖)，但形式上没有采取公示方法(没有进行产权转让登记)，仍然不发生物权变动的效力；反之，如果形式上已经履行变动手续(如已登记)，但事实上并未变动(如当事人之间并无真正让与的意思)，仍然发生变动的效力。这种情形初看起来与理不合，但却是法律根据物权本身的特点，为保护交易的安全和快捷和稳定社会经济秩序采取的措施。

(二) 物 权 的 变 动 原 因

物权法律关系作为一种民事法律关系，因一定的法律事实而产生或消灭，而作为主体所享有的权利，物权也因法律事实而取得或丧失。这些引起物权取得或丧失的法律事实，正是物权取得或丧失的原因，可以将其划分为两类即民事行为和民事行为以外的原因。了解这些原因，对于明确物权的归属、判断财产的权利状态具有十分重要的意义。

1．物权的取得

能够引起物权取得的法律事实主要有以下几项：

首先是民事行为，这是取得物权最常见的法律事实。例如，因买卖、互易、赠与、遗赠等行为取得所有权，通过物的所有人与其他人的设定行为为他人设定典权、抵押权、地役权、质权等他物权。另外，根据我国物权法规定，主物转让的，从物随主物转让，但当事人另有约定的除外。

其次是民事行为以外的原因，主要有以下几种：

(1) 因取得时效取得物权。

(2) 因征收或者没收取得物权。

(3) 因法律的规定取得物权(如留置权)。

(4) 因附合、混合、加工取得所有权。

(5) 因继承取得物权。

(6) 因拾得遗失物、发现埋藏物取得所有权。

(7) 因合法建造取得物权。

(8) 因人民法院、仲裁委员会的法律文书取得物权。

(9) 孳息的所有权取得。天然孳息，由所有权人取得；既有所有权人又有用益物权人的，由用益物权人取得；当事人另有约定的，按照约定。法定孳息，当事人有约定的，按照约定取得；没有约定或者约定不明确的，按照交易习惯取得。

2．物权的消灭

能够引起物权消灭的法律事实主要有以下两项：

首先是民事行为，主要有抛弃；合同；撤销权的行使。

其次是民事行为以外的原因，主要包括：标的物灭失；法定期间的届满；混同。

(三) 物 权 的 公 示

基于物权的法律特性，公示原则要求物权的产生、变更、消灭，必须以一定的可以从外部察知的方式表现出来。我国民法通则及其他法律、法规亦以交付、登记为物权的公示方法。

1．交付

所谓交付，即移转占有。出卖人将标的物交付给买受人，就是将对物的占有移转给买受人。一般而言，交付是占有的现实转移。出于交易便捷的考虑，各国立法上还承认观念交付，作为对现实交付的补充。以交付作为公示方法是为一般原则，但是对于船舶、飞行器和机动车等特殊动产，法律规定以登记作为物权变动的对抗要件，即非经登记，关于这些特别动产的物权变动不能对抗善意第三人。交付通常是指现实交付，即直接占有的移转。随着商品经济的发展，为了交易上的便利，发展出一些变通的交付方法，称为观念交付，主要有以下几种：

(1) 简易交付，即受让人已经占有动产，如受让人已经通过寄托、租赁、借用等方式实际占有了动产，则于物权变动的合意成立时，视为交付。

(2) 占有改定，即动产物权的让与人和受让人之间特别约定，标的物仍然由出让人继续占有，这样在物权让与的合意成立时，视为交付，受让人取得间接占有。所以我国物权法规定，动产物权转让时，双方又约定由出让人继续占有该动产的，物权自该约定生效时发生效力。例如，甲将其所有的书卖给乙，按一般情形，只有在甲把书交给乙时才发生所有权移转的效力，但甲还想留书阅读，这时甲可以占有改定的方式使乙取得间接占有，以代替现实交付。

(3) 指示交付，即动产由第三人占有时，出让人将其对于第三人的返还请求权让与受让人，以代替交付。我国物权法规定，动产物权设立和转让前，第三人依法占有该动产的，负有交付义务的人可以通过转让请求第三人返还原物的权利代替交付。例如，甲将其出租的家具卖给乙，但是由于租赁期限未满，暂时无法收回，甲可以把其家具的返还请求权让与乙，以代替现实交付。

(4) 拟制交付，即出让人将标的物的权利凭证(如仓单、提单)交给受让人，以代替物的现实交付。这时，如果标的物仍由出让人或第三人占有时，受让人则取得对于物的间接占有。

2. 登记

登记作为不动产物权的公示方法，是将物权变动的事项登载于特定国家机关的簿册上。相比于动产而言，不动产具有价值大、稀缺性较高的特点，因而围绕特定不动产发生的交易关系相对较多，单凭占有不足以表征不动产上的权利归属关系。因此，需要通过不动产登记，由专门的登记机关，依照法定的程序，对不动产上的权利及其变动进行登记，向社会公开以供查阅，便利不动产交易的进行，并保护交易安全。

根据物权法第 9 条的规定，不动产物权的设立、变更、转让和消灭，经依法登记，发生效力；未经登记，不发生效力，但法律另有规定的除外。依法属于国家所有的自然资源，所有权可以不登记。在我国，不动产登记由不动产所在地的登记机构予以办理。国家对不动产实行统一登记制度，统一登记的范围、登记机构和登记办法，由法律、行政法规规定。当事人之间订立有关设立、变更、转让和消灭不动产物权的合同，除法律另有规定或者合同另有约定外，自合同成立时生效；未办理物权登记的，不影响合同效力。不动产物权的设立、变更、转让和消灭，依照法律规定应当登记的，自记载于不动产登记簿时发生效力。不动产登记簿是物权归属和内容的根据，它由登记机构管理。

此外还有几种登记制度，其直接目的不在于发生不动产物权的变动，而是为了使不动产登记簿的记载反映真实的物上权利归属。

(1) 异议登记。权利人或者利害关系人认为不动产登记簿的记载事项错误而提出异议，登记机关将该异议记载于不动产登记簿上，是为异议登记。记载事项错误，是指不动产登记簿上记载的物权信息与真实的物权状态不相符，包括权利人登记错误、权利的期限和内容登记错误等。

(2) 更正登记。权利人、利害关系人有证据证明不动产登记簿记载事项确有错误的，可以直接向登记机关申请更正登记，登记机关应当予以更正。登记机关发现记载事项确实有错误的，亦应依法定程序予以更正。

(3) 预告登记。这又称为假登记，是指为保全一项旨在取得、变更和消灭不动产物权的请求权，限制债务人重复处分该不动产而登记。例如在房屋预售买卖中，买卖双方签订预售合同。买方依约有权请求卖方在房屋建成之后交付房屋并办理登记，这在性质上属于债权，不具有对抗第三人的效力。为了保障将来取得房屋所有权，买方可以依法办理预告登记，使其发生对抗第三人的效力，以限制卖方再行处分房屋。

四、物权的保护

物权的保护，是指通过法律规定的方法和程序保障物权人在法律许可的范围内，对其财产行使占有、使用、收益、处分权利的制度。依据我国民法对物权的保护，有以下几种方法：

1. 请求确认产权

在财产的归属问题发生争议而处于不确定状态的时候，当事人可以向法院提起诉讼，请求确认产权。确认产权只能由当事人向法院提出，并通过民事诉讼程序解决。在财产归属问题未得到确定时，其他的保护方法也就无从适用。例如，甲将一部分财产寄存于乙处，乙死亡后其继承人将这部分财产作为遗产继承，在甲向乙的继承人请求返还其寄存的财产时，乙的继承人认为这部分财产应属于乙所有，在乙死亡后由他们继承取得了所有权，因而拒绝返还。这里首先应当确定所有权的归属问题，然后才能确定是否应当返还，如果确定财产属于甲所有，则乙的继承人应当将这部分财产返还给甲；如果不能确认甲的所有权，则甲就无权请求返还。

2. 请求恢复原状

物权人的财产因受非法侵害遭到损坏时，如果有恢复的可能，物权人可以请求侵害人恢复财产原来的状态，或者请求法院责令侵害人恢复财产的原状。恢复原状一般是通过修理或其他方法使财产在价值和使用价值上恢复到财产受损害前的状态。例如，甲将乙的汽车损坏了，乙可以请求甲予以修复，其费用由甲承担。

3. 请求返还原物

物权人在其所有物被他人非法占有时，可以向非法占有人请求返还原物，或请求法院责令非法占有人返还原物。只要能够返还原物的，就必须返还原物，不能用其他的方法如金钱赔偿来代替。物权人只能向没有法律依据而侵占其物的人即非法占有人请求返还，这里的非法占有是指占有人占有财产没有法律上的依据，并不一定是指占有人取得手段上的违法或主观上的过错。例如，从小偷那里购得赃物的公民，虽然他不知道是赃物，但他仍然是非法占有人。

4. 请求排除妨碍

物权人虽然占有其物，但由于他人的非法行为，致使物权人无法充分地行使占有、使用、收益、处分权能时，物权人可以请求侵害人排除妨碍，或者请求法院责令侵害人排除妨碍。这种保护方法可以体现为请求侵害人停止侵害行为，如停止往所有人的土地上排注污水；以侵害人的力量或资金排除所造成的侵害，如令侵害人搬走搁置在所有人房屋门口的物品。

5. 请求赔偿损失

物权人的财产因他人的不法侵害而毁损、灭失时，物权人有权请求侵害人赔偿损失，或者请求人民法院责令侵害人赔偿损失。

第二节　所　有　权

📖 **案例导入**

村民张某和王某是邻居，房屋屋顶相连，张某翻修自己的房屋，必须要在王某的房屋屋顶上经过，王某提出张某要么不能经过自己的房屋，要么向自己支付 500 元钱，张某表示绝对不会毁坏王某的屋顶，但是王某坚持张某如要经过自己的房屋，不管是否损坏房屋，都要支付 500 元钱。

请回答下列问题：

(1) 王某是否应为张某提供必要的便利，为什么？

(2) 如张某利用王某的不动产给王某造成损害，王某能否要求张某赔偿？

(3) 王某是否有权要求张某支付利用自己不动产的报酬？

解析：

王某与张某是邻居，张某修缮自己的房屋需要利用王某房屋的屋顶，王某应当提供必要的便利，不能拒绝张某经过。只有张某利用王某的不动产给王某造成损害时，王某才能要求张某赔偿，王某无权要求张某支付利用自己不动产的报酬。

一、所有权概述

（一）所有权的概念和特征

在法律观念中，所有权是指对于有体物的所有权，不包括无体物债权、专利权、商标权、人身权。财产所有权是财产所有人在法律规定的范围内，对属于他的财产享有的占有、使用、收益、处分的权利。所有权属于物权，即直接管领一定的物的排他性权利。与债权相比，所有权具有以下的特征：

(1) 所有权是绝对权。所有权与债权不同，债权的实现必须依靠债务人履行债务的行为，主要是作为；所有权不需要他人的积极行为，只要他人不加干预，所有人自己便能实现其权利。所有权关系的义务主体是所有权人以外的一切人，它所负的义务是不得非法干涉所有权人行使其权利，是一种特定的不作为义务。基于所有权与债权的这种区别，法学上把所有权称为绝对权，把债权称为相对权。

(2) 所有权具有排他性。所有权属于物权，具有排他的性质。所有权人有权排除他人对于其行使权利的干涉，并且同一物上只能存在一个所有权，而不能并存两个或两个以上的所有权。

(3) 所有权是一种最完全的权利。所有权是所有人对于其所有物进行一般的、全面的支配的物权，内容最全面、最充分。它不仅包括对于物的占有、使用、收益，还包括了对于物的最终处分权。所有权作为一种最完全的权利，是他物权的源泉。

(4) 所有权具有弹力性。所有人在其所有的财产上为他人设定地役权、抵押权等权利，虽然占有、使用、收益甚至处分权都能与所有人发生全部或部分的分离，但只要没有发生使所有权消灭的法律事实(如转让、所有物灭失)，所有人仍然保持着对于其财产的支配权，所有权并不消灭。当所有物上设定的其他权利消灭，所有权的负担除去时，所有权仍然恢复其圆满的状态，即分离出去的权能仍然复归于所有权人，这称为所有权的弹力性。

(5) 所有权具有永久性。这是指所有权的存在不能预定其存续期间。

(二) 所有权的内容

财产所有权的内容，是指财产所有人在法律规定的范围内，对于其所有的财产可以依法行使的占有、使用、收益、处分权能。

1. 占有

占有是所有权人对于财产实际上的占领、控制，这往往是所有权人对于自己的财产进行消费(包括生产性的和生活性的)、投入流通的前提条件。财产所有人可以自己占有财产，也可以由非所有人占有。所有人占有是指所有人自己在事实上控制自己的财产，直接行使占有权能。例如，公民对于自己所有的房屋、家具、生活用品的占有，集体企业对于厂房、机器的占有等。非所有人的占有，是指所有权人以外的人对于财产的事实上的控制，这种占有可以分为合法占有和非法占有两种情况。非所有人的合法占有，是指根据法律规定或所有人的意思而占有他人的财产，如承租人根据承租合同占有出租人的财产、保管人根据保管合同占有寄存人的财产。非所有人没有法律上的依据而占有他人的财产是非法占有，如小偷占有赃物、未经许可强占他人的房屋。非法占有又可以分为善意占有和恶意占有。占有人不知道并且不应当知道他的占有是非法的，视为善意占有；占有人知道或应当知道其占有是非法的，即为恶意占有。

2. 使用

使用是依照物的性能和用途，并不毁损其物或变更其性质而加以利用。使用是为了实现物的使用价值，满足人们的需要，如使用机器进行生产、使用电视机收看节目、居住房屋、乘坐汽车。使用权能一般由所有人自己行使，也可以由非所有人行使。

3. 收益

收益，就是收取所有物的利益，包括孳息和利润。孳息分为法定孳息和自然孳息。法定孳息是指依法律关系取得的利益，如利息、租金；自然孳息是指果实、动物的产物。一般物的收益归所有人所有。

4. 处分

处分是决定财产事实上和法律上命运的权能，这是所有权内容的核心，是所有权的最基本的权能。处分可以分为事实上的处分和法律上的处分。事实上的处分是在生产或生活中使物的物质形态发生变更或消灭。例如，粮食被吃掉，原材料经过生产成为产品，把房屋拆除。法律上的处分是指依照所有人的意志，通过某种民事行为对财产进行处理。例如，将物转让给他人，在物上设定权利(如质权、抵押权)，将物抛弃等，都是法律上的处分。

处分权能通常只能由所有人自己行使，非所有人不得随意处分他人所有的财产。

占有、使用、收益和处分四项权能一起构成所有权的内容。完整的所有权包含上述四项权能，但在实际生活中，占有、使用、收益、处分四项权能都能够并且经常地与所有权发生分离，而所有人仍不丧失对于财产的所有权。此外，当所有权的行使受到非法干涉时，所有权人可以行使物上请求权，请求行为人停止侵害、排除妨害、消除危险、返还原物和恢复原状，以恢复其对物的支配的圆满状态。这种排除他人非法干涉的权能，即为所有权的消极权能。

（三）所有权的种类

1．国家所有权

在我国现阶段，社会主义全民所有制采取国家所有制形式，一切国家财产属于以国家为代表的全体人民所有。因此，《民法通则》第73条第1款规定：国家财产属于全民所有。由此可见，国家所有权是全民所有制在法律上的表现，是中华人民共和国享有的对国家财产的占有、使用、收益、处分的权利。

2．集体所有权

集体所有权又称劳动群众集体组织所有权，是集体组织对其财产享有的占有、使用、收益、处分的权利。集体组织所有权是劳动群众集体所有制在法律上的表现，其享有者主要是农村集体组织，也包括城镇集体企业和合作社集体组织。劳动群众集体所有制是我国社会主义公有制的组成部分。

3．私人所有权

根据我国法律的规定，私人所有权主要包括自然人所有权、企业法人所有权和社会团体所有权等。私人的合法财产受法律保护，禁止任何单位和个人侵占、哄抢、破坏。《民法通则》第75条第1款规定：公民的个人财产，包括公民的合法收入、房屋、储蓄、生活用品、文物、图书资料、林木、牲畜和法律允许公民所有的生产资料以及其他合法财产。

二、建筑物区分所有权和相邻关系

（一）建筑物区分所有权

1．建筑物区分所有权的概念

建筑物区分所有权，指的是权利人即业主对于一栋建筑物中自己专有部分的单独所有权、对共有部分的共有权以及因共有关系而产生的管理权的结合。基于物权客体的独立性原则，区分所有的特定部分，需具备一定条件，才可以作为建筑物区分所有的客体。这些条件必须具有：

（1）构造上的独立性，即被区分的部分在建筑物的构造上，可以加以区分并与建筑物的其他部分隔离。至于是否具有足够的独立性，应依一般的社会观念确定。例如，一个住宅单元通过固定的楼板、墙壁与其他单元相隔离，成为独立的住宅单元，其内再以屏风分隔成数个部分的，即不具有构造上的独立性。

(2) 使用上的独立性，即被区分的各部分可以为居住、工作或其他目的而使用，其主要的界定标准应为该区分的部分有无独立的出入门户。如果该区分部分必须利用相邻的门户才能出入，即不具有使用上的独立性。

2. 建筑物区分所有权的内容

建筑物所有权的内容包括区分所有建筑物专有部分的单独所有权、共有部分的共有权，以及因区分所有权人的共同关系所产生的管理权。

(1) 专有部分的单独所有权。

专有部分是在一栋建筑物内区分出的住宅或者商业用房等单元，该单元必须具备构造上的独立性与使用上的独立性。业主对其专有部分享有单独所有权，即对该部分为占有、使用、收益和处分的排他性的支配权。但此项专有部分与建筑物上其他专有部分有密切的关系，彼此休戚相关，具有共同的利益。因此，区分所有权人就专有部分的使用、收益、处分不得违反各区分所有权人的共同利益。例如，就专有部分的改良、使用，足以影响区分所有建筑物的安全时，不得自行为之；再如，就专有部分为保存、改良或管理的必要时，有权使用他人的专有部分。

(2) 共有部分的共有权。

共有部分是指区分所有的建筑物及其附属物的共同部分，即专有部分以外的建筑物的其他部分。共有部分既有由全体业主共同使用的部分，如地基、屋顶、梁、柱、承重墙、外墙、地下室等基本构造部分，楼梯、走廊、电梯、给排水系统、公共照明设备、贮水塔、消防设备、大门、通信网络设备以及物业管理用房等公用部分，道路、停车场、绿地、树木花草、楼台亭阁、游泳池等附属公共设施；也有仅为部分业主共有的部分，如各相邻专有部分之间的楼板、隔墙，部分业主共同使用的楼梯、走廊、电梯等。

其中，对于建筑区划内的道路、绿地、物业服务用房以及车位、车库的归属，我国《物权法》作出明确规定。首先，建筑区划内的道路，属于业主共有，但属于城镇公共道路的除外。建筑区划内的绿地，属于业主共有，但属于城镇公共绿地或者明示属于个人的除外。建筑区划内的其他公共场所、公用设施和物业服务用房，属于业主共有。其次，建筑区划内，规划用于停放汽车的车位、车库应当首先满足业主的需要。建筑区划内，规划用于停放汽车的车位、车库的归属，由当事人通过出售、附赠或者出租等方式约定。占用业主共有的道路或者其他场地用于停放汽车的车位，属于业主共有。

另外，我国《物权法》规定，业主对建筑物专有部分以外的共有部分，享有权利并承担义务，但不得以放弃权利为由不履行义务。共有部分为相关业主所共有，均不得分割，也不得单独转让。业主转让建筑物内的住宅、经营性用房，其对建筑物共有部分享有的共有和共同管理的权利一并转让。业主依据法律规范、合同以及业主公约，对共有部分享有使用、收益、处分权，并按照其所有部分的价值，分担共有部分的修缮费以及其他负担。

【资料阅读】

相邻土地使用纠纷

周某住 101 室，朱某住 102 室。朱某考虑到安全因素，在家门口安装了一扇向外开启的防盗门，但是安装时将该门向公共走道移出约 1 米，周家窗户被遮掩大半。如果朱家防盗门开后没有及时关上，周家的门就被卡住无法开启。为此，法院判令朱某拆除防盗门。

解析：公用走廊属于典型的建筑物共有部分，除另有约定以外，任何一方不得独占、多占。被告将建筑物公用部分(走廊)封堵，对原告以及使用公用走廊的其他住户造成妨碍，侵害了原告和其他住户的共有权。

(3) 业主的管理权。

基于区分所有建筑物的构造，业主在建筑物的权利归属以及使用上形成了不可分离的共同关系，并基于此依共同关系而享有管理权。该管理权的内容如下：

① 业主有权设立业主大会并选举业主委员会。为管理区分所有的建筑物，业主可以设立业主大会，选举业主委员会。业主大会或者业主委员会的决定，对业主具有约束力。若业主大会或者业主委员会作出的决定侵害业主合法权益，受侵害的业主可以请求人民法院予以撤销。

② 业主有权决定区分建筑物相关事项。下列事项由业主共同决定：a. 制定和修改业主大会议事规则；b. 制定和修改建筑物及其附属设施的管理规约；c. 选举业主委员会或者更换业主委员会成员；d. 选聘和解聘物业服务企业或者其他管理人；e. 筹集和使用建筑物及其附属设施的维修资金；f. 改建、重建建筑物及其附属设施；g. 有关共有和共同管理权利的其他重大事项。决定前款第 e 项和第 f 项规定的事项，应当经专有部分占建筑物总面积三分之二以上的业主且占总人数三分之二以上的业主同意。决定前款其他事项，应当经专有部分占建筑物总面积过半数的业主且占总人数过半数的业主同意。

建筑物及其附属设施的维修资金属于业主共有，经业主共同决定，可以用于电梯、水箱等共有部分的维修。维修资金的筹集、使用情况应当公布。建筑物及其附属设施的费用分摊、收益分配等事项，有约定的，按照约定；没有约定或者约定不明确的，按照业主专有部分占建筑物总面积的比例确定。

业主可以自行管理建筑物及其附属设施，也可以委托物业服务企业或者其他管理人管理。对建设单位聘请的物业服务企业或者其他管理人，业主有权依法更换。物业服务企业或者其他管理人根据业主的委托管理建筑区划内的建筑物及其附属设施，并接受业主的监督。业主应当遵守法律法规以及管理规约。业主大会和业主委员会，对任意弃置垃圾、排放污染物或者噪声、违反规定饲养动物、违章搭建、侵占通道、拒付物业费等损害他人合法权益的行为，有权依照法律、法规以及管理规约，要求行为人停止侵害、消除危险、排除妨害、赔偿损失。业主对侵害自己合法权益的行为，可以依法向人民法院提起诉讼。

(二) 相邻关系

相邻关系是指两个或两个以上相邻不动产的所有人或使用人，在行使占有、使用、收益、处分权利时发生的权利义务关系。不动产相邻关系，从本质上讲是一方所有人或使用人的财产权利的延伸，同时又是对他方所有人或使用人的财产权利的限制；反之亦然。不动产相邻关系具有以下特征：

(1) 相邻关系发生在两个或两个以上的不动产相邻的所有人或使用人之间。相邻人可以是公民，也可以是法人；可以是财产所有人如集体组织、房屋所有人，也可以是非所有人如承包经营人、承租人。

(2) 相邻关系的客体并不是财产本身,而是由行使所有权或使用权所引起的和邻人有关的经济利益或其他利益,如噪音影响邻人休息,对于财产本身的归属并不发生争议。

(3) 相邻关系的发生常与不动产的自然条件有关,即两个或两个以上所有人或使用人的财产应当是相邻的。如果甲、乙之间的土地一个在河北,一个在西藏,自然就不可能发生这种通行关系。所谓"相邻",不以不动产的直接相邻为限。例如甲、乙两村处于同一条河流的上下游,两村虽然不直接相邻,但亦可能因用水、流水、截水与排水关系,而有相邻关系适用的余地。

1．处理相邻关系的原则

在实际生活中,相邻人因相邻不动产的权利的行使必然地会发生这样或那样的关系,如果处理不好,就会发生矛盾,产生纠纷,影响正常的社会秩序。据此,处理相邻关系应遵循下列三项原则:

(1) 有利生产,方便生活。相邻关系是人们在生产、生活中对于相互毗邻的不动产的占有、使用、收益、处分而发生的权利义务关系,直接关系到人们的生产和生活的正常进行。因此,处理相邻关系应当以有利生产、方便生活为原则。

(2) 团结互助。在社会生活的各个方面,人与人的关系在本质上都是一种互助协作的关系。因此,有必要而且也能够依团结互助的原则处理相邻关系。例如,在乙必须通过甲的土地才能从公用通道到达乙的土地时,甲应当允许。团结互助原则还要求相邻人应当协商解决相邻纠纷,应当互谅互让,尊重对方的权益,不能只顾自己的利益而无视邻人的合法权益。

(3) 公平合理。公平合理地处理相邻关系,一方权利的延伸和另一方权利的限制都必须在合理、必要的限度内为之,并且要求各方在享受权利的同时,亦应承担一定的义务。例如,相邻一方因架设电线或埋设电缆、管道必须使用他方的土地,他方应当允许,但使用的一方应当选择危害最小的地点和方法安设,对所占用的土地和施工造成的损失给予补偿,并且应于事后清理现场。

法律、法规对处理相邻关系有规定的,依照其规定;法律、法规没有规定的,可以按照当地习惯。

2．几种主要的相邻关系

(1) 相邻土地使用关系。

相邻一方的建筑物或土地处于邻人的土地包围之中,非经过邻人的土地不能到达公用通道,或虽有其他通道但需要较高的费用或十分不便的,可以通过邻人的土地以到达公用通道。但通行人在选择道路时,应当选择最必要、损失最少的路线。如只需小道即可,就不得开辟大道;能够在荒地上开辟道路,就不得在耕地上开辟。通行人还应对因通行给邻地造成的损害予以赔偿。

历史上形成的通道,土地的所有人或使用人无权任意堵塞或改道,以免妨碍邻人通行;如果确实需要改道,应取得邻人的同意。

(2) 相邻防险、排污关系。

相邻一方在开挖土地(如打水井、挖地窖、筑水渠、修粪池等)、建筑施工(如盖高楼、修围墙)时，不得使邻地的地基发生动摇，不得使邻地的建筑物受到危害；相邻一方的建筑物有倾倒的危险，威胁邻人的生命、财产安全，相邻一方应当采取预防措施，相邻他方在对方未尽此义务的情况下，有权要求排除妨害、赔偿损失。相邻人，尤其是化工企业、事业单位，在生产、研究过程中，排放废气、废水、废渣，不得超过国家规定的排放标准。相邻他方对超标排放，有权要求相邻人排除妨害，即按国家规定的排放标准排放、治理，而且对造成的损害还有权要求赔偿。

(3) 相邻用水、流水、截水、排水关系。

相邻人应当保持水的自然流向；在需要改变流向并影响相邻他方用水时，应征得他方的同意，并对由此造成的损失给予适当补偿。为了灌溉土地，需要提高上游的水位、建筑水坝，必须附着于对岸时，对岸的土地所有人或使用人应当允许；如果对岸的土地所有人或使用人也使用水坝及其他设施，应按受益的大小分担费用。水流经过地的所有人或使用人都可以使用流水，但应当共同协商后合理分配使用。如果来自高地段的自然流水，常为低地段的所有人或使用人使用，即使高地段所有人或使用人也需要此水，也不得全部堵截，断绝低地段的用水，以免给低地段的所有人或使用人造成损失。低地段的所有人或使用人应当允许高地段的自然流水流经其地，不得擅自筑坝堵截，影响高地段的排水。相邻一方在为房屋设置管、槽或其他装置时，不得使房屋雨水直接注泻于邻人建筑物上或土地上。

(4) 相邻管线安设关系。

相邻人因埋设管道如油管、水管、煤气管，架设线路如输电线路、通信线路，需要经过他方的土地时，他方应当允许。但相邻方应当选择损害最小的地点及方法安设，同时还应对所占土地及施工造成的损失给予补偿，并于事后清理现场。

(5) 相邻光照、通风、音响、震动关系。

相邻人在建造建筑物时，应当与邻人的建筑物留有一定的距离，以免影响邻人建筑物的通风、采光和日照。相邻各方应当注意环境清洁、舒适，讲究精神文明，不得以高音、噪音、喧器、震动等妨碍邻人的工作、生活和休息；否则，邻人有权请求停止侵害。

(6) 相邻竹木归属关系。

相邻地界上的竹木、分界墙、分界沟等，如果所有权无法确定，则推定为相邻双方共有财产，其权利义务适用按份共有的原则。对于相邻他方土地的竹木根枝超越地界，并影响自己对土地使用的，如妨碍自己土地的庄稼采光，相邻人有权请求相邻他方除去越界的竹木根枝。如果他方经过请求不予除去，相邻人可以自行除去。当然，越界竹木根枝如果对相邻人的财产使用并无影响，则相邻人无权请求除去。

不动产权利人因上述用水、排水、通行、铺设管线等利用相邻不动产的，应当尽量避免对相邻的不动产权利人造成损害；造成损害的，应当给予赔偿。

三、所有权的取得方法

动产所有权以动产为其标的物。所谓动产，是指性质上不须破坏、变更而能够移动其位置的财产。动产所有权取得方式有以下几种：

1. 善意取得

善意取得亦称即时取得，是指原物由占有人转让给善意第三人时，善意第三人一般可取得原物的所有权,所有权人不得请求善意第三人返还原物。此处的善意第三人,即不知占有人为非法转让而取得原物的第三人。

2. 先占

先占是指最先占有无主财产。罗马法中即有先占制度,是万民法上的所有权取得方法。先占必须在事实上占有物,这种占有要有取得所有权的意思。在我国先占取得只适用于法律对于无主财产的归属没有特别规定的情形。法律如果有特别的规定如无人继承的遗产,就应当适用法律的特别规定,而不能先占取得。

3. 拾得遗失物

遗失物是所有人遗忘于某处,不为任何人占有的物。遗失物只能是动产,不动产不存在遗失的问题。遗失物也不是无主财产,只不过是所有人丧失了对于物的占有,不为任何人占有的物,应当返还权利人。拾得遗失物,拾得人应当及时通知权利人领取,或者送交公安等有关部门。所有权人或者其他权利人有权追回遗失物。

4. 发现埋藏物

埋藏物是指包藏于他物之中,不容易从外部发现的物。埋藏物是有主物,它只是所有人不明,而非无主物。所有人不明的埋藏物、隐藏物归国家所有,接收单位应当对上缴单位或者个人,给予表扬或物质奖励。

5. 添附

添附一般是附合、混合的通称,广义的添附还包括加工在内。它是指数个不同所有人的物结合成一物(合成物、混合物),或由所有人以外的人加工而成新物(加工物)。基于添附的事实而产生的所有权归属问题,一般认为,维持现状,使因添附而形成之物归某一人所有。

6. 时效取得

时效取得是指依取得时效的规定取得所有权。取得时效是时效的一种,它是指当事人因占有他人财产的事实状态经过一定时间而取得该财产所有权的法律制度。我国民法只规定了诉讼时效,没有规定取得时效。

四、共有

(一) 共有的概念和特征

共有是两个或两个以上的人(公民或法人)对同一项财产享有所有权。共有的法律特征是:

(1) 共有的主体不是单一的,而是两个或两个以上的公民、法人或公民和法人,如某一所房屋属于甲、乙两人所有。

(2) 共有的客体也是特定的独立物。共有物在共有关系存续期间,不能分割为各个部分由各个共有人分别享有所有权,而是由各个共有人共同享有其所有权,各个共有人的权利及于共有物的全部。

(3) 共有人对共有物或者按照各自的份额或者平等地享有权利。共有人对于自己权利的行使并不是完全独立的，在许多情况下要体现全体共有人的意志，要受其他共有人的利益的制约。

（二）按份共有和共同共有

1．按份共有

按份共有，亦称分别共有，是指两个或两个以上的人对同一项财产按照份额享有所有权。按份共有是最常见的共有关系，它可以发生在公民之间、法人之间，也可以发生在公民和法人之间。

2．共同共有

共同共有是指两个或两个以上的人基于共同关系，共同享有一物的所有权。在我国实际生活中，常见的共同共有主要有以下几种：

(1) 夫妻共有财产。根据婚姻法的规定，夫妻在婚姻关系存续期间所得的财产，归夫妻共同所有，夫妻对共同所有的财产有平等的处理权，但当事人另有约定的除外。

(2) 家庭共有财产。家庭共有财产就是家庭成员在家庭共同生活关系存续期间共同创造、共同所得的财产。家庭共有财产是以维持家庭成员共同生活或生产为目的的财产，属于家庭成员共同所有，每个家庭成员对于家庭共有财产都享有平等的权利。

(3) 共同继承的财产。共同继承的财产是指在继承开始以后，遗产分割以前，两个或两个以上的继承人对之享有继承权的遗产。在分割遗产时，共同继承人应当按照法律规定的原则确定各自的份额或按遗嘱的规定确定各自的份额。

(4) 合伙财产。合伙财产权是基于合伙关系而产生的，合伙人对合伙财产的份额是对抽象的合伙总资产而言的，是一种潜在的应有部分。在合伙关系存续期间，合伙人既不能处分其份额，也不能请求分割合伙财产。因此，合伙财产的性质应当为共同共有，这样有利于维护合伙关系和合伙的主体地位，并可以充分保护债权人的利益。

【资料阅读】

房屋买卖纠纷案

甲乙为夫妻，共有一处房产无人居住，但房产证上及房产局的登记簿上均只记载甲一人的名字。现甲、乙闹离婚。一日，甲背着乙而与第三人丙签订了一份房屋买卖合同。丙将房款交与甲，并与甲一起办理了房产过户登记。过一段时间后乙才得知此事，诉至人民法院，要求丙返还房屋。

问题： 法院应如何处理？

解析：

(1) 丙取得房产所有权。因为房屋的真实权利状态为甲乙共有，公示的权利状态为甲一人所有，与事实不符。另外，第三人丙信赖了公示的权利状态(甲一人所有)，为善意且无过失。因此，第三人丙取得房产所有权。

(2) 甲、丙之间转让不动产所有权的行为已经进行了登记，所以乙只能追究甲的损害赔偿责任。

第三节 用益物权

案例导入

某村民委员会与该村村民张某签订的土地承包合同中约定，张某对该村集体所有的一块 10 亩耕地享有土地承包经营权，张某有权在该土地上开办生产鸡饲料的饲料厂。

请问：

(1) 张某在承包的土地上开办饲料厂的约定符合法律规定吗，为什么？

(2) 张某能否取得该耕地的土地承包经营权？

(3) 该土地承包合同是否有效？

(4) 该土地承包合同产生物权法的效力吗？

解析：

按照《农村土地承包法》的规定，承包的耕地上只能从事农业生产，张某在承包的土地上开办饲料厂的约定不符合法律规定，即张某与村民委员会为张某设立的土地承包经营权的内容不符合法律规定。因此，他们的约定不产生物权法上的效力，张某不能取得该耕地的土地承包经营权。

用益物权是对他人所有的物，在一定范围内进行占有、使用、收益、处分的他物权。与财产所有权、担保物权相比较，用益物权具有的特征表现在：

(1) 用益物权以对标的物的使用、收益为其主要内容，并以对物的占有为前提。用益物权之"用益"，顾名思义，就是对物的使用、收益，以取得物的使用价值。

(2) 用益物权是他物权、限制物权和有期限物权。用益物权是在他人所有物上设定的物权，是非所有人根据法律的规定或当事人的约定，对他人所有物享有的使用、收益的权利，因而从其法律性质上讲，用益物权属于他物权。用益物权是一种限制物权，它只是在一定方面支配标的物的权利，没有完全的支配权。另外，用益物权是在他人之物上设定的权利，实际上是根据所有人的意志在所有权上设定的负担，起着限制所有权的作用。因此，在权利的效力范围上，用益物权比所有权具有较优的效力。用益物权还是一种有期限物权，与所有权不同。所有权是没有一定存续期限而永久存续的物权，用益物权则有一定的期限，在其存续期限届满时用益物权即当然归于消灭。

(3) 用益物权是不动产物权。用益物权的标的物只限于不动产。不动产一般是指土地及其定着物(主要是房屋)。用益物权的标的物主要是土地，如地上权、永佃权、地役权等权利都是以土地为其标的物的，但典权、居住权等权利则主要是以房屋作为其标的物。

(4) 用益物权主要是以民法为依据，但也有以特别法为依据的。在法律适用上应当首先适用特别法，只有在特别法无规定时，才适用民法。由于用益物权的物权性质，因不动产或者动产被征收、征用致使用益物权消灭或者影响用益物权行使的，用益物权人有权依照物权法的规定获得相应补偿。

一、土地承包经营权

土地承包经营权(以下简称为"承包经营权")是反映我国经济体制改革中农村承包经营关系的新型物权。承包经营权就是承包人(个人或单位)因从事种植业、林业、畜牧业、渔业生产或其他生产经营项目而承包使用、收益集体所有或国家所有的土地或森林、山岭、草原、荒地、滩涂、水面的权利。土地承包经营权的特征在于:

(1) 承包经营权是存在于集体所有或国家所有的土地或森林、山岭、草原、荒地、滩涂、水面的权利。

(2) 承包经营权是承包使用、收益集体所有或国家所有的土地或森林、山岭、草原、荒地、滩涂、水面的权利。

(3) 承包经营权是为种植业、林业、畜牧业、渔业生产或其他生产经营项目而承包使用收益集体所有或国家所有的土地等生产资料的权利。

(4) 承包经营权是有一定期限的权利。根据土地管理法的规定,农民集体经济组织的成员承包本集体经济组织的土地,从事种植业、林业、畜牧业、渔业生产的,其期限为 30 年。

(一) 土地承包经营权的取得

1. 基于民事行为取得承包经营权

基于民事行为取得承包经营权的,包括创设取得和移转取得两种情况:

(1) 土地承包经营权的创设取得,主要是指承包人与发包人通过订立承包经营合同而取得承包经营权,分为家庭承包与以招标、拍卖、公开协商等方式进行的承包。

(2) 土地承包经营权的移转取得,是指在土地承包经营权的流转过程中,受让人通过转包、互换、转让等方式,依法从承包人手中取得土地承包经营权。我国物权法规定,土地承包经营权人依照农村土地承包法的规定,有权将土地承包经营权采取转包、互换、转让等方式流转。

2. 非基于民事行为而取得承包经营权

在这里主要是继承问题,农村土地承包法认可承包人应得的承包收益的继承,而有限地认可土地承包经营权的继承。

(1) 以家庭承包方式取得的林地承包经营权,承包人死亡的,其继承人可以在承包期内继续承包。

(2) 以招标、拍卖、公开协商等方式设立的承包经营权,承包人死亡的,其继承人可以在承包期内继续承包。

(二) 承包人的权利和义务

1. 承包人享有的权利

(1) 占有承包的土地以及森林、山岭、草原、荒地、滩涂、水面的,承包人有权从集体组织取得一定数量、质量、位置的土地以及森林、山岭、草原、荒地、滩涂、水面,这是承包人进行生产经营活动的前提。

(2) 使用承包的土地或其他生产资料,独立进行生产经营活动。

(3) 收取承包土地或其他生产资料的收益，并取得依约定数额向发包人支付收益后所余收益的所有权。公民个人的承包收益可以继承。

(4) 转让承包经营权，这是承包人对其承包权的处分，一般是承包人无劳动力或转营他业而将承包的土地转包。转让承包经营权的收益应归承包人所有。

(5) 承包人承包土地以后，仍有权按集体组织规定的制度使用集体组织所有的农林设施，如灌溉设施、农机具等。

(6) 承包地被征收的，土地承包经营权人有权依法获得相应补偿。

2. 承包人的义务

(1) 妥善使用承包的土地以及森林、山岭、草原、荒地、滩涂、水面。这不仅要求承包人不得在承包土地上盖房、建窑、建坟，不准进行掠夺性经营，而且还要求承包人根据土地的条件，合理使用，保存、改良土地，提高地力。

(2) 承包人应依承包合同规定的数额向集体组织交付承包土地或森林、山岭、草原、荒地、滩涂、水面的收益。

(3) 承包人应独立承担风险。承包人承包土地以后，独立进行生产经营活动，除了发生不可抗力承包人承担的交付约定数额的承包收益的义务可以减免外，对于在生产经营中的其他各种风险一概由承包人自己承担。

(4) 承包人应当接受集体组织对于其生产经营活动的合法监督、干涉。如承包人连续两年弃耕抛荒的，发包人有权终止承包合同，收回发包的耕地。

（三）发包人的权利和义务

发包人的权利主要是向承包人收取依承包合同规定数额的承包收益，对承包人的生产经营活动进行监督。

发包人的义务在于交付土地以及森林、山岭、草原、荒地、滩涂、水面给承包人，提供集体组织的农林设施给承包人使用，不得随意干涉承包人的生产经营活动。

发包人在承包期内不得调整承包地。因自然灾害严重毁损承包地等特殊情形，需要适当调整承包的耕地和草地的，应当依照农村土地承包法等法律规定办理。发包人在承包期内不得收回承包地，农村土地承包法等法律另有规定的，依照其规定。

二、建设用地使用权

建设用地使用权是因建筑物或其他工作物而使用国家所有的土地的权利。建设用地使用权具有以下的特征：第一，建设用地使用权是存在于国家所有的土地之上的物权；第二，建设用地使用权是以保存建筑物或其他工作物为目的的权利；第三，建设用地使用权是使用国家所有的土地的权利。

（一）建设用地使用权的产生和期限

1. 建设用地使用权的产生

(1) 在国家所有的土地上设立的建设用地使用权。它的产生方式包括：第一，划拨方式；第二，出让方式；第三，流转方式。

① 土地划拨是土地使用人只需按照一定程序提出申请,经主管机关批准即可取得土地使用权,而不必向土地所有人支付租金及其他费用。

② 出让方式。建设用地使用权出让是国家以土地所有人身份将建设用地使用权在一定期限内让与土地使用者,并由土地使用者向国家支付建设用地使用权出让金的行为。

③ 流转方式。建设用地使用权流转,是指土地使用人将建设用地使用权再转移的行为,如转让、互换、出资、赠与等。

(2) 在集体所有的土地上设立的建设用地使用权。根据我国物权法的规定,集体所有的土地作为建设用地的,应当依照土地管理法等法律规定办理。

2. 建设用地使用权的期限

通过土地划拨及乡(镇)村建设用地程序取得的土地使用权,是无期限的。通过建设用地使用权出让取得建设用地使用权的,根据《国有土地使用权出让和转让暂行条例》第 12 条的规定,按照土地的不同用途,土地使用权出让的最高年限为:

(1) 居住用地 70 年。

(2) 工业用地 50 年。

(3) 教育、科技、文化、卫生、体育用地 50 年。

(4) 商业、旅游、娱乐用地 40 年。

(5) 综合或者其他用地 50 年。

每一块土地的实际使用年限,在最高年限内,由出让方和受让方双方商定。根据我国物权法的规定,建设用地使用权转让、互换、出资、赠与的,当事人应当采取书面形式订立相应的合同。合同的期限由当事人约定,但不得超过建设用地使用权的剩余期限。

(二) 建设用地使用权的内容

建设用地使用权的内容就是地上权人享有的权利和承担的义务。

1. 建设用地使用权人的权利

(1) 占有和使用土地。

(2) 权利处分。建设用地使用权人可以处分其权利。这主要有以下几种情形:建设用地使用权人有权将建设用地使用权转让、互换、出资、赠与或者抵押,但法律另有规定的除外;抵押;出租;附属行为;取得地上建筑物或其他工作物的补偿。

2. 建设用地使用权人的义务

(1) 建设用地使用权人应当依照法律规定以及合同约定支付出让金等费用。

(2) 建设用地使用权人在建设用地使用权消灭时,应当将土地返还给所有权人,原则上应恢复土地的原状。因此,如果建设用地使用权人以取回地上建筑物或其他工作物及附着物为恢复原状的手段时,则取回不但是建设用地使用权人的权利,也是他的义务。

(3) 建设用地使用权人应当合理利用土地,不得改变土地用途;需要改变土地用途的,应当依法经有关行政主管部门批准。

三、宅基地使用权

宅基地使用权指的是农村集体经济组织的成员依法享有的在农民集体所有的土地上建

造个人住宅的权利。根据我国物权法的规定，宅基地使用权人依法对集体所有的土地享有占有和使用的权利，有权利用该土地建造住宅及其附属设施。

（一）宅基地使用权的特征

（1）宅基地使用权的主体只能是农村集体经济组织的成员。城镇居民不得购置宅基地，除非其依法将户口迁入该集体经济组织。

（2）宅基地使用权的用途仅限于村民建造个人住宅。个人住宅包括住房以及与村民居住生活有关的附属设施，如厨房、院墙等。

（3）宅基地使用权实行严格的"一户一之宅"制。

（二）宅基地使用权人对宅基地享有的权利和应承担的义务

（1）占有和使用宅基地。宅基地使用权人有权占有宅基地，并在宅基地上建造个人住宅以及与居住生活相关的附属设施。

（2）收益和处分。宅基地使用权人有权获得因使用宅基地而产生的收益，如在宅基地空闲处种植果树等经济作物而产生的收益。同时，宅基地使用权人有权依法转让房屋所有权，则该房屋占用范围内的宅基地使用权一并转让。

（3）宅基地因自然灾害等原因灭失的，宅基地使用权消灭。对没有宅基地的村民，应当重新分配宅基地。

（4）宅基地使用权人出卖、出租住房后，再申请宅基地的，土地管理部门将不再批准。并且，宅基地使用权的受让人只限于本集体经济组织的成员。

四、地役权

地役权是以他人土地供自己土地便利而使用的权利。其特征在于：

(1) 地役权是使用他人土地的权利。

(2) 地役权是为自己土地的便利的权利。

(3) 地役权具有从属性和不可分性。

地役权虽然是一种独立的权利，并非需役地所有权或使用权的扩张，但它仍应当与需役地的所有权或使用权共命运，这就是地役权的从属性。地役权的不可分性，是指地役权为不可分的权利，即地役权不得被分割为两个以上的权利，也不得使其一部分消灭。

（一）地役权的取得

地役权的取得，有基于民事行为的，也有基于民事行为以外的原因的。

(1) 基于民事行为而取得地役权的，大都是根据设定地役权的合同，即双方通过书面合同的方式设定地役权。

(2) 地役权也可以基于让与而取得，但是由于地役权的从属性，地役权的让与应和需役地的让与共同为之，并亦应有书面合同。

(3) 基于民事行为以外的原因取得地役权的，主要是继承。

（二）地役权的内容

1. 地役权人的权利

（1）土地使用。

（2）为附属行为。地役权人为行使其权利，在供役地内可以为必要的附属行为，如汲水地役权，可以在供役地上通行；通行地役权，可以开辟道路。

2. 地役权人的义务

（1）地役权人对供役地的使用应当选择损害最小的地点及方法为之。这样使得通过地役权增加需役地价值的同时，不至于过分损害供役地的效用。

（2）地役权人对于为行使地役权而在供役地修建的设施，如电线、管道、道路，应当注意维修，以免供役地人因其设施损坏而受到损害。另外，地役权人对于上述设施，在不妨碍其地役权行使的限度内，应当允许供役地人使用这些设置。

（三）地役权的消灭

地役权是一种不动产物权，则不动产物权的一般消灭原因当然适用于地役权。以下叙述的是地役权消灭的几项特殊原因：

（1）土地灭失。土地灭失是任何以土地为标的的物权消灭的原因，但地役权不但因为作为其标的物的土地(供役地)灭失时消灭，而且地役权也因需役地的灭失而消灭。

（2）目的事实不能实现。设定地役权的目的事实上不能实现，即供役地事实上不能再供需役地便利时，地役权消灭。例如，汲水地役权因供役地水源枯竭而消灭。

（3）供役地权利人解除地役权关系。

（4）抛弃。

（5）存续期间的届满或其他预定事由的发生。

第四节　担 保 物 权

📖 **案例导入**

王某向张某借款，以自己所有的一台笔记本电脑作为质押。张某又将该电脑出质给李某，李某以为电脑归张某所有，后张某到期不能履行债务。

请问：

（1）张某到期不能履行债务，李某有权行使质权吗？

（2）李某是不是善意第三人，能否取得质权？

（3）王某的损失能否由张某承担？

（4）王某是否可以向李某请求返还电脑？

解析： 根据法律规定，动产质权适用善意取得制度，即出质人以其不具有所有权但合法占有的动产出质的，不知出质人无处分权的质权人行使质权后，因此给动产所有人造成损失的，由出质人承担赔偿责任。李某是善意第三人，取得质权，因而张某到期不能履行债务，李某有权行使质权。

担保方法有人的担保、物上担保、金钱担保三种。人担保就是保证；金钱担保指的是定金；物上担保，即以债务人或第三人的特定财产供履行债务的担保，不论债务人是否负担其他债务，也不论债务人是否将此担保物让与他人，债权人对此担保物得优先直接行使其权利，以之供债权清偿，这就是担保物权。担保物权是与用益物权相对应的他物权，指的是为确保债权的实现而设定的，以直接取得或者支配特定财产的交换价值为内容的权利。担保物权是以确保债务履行为目的，在债务人或第三人所有的特定财产上设定的一种物权。担保物权的特征在于：

(1) 担保物权以确保债务的履行为目的。担保物权的设立，是为了保证主债债务的履行，使得债权人对于担保财产享有优先受偿权，所以它是对主债权效力的加强和补充。担保物权的担保范围包括主债权及其利息、违约金、损害赔偿金、保管担保财产和实现担保物权的费用；当事人另有约定的，按照约定。

(2) 担保物权是在债务人或第三人的特定财产上设定的权利。担保物权的标的物，必须是特定物(抵押物可以为不动产、动产，质权、留置权则为动产)，否则就无从由其价值中优先受清偿。

(3) 担保物权以支配担保物的价值为内容，属于物权的一种，与一般物权具有同一性质。所不同的是，一般物权以对标的物实体的占有、使用、收益、处分为目的，而担保物权则以标的物的价值确保债权的清偿为目的，以就标的物取得一定的价值为内容。担保期间，担保财产毁损、灭失或者被征收等，担保物权人可以就获得的保险金、赔偿金或者补偿金等优先受偿。被担保债权的履行期未届满的，也可以提存该保险金、赔偿金或者补偿金等。

(4) 担保物权具有从属性和不可分性。所谓从属性，是指担保物权以主债的成立为前提，随主债的转移而转移，并随主债的消灭而消灭。所谓担保物权的不可分性，是指担保物权所担保的债权的债权人得就担保物的全部行使其权利。这体现在：债权一部分消灭，如清偿、让与，债权人仍就未清偿债权部分对担保物全部行使权利；担保物一部分灭失，残存部分仍担保债权全部；分期履行的债权，已届履行期的部分未履行时，债权人就全部担保物有优先受偿权。担保物权设定后，担保物价格上涨，债务人就无权要求减少担保物；反之，担保物价格下跌，债务人也无提供补充担保的义务。

一、抵押权

抵押权是对于债务人或第三人不移转占有而供担保的不动产及其他财产，优先清偿其债权的权利。抵押权是担保物权。抵押权是抵押权人直接对物享有的权利，可以对抗物的所有人及第三人。因此，抵押权是一种物权，但其目的在于担保债的履行，而不在于对物的使用和收益。抵押权的标的物是债务人或第三人提供担保的不动产及其他财产，抵押物主要是不动产，也可以是动产，抵押权是就债务人或第三人提供的抵押物上设定的，要债权人(抵押权人)与债务人或第三人就抵押物设定抵押权进行约定。

抵押权不移转标的物占有。抵押权的成立不以对标的物的占有为要件。抵押人不必将抵押物的占有移转给债权人(抵押权人)，而由自己继续对抵押物进行使用、收益、处分，发挥物的效用。抵押权是就抵押物优先受偿的权利。抵押权人在债务人不履行债务时，有权依法律以抵押物折价或从抵押物的变卖价金中优先得到清偿，抵押权人得排除无抵押权的债权人就抵押物优先受偿，次序在先的抵押权人比次序在后的抵押权人优先受偿。

(一) 抵押权的设立

1. 抵押权依抵押行为而设立

抵押行为是当事人(主债权人和主债务人或第三人)以意思表示设定抵押权的双方民事行为，其具体表现形式为抵押合同。根据我国物权法的规定，设立抵押权，当事人应当采取书面形式订立抵押合同。当事人签订的抵押合同一般应当包括以下内容：

(1) 被担保的主债权的种类和数额。

(2) 债务人履行债务的期限。

(3) 抵押物的名称、数量、质量、状况、所在地、所有权权属或使用权权属。

(4) 抵押担保的范围。抵押权所担保的范围包括原债权及利息、抵押权实现费用、违约金和损害赔偿金。对于抵押担保的范围，当事人可以有特别约定。

(5) 当事人认为需要约定的其他事项。

当事人在订立抵押合同时，不得在合同中约定在债务履行期满抵押权人未受清偿时，抵押物的所有权转移给债权人所有。抵押合同中有上述约定内容的无效，但该内容的无效不影响抵押合同其他部分的效力。

2. 抵押登记

由于抵押权的设立，其法律效果不仅直接涉及抵押人和抵押权人，而且还涉及抵押人的一般债权人和其他与抵押物有利害关系的人。因此，法律对抵押权的设立，要求具备严格的形式要件。

(1) 必须办理抵押物登记的财产。根据物权法的规定，下述财产的抵押应当办理抵押物登记，抵押权自登记时发生效力。

① 建筑物和其他土地附着物。

② 建设用地使用权。

③ 以招标、拍卖、公开协商等方式取得的荒山、荒沟、荒丘、荒滩等土地承包经营权。

④ 正在建造的建筑物。

上述登记生效的抵押合同签订后，抵押人违背诚实信用原则拒绝办理抵押登记致使债权人受到损失的，抵押人应当承担赔偿责任。抵押物登记记载的内容与抵押合同约定的内容不一致的，以登记记载的内容为准。

(2) 自愿办理抵押物登记的财产。当事人以上述之外的其他财产抵押的，可以自愿办理抵押物登记，抵押权自抵押合同生效时发生效力；未经登记，不得对抗善意第三人。这一类的抵押物种类包括：① 生产设备、原材料、半成品、产品。② 交通工具。③ 正在建造的船舶、航空器。④ 企业、个体工商户、农业生产经营者将现有的以及将来的生产设备、原材料、半成品和产品等动产抵押，应当向抵押人住所地的工商行政管理部门办理登记，抵押权亦自抵押合同生效时发生效力；未经登记，不得对抗善意第三人。但是，即使办理登记，仍不得对抗正常经营活动中已支付合理价款并取得抵押财产的买受人。当事人办理抵押物登记，应当向登记部门提交主合同和抵押合同以及抵押物所有权或使用权证书等文件或其复印件。

3．抵押权的标的

抵押权的标的习惯上称为抵押物，它是指债务人或第三人提供担保的财产。下列财产可以作为抵押物：

(1) 抵押人所有的房屋和其他地上定着物。

(2) 机器、交通运输工具和其他财产。

(3) 建设用地使用权。

(4) 正在建造的建筑物、船舶、航空器。

(5) 以招标、拍卖、公开协商等方式取得的荒地等土地承包经营权。

(6) 法律、行政法规未禁止抵押的其他财产。

抵押权所担保的债权超出其抵押物的价值的，超出的部分不具有优先受偿的效力。

根据法律规定，下列财产不得抵押：

(1) 土地所有权。

(2) 耕地、宅基地、自留地、自留山等集体所有的土地使用权，但法律规定可以抵押的除外。

(3) 学校、幼儿园、医院等以公益为目的的事业单位和社会团体的教育设施、医疗卫生设施和其他社会公益设施。

(4) 所有权、使用权不明或有争议的财产。

(5) 依法被查封、扣押、监管的财产。

(6) 法律、行政法规规定不得抵押的其他财产。

4．抵押权的范围

抵押权所担保的债权范围包括主债权及利息、违约金、损害赔偿金和实现抵押权的费用；抵押合同另有约定的，从其约定。在实现抵押权时，抵押物折价或者拍卖、变卖所得的价款，当事人没有约定的按照实现抵押权的费用、主债权的利息、主债权顺序清偿。抵押权的效力及于抵押物的全部，主债权未受全部清偿的，抵押权人可以就抵押物的全部行使其抵押权。抵押物被分割或者部分转让的，抵押权人可以就分割或转让后的抵押物行使抵押权。

(二) 抵押权当事人的权利

1．抵押人的权利

抵押人在其财产设定抵押后，仍享有对抵押物的使用、收益和处分权。但是，抵押人在行使上述权利时，必然要受到已设定的抵押权的一定影响。抵押人除了对抵押物进行有益的保存、改良行为外，抵押人一般不得对抵押物进行事实上的处分。而法律上的处分由于抵押权具有优先的性质，这种处分一般不会影响抵押权人的利益，所以抵押人仍可行使其法律上的处分权。抵押人的权力主要有：第一，仍可就抵押物为他人设定抵押权，财产抵押后，该财产的价值大于所担保债权的余额部分，可以再次抵押，但不得超过其余额部分；第二，仍可转让其抵押物；第三，仍可出租其抵押物。

2. 抵押权人的权利

抵押权人的权利主要有以下几项：

(1) 抵押物的保全。由于抵押权人并不直接占有抵押物，因而法律赋予抵押权人保全抵押物的权利。在抵押人的行为足以使抵押物的价值减少时，抵押权人有权要求抵押人停止其行为。如果因抵押人的行为使抵押物价值减少的，抵押权人有权要求抵押人恢复抵押物的原状，或者提供与减少的价值相当的担保。抵押人不恢复抵押财产的价值也不提供担保的，抵押权人有权要求债务人提前清偿债务。

(2) 抵押权的处分。抵押权人可以让与其抵押权，或就抵押权为他人提供担保。但由于抵押权的从属性，抵押权不得与债权分离单独转让或作为其他债权的担保。抵押权人可以放弃抵押权或者抵押权的顺位。抵押权人与抵押人可以协议变更抵押权顺位以及被担保的债权数额等内容，但抵押权的变更未经其他抵押权人书面同意，不得对其他抵押权人产生不利影响。债务人以自己的财产设定抵押，抵押权人放弃该抵押权、抵押权顺位或者变更抵押权的，其他担保人在抵押权人丧失优先受偿权益的范围内免除担保责任，但其他担保人承诺仍然提供担保的除外。

(3) 优先受偿权。在债务人不履行债务时，抵押权人可以与抵押人协议以抵押物折价或以拍卖、变卖后的价款受偿；协议不成的，抵押权人可以向人民法院提起诉讼。在抵押物灭失、毁损或者被征用的情况下，抵押权人可以就该抵押物的保险金、赔偿金或者补偿金优先受偿。如果抵押物灭失、毁损或者被征用的，抵押权所担保的债权又未届清偿期的，抵押权人可以请求法院对保险金、赔偿金或者补偿金等采取保全措施。

(三) 抵押权的实现

抵押权的实现是在债权已届清偿期而没有清偿时，抵押权人就抵押物受偿的行为。抵押权的作用就在于担保债权受偿，因而抵押权的实现是发挥抵押权的作用的方式和途径。抵押权的实现，须抵押权有效存在和债务已届清偿期。债务人不履行到期债务或者发生当事人约定的实现抵押权的情形，抵押权人可以与抵押人协议以抵押财产折价或者以拍卖、变卖该抵押财产所得的价款优先受偿。抵押权人与抵押人未就抵押权实现方式达成协议的，抵押权人可以请求人民法院拍卖、变卖抵押财产。抵押财产折价或者变卖的，应当参照市场价格。

抵押财产折价或者拍卖、变卖后，其价款超过债权数额的部分归抵押人所有，不足部分由债务人清偿。同一财产向两个以上债权人抵押的，拍卖、变卖抵押财产所得的价款依照下列规定清偿：

(1) 抵押权已登记的，按照登记的先后顺序清偿；顺序相同的，按照债权比例清偿。

(2) 抵押权已登记的先于未登记的受偿。

(3) 抵押权未登记的，按照债权比例清偿。

我国物权法规定，抵押权人应当在主债权诉讼时效期间行使抵押权；未行使的，人民法院不予保护。

（四）抵押权的终止

出现下列情况之一的，抵押权即终止其效力。

（1）主债权消灭。抵押权为担保主债权而存在，如果主债权因清偿、抵消、免除等原因消灭时，抵押权应当随之消灭。

（2）抵押物灭失。抵押权因抵押物灭失而消灭，但因抵押物灭失所得的赔偿金，应当作为抵押财产。

（3）抵押权实行。抵押权人对于抵押物已经实行其抵押权，无论其债权是否得到全部清偿，抵押权都归于消灭。

二、质权

质权，是指为了担保债权的履行，债务人或第三人将其动产或权利移交债权人占有，当债务人不履行债务时，债权人有就其占有的财产优先受偿的权利。质权是为担保债权的履行而设定的，是从属于主债权的担保物权。在债务人不履行债务时，质权人可以就质物优先受偿。质权是一种动产物权，对不动产不能设定质权，法律、行政法规禁止转让的动产也不得设定质权。另外，权利也可以成为质权的标的，称权利质权。质权须移转质物的占有，质权以占有标的物为成立要件。在设立质权时，出质人（债务人或第三人）应当将质物的占有移交给债权人。

（一）动产质权

动产质权，即以动产为其标的物的质权。

1．动产质权的设立

（1）质权合同。质权的设立通常都是以合同进行的，当事人签订的质权合同应采用书面形式。

（2）质物及其交付。质权合同为要物合同，即质权合同自质物移交于质权人占有时生效；出质人以间接占有的财产出质的，质押合同自书面通知送达占有人时视为移交。占有人收到出质通知后，仍接受出质人的指示处分出质财产的，该行为无效；出质人代质权人占有质物的，质押合同不生效；债务人或者第三人未按质押合同约定的时间移交质物，因此给质权人造成损失的，出质人应当根据其过错承担赔偿责任。

（3）质权所担保的债权的范围。质权所担保的范围包括主债权及利息、违约金、损害赔偿金、质物保管费用和实现质权的费用。质押合同另有约定的，从其约定。在实现质权时，质物折价或者拍卖、变卖所得的价款低于质权设定时约定的价值的，应当按质物实现的价值进行清偿；不足清偿的剩余部分由债务人清偿。

2．动产质权当事人的权利

（1）质权人的权利。

第一，占有质物。对质物的占有，既是质权的成立要件，也是质权的存续要件。质权人有权在债权受清偿前占有质物，并以质物的全部行使其权利。第二，收取孳息。质权人有权收取质物的孳息，但质权合同另有约定的除外。　第三，质权的保全。因不能归责于质权人的事由可能使质押财产毁损或者价值明显减少，足以危害质权人权利的，质权人有权要求出质人提供相应的担保；出质人不提供的，质权人可以拍卖、变卖质押财产，并与出质人通过协议将拍卖、变卖所得的价款提前清偿债务或者提存。第四，优先受偿。债务人不履行到期债务或者发生当事人约定的实现质权的情形，质权人可以与出质人协议以质押财产折价，也可以就拍卖、变卖质押财产所得的价款优先受偿。第五，转质权。质权人在质权存续期间，为担保自己的债务，经出质人同意，以其所占有的质物为第三人设定质权的，应当在原质权所担保的债权范围之内，超过的部分不具有优先受偿的效力。转质权的效力优于原质权。第六，放弃质权。质权人可以放弃质权。债务人以自己的财产出质，质权人放弃该质权的，其他担保人在质权人丧失优先受偿权益的范围内免除担保责任，但其他担保人承诺仍然提供担保的除外。

(2) 出质人的权利。

第一，出质人在质权人因保管不善致使质物毁损灭失时，有权要求质权人承担民事责任。第二，出质人可以请求质权人在债务履行期届满后及时行使质权；质权人不行使的，出质人可以请求人民法院拍卖、变卖质押财产。第三，债务履行期届满，债务人履行债务的，或者出质人提前清偿所担保的债权的，出质人有权要求质权人返还质物。第四，出质人如果是债务人以外的第三人，该第三人代为清偿债权或因质权实行丧失质物的所有权时，有权向债务人追偿。第五，债务履行期届满，出质人请求质权人及时行使权利，而质权人怠于行使权利致使质物价格下跌的，由此造成的损失，出质人有权要求质权人予以赔偿。

（二）权利质权

权利质权是为了担保债权清偿，就债务人或第三人所享有的权利设定的质权。权利质权的标的是权利，但不是说任何权利都可以作为权利质权的标的。可以作为权利质权的标的的权利，具体有以下几类：

(1) 汇票、本票、支票、债券、存款单、仓单、提单。

(2) 依法可以转让的基金份额、股权。

(3) 依法可以转让的商标专用权、专利权、著作权中的财产权。

(4) 应收账款。

(5) 法律、行政法规规定可以出质的其他权利。例如，公路桥梁、公路隧道或者公路渡口等不动产收益权，亦可设立权利质权。

三、留置权

留置权是债权人按照合同约定占有债务人的财产，在债务人逾期不履行债务时，有留置该财产以迫使债务人履行债务，并在债务人仍不履行债务时就该财产优先受偿的权利。留置权是以动产为标的物的担保物权。留置权的特征如下：

(1) 留置权的作用，在于担保债权受偿，而不在于对物的使用、收益。因此，留置权是一种担保物权。

(2) 留置权是债权人留置债务人动产的权利。留置权是指债权人对于自己的债权受清偿前，拒绝返还所占有的债务人的动产的权利。在债务人超过法定期限仍不履行债务时，债权人即可就留置物受偿，以满足其债权。

(3) 留置权是一种法定担保物权。留置权在符合一定的条件时，依法律的规定产生，而不是依当事人之间的协议设定的。担保法规定，因保管合同、运输合同、加工承揽合同发生的债权，债务人不履行债务的，债权人有留置权。

(4) 留置权也具有从属性、不可分性和物上代位性等担保物权的共同属性。

（一）留置权的取得

留置权的取得是基于法律规定，只有在符合法律规定的条件下，债权人才取得留置权。这些条件可以分为积极要件和消极要件。

1. 留置权取得的积极要件

积极要件是留置权的取得所应具有的事实，其主要有以下几项：

(1) 须债权人占有债务人的动产。留置权的取得，债权人须合法占有债务人的财产，其占有方式是直接占有还是间接占有均可。

(2) 须债权已届清偿期。债权人虽占有债务人的动产，但在债权尚未届清偿期时，尚不发生债务人不履行债务的问题，不发生留置权。只有在债权已届清偿期，债务人仍不履行债务时，债权人才可以留置债务人的动产。

(3) 须债权的发生与该动产有牵连关系。债权人所占有的债务人的动产必须与其债权的发生有牵连关系，才有留置权可言。我国物权法规定，债权人留置的动产，应当与债权同属一法律关系，但企业之间留置的除外。

2. 留置权取得的消极条件

(1) 对动产的占有不是因侵权行为取得。留置权的取得，以对债务人的动产的占有为前提，但其占有必须是合法占有。

(2) 对动产的留置不违反公共利益或善良风俗。如留置他人的居民身份证、他人待用的殡丧物，都是违法的，债权人都不能为之。

(3) 对动产的留置不得与债权人的义务相抵触。债权人留置债务人的动产如果与其所承担的义务相抵触时，亦不得为之。例如，承运人有将货物运送到指定地点的义务，在运送途中不得以未付运费而留置货物。

（二）留置权的效力

1. 留置权人的权利

(1) 留置标的物。在债务人不履行债务时，债权人就可以留置标的物，拒绝债务人交付标的物的请求。留置物为不可分物的，留置权人可以就留置物的全部行使留置权；但留置物为可分物的，留置物的价值应当与债务的金额相当，即债权人只能留置与自己的债权额相当的部分，其余部分应当交付债务人。

(2) 收取留置物的孳息。收取的孳息，应先充抵收取孳息的费用。

(3) 请求偿还费用。债权人因保管留置物所支出的必要费用，有权向债务人请求返还。

(4) 就留置物优先受偿。留置权所担保的范围包括主债权和利息、违约金、损害赔偿金，留置物保管费用和实现留置权的费用。留置权人与债务人应当约定留置财产后的债务履行期间；没有约定或者约定不明确的，留置权人应当给债务人两个月以上履行债务的期间，但鲜活易腐等不易保管的动产除外。债务人逾期未履行的，留置权人可以与债务人协议以留置财产折价，也可以就拍卖、变卖留置财产所得的价款优先受偿。留置财产折价或者变卖的，应当参照市场价格。

2. 留置权人的义务

(1) 保管留置物。留置权人负有妥善保管留置财产的义务；因保管不善造成留置财产毁损、灭失的，应当承担民事赔偿责任。在留置权存续期间，债权人未经债务人同意，擅自使用、出租、处分留置物，因此给债务人造成损失的，债权人应当承担赔偿责任。

(2) 返还留置物。在留置权所担保的债权消灭，或者债权虽未消灭，债务人另行提供担保时，债权人应当返还留置物给债务人。

（三）留置权的消灭

留置权消灭的原因主要有：
(1) 主债权消灭。
(2) 留置权实现。
(3) 留置物灭失。
(4) 债务人另行提供担保并被债权人接受。
(5) 留置权人对留置财产丧失占有。

第五节 占 有

占有是对物在事实上的占领、控制。占有的标的以物为限，因而物之外的财产权(如专利权)，只能成立准占有，而不能成立占有。由于占有是在事实上对物的管领、控制，因而它不要求占有人有占有物的权利。占有人的占有，并不以占有人对于物的亲自支配为必要。占有人基于某种法律关系，通过他人为媒介，也可以成立占有。这主要有两种情况：一种情况是占有人依辅助人而成立的占有，如雇主依雇员占有机器；另一种情况是间接占有，如承租人直接占有租赁物，对于出租人构成间接占有。

一、占有的种类

依占有的不同状态，可以将占有分为以下不同的种类：

1. 自主占有与他主占有

这是依占有人的意思为标准进行的分类。自主占有是指以物属于自己所有(所有的意思)的占有；无所有的意思，仅于某种特定关系支配物的意思的占有是他主占有。自主占有与他主占有区别的意义在于，作为所有权取得的时效要件的占有和先占要件的占有，应当是自主占有。另外，在占有物毁损、灭失时，自主占有人与他主占有人的责任范围不同。

2．直接占有与间接占有

这是以占有人在事实上是否占有物为标准进行的分类。直接占有是指在事实上对物的占有，如居住房屋、穿着衣服；间接占有是指基于一定法律关系，对于事实上占有物的人(即直接占有人)有返还请求权，因而间接对物管领的占有。直接占有与间接占有区别的意义在于这两种占有的取得手段不同，保护方法也不一样。

3．有权占有与无权占有

这是根据进行的占有是否依据本权所作的分类。所谓本权，是指基于法律上的原因，可对物进行占有的权利，如所有权、地上权、典权、质权、留置权。有权占有即指有本权的占有，如地上权人依地上权对土地的占有；无权占有是指无本权的占有，如拾得人对于遗失物的占有。有权占有与无权占有区别的意义在于：无权占有人在本权人请求返还原物时，有返还的义务；另外，作为留置权要件的占有，限于有权占有。

4．善意占有与恶意占有

这是对无权占有依占有人的主观心理状态的不同所做的分类。善意占有是占有人不知其无占有的权利的占有；恶意占有是占有人知道其无占有的权利的占有。善意占有与恶意占有区别的意义在于：取得时效中善意占有与恶意占有的期间不同，即时取得以善意占有为要件；另外，善意占有与恶意占有受保护的程度不同。

5．无过失占有与有过失占有

这是对善意占有的再分类，以占有人不知其无占有的权利有无过失为区分标准。无过失占有是占有人不知且不应知其无占有的权利的占有；有过失占有是占有人应当知道但因过失不知其无占有的权利的占有。

6．无瑕疵占有与有瑕疵占有

无瑕疵占有是指善意且无过失、和平、公然、继续的占有；有瑕疵占有是指恶意且有过失、强暴、隐秘、不继续的占有。

二、占有的效力和保护

(一) 占有的推定

1．事实的推定

依据证据法的原则，任何人为了自己的利益主张事实存在的，须负举证责任。但对于占有，各国法律规定了一些事实推定，免除占有人的举证责任。首先，推定占有人是以所有的意思或为自己而占有；其次，在占有前后两个时期，有占有证据的，推定其为继续占有。占有的状态不同，其效力各异。但如果要对占有的各种状态一一证明，不仅事实上做起来困难，而且与将占有与本权分离受独立保护的意旨相矛盾。所以为保护占有人，法律应基于社会生活的一般情况，为占有人设各项推定，免除其举证责任。这种推定应当包括：推定占有人以所有的意思，善意、和平及公然占有；在占有的前后有占有的证据时，推定其为继续占有。

2．权利的推定

占有制度的目的，在于通过对外行使占有事实的保护，确保交易安全。因此，占有的效力必有权利的推定，即推定占有人对占有物行使的权利合法。当然这种法律的推定也有其事实的基础，即依一般情形而论，占有人是基于本权而占有，没有权利而进行占有的只是例外。占有人既有占有的事实，一般也有占有的权利；故权利的推定是法律就一般情形而为的推定。因占有所推定的权利，其范围有多大？由于不动产以登记为物权公示方法，登记的效力自然要强于占有的推定，所以就不动产而言，这种权利的推定没有什么实际意义。就动产而言，这种推定的权利范围，只要是该权系对标的物占有的权利(不得占有标的物的权利不在此限)为占有人所行使的，无论是物权(所有权、质权、留置权)还是债权(租赁使用权、借用权)均可。例如，占有人在其占有物上行使所有权时，即推定其有所有权；行使质权时，即推定其有质权；行使借用权时，即推定其有借用权。

权利推定的效力，可以分为以下几点来说明：

(1) 受权利推定的占有人，免除举证责任，即在其有无实体权利争议时，占有人可以直接援用该推定对抗相对人，无须证明自己是权利人。当然在相对人提出反证时，占有人为推翻该反证，仍须举证。

(2) 权利的推定，不仅权利人自己可以援用，第三人也可以援用。例如从占有人处借用物的人，在物的真正所有人要求其返还时，该借用人也可援用借用人以占有人身份所受的所有人推定。此时，所有人要求返还原物，必须证明自己的所有权方可。

(3) 权利的推定，一般是为占有人的利益，如《德国民法典》第1006条明确规定视为占有人的利益，但在特定情况下为其不利时也可以援用。例如推定物的占有人为物的所有人时，则物上负担，如税收，亦应由占有人负担。

(4) 权利的推定属于消极性的，占有人不得利用此项推定作为其行使权利的积极证明。

(二) 占有人与返还请求权人的关系

占有人与返还请求权人的关系，是指无权占有在有请求人返还占有物时所发生的权利和义务关系。这种关系经常会与无因管理、侵权行为、合同解除等制度发生竞合，这时应适用何种规定，当事人可以自由选择。至于基于某种法律关系或法律规定而发生返还关系，例如基于质权、留置权等物权关系，或基于租赁、借用等债的关系，或基于无因管理、不当得利、侵权行为等法律规定而将占有物返还于权利人的关系，应当依其基本法律关系或法律规定进行，不需要另行规定，所以不在此处说明。

1．占有人对物的使用、收益

善意占有人，有权对占有物使用、收益，这是善意占有人的一项重要的权利，恶意占有人无此等权利。善意占有人对于占有物的使用、收益，应依其推定的权利进行，这种推定的权利种类，应视占有人对于占有物所行使的权利种类为限。例如，所行使的是租赁使用权，即推定其有租赁使用权。善意占有人即以其受推定的权利，对占有物使用收益。但是，善意占有人的这种使用、收益权，必须是其受推定的权利在内容上具有使用、收益的权能。如果受推定的权利不具有使用、收益权能，如质权、留置权，占有人即无使用、收益权。善意占有人对于占有物的使用、收益，应当依物的用途，按法律所不禁止的方法进行。善意占有人对物的使用、收益及取得的孳息，在返还占有物时不必返还。这是由于善意占有人不知其为无权占有，对于收取的孳息，依自己的意志随意消费。如果在权利人请求返还时，再使其返还所得利益，无异于使无辜者受害。因此，善意占有人在占有期间的使用、收益利益及孳息利益，不必返还。恶意占有人在返还占有物时应返还占有物的孳息，如果孳息被消费了或因过失而损失了或应当收取而没有收取的，应当赔偿损失。

2．占有人在占有物毁损、灭失时的赔偿责任

在占有物毁损、灭失的时候，占有人对于返还请求人负有赔偿责任，这种责任的范围因占有人是善意的还是恶意的有所不同。善意占有人因使用占有的不动产或者动产，致使该不动产或者动产受到损害的，善意占有人不承担赔偿责任；恶意占有人应当承担赔偿责任。占有的不动产或者动产毁损、灭失，该不动产或者动产的权利人请求赔偿的，占有人应当将因毁损、灭失取得的保险金、赔偿金或者补偿金等返还给权利人；权利人的损害未得到足够弥补的，恶意占有人还应当赔偿损失。

3．占有人请求偿还费用的权利

占有人在占有标的物期间对物支出了费用，依其性质为必要费用还是有益费用以及占有是恶意还是善意，其请求偿还费用的范围也不一样。善意占有人对于因保存物所支出的必要费用，即为维持物的现有状态，预防其毁损、灭失的费用，有权请求偿还。善意占有人还可请求偿还有益费用，即为改善占有物所支出的费用，但只能在占有物现存价值的范围内请求偿还；如果增加的价值已不存在了，就不能请求偿还。这是因为有益费用不同于必要费用，并不是一种不得已的支出，而是取决于占有人的意志。因此，这种费用完全由返还请求人承担是不公平的。恶意占有人则只能请求偿还必要费用，对于有益费用不能请求偿还。

（三）占有的保护

占有为一种既成的事实，即使这种事实与其他当事人的权利相抵触，也不应再受到非法行为的侵害。例如，甲侵占（如偷窃）了乙的电视机，丙不能因甲是无权占有而去侵夺。因此，对占有的保护，就是对社会安宁、稳定的保护。占有人对于非法行为的侵害，有自力救济权和占有保护请求权两种。

（1）占有人的自力救济权。占有人在其占有受到侵害时，如果侵害人没有比占有人更强的权利，则占有人有权依其占有进行自力救济。占有人的自力救济权包括：自力防御权；自力取回权。

（2）占有保护请求权。占有保护请求权是占有人的占有被非法侵害时，占有人可直接对侵害人，也可向法院提起保护其占有的请求权。

三、占有的取得和消灭

（一）占有的取得

占有的取得，从占有的事实状态而言，即为占有的发生。占有的取得方式有直接占有和间接占有两种。

(1) 直接占有的取得有：

① 直接占有的原始取得。

② 直接占有的继受取得。占有可以依继承关系由被继承人移转于继承人。依继承取得的占有，是权利义务概括继承的结果。因此，继承人取得的占有，在种类、状态、瑕疵等方面，都与被继承人的占有相同。

(2) 间接占有的取得有：

① 间接占有的原始取得。间接占有的原始取得是指创设取得间接占有。创设方法有直接占有人为自己创设间接占有和直接占有人为他人创设间接占有。

② 间接占有的继受取得。间接占有的继受取得是指基于他人的移转而取得的占有，主要亦有让与和继承两种方式。

【资料阅读】

疯 牛 病

农场主甲养有一群奶牛，甲怀疑一奶牛患有严重的传染病——疯牛病，为避免其传染给其他奶牛，甲牵该奶牛至一深山老林处扔下，独自下山。适逢农民乙上山采药，发现此牛并牵回。经乙精心调养，该牛成为一高产奶牛。甲闻讯后欲取回奶牛，乙不允，随起纠纷。

问题：本案应如何处理？

解析：牛归乙所有，乙因先占而取得所有权，甲因抛弃而丧失所有权。

（二）占有的消灭

占有的消灭，是占有人丧失了对物的事实上的管领、控制。但这里的消灭，应指确定的丧失了对物的占有。如果仅仅是一时不能实行其管领、控制，如物被他人侵夺，占有并不丧失。占有物灭失，占有人事实上的支配已无所凭借，占有亦消灭。间接占有，在占有人丧失了对物的返还请求权时，其占有消灭。

【典型案例】

地役权纠纷

甲公司在离海不远的地方建了一座酒店，在酒店上端的旋转餐厅就餐时可以很好地欣赏海景。乙公司取得了酒店与大海之间的土地的建设用地使用权，甲公司担心乙公司修建高层建筑，会妨害在旋转餐厅的客人的视野，遂与乙公司约定，乙公司 10 年内不修建20 米以上的建筑，甲公司每年向乙公司支付 20 万元，双方签订了书面形式的合同，但未进行登记。如果乙公司将该土地的建设用地使用权转让给丙公司，

问题：

(1) 甲公司的地役权没有登记，是否具有对抗效力？

(2) 丙公司是善意第三人吗？甲公司是否有权要求丙公司履行地役权合同的义务？

(3) 甲公司的地役权对丙公司有效吗？

(4) 甲公司有权要求丙公司按照乙公司合同约定履行义务吗？

解析： 根据物权法的规定，地役权自地役权合同生效时设立。当事人要求登记的，可以向登记机构申请地役权登记；未经登记，不得对抗善意第三人。甲公司的地役权没有登记，不具有对抗效力。因此，如果丙公司对地役权的设立不知情，是善意第三人，甲公司就无权要求丙公司履行地役权合同的义务。

对奶牛可否行使留置权

张某所有的奶牛病了，张某带奶牛到兽医李某处医牛，需医疗费 200 元，张某觉得太贵，不愿意支付。李某遂将奶牛扣下，告诉张某如果 10 天内不交 200 元钱，就把奶牛卖了抵债。张某不同意，但是没有办法，只好先回家了。

问题：

(1) 李某是否有权直接变卖奶牛抵偿自己的医疗费？

(2) 如张某未在 10 日内支付医疗费，则李某是否可以变卖奶牛抵偿自己的医疗费？

解析： 根据法律规定，留置权人与债务人应当约定留置财产后的债务履行期间；没有约定或者约定不明确的，留置权人应当给债务人两个月以上履行债务的期间，但鲜活易腐等不易保管的动产除外。债务人逾期未履行的，留置权人可以与债务人协议以留置财产折价，也可以就拍卖、变卖留置财产所得的价款优先受偿。李某提出张某应 10 日内支付医疗费，但是张某未同意，因而李某并未就留置奶牛后的债务履行期限达成一致。李某应当确定不少于两个月的债务履行期间，张某逾期不付费，李某才有权行使自己的留置权。所以，10 天后李某不能直接变卖奶牛抵偿自己的医疗费。

本 章 小 结

1. 物权是权利主体直接支配特定财产的权利，既具有人对物直接支配的内容，又具有对抗权利主体以外的第三人的效力。物权的变动原则有公示原则和公信原则。

2. 财产所有权是财产所有人在法律规定的范围内，对属于他的财产享有的占有、使用、收益、处分的权利。建筑物区分所有权，指的是权利人即业主对于一栋建筑物中自己专有部分的单独所有权、对共有部分的共有权以及因共有关系而产生的管理权的结合。相邻关系是指两个或两个以上相邻不动产的所有人或使用人，在行使占有、使用、收益、处分权利时发生的权利义务关系。共有是两个或两个以上的人(公民或法人)对同一项财产享有所有权。共有分为按份共有和共同共有。

3. 用益物权是对他人所有的物，在一定范围内进行占有、使用、收益、处分的他物权。承包经营权就是承包人(个人或单位)因从事种植业、林业、畜牧业、渔业生产或其他生产经营项目而承包使用、收益集体所有或国家所有的土地或森林、山岭、草原、荒地、滩涂、水面的权利。建设用地使用权是因建筑物或其他工作物而使用国家所有的土地的权利。宅基地使用权指的是农村集体经济组织的成员依法享有的在农民集体所有的土地上建造个人住宅的权利。地役权是以他人土地供自己土地便利而使用的权利。

　　4. 担保物权是指为确保债权的实现而设定的，以直接取得或者支配特定财产的交换价值为内容的权利。抵押权是对于债务人或第三人不移转占有而供担保的不动产及其他财产，优先清偿其债权的权利。质权是指为了担保债权的履行，债务人或第三人将其动产或权利移交债权人占有，当债务人不履行债务时，债权人有就其占有的财产优先受偿的权利。质权是为担保债权的履行而设定的，是从属于主债权的担保物权。留置权是债权人按照合同约定占有债务人的财产，在债务人逾期不履行债务时，有留置该财产以迫使债务人履行债务，并在债务人仍不履行债务时就该财产优先受偿的权利。

知识结构

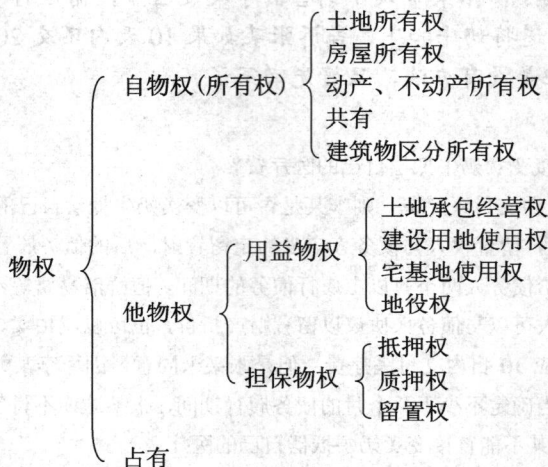

　　物权
　　　　自物权（所有权）
　　　　　　土地所有权
　　　　　　房屋所有权
　　　　　　动产、不动产所有权
　　　　　　共有
　　　　　　建筑物区分所有权
　　　　他物权
　　　　　　用益物权
　　　　　　　　土地承包经营权
　　　　　　　　建设用地使用权
　　　　　　　　宅基地使用权
　　　　　　　　地役权
　　　　　　担保物权
　　　　　　　　抵押权
　　　　　　　　质押权
　　　　　　　　留置权
　　　　占有

思 考 题

　　1. 解释物权的基本概念、特征、种类和原则。
　　2. 解释所有权的特征、内容、种类和保护。
　　3. 抵押权的设立和实现条件有哪些？
　　4. 动产质权的设立要求有哪些？
　　5. 留置权的效力有哪些？
　　6. 占有的类型和效力有哪些？

第六章　合同法律制度

🗲 **学完本章后，你应该能够：**

➢ 了解合同的概念和法律特征；
➢ 掌握合同的主要内容及其订立的程序；
➢ 掌握法律关于合同效力的规定；
➢ 了解担保的形式与要求；
➢ 掌握合同的履行原则与规则；
➢ 了解担保以及违约责任的相关法律规定。

📖 **案例导入**

买卖黄豆中的违约责任承担

甲油料厂与某供销社订立一份农副产品供销合同，双方约定由供销社在 1 个月内向甲油料厂供应黄豆 30 吨，每吨单价 1000 元。在合同履行期间，乙公司找到供销社表示愿意以每吨 1500 元的单价购买 20 吨黄豆，供销社见其出价高，就将 20 吨本来准备运给甲油料厂的黄豆卖给了乙公司，致使只能供应 10 吨黄豆给甲油料厂。甲油料厂要求供销社按照合同的约定供应剩余的 20 吨黄豆，供销社表示无法按照原合同的条件供货，并要求解除合同。甲油料厂不同意，坚持要求供销社履行合同。

问题：

(1) 甲油料厂的要求是否有法律依据？

(2) 在合同没有明确约定的情况下，甲油料厂如果要求供销社继续履行合同有无法律依据？

(3) 供销社能否只赔偿损失或者只支付违约金而不继续履行合同？

解析：

(1) 甲油料厂要求供销社继续供货是有法律依据的。因为，双方合同约定由供销社供应甲油料厂黄豆 30 吨，现黄豆只供应了 10 吨，所以甲油料厂有权要求继续供货。

(2) 若合同没有明确约定是否继续供应黄豆，依我国合同法的规定甲油料厂有权要求供销社继续供货。《合同法》第 107 条规定：“当事人一方不履行合同义务或者履行合同义务不符合约定的，应当承担继续履行、采取补救措施或者赔偿损失等违约责任。”

(3) 订立合同的目的就在于通过履行合同获取预定的利益，合同生效后当事人不履行合同义务，对方就无法实现权利。如果违约方有履行合同的能力，对方(受损害方)认为实现合同权利对自己是必要的，有权要求违约方继续履行合同。违约方不得以承担了对方的损失为由拒绝继续履行合同，受损害方在此情况下可以请求法院或者仲裁机构强制违约方继续履行合同。所以，供销社不能只赔偿损失或者只支付违约金而不继续履行合同。

第一节　合同法概述

案例导入

2016 年 6 月，某百货商场向甲服装公司订购了 1000 件羽绒服，约定于 2016 年 9 月 25 日交货。2016 年 8 月 30 日，甲公司通知百货商场，因其发生不可抗力，不能按时交货，请求将交货时间延长。百货商场经调查了解到，因国际市场羽绒服价格上涨，甲公司将其已生产的产品全部销往了国外。对此，百货商场提出解除与甲公司的合同。但甲公司表示，其已经准备好了所有的原材料，可以立即为百货商场生产。甲公司同时表示，已经与乙服装公司协商好，由乙服装公司代其为百货商场生产 500 件羽绒服，可以在 10 月 25 日交货。为了赔偿百货商场的损失，甲公司承诺将每件羽绒服降价 40 元，百货商场对此表示同意。至 10 月 27 日，甲、乙两公司应交付的 1000 件羽绒服仍然毫无踪影。11 月 1 日，百货商场通知甲公司，解除双方的合同，并要求其承担违约责任。

问题：

(1) 百货商场先后两次提出解除合同的要求都合理吗？

(2) 乙公司在本案中的法律地位是什么？

(3) 甲公司辩称其只能承担一半违约责任，另一半违约责任由乙公司承担，这种说法是否正确？

一、合同概述

（一）合同的概念和特征

合同，又称契约，是当事人之间设立、变更、终止某种权利义务关系的协议。我国《中华人民共和国合同法》(以下简称《合同法》)第二条规定：本法所称的合同是平等主体的自然人、法人、其他组织之间设立、变更和终止民事权利义务关系的协议。

根据我国合同法的规定，依法订立的合同具有以下法律特征：

(1) 合同是平等主体的自然人、法人和其他组织之间实施的民事法律行为。合同当事人的法律地位平等，一方不得凭借行政权力、经济实力或其他优势，将自己的意志强加给另一方。

(2) 合同以设立、变更或终止民事权利义务关系为目的和宗旨。合同是从法律上明确当事人之间特定权利义务关系的文件，即合同的内容是有关合同当事人的民事权利和义务。

(3) 合同是当事人协商一致的产物或意思表示一致的协议。它必须包括以下要素：第一，合同的主体须是两个或两个以上的当事人；第二，各方当事人须互为意思表示；第三，各个意思表示是一致的，即具有平等地位的当事人达成了一致的协议。

（二）合同的分类

合同可依据不同的标准作各种各样的分类，因而同一合同同时会具有不同合同类型的属性。根据不同的标准，可以将合同分为以下几种类型：

1．有名合同与无名合同

有名合同，又叫典型合同，是指立法上有确定名称和规则的合同。《合同法》规定的有名合同有15种，包括买卖合同，供用电、水、气、热力合同，赠与合同，借款合同，租赁合同，融资租赁合同，承揽合同，建设工程合同，运输合同，技术合同，保管合同，仓储合同，委托合同，行纪合同和居间合同。此外，《保险法》第二章规定的保险合同；《担保法》规定的保证合同、抵押合同、质押合同、定金合同等，也属于有名合同。对有名合同，应当适用《合同法》及相关法律中关于该合同的具体规定。无名合同，又叫非典型合同，是指法律上尚未确定一定的名称和规则的合同。对无名合同，则只能适用《合同法》总则，再参照《合同法》分则或其他法律中最接近的规定执行。

2．单务合同与双务合同

单务合同，是指合同当事人中仅有一方当事人负担给付义务的合同；例如赠予、无偿保管、无偿委托等。双务合同，是双方当事人互负给付义务的合同。例如买卖、租赁、承揽、有偿保管、有偿委托等。

3．有偿合同与无偿合同

有偿合同，是合同当事人为得到合同利益给付相应代价的合同；无偿合同，是合同当事人不必为得到合同利益而给付相应代价的合同。我国《合同法》所规定的赠与合同就属于无偿合同。

4．诺成合同与实践合同

诺成合同，是指当事人意思表示一致即告成立且生效的合同；实践合同，是指除当事人意思表示一致以外，须以实际交付标的物才能生效的合同，如质押合同、定金合同等。

5．要式合同与不要式合同

要式合同，是指必须根据法律规定的方式而成立的合同；不要式合同，是指当事人订立的合同依法并不需要采取特定的形式，当事人也没有特别约定需要采用特殊形式的合同。

6．主合同与从合同

主合同，是指不依赖其他合同而独立存在的合同；从合同，又称附属合同，是指以其他合同的存在为其存在前提的合同。例如保证合同、抵押合同、质押合同或者定金合同，它们相对于主合同而言即为从合同。主合同的成立与效力直接影响从合同的成立与效力。

二、合同法概述

《合同法》是调整平等主体之间利用合同进行经济(财产)流转或相互交易而产生的社会关系的法律规范的总称。合同法规范市场交易活动，确立了市场经济的基本交易原则，是市场经济的基本法律制度。我国现行的合同法律制度是 2010 年 3 月 15 日第九届全国人大第二次会议审议通过的《中华人民共和国合同法》(以下简称《合同法》)，该法于 2010 年 10 月 1 日起开始实施，与此同时，《经济合同法》《涉外经济合同法》和《技术合同法》废止。为了保障《合同法》顺利实施，最高人民法院于 2010 年 12 月 1 日通过了《关于适用(中华人民共和国合同法)若干问题的解释(一)》，并于 2010 年 12 月 29 日起实施。

(一) 《合同法》的调整范围

《合同法》的调整对象为平等主体之间的关于民事权利义务关系的协议。但是必须指出，《合同法》仅调整属于财产关系的民事法律关系，民事关系中属于人身关系的部分不适用该法。婚姻、收养、监护等有关身份关系的协议，适用其他法律的规定。我国《合同法》调整的是：

(1) 具有财产内容的社会关系，这是合同法与反映人身关系的法和调整非法行为的侵权行为法的区别。

(2) 以经济流转为特征的社会关系，这表明合同法所调整的并非社会中全部财产关系，而是其中的动态财产关系，即以财产流转为显著特点的社会关系，这正是其与物权法的不同之处。

(二) 《合同法》的基本原则

合同法的基本原则是指贯穿于合同法领域，指导合同法的制定、解释，合同当事人的合同行为，以及合同司法行为的根本准则。它对于合同的订立、变更和终止，合同的履行，以及违反合同的责任都具有指导效力和作用。贯穿我国合同法的基本原则有以下几个：

1. 当事人平等原则

当事人平等原则是指自然人、法人、其他组织在合同的订立和履行过程中法律地位平等，一方不得将自己的意志强加给另一方。当事人平等地适用合同法决定相互之间的权利义务关系，而不应当有差别待遇。根据平等原则，在发生合同纠纷时，当事人应当平等地使用私法上的纠纷解决方法，而不得采用强制命令的方式。

2. 合同自愿原则

合同自愿原则又叫合同自由原则，是指当事人依法享有在缔结合同、选择相对人、决定合同内容、选择合同形式、变更和解除合同、选择合同补救等方面的自由。合同自愿原则是合同法的精髓和灵魂，反映了商品经济的运行规律。合同自愿原则的意义在于保障当事人的意思自由的状态，这是使当事人受自己的意思表示约束的前提。但是，合同自由原则并不是绝对的，当事人享有这种自由的前提是必须遵守法律的规定。

3. 合同公平原则

公平原则是指本着社会公认的公平观念确定当事人之间的权利义务。当事人在订立合同时，应当按照公平合理的标准确定合同的权利义务，不能使合同的权利义务显失公平。当事人发生纠纷时，法院应当按照公平原则对当事人确定的权利义务进行价值判断，以决定其法律效力。

4．诚实信用原则

诚实信用原则要求当事人在订立、履行合同以及合同终止后的全过程中，都要诚实信用，相互协作。在合同法中诚实信用原则主要体现在：

(1) 在订立合同时，不得欺诈，不得假借订立合同进行恶意磋商，损害对方利益。

(2) 在履行合同义务时，当事人应当根据合同的性质、目的和交易习惯，履行通知、协助、提供必要条件、防止损失扩大、保密等义务。

(3) 合同终止后，当事人应根据交易习惯履行通知、协助、保密等义务。

5．遵守法律、不损害社会公共利益原则

当事人订立合同、履行合同时，应当遵守国家法律、行政法规，尊重社会公德，不得扰乱社会经济秩序，损害社会公共利益。

第二节　合同的订立

案例导入

2015 年初，西安市电子元件厂向某大学发函表示：我厂生产的 X 型电教室耳机，每副 30 元，如果贵校需要，请与我厂联系。某大学回函：我校愿向贵厂订购 X 型耳机 1000 副，每副单价 30 元，但需要在耳机上附加一个音量调节器。两个月后，某大学收到电子元件厂发来的 1000 副耳机，但这批耳机上没有音量调节器，于是拒收。电子元件厂要求大学履行合同，并承担违约责任，大学要求电子元件厂承担违约责任，并赔偿因货物与合同不符给大学造成的经济损失。双方各执一词，于是大学诉诸人民法院。

请分析：双方的要求是否合理？

一、订立合同的当事人

合同的订立是指两个或两个以上的当事人，依法就合同主要条款协商一致，达成协议的法律行为。

合同的当事人可以是自然人、法人或其他组织，也可以依法委托代理人订立合同。但当事人订立合同，必须具有相应的民事权利能力和民事行为能力。

自然人(公民)从出生时起即具有民事权利能力，依法享有民事权利。民事权利能力始于出生终于死亡。自然人(公民)的民事行为能力与其年龄和智力状况相联系。18 周岁以上智力状态正常的成年人，是完全民事行为能力人，可以作为合同主体独立地与他方订立合同，依法享受合同权利、承担合同义务。此外，16 周岁以上不满 18 周岁的公民，若是以自己的劳动收入为主要生活来源的，可视为完全民事行为能力人。一般情况下，限制民事行为能力人和无民事行为能力人不能作为合同主体单独与他方订立合同。

法人从成立时即具有民事权利能力和民事行为能力，上述能力直到法人终止时才消失。因此，法人一经依法成立，就可以订立合同，依法享受合同权利，承担合同责任。法人的

权利能力和行为能力是一致的，统一在其经营范围内。因此，法人应当在经营范围内签订合同。但最高人民法院在其司法解释中又指出，当事人超越经营范围订立合同，人民法院不因此认定无效，除非是违反国家限制经营、特许经营以及法律、行政法规禁止经营规定的。

其他组织如个体经营户、个人独资企业或者合伙企业等，一经领取营业执照或者办理设立登记手续，即取得了相应的民事权利能力和民事行为能力，可以作为合同主体与他方订立合同。

二、合同的形式和内容

（一）合同的形式

合同的形式是指当事人之间就明确双方权利义务关系所达成协议的方式。《合同法》第10 条规定："当事人订立合同，有书面形式、口头形式和其他形式。法律、行政法规规定采用书面形式的，应当采用书面形式。当事人约定采用书面形式的，应当采用书面形式。"由此可见，合同可以采用书面形式、口头形式和其他形式。

1．书面形式

合同的书面形式是指合同采用合同书、信件和数据电文(包括电报、电传、传真、电子数据交换和电子邮件)等可以有形地表现所载内容的形式。合同当事人可以自主选择合同的形式，但是法律、行政法规规定采用书面形式，或者当事人约定采用书面形式的，应当采用书面形式。为了充分体现当事人的自由意志，《合同法》又规定，虽然法律、行政法规规定或者当事人约定采用书面形式订立合同，但当事人未采用书面形式并且一方已经履行了主要义务，对方也接受了，则该合同仍然成立。

2．口头形式

口头形式合同是指当事人用对话的方式约定双方权利义务关系的协议。口头形式具有简便、快捷的优点，对于加速商品流转有着重要的作用，在社会经济生活中被广泛采用。但是口头形式合同难以进行有形地复制，发生纠纷争议时难以取证和举证，所以重大合同和不能及时清结的合同不宜采用口头形式。

3．其他形式

其他形式是指当事人采用书面形式、口头形式以外的方式来表现合同的内容，如推定形式，即当事人不直接用书面或者口头方式进行意思表示，而是通过实施某种行为进行意思表示。

（二）合同的内容

合同的内容就是当事人之间就设立、变更或者终止权利、义务关系的表示一致的意思内容，通常称为合同的条款。合同的条款是否完备，对于合同是否有效，能否顺利履行，具有决定性的作用。根据合同自由原则，合同的内容由当事人约定，一般包括以下条款：

(1) 当事人的名称或者姓名和住所。名称，是指法人或其他组织在登记机关登记的正式称谓；姓名是指公民在身份证明上的正式称谓。住所对公民个人而言，是指其经常居住的场所；对法人或其他组织而言，是指其主要办事机构所在地。在合同中明确写明姓名、名称是为了确定合同的主体。合同中写明住所的意义在于通过确定住所，有利于决定债务履行地、诉讼管辖、法律文书送达的地点等事宜。

(2) 标的。标的是合同当事人权利和义务共同指向的对象，是任何合同必须具备的主要条款，合同的标的物包括货物、劳务、工程项目、货币、智力成果等。

(3) 数量。数量是对标的的计量，指衡量合同标的轻重、多少、大小、容量的计量尺度。

(4) 质量。质量是指合同标的内在结构素质和外观形态相结合的综合指标，是一标的区别于同类另一标的的具体特征。标的的质量，往往通过标的名称、品种、规格、型号、性能、包装来体现。为避免质量纠纷，当事人无论采用任何标准作为标的质量的依据，都应当写明执行标准的代号、编号和标准名称。容易引起歧义的质量标准，除书面写明该质量标准的有关内容外，最好能提交样品予以封存，以便发生质量纠纷时确定责任。

(5) 价款或者报酬。价款是指取得标的物应当支付的代价，报酬是获得服务应当支付的代价。在约定标的价款或者报酬的时候，除国家规定必须执行国家定价的以外，应当由当事人协商议定，同时还应当约定价款或者报酬的支付结算方式。价款和报酬是有偿合同的主要条款。

(6) 履行期限、地点和方式。履行期限是指合同当事人实现权利和履行义务的时间界限，也是确定当事人的履行是否构成违约的标准之一。履行地点是指一方当事人履行义务，对方当事人实现权利的地方，履行地点关系到履行合同的费用、风险由谁承担以及标的物所有权是否转移、合同纠纷诉讼管辖等问题。履行方式是指合同当事人履行义务的方法，常见方式包括一次性履行和分期履行，卖方送货上门和买方自己提货，货物需要运输时的运输方式和运输路线等。

(7) 违约责任。违约责任是当事人不履行或者不适当履行合同义务时，根据法律规定或者合同约定应当承担的法律责任。当事人可以事先约定违约金的数额、幅度，可以预先约定损害赔偿额的计算方法甚至确定具体数额，同时也可以通过设定免责条款限制和免除当事人可能在未来发生的责任。违约责任的约定有利于分清责任和及时解决纠纷，以保证当事人的合法权益得以实现。

(8) 解决争议的方法。解决争议的方法，是指有关解决争议运用什么程序、适用何种法律、选择哪家检验机构或鉴定机构等内容。当事人双方在合同中约定的仲裁条款、选择诉讼法院的条款、选择检验机构或鉴定机构的条款、涉外合同中的法律适用条款、协商解决争议条款等，均属于解决争议的方法的条款。

我国目前存在多种合同，由于不同种类合同性质上的差别，决定了每一种合同所应具备的主要条款不尽相同。上述条款是对一般合同所包括条款的指导性规定，不具有强制性。当事人可根据有关法律规定以及双方当事人的要求加以确定。当事人还可以参照各类合同的示范文本订立合同。

在合同订立中，要注意格式条款的适用问题。格式条款是当事人为了重复使用而预先拟定，并在订立合同时未与对方协商的条款。为了保证另一方当事人的合法权益，应注意以下问题：

(1) 采用格式条款订立合同的，提供格式条款的一方应当遵循公平原则确定当事人之间的权利和义务，并采取合理的方式提请对方注意免除或者限制其责任的条款，按照对方的要求，对该条款予以说明。

(2) 如果格式条款具有《合同法》规定的合同无效和免责条款无效的情形，或者提供格式条款一方免除其责任、加重对方责任、排除对方主要权利的，该条款无效。

(3) 对格式条款的理解发生争议的，应当按照通常理解予以解释。对格式条款有两种以上解释的，应当作出不利于提供格式条款一方的解释。格式条款和非格式条款不一致的，应当采用非格式条款。

三、合同订立的程序

合同订立的程序，即当事人双方相互为意思表示并就合同条款达成一致的过程。合同订立采取要约与承诺的方式进行，当事人意思表示一致时，合同即可成立。

(一) 要约

1. 要约的概念

要约是指希望和他人订立合同的意思表示，该意思表示应当内容具体、确定，表明经受要约人承诺，要约人即受该意思表示约束。要约在商业活动和对外贸易中还被称为发盘、发价或报价等。要约要取得法律效力，必须具备下列条件：

(1) 要约必须是特定人的意思表示。

(2) 要约必须向相对人发出。

(3) 要约必须有缔结合同的目的。

(4) 要约的内容必须具体、确定。

(5) 要约应表明经受要约人承诺，要约人即受该意思表示的约束。

要约人只有表明其愿意接受合同的约束，才能给接受其要约条件的受要约人以确定性，要约人才可能与之订立合同。要约人若无受约束的意思表示，则该种意思表示只能属于要约邀请。

要约邀请是希望他人向自己发出要约的意思表示，这种意思表示是向不特定的人发出，对于发出邀请的人没有法律上的约束力。寄送的价目表、拍卖公告、招股说明书及招股公告、商业广告一般都属于要约邀请。

2. 要约的生效

要约到达受要约人时生效，即要约送达到受要约人能够控制的地方时开始生效。以邮件、电报、电传、传真等方式发出要约的，要约送达受要约人时开始生效。采用数据电文形式订立合同，收件人(受要约人)指定特定系统的，该数据电文进入该特定系统的时间为要约到达时间；未指定特定系统的，该数据电文进入收件人(受要约人)的任何系统的首次时间，为要约的到达时间，要约开始生效。在当面或电话对话的情况下，受要约人了解要约的内容即为要约到达受要约人，要约开始生效。

3. 要约的撤回

要约的撤回是指要约到达受要约人之前(即要约生效之前)取消要约，使要约的法律效力归于消灭。撤回要约的通知应当在要约到达受要约人之前，或者与要约同时到达受要约人。

4．要约的撤销

要约的撤销是指要约到达受要约人之后(即要约生效之后)取消要约，使要约的法律效力归于消灭。撤销要约的通知应当在受要约人发出承诺通知之前到达受要约人，但有下列情形之一的，要约不得撤销。

(1) 要约人确定了承诺期限或者以其他形式明示要约不可撤销。

(2) 受要约人有理由认为要约是不可撤销的，并已经为履行合同作了准备工作。

5．要约的失效

要约的失效是指要约的法律效力归于消灭。有下列情形之一的，要约失效：

(1) 拒绝要约的通知到达要约人。

(2) 要约人依法撤销要约。

(3) 承诺期限届满，受要约人未作出承诺。

(4) 受要约人对要约的内容作出实质性变更。

(二) 承 诺

1．承诺的概念

承诺是受要约人同意要约的意思表示。在商业交易中，承诺又称接受。受要约人无条件同意要约的承诺一经送达要约人，则发生法律效力，这是合同成立的必经程序。

2．承诺的构成要件

一项有效的承诺，应当具备以下构成要件：

(1) 承诺必须由受要约人本人或其代理人做出。要约和承诺都是相对人的行为，只有受要约人才有承诺的资格。其他人做出的承诺的意思表示，不产生合同成立的法律效果，但可以视为一项要约。

(2) 承诺必须向要约人做出。承诺是对要约的同意，只对要约人和受要约人有拘束力。对要约人以外的人做出的承诺，合同不能成立。

(3) 承诺的内容应当与要约的内容一致。承诺是受要约人按照要约的全部内容与要约人订立合同的意思表示，必须在内容上与要约的内容一致。如果受要约人在承诺中对要约的内容做出实质变更的，便不构成承诺，而应视为对原要约的拒绝而做出的一项新的要约，或称反要约。有关合同标的、数量、质量、价款或者报酬、履行期限、履行地点和方式、违约责任和解决争议方法等的变更，是对要约内容的实质性变更。但是，承诺对要约的内容做出非实质性变更的，除要约人及时表示反对或者要约明确表示承诺对要约内容不得做出任何变更外，该承诺有效。

(4) 承诺必须在要约的有效期间内做出。

3．承诺的方式

承诺方式是指受要约人将其承诺的意思表示传达给要约人所采用的方式。承诺应当以通知的方式作出，通知的方式可以是口头的，也可以是书面的。根据交易习惯或当事人之间的约定，承诺也可以不以通知的方式，而以通过实施一定的行为或以其他方式作出。

4．承诺的期限

承诺应当在要约确定的期限内到达要约人。

(1) 要约以信件或者电报作出的，承诺期限自信件载明的日期或者电报交发之日开始计算。信件未载明日期的，自投寄该信件的邮戳日期开始计算。

(2) 要约以电话、传真等快速通讯方式作出的，承诺期限自要约到达受要约人时开始计算。

(3) 要约没有确定承诺期限的，承诺应当依照规定到达。

① 要约以对话方式作出的，应当即时作出承诺，但当事人另有约定的除外。

② 要约以非对话方式作出的，承诺应当在合理期限内到达。受要约人超过承诺期限发出承诺的，除要约人及时通知受要约人该承诺有效的以外，为新要约。

受要约人在承诺期限内发出承诺，按照通常情形能够及时到达要约人，但因其他原因承诺到达要约人时超过承诺期限的，除要约人及时通知受要约人因承诺超过期限不接受该承诺的以外，该承诺有效。

5．承诺的内容

承诺的内容应当与要约的内容一致。

(1) 受要约人对要约的内容作出实质性变更的，为新要约。

(2) 承诺对要约的内容作出非实质性变更的，除要约人及时表示反对或者要约表明承诺不得对要约的内容作出任何变更的以外，该承诺有效。合同的内容以承诺的内容为准。

6．承诺的生效

承诺通知到达要约人时生效。

承诺不需要通知的，根据交易习惯或者要约的要求作出承诺的行为时生效。采用数据电文形式订立合同的，收件人指定特定系统接收数据电文的，该数据电文进入该特定系统的时间，视为到达时间；未指定特定系统的，该数据电文进入收件人的任何系统的首次时间，视为到达时间。

承诺生效时合同成立。

7．承诺的撤回

承诺可以撤回，撤回承诺的通知应当在承诺通知到达要约人之前或者与承诺通知同时到达要约人。

(三) 合同成立的时间与地点

合同成立是指当事人就合同条款达成一致，合同成立的具体时间依不同情况而定。

(1) 当事人采用合同书形式订立合同的，自双方当事人签字或者盖章时合同成立。在签字或者盖章之前，当事人一方已经履行主要义务并且对方接受的，该合同成立。

(2) 当事人采用信件、数据电文等形式订立合同的，可以在合同成立之前要求签订确认书，签订确认书时合同成立。

(3) 法律、行政法规规定或者当事人约定采用书面形式订立合同，当事人未采用书面形式但一方已经履行主要义务并且对方接受的，该合同成立。

合同成立的地点关系到合同的管辖权，直接影响到当事人的权利和义务。一般来说，承诺生效的地点为合同的成立地点，具体有以下几种情况。

(1) 采用数据电文形式订立合同的，收件人的主营业地为合同成立的地点；没有主营业地的，其经常居住地为合同成立的地点。

(2) 当事人采用合同书、确认书形式订立合同的，双方当事人签字或者盖章的地点为合同成立的地点。

(3) 当事人对合同的成立地点另有约定的，按照其约定。

四、缔约过失责任

缔约过失责任，是指合同虽然没有成立，但在订立合同过程中当事人一方因过错侵害了对方当事人的利益，并给对方造成损失时，应当承担的赔偿责任。缔约过失责任也可称为缔约过错责任。缔约过失责任具有如下特征：

(1) 缔约过失责任为合同订立过程中所产生的责任。它是为缔约行为直接产生的损害后果所承担的责任。缔约过失责任与违约责任是不同的，它以合同不成立为前提，而违约责任必须以合同有效成立并违反合同约定为前提。

(2) 缔约过失责任为法定责任。它不以双方当事人事先有约定为必要，只要缔约当事人违反诚实信用义务，侵害了对方当事人的权益并给对方造成了损失，就应当承担缔约过失责任。

(3) 缔约过失责任为赔偿责任。只有缔约责任人的行为侵害了对方当事人的利益，并且给对方当事人造成损失时，才向对方当事人承担赔偿责任。

(4) 承担缔约过失责任的基础是诚实信用义务。诚实信用原则是合同法的基本原则，在合同订立过程中，当事人之间应当相互向对方承担诚实信用义务。如果当事人一方违反该义务而给对方造成损失时，就应承担相应的法律责任。

在订立合同过程中有下列情形之一，给对方造成损失，就应当承担损害赔偿责任。

(1) 假借订立合同恶意进行磋商。

(2) 故意隐瞒与订立合同有关的重要事实或者提供虚假情况。

(3) 其他违背诚实信用原则的行为。

另外，按照《合同法》规定，当事人在订立合同过程中知悉的商业秘密，不论合同是否成立，不得泄露或者不正当使用。泄露或者不正当地使用该商业秘密给对方造成损失的，应当承担损害赔偿责任。

第三节　合同的效力

案例导入

陈少龙原是一家贸易公司的业务员，因工作中屡屡出差错被公司除名。除名后，陈少龙的工作证和一张空白介绍信没有上缴给公司。一日，该贸易公司接到陕西省西安市一家生产塑料制品厂的电话，询问陈少龙是否是该贸易公司的职员。经了解才知道，几天前，陈少龙持那张空白介绍信与西安市的塑料制品厂订立了购买该厂塑料制品的合同。当时接电话的人说要请示经理，由经理给塑料制品厂回电话。贸易公司经理得知此事后觉得该合同标的的价格较低，付款条件也不错，但产品销路一般，于是过了两个礼拜也没有给塑料制品厂回电话。

请问： 陈少龙与塑料制品厂订立的合同是否有效？

合同的生效与合同的成立，是两个有着密切联系的概念。合同的成立，是指当事人经过要约和承诺，意思表示一致而达成协议。合同的生效，是指依法成立的合同，发生相应的法律效力。合同的效力，是指合同的法律效力，是法律赋予依法成立的合同具有拘束当事人的强制力。效力制度，反映国家对于成立的合同肯定或者否定的评价，进而决定是否给予法律上的保护。《合同法》第8条规定："依法成立的合同，对当事人具有法律约束力。当事人应当按照约定履行自己的义务，不得擅自变更或者解除合同。依法成立的合同，受法律保护。"

合同的法律效力表现在以下几个方面：

(1) 合同生效后，合同当事人都要受合同的约束，一方面要按照合同的约定全面履行自己的义务，另一方面有权要求对方当事人履行合同义务。

(2) 变更或解除合同时应协商解决，不符合法定条件，任何一方当事人不得擅自变更或解除合同。

(3) 除不可抗力等法定情况外，当事人不履行合同义务或履行合同义务不符合约定的要承担违约责任。

(4) 当事人发生合同纠纷时，合同是解决纠纷的根据。

根据《合同法》的规定，从效力角度可以把合同划分为有效合同，无效合同，效力待定合同和可变更、可撤销合同四大类。

一、有效合同

（一）合同的生效要件

有效合同，又称为生效合同，是指符合法律规定的有效要件。因此，有效合同是对当事人具有法律约束力的合同。

根据《合同法》的规定，合同生效应具备以下要件：

(1) 当事人订立合同时具有相应的民事行为能力。

(2) 当事人意思表示真实，即当事人的行为应当真实地反映其内心的想法。

(3) 不违反法律、法规及社会公共利益，即当事人签订的合同从目的到内容都不能违反我国现行的法律、行政法规中的强制性规定，不能违背社会公德、扰乱社会公共秩序、损害社会公共利益。

(4) 订立合同的程序和形式合法 (包括办理法定的登记、审批手续)。如果当事人没有依照法律、行政法规办理批准、登记等手续，其结果是合同不生效。

（二）合同的生效时间

《合同法》根据不同类型的合同规定了合同生效的时间，主要有以下四种情况：

(1) 依法成立的合同，自成立时生效，这是指一般情况下合同生效的时间。

(2) 法律、行政法规规定应当办理批准、登记等手续生效的，自批准、登记时生效。如《担保法》规定，以土地使用权、城市房地产、航空器、船舶、车辆等抵押的，应当办理抵押登记，抵押合同自登记之日起生效。

(3) 当事人对合同的效力可以约定附条件。附条件的合同指当事人在合同中约定某种事实状态，并以其将来发生或不发生作为合同生效或不生效的限制条件。附生效条件的合同，自条件成就时生效；附解除条件的合同，自条件成就时失效。当事人为自己的利益不正当地阻止条件成就的，视为条件已成就；不正当地促成条件成就的，视为条件不成就。条件应当是将来可能发生的、合法的事实。

(4) 当事人对合同的效力可以约定附期限。附期限的合同是指附有将来确定到来的期限作为合同的条款，并在该期限到来时合同的效力发生或终止。附生效期限的合同，自期限届至时生效；附终止期限的合同，自期限届满时失效。

二、无效合同

无效合同是指因缺乏一定生效要件而导致不发生法律效力的合同。无效合同自始不发生法律效力。无效合同根据其无效程度和范围，分为部分无效合同和全部无效合同两种。合同部分无效，若不影响其他部分效力的，其他部分仍然有效。

1. 无效合同成立的条件

《合同法》第 52 条规定，有下列情形之一的，该合同无效。

(1) 一方以欺诈、胁迫的手段订立合同，损害国家利益。

(2) 恶意串通，损害国家、集体或者第三人利益。

(3) 以合法形式掩盖非法目的。

(4) 损害社会公共利益。

(5) 违反法律、行政法规的强制性规定。

2.《合同法》对免责条款的无效的专门规定

免责条款是指双方当事人在合同中约定的，为免除或者限制一方或者双方当事人违约责任的条款。通常情况下，当事人有权依照合同中约定的免责条款，全部或者部分免除其有关责任，但并非只要当事人在合同中约定了免责条款，就可以免除其有关责任。依照《合同法》第 53 条的规定，合同中的下列免责条款不具有法律效力。

(1) 造成对方人身伤害的。

(2) 因故意或者重大过失造成对方财产损失的。

三、效力待定的合同

效力待定的合同是指已成立的合同因欠缺一定的生效要件，其生效与否尚未确定，须经过补正方可生效，在一定的期限内不予补正则无效的合同。

效力待定合同有如下几种：

1. 限制行为能力人签订的合同

对限制行为能力人签订的合同是否具有法律约束力，我国《合同法》第四十七条做了规定。限制行为能力人因其年龄、智力、健康状况等原因，往往对自己行为的结果、合同的性质不能完全理解，故其所签订的合同，一般应当事先征得法定代理人的同意，或事后取得法定代理人的追认，才能发生法律效力；否则，不发生法律效力。但限制行为能力人签订的纯获利的合同或与限制行为能力人的年龄、智力精神状况相适应的合同，不必法定代理人追认直接生效。

限制民事行为能力人订立的合同须经其法定代理人追认后才能有效。《合同法》赋予相对人催告的权利和撤销的权利。相对人可以催告法定代理人在一个月内予以追认，法定代理人未作表示的，视为拒绝追认。在合同被追认之前，善意相对人还享有撤销合同的权利。只要善意相对人以通知的形式撤销了该合同，该合同亦不发生法律效力。

【资料阅读】

刘 晓 买 车

初三学生刘晓 15 岁，相貌成熟似 20 岁，在东风车辆商店购买大风牌摩托车一辆，价值一万五千元，双方已完成交易。刘晓的父亲得知后表示反对，遂找到东风车辆商店，要求退还货款。

请回答如下问题：

(1) 刘晓与东风车辆公司合同效力如何？

(2) 刘晓的父亲是否可以向东风车辆商店要求退还货款？请说明理由。

解析：

(1) 合同效力待定，因为刘晓是限制民事权利人，无权处理大额买卖合同，合同是否成立要看其监护人是否追认合同效力。

(2) 可以要求退还货款，因为当事人一方刘晓 15 岁，是限制行为能力的人，属于缔约主体资格不合格，监护人有权不认可合同效力。所以，合同归于无效后应返回原状。

2. 行为人无代理权签订的合同

在现实生活中，往往有的行为人未经被代理人授权，或超越被代理人授权范围，或在代理权终止后，以被代理人的名义签订合同等，这些民事行为均视为无权代理行为。无权代理人以被代理人名义订立合同的，未经被代理人追认，对被代理人不发生效力，由行为人承担责任。相对人可以催告被代理人在一个月内予以追认，被代理人未作表示的，视为拒绝追认。合同被追认之前，善意相对人有撤销的权利。

无权代理除经被代理人追认可转化为有效代理外，在某些情况下，尽管被代理人未追认，也对被代理人产生法律效力。《合同法》第 49 条和第 50 条规定的表见代理和法定代表人、负责人越权签订合同，就属这种情况。

表见代理是指行为人虽无代理权，但善意相对人客观上有充分理由相信行为人具有代理权而与其为民事行为，依法律规定应由被代理人直接承担该行为引起的法律后果。《合同法》第49条规定：行为人没有代理权、超越代理权或者代理权终止后以被代理人名义订立合同，相对人有理由相信行为人有代理权的，该代理行为有效。善意相对人可以向被代理人主张该合同的效力，要求其承担合同中所规定的义务，接受合同的约束。表见代理旨在保护善意相对人的利益，维护交易安全。

《合同法》第50条规定：法人或者其他组织的法定代表人、负责人超越权限订立的合同，除相对人知道或者应当知道其超越权限的以外，该代表行为有效。

【资料阅读】

房屋买卖合同纠纷

甲多年在外国留学打工，后在国内买了套商品房，因其长期住在国外，该房交由甲父管理。后因城市房屋增值，甲父擅自将房屋出售给乙，并已交付房屋，约定一个月后办过户手续，逾期支付违约金。甲在得知卖房之事后，表示坚决反对，甲根据物权法规定提起诉讼要求乙归还房产，法院判决乙退出房屋。乙因此损失了部分房屋装修、搬家等费用，还因未及时购得房产而遇到房产涨价导致损失，乙遂根据合同法状告甲父。

问题：

(1) 如何评价甲父与乙之间的房屋买卖合同的效力？

(2) 甲父是否要对不能依约办理登记过户承担违约责任？

(3) 乙对甲父享有哪些权利？甲父应对哪些损失负赔偿责任？

解析：

(1) 甲父与乙之间的房屋买卖合同属于效力待定合同，即甲父没有处分权处分了甲的房产，因事后未获得甲的追认或取得处分权，故该合同未生效。

(2) 甲父最终不能交房，不是因为甲父过失不履行，而是因为合同未生效不得履行；甲父不应承担违约责任，而应当承担缔约过失责任。

(3) 乙可以对甲父提起损害赔偿之诉。甲父应对乙房屋装修、搬家等信赖利益损失予以赔偿，而房价上涨的损失不属于赔偿范围。(因为房价上涨是市场价格波动的结果，不能列入预见利益损失)

3．无处分权的人签订的合同

无处分权的人处分他人财产，经权利人追认或者无处分权的人订立合同后取得处分权的，该合同有效。

四、可变更、可撤销合同

可变更和可撤销的合同是指合同成立后，因存在法定事由，经撤销权人请求，由人民法院或者仲裁机构变更合同的有关内容或者使其自始消灭的合同。

下列合同，当事人一方有权请求人民法院或者仲裁机构变更或者撤销。

(1) 因重大误解订立的合同。

最高人民法院在合同法的司法解释中指出，此处的重大误解主要是指"行为人因对行为的性质、对方当事人、标的物的品种、质量、规格和数量等的错误认识，使行为后果与自己的意思相悖"。行为人因重大误解签订的合同，违反了合同自愿原则，法律赋予当事人变更或撤销的权利。

(2) 在订立时显失公平的合同。

显失公平则是指一方当事人利用优势或者利用对方没有经验而订立的致使双方的权利与义务明显违反公平、等价有偿原则的合同。

(3) 一方以欺诈、胁迫的手段签订的合同。

这类合同中被欺诈的对象是一般当事人，损害的是一般当事人的利益而不是国家利益。

(4) 乘人之危签订的合同。

乘人之危是指一方当事人乘对方处于危难之际，为牟取不正当利益，迫使对方作出不真实的意思表示，并严重损害对方利益。

受损害方有权请求人民法院或者仲裁机构变更或者撤销合同。可撤销的合同与无效合同不同，无效合同因违法而自始没有法律约束力；可撤销合同主要是订立合同时意思表示不真实的合同，这类合同在撤销前是有效的，一旦被撤销，则自始无效。对可撤销的合同是否撤销，或是采取撤销还是变更的措施，完全由当事人决定。当事人请求变更的，法院或者仲裁机构不得撤销。具有撤销权的当事人自知道或者应当知道撤销事由之日起 1 年内没有行使撤销权的，撤销权消灭。具有撤销权的当事人知道撤销事由后明确表示或者以自己的行为放弃撤销权的，撤销权也消灭。

五、合同无效与合同被撤销的法律后果

无效合同和可撤销的合同被撤销后，因该合同而取得的财产应当返还给对方当事人，或者折价补偿。有过错的一方还应当赔偿对方因此而受到的损失；若是双方都有过错的，则各自承担相应的赔偿责任或承受损失的后果。当事人恶意串通，损害国家、集体或者第三人利益的，因此取得的财产收归国家所有或者返还集体、第三人。

如果合同部分无效的，并且不影响其他部分效力的，则其他部分仍然有效。

《合同法》还规定，合同无效，被撤销或者终止的，合同中独立存在的有关解决争议方法的条款的效力不受影响，依然有效。

第四节 合同的履行

📖 案例导入

甲公司拥有一台价值 1000 万元的机械设备。该公司股东会决议规定，对机械设备的处置应经股东会特别决议。该公司董事长未经股东会决议就与乙公司签订了一份机械设备转让合同，规定甲公司于 1 月 31 日前交货，乙公司在交货后 10 天内付清款项 950 万元。在

交货日前，甲公司发现乙公司的经营状况恶化，遂通知乙公司中止交货并要求乙公司提供担保，乙公司予以拒绝。又过了一个月，乙公司的经营状况进一步恶化，甲公司提出解除合同，乙公司遂向法院起诉。

问题：

(1) 甲公司与乙公司之间转让机械设备的合同是否有效，为什么？

(2) 甲公司中止履行的理由能否成立，为什么？

(3) 甲公司能否解除合同，为什么？

一、合同履行的概念和基本原则

（一）合同履行的概念

合同的履行是指债务人按照合同的约定全面地、适当地完成其合同义务，使债权人的债权实现的行为。

合同的履行是合同当事人完成合同约定义务，实现合同目的的行为。当事人完成了自己应承担的全部义务，称为全部履行；当事人完成了自己应承担义务的一部分，称为部分履行。一项生效的合同，只有通过履行，才能实现合同的目的。

（二）合同履行的原则

1．全面履行原则

合同当事人应当履行合同约定或法定的全部义务，而不是部分义务，按照合同约定的标的、数量、质量、价款等，在适当的履行期限，履行地点，用适当的履行方式全面履行合同义务。

2．诚实信用原则

要求当事人除诚实守信，以善意的方式全面履行合同约定的义务外，还应当在诚实信用原则的指导下，根据合同的性质、目的和交易习惯履行保证合同权利义务实现的各种相关的附属义务。诚实信用原则包括：相互协作和照顾的义务、瑕疵告知义务、使用方法告知义务、重要情势告知义务、忠实保密义务等。

二、合同履行中的具体规则

（一）合同条款不明确时的履行规则

合同生效后，当事人就质量、价款或者报酬、履行地点等内容没有约定或者约定不明确的，应当根据自愿原则，即首先由当事人协议补充；协议不成的，依照合同其他条款或者交易习惯确定；仍不能确定的，适用下列规定。

(1) 质量要求不明确的，按照国家标准、行业标准履行；没有国家标准、行业标准的，按照通常标准或者符合合同目的的特定标准履行。

(2) 价款或者报酬不明确的，按照订立合同时履行地点的市场价格履行；但是，依法应当执行政府定价或者政府指导价的，按照有关规定办理。

(3) 履行地点不明确的，给付货币的，则在接受货币一方所在地履行；交付不动产的，则在不动产所在地履行；其他标的，则在履行义务一方所在地履行。

(4) 履行期限不明确的，债务人可以随时履行，债权人也可以随时要求履行，但应当给对方必要的准备时间。

(5) 履行方式不明确的，应当按照有利于实现合同目的的方式履行。

(6) 履行费用的负担不明确的，则由履行义务一方负担。

（二）价格发生变动时的履行规则

执行政府定价或者政府指导价的合同，在合同约定的交付期限内政府价格调整时，按照交付时的价格计价。如果逾期交付标的物的，遇价格上涨时，按照原价格执行；价格下降时，按照新价格执行。逾期提取标的物或者逾期付款的，遇价格上涨时，按照新价格执行；价格下降时，按照原价格执行。

（三）涉及第三人的合同履行规则

《合同法》规定，当事人可以约定由债务人向第三人履行合同债务，也可以约定由第三人向债权人履行义务。但如果债务人未向第三人履行债务或者履行债务不符合约定的，债务人仍应当向债权人承担违约责任。同样，如果当事人约定由第三人向债权人履行债务，而第三人不履行债务或者履行债务不符合约定的，则债务人仍应当向债权人承担违约责任。

三、合同履行的抗辩权

抗辩权是指在双务合同中，一方当事人有依法对抗对方要求或否认对方权利主张的权利。抗辩权只存在双务合同中，单务合同不存在抗辩权。《合同法》规定了同时履行抗辩权、后履行抗辩权和不安(先履行)抗辩权三种情况。

（一）同时履行抗辩权

同时履行抗辩权，是指双务合同的当事人一方在对方未履行或未依约定履行之前，可以拒绝对方请求自己履行合同的权利。《合同法》规定，当事人互负债务，没有先后履行顺序，应当同时履行的，一方在对方履行之前有权拒绝其履行要求；一方在对方履行债务不符合约定时，有权拒绝其相应的履行要求。同时履行抗辩权成立的条件包括：

(1) 双方因同一双务合同互负债务。同时履行抗辩权产生的根据是双务合同的牵连性。所谓合同的牵连性，是指给付与对待给付具有不可分离的关系。因此，此抗辩权只能适用于双务合同，且给付与对待给付是基于同一双务合同而发生，否则不能主张同时履行抗辩权。

(2) 当事人履行合同没有先后顺序。合同当事人的履行没有先后顺序，即应同时履行，在双方互负债务均已届清偿期时，一方未履行，对方可行使同时履行抗辩权。

(3) 对方未提出给付。双务合同当事人一方在向另一方请求履行时，其自己所负的债务未履行的，另一方因此可主张同时履行抗辩权。

同时履行抗辩权只是暂时阻止对方当事人请求权的行使，而不是永久地终止合同。当对方当事人完全履行了合同义务，同时履行抗辩权即告消灭，主张抗辩权的当事人就应当履行自己的义务。当事人因行使同时履行抗辩权致使合同迟延履行的，迟延履行责任由对方当事人承担。同时履行抗辩权的行使不影响向违约方主张违约责任。

（二）后履行抗辩权

后履行抗辩权，是指在双务合同中的先履行一方未履行之前或者未依约定履行，后履行一方有拒绝相应履行的权利。

《合同法》规定，当事人互负债务，有先后履行顺序的，先履行一方未履行时，后履行一方有权拒绝其履行要求；先履行一方履行债务不符合约定的，后履行一方有权拒绝其相应的履行要求。

（三）不安抗辩权

不安抗辩权，又称先履行抗辩权，是指双务合同成立后，应当先履行债务的当事人，有确切证据证明对方不能履行债务或者有不能履行债务的可能时，在对方没有履行或者没有提供担保之前，有权中止合同而拒绝履行自己的义务的权利。

规定不安抗辩权是为了切实保护当事人的合法权益，防止借合同进行欺诈，促使对方履行义务。但是对不安抗辩权要严格加以限制，必须依法行使，不能滥用。《合同法》第68条规定，应当先履行债务的当事人，有确切证据证明对方有下列情形之一的，可以中止履行。

(1) 经营状况严重恶化。
(2) 转移财产、抽逃资金，以逃避债务。
(3) 丧失商业信誉。
(4) 有丧失或者可能丧失履行债务能力的其他情形。

《合同法》对行使不安抗辩权的当事人规定了两项义务：

(1) 举证责任。应当先履行债务的当事人，只有在有确切证据证明对方丧失或者可能丧失履约能力时，才可中止履行合同。没有确切证据而中止履行的，应当承担违约责任。在诉讼或仲裁中，主张不安抗辩权一方应负举证义务。

(2) 通知义务。不安抗辩权的行使无需征得对方的同意，但为了避免对方因此受到损害，《合同法》规定，行使不安抗辩权要及时通过对方。

中止履行合同是指暂停履行或延期履行合同，而非终止合同。对方提供适当担保或在合同期限内恢复履行能力时，应当恢复合同的履行，不安抗辩权即归于消灭。只有当对方在合理期限内未恢复履行能力并且未提供适当担保的，中止履行的一方才可以解除合同。

【资料阅读】

抗辩权的行使

中国甲公司因转产致使一套生产设备闲置，价值4000万元。8月1日，该公司总经理邓某与日本乙公司签订了关于该设备的转让合同。合同约定，生产设备作价 3900 万元，中国甲公司于 2011 年 9 月 4 日前交货，乙公司在收到货物后 8 日内支付全部货款。8 月 28 日，邓某发现乙公司由于投资项目失误，致使该公司经营状况严重恶化，于是便通知乙公司暂停交货，并要求乙公司提供担保，否则将终止合同，此要求又被乙公司断然拒绝。9 月 15 日，邓某发现日本乙公司处境更加困难，几近破产，于是提出解除合同，并要求日本乙公司赔偿因合同所遭受的损失。乙公司不同意，向中国甲公司所在地的人民法院以甲公司违约为由提起诉讼。

　　问题：

　　(1) 8 月 28 日，中国甲公司可否暂停交货？

　　(2) 9 月 3 日，甲公司可否暂定交货？

　　(3) 9 月 15 日，甲公司可否解除合同并要求赔偿？为什么？

　　(4) 如果地方法院查明 9 月 3 日后乙公司并不存在经营状况严重恶化的情况，则甲公司是否应当赔偿乙公司因此所遭受的损失？

　　(5) 若合同没有约定一方先履行，则中国甲公司能否拒绝先为履行？

　　解析：(1)和(2)都可以暂停交货，按照合同法的规定，甲公司享有不安抗辩权。不安抗辩权是，当先履行的一方，证明后履行的一方无履行合同的能力时，可以有不安抗辩权来对抗后履行一方。(3)可以解除合同但不能要求赔偿。首先基于不安抗辩权抗辩后，乙方未提供担保，甲证明乙方已经不履行能力，合同已履行不能了，可以解除合同。但是毕竟合同约定的是甲方先履行，乙方可以基于先履行抗辩权来对抗甲方。所以按照合同约定，在甲方未先履行的情况下，乙方不履行，不是违约。因此，在未违约，也不存在欺诈等存在缔约过失责任的情况下，乙方不承担赔偿责任。(4)要承担，因为如果证明这种情况，那么就证明甲方没有行使不安抗辩权的理由，所以证明甲方未先履行，是一种违约行为。(5)可以，没约定履行顺序，双方可以行使同时履行抗辩权。通俗点说就是，一手交钱一手交货。

四、合同的保全

　　合同的保全，是指为了防止因债务人的财产不当减少而影响债权的实现，法律允许合同债权人对债务人所采取的保证债权安全实现的措施。在合同保全制度中，债权人可以行使的权利有代位权和撤销权。

（一）代位权

　　代位权是指合同债务人怠于行使其对第三人享有的到期债权而危及债权人的债权时，债权人为保全债权，可以自己的名义代位行使债务人对第三人的权利。根据最高人民法院的司法解释的规定，代位权的发生与行使必须具备以下条件：

　　(1) 债权人对债务人的债权合法且已到期。

　　(2) 债务人享有对第三人的债权且已到期。

　　(3) 债务人的债权是非专属的债权。专属债权，是指基于抚养关系、扶养关系、赡养关系、继承关系产生的给付请求权和劳动报酬、退休金、养老金、抚恤金、安置费、人寿保险、人身伤害赔偿请求权等权利。

(4) 债务人怠于行使其到期债权，对债权人造成损害。即债务人不履行其对债权人的到期债务，又不以诉讼方式或者仲裁方式向其债务人主张其享有的以金钱为标的的债权，致使债权人的到期债权未能实现。

债权人行使代位权应当通过诉讼程序进行。代位权行使的范围以债权为限。债权人行使代位权的必要费用，由债务人负担。

（二）撤销权

债权人的撤销权是指债权人因债务人实施减少其财产的行为，对债权人造成损害的，债权人可以请求人民法院撤销该行为的权利。《合同法》第 74 条规定：因债务人放弃其到期债权或者无偿转让财产，对债权人造成损害的，债权人可以请求人民法院撤销债务人的行为。债务人以明显不合理的低价转让财产，对债权人造成损害，并且受让人知道该情形的，债权人也可以请求人民法院撤销债务人的行为。债权人的撤销权的成立应具备如下条件：

(1) 债权人与债务人之间存在着有效的合同关系。

(2) 债务人实施了不正当处分其财产的行为。

(3) 在债务人低价转让财产时受益人须有过错。

(4) 债务人的行为给债权人实现债权造成严重损害。

债权人行使撤销权，只能通过诉讼的方式，即由债权人向人民法院提起诉讼，由人民法院作出撤销债务人行为的判决才能发生撤销债务人不当行为的效果。撤销权的行使范围以债权人的债权为限。债权人行使撤销权的必要费用，由债务人负担。

债权人的撤销权必须在法定的期间内行使。《合同法》第 75 条规定：撤销权自债权人知道或者应当知道撤销事由之日起 1 年内行使；自债务人的行为发生之日起 5 年内没有行使撤销权的，该撤销权消灭。

第五节　合同的担保

案例导入

甲公司与乙公司签订了一份买卖合同，双方约定：乙公司供给甲公司 10 辆汽车，货款总价值 500 万元，甲公司先预付车款的 20%，即 100 万元，余下车款 400 万元在交货后半年内付清，并以 10 辆汽车抵押，同时办理了抵押物登记手续。合同签订后，乙公司考虑如果甲公司私自将汽车转卖怎么办，便要求甲公司找一个有实力的公司担保。甲公司找到了丙公司，由丙公司为甲公司的余欠货款提供担保，丙公司承担一般保证责任。乙公司交货后，甲公司因经营不善，连续亏损，还款无望，但甲公司有对丁公司债权 400 万元。乙公司见丁公司的经营状况比甲公司好一些，于是经三方协商，甲公司将 400 万元债务转移给丁公司，丙公司对上述事实毫不知情。半年期至，乙公司要求丁公司偿还 400 万元，但此时由于丁公司拖欠银行贷款无力清偿，已被人民法院宣告破产。于是，乙公司找到丙公司，要求其承担保证责任。丙公司知道债已经转移给了丁公司后，拒绝承担保证责任。

请思考:

(1) 甲公司将 400 万元债务转移给丁公司的行为是否有效?

(2) 甲公司的债务转移行为对丙公司的担保有无影响?丙公司在何种情况下应该承担保证责任?

(3) 甲公司的债务转移行为对抵押有无影响?

(4) 假设甲公司未转移债务,但债务到期甲公司无力偿还乙公司 400 万元,则乙公司如何维护自己的合法权益?

合同的担保是指照法律规定或当事人约定而设立的确保合同义务履行和权利实现的法律措施。设定合同担保的根本目的,是保证合同的切实履行,既保障合同债权人实现其债权,也促使债务人履行其债务。

合同的担保一般在订立合同的同时成立,既可以是主合同中的担保条款,也可以是单独订立的书面担保合同,包括信函、传真、电子邮件等形式。合同担保从属于所担保的债务所依存的主合同。合同担保以主合同的存在为前提,因主合同的变更而变更,因主合同的消灭而消灭,因主合同的无效而无效,除非合同另有约定。

一、保证

保证是指第三人为债务人的债务履行作担保,由保证人和债权人约定,当债务人不履行债务时,保证人按照约定履行债务或者承担责任的行为。

(一) 保证人

保证人是指在保证法律关系中提供保证的第三人。根据《担保法》的规定,具有代为清偿债务能力的法人、其他组织或者公民,可以作保证人。国家机关,学校、幼儿园、医院等以公益为目的的事业单位、社会团体,企业法人的分支机构、职能部门,不得作保证人。但是,在经国务院批准为使用外国政府或者国际经济组织贷款进行转贷的情况下,国家机关可以作保证人;企业法人的分支机构有法人书面授权的,可以在授权范围内提供保证。

(二) 保证合同的内容和保证方式

保证合同应当以书面形式订立。保证人与债权人可以就单个主合同订立保证合同,也可以协议在最高债权额限度内就一定期间连续发生的借款合同或者某项商品交易合同订立一个保证合同。最高额保证合同的不特定债权确定后,保证人应当对在最高债权额限度内一定期间连续发生的债权余额承担保证责任。第三人单方以书面形式向债权人出具担保书,债权人接受且未提出异议的,保证合同成立。主合同中虽无保证条款,但保证人在主合同上以保证人的身份签字或者盖章的,保证合同成立。

保证合同应当包括以下内容:

(1) 被保证的主债权种类、数额。

(2) 债务人履行债务的期限。

(3) 保证的方式。

(4) 保证担保的范围。

(5) 保证的期间。

(6) 双方认为需要约定的其他事项。

保证合同不完全具备以上规定内容的，可以补正。

保证的方式有一般保证和连带责任保证两种。

1．一般保证

当事人在保证合同中约定，债务人不能履行债务时，才由保证人承担保证责任的，为一般保证。一般保证的保证人对债权人享有先诉抗辩权，即在主合同未经诉讼或仲裁，并就债务人财产依法强制执行仍不能清偿债务前，对债权人可拒绝承担保证责任。根据《担保法解释》规定，所谓"不能清偿"，是指债务人的存款、现金、有价证券、成品、半成品、原材料、交通工具等可以执行的动产和其他方便执行的财产执行完毕后，债务仍未能得到清偿。但有下列情形之一的，保证人不得行使先诉抗辩权。

(1) 债务人住所变更，致使债权人要求其履行债务发生重大困难的，如债务人下落不明，移居境外，且无财产可供执行。

(2) 人民法院受理债务人破产案件，中止执行程序的。

(3) 保证人以书面形式放弃先诉抗辩权的。

一般保证的保证人在主债权履行期间届满后，向债权人提供了债务人可供执行财产的真实情况的，债权人放弃或怠于行使权利致使该财产不能被执行，保证人可请求法院在其提供可供执行财产的实际价值范围内免除保证责任。

2．连带责任保证

当事人在保证合同中约定保证人与债务人对债务承担连带责任的，为连带责任保证。连带责任保证债务人在主合同规定的债务履行期届满时没有履行债务，债权人既可以要求债务人履行债务，也可以直接要求保证人在其保证范围内承担保证责任。

当事人对保证方式没有约定或者约定不明确的，按照连带责任保证承担保证责任。

（三）保证责任

保证担保的范围包括主债权及利息、违约金、损害赔偿金和实现债权的费用，保证合同另有约定的按其约定。

保证期间，债权人依法将债权出让的，除另有约定外，保证人应在原保证范围内承担保证责任；债务人将债务出让的，应取得保证人书面同意，否则保证人不再承担保证责任。保证期间债权人与债务人协议变更主合同的，应当取得保证人书面同意；否则，保证人只在原担保范围内承担保证责任。

保证期间为保证人承担保证责任的期间。保证期间可以由当事人在保证合同中自由约定；当事人没有约定或者约定不明确的，则为主债务履行期届满之日起 6 个月。在一般保证关系中，在合同约定或法定的保证期间，债权人未对债务人提起诉讼或者申请仲裁的，保证人免除保证责任；债权人已提起诉讼或者申请仲裁的，保证期间适用诉讼时效中断的规定。在连带责任保证中，在合同约定的保证期间和法定的保证期间内，债权人未要求保证人承担保证责任的，保证人免除保证责任。保证人以最高额保证形式提供担保而未约定保证期间的，保证人可以随时书面通知债权人终止保证合同，但保证人对于通知到债权人前所发生的债权，承担保证责任。

主合同当事人双方串通，骗取保证人提供保证的；或者主合同债权人采取欺诈、胁迫等手段，使保证人在违背真实意思的情况下提供保证的，保证人均不承担民事责任。

保证人承担保证责任后，有权向债务人追偿其代为清偿的部分。

【资料阅读】

保证合同的认定

被告石某在承建某供销社新楼期间，多次向原告孙某购买木材、黄沙、石子等建筑材料。2014 年 2 月 14 日，经孙某与石某结账，石某结欠孙某货款 40 万元，并出具欠条一份，约定于同年 3 月 10 日前付清。届期石某未按约还款，2015 年 1 月 29 日，孙某与石某重新订立了还款责任保证书，石某承诺于同年 2 月 3 日前如数还清。后石某再次违约，孙某于 2015 年 9 月 20 日向石某催要时，由在场的被告丁某(是石某连襟)亲笔书写了承诺书一份，载明：所有欠款于同月 28 日前结清，如没有钱，由丁某负责，28 号结清，最后署名为石某。2016 年 2 月 23 日，孙某收到丁某给付的人民币 1 万元(丁某称该款是石某交由其给付孙某)，尚欠货款 39 万元至今未还。孙某曾于 2016 年 2 月 26 日向丁某要款，遭丁某拒绝，双方为此发生纠纷。孙某遂向法院起诉，要求石某与丁某给付货款及并按约定支付利息。

在诉讼中，石某对结欠孙某货款的事实没有异议。丁某则辩称：我既不是债务人，又不是该债务的担保人。2015 年 9 月 20 日，我虽然代石某书写了承诺书，但我在承诺书并没有签上"担保人丁某"的字样，故应驳回孙某要求我承担担保责任的诉讼请求。

本案争议焦点：2015 年 9 月 20 日在孙某向石某追索欠款时，由丁某书写的"所有欠款在 28 号结清，如没有钱，由丁某负责，28 号结清。石某。"但丁某未在此承诺书上落款和署名的行为是否属于担保(保证)行为？

解析：本案中丁某的行为完全符合保证行为的法定构成要件，应当认定其是保证人。丁某在出具承诺书以后出尔反尔，明显违背诚实信用原则，对其抗辩不应予以支持。理由是原告孙某与被告石某之间的买卖合同合法有效，石某结欠孙某货款有其出具的欠条为证。石某理应及时归还，其拖欠不付，侵害了孙某的合法权益。被告丁某虽然没有在承诺书中签字，但该承诺书是丁某亲笔书写。而且，从承诺书的内容看，丁某承诺由某对石某所欠孙某的货款负责还款的意思表示明确无误。作为一个具有完全民事行为能力的人，丁某对出具该承诺书的法律后果应该是明知的。结合我国担保法关于保证的规定，应当认定丁某的行为是对石某的欠款进行担保。因此，丁某提出的其不是担保人的抗辩理由不能成立。但是，由于孙某与丁某对于保证方式没有约定，故丁某应按照连带责任保证承担保证责任。鉴于孙某在保证期间内已向丁某主张了权利，所以丁某仍应对石某的欠款(包括利息)承担连带保证责任。

二、抵押

抵押是指债务人或者第三人不转移对其确定的财产的占有，将该财产作为债权的担保。当债务人不履行债务时，债权人有权依照法律规定，以该财产折价或者以拍卖、变卖该财产的价款优先受偿。该债务人或者第三人为抵押人，债权人为抵押权人，提供担保的财产为抵押物。

（一）抵押物

抵押人只能以法律规定可以抵押的财产提供担保；法律规定不可以抵押的财产，抵押人不得用于提供担保。

根据《担保法》的规定，可以用于抵押的财产有：抵押人所有的房屋和其他地上定着物；抵押人所有的机器、交通运输工具和其他财产；抵押人依法有权处分的国有土地使用权、房屋和其他地上定着物；抵押人依法有权处分的国有的机器、交通运输工具和其他财产；抵押人依法承包并经发包方同意抵押的荒山、荒沟、荒滩等荒地的土地使用权；依法可以抵押的其他财产。上述财产也可以一并抵押。

不得用于抵押的财产有：土地所有权；耕地、宅基地；自留地、自留山等集体所有的土地使用权(但法律另有规定的除外)；学校、幼儿园、医院等以公益为目的的事业单位、社会团体的教育设施、医疗卫生设施和其他社会公益设施；所有权、使用权不明或者有争议的财产；依法被查封扣押、监管的财产；依法不得抵押的其他财产。

此外，乡(镇)、村企业的土地使用权不得单独抵押。以乡(镇)村企业的厂房等建筑物抵押的，其占用范围内的土地使用权同时抵押。同样，以依法取得的国有土地上的房屋抵押的，该房屋占用范围内的国有土地使用权同时抵押。以出让方式取得的国有土地使用权抵押的，应当将抵押时该国有土地上的房屋同时抵押。

抵押人所担保的债权不得超出其抵押物的价值。财产抵押后，该财产的价值大于所担保债权的余额部分，可以再次抵押，但不得超出其余额部分。

（二）抵押合同

抵押合同是债权人与抵押人之间订立的确定双方权利和义务的书面协议。抵押合同包括以下内容：

(1) 被担保的主债权种类、数额。

(2) 债务人履行债务的期限。

(3) 抵押物的名称、数量、质量、状况、所在地、所有权权属或者使用权权属。

(4) 抵押担保的范围，包括主债权及利息、违约金、损害赔偿金和实现抵押权的费用。

(5) 当事人认为需要约定的其他事项。

抵押人和抵押权人应当以书面形式订立抵押合同。抵押权人在债务履行期届满前，不得与抵押人约定债务人不履行到期债务时抵押财产归债权人所有。

当事人以法律规定的特定财产抵押的，应当办理抵押物登记，抵押合同自登记之日起生效。当事人以其他财产抵押的，可以自愿办理抵押物登记，抵押合同自签订之日起生效。当事人未办理抵押物登记的，不得对抗第三人。

（三）抵押物转让

抵押期间抵押人转让已办理登记的抵押物的，应当通知抵押权人并告知受让人转让物已经抵押的情况；抵押人未通知抵押权人或者未告知受让人的，转让行为无效。转让抵押物的价款明显低于其价值的，抵押权人可以要求抵押人提供相应的担保；抵押人不提供的，不得转让抵押物。

(四) 抵押权的实现

债务履行期届满，债务人未履行债务即抵押权人未受清偿的，抵押权人可以与抵押人协议以抵押物折价或者以拍卖、变卖该抵押物所得的价款受偿；协议不成的，抵押权人可以向人民法院提起诉讼。抵押物折价或者拍卖、变卖后，其价款超过债权数额的部分归抵押人所有，不足部分由债务人清偿。抵押权因抵押物灭失而消失。因灭失所得的赔偿金，应当作为抵押财产。

若同一财产向两个以上债权人抵押的，拍卖、变卖抵押财产所得的价款依照下列规定清偿：

(1) 抵押权已登记的，按照登记的先后顺序清偿；顺序相同的，按照债权比例清偿。

(2) 抵押权已登记的先于未登记的受偿。

(3) 抵押权未登记的，按照债权比例清偿。

同一债权上既有抵押又有保证的，根据当事人的约定确定承担责任的顺序；没有约定或约定不明的，先就债务人的物的担保求偿；没有约定或约定不明，又没有债务人的物担保的，第三人物保和保证担保同一顺序清偿，如果其中一人承担了担保责任，则只能向债务人追偿，不能向另一个担保人追偿。

三、质押

(一) 质押的概念

质押是指债务人或者第三人将其动产或财产权利出质给债权人占有，债务人不履行到期债务或者发生当事人约定的实现质权的情形，债权人有权就该财产优先受偿的一种担保制度。其中债务人或第三人是出质人，移交的动产是质物，债权人为质权人。质押包括动产质押和权利质押。

(1) 动产质押是指债务人或者第三人将其动产移交债权人占有，将该动产作为债权的担保。当债务人不履行债务时，债权人有权依照法律规定，以该动产折价或者以拍卖、变卖该动产的价款优先受偿。该债务人或者第三人为出质人，债权人为质权人，移交的动产为质物。

(2) 权利质押是指以汇票、支票、本票、债券、存款单、仓单、提单，依法可以转让的股份、股票，依法可以转让的商标专用权，专利权、著作权中的财产权，依法可以质押的其他权利等作为质权标的的担保。

(二) 质押合同的内容

出质人和质权人应当以书面形式订立质押合同。质押合同包括以下内容：

(1) 被担保的主债权种类、数额。

(2) 债务人履行债务的期限。

(3) 质物的名称、数量、质量、状况。

(4) 质押担保的范围。

(5) 质物移交的时间。

(6) 当事人认为需要约定的其他事项。

质押合同不完全具备以上规定内容的，可以补正。

质押合同自质物移交于质权人占有时生效。以汇票、支票、本票、债券、存款单、仓单、提单出质的，质押合同自权利凭证交付之日起生效；以依法可以转让的股票、商标专用权、专利权、著作权中的财产权出质的，应当向有关部门办理出质登记，质押合同自登记之日起生效。

（三）质押的范围和效力

质押担保的范围包括主债权及利息、违约金、损害赔偿金、质物保管费用和实现质权的费用。质押合同另有约定的，按照约定。

债务履行期届满债务人履行债务的，或者出质人提前清偿所担保的债权的，质权人应当返还质物。债务履行期届满质权人未受清偿的，可以与出质人协议以质物折价，也可以依法拍卖、变卖质物。质物折价或者拍卖、变卖后，其价款超过债权数额的部分归出质人所有，不足部分由债务人清偿。为债务人质押担保的第三人，在质权人实现质权后，有权向债务人追偿。

质权因质物灭失而消灭。因灭失所得的赔偿金，应当作为出质财产。质权与其担保的债权同时存在，债权消灭的，质权也消灭。

四、留置

留置是指债权人根据合同约定占有债务人的动产，债务人不依照合同约定的期限履行债务的，债权人有权依照法律规定留置该财产，以该财产折价或者以拍卖、变卖该财产的价款优先受偿。

因保管合同、运输合同、承揽合同以及法律规定可以留置的其他合同发生的债权，债务人不履行债务的，债权人有留置权。留置担保的范围包括主债权及利息、违约金、损害赔偿金、留置物保管费用和实现留置权的费用。

债权人与债务人应当在合同中约定，债权人留置财产后，债务人应当在不少于两个月的期限内履行债务。债权人与债务人在合同中未约定的，应当确定两个月以上的期限，通知债务人在该期限内履行债务。债务人逾期仍不履行的，债权人可以与债务人协议以留置物折价，也可以依法拍卖、变卖留置物。留置物折价或者拍卖、变卖后，其价款超过债权数额的部分归债务人所有，不足部分由债务人清偿。留置权因债权消灭，或者债务人另行提供担保并被债权人接受而消灭。

五、定金

定金是指合同当事人约定一方向对方给付一定数额的货币作为债权的担保。债务人履行债务后，定金抵作价款或者收回。

定金的担保作用通过定金罚则体现出来。给付定金的一方不履行约定的债务的，无权要求返还定金；收受定金的一方不履行约定的债务的，应当双倍返还定金。

定金应当以书面形式约定，当事人在定金合同中应当约定交付定金的期限。定金合同从实际交付定金之日起生效。定金的数额由当事人约定，但不得超过主合同标的额的20%。

第六节 合同的变更、转让和终止

📖 案例导入

万通计算机公司因组装商用计算机急需内存条200条，于是派人到赛格电脑器件批发市场购买。经协商，双方约定内存条每条价格为300元；批发市场在4天内将内存条运送到万通计算机公司，货到即付款。双方订立合同后的第二天，因受到国内市场影响，内存条价格上涨，市场价格从每条300元涨到每条400元。赛格电脑器件批发市场认为价格上涨后，继续履行合同会造成损失，于是向万通计算机公司协商解除合同或将价格提升，但万通计算机公司坚决不同意。

请思考：该合同能否解除或变更货物价格？

一、合同的变更

合同变更从广义上讲包括合同内容的变更和合同主体的变更。《合同法》将合同主体的变更称做合同的转让，把合同内容的变更称作合同的变更。

合同的变更是指合同依法成立后，尚未履行或尚未完全履行时，由于客观情况发生变化，或当事人协商同意，依照法律规定的条件和程序，对合同的内容进行修改或补充。

1. 合同变更的特征

合同变更有如下特征：

(1) 在当事人之间已经存在合同关系。

(2) 变更须使合同的内容有所变化。

(3) 合同变更须当事人协商一致或者有法定事由。

(4) 变更须按照法律规定的程序进行。

2. 合同变更的方式

(1) 协议变更。

协议变更是指当事人对合同的变更达成一致的意见。根据合同自愿原则，当事人依法享有自主签订合同的权利，只要当事人对合同变更达成一致的意见，合同可以变更。《合同法》第77条规定："当事人协商一致，可以变更合同。"

协议变更合同应当符合以下条件：

① 当事人对合同的变更达成一致意见，即在当事人之间形成新的合意。

② 对变更后合同的内容已经确定，否则原来的合同内容仍然有效。

③ 按照法律规定应当办理变更登记、批准手续的，应当依法办理。

(2) 法定变更。

法定变更指一方当事人按照法律规定行使合同变更权。法定变更是一方当事人依据法律规定而进行的单方意思表示，故又称单方变更。法定变更有如下情形：

① 因不可抗力而变更，即因发生了不可抗力事件，致使当事人不能按照原合同约定履行义务。

② 具备法律规定允许当事人可以变更的事实，如《合同法》第 54 条规定的可以变更和撤销的合同。

二、合同的转让

合同的转让指合同的当事人将自己在合同中享受的权利或者承担的义务，全部或部分让与第三人，由第三人享受让与的权利或承担让与的义务。合同的转让，一般由当事人自主决定，但法律、行政法规规定转让权利或者转移义务应当办理批准、登记等手续的，依照其规定。合同转让从内容上可以分为以下几种情况：

1. 合同权利的转让

合同权利的转让又称为债权转让，是指不改变合同的内容，合同的当事人将自己在合同中享有的权利部分或全部转让给第三人的行为。

合同权利的转让应当符合以下的条件：

(1) 债权人对合同的权利有处分权。

(2) 转让的债权具有可转让性。

合同权利有下列情形之一的，不得转让除外：

(1) 根据合同的性质不得转让。

(2) 按照当事人约定不得转让。

(3) 依照法律规定不得转让。

债权人转让权利时，应当通知义务人；未经通知，该转让对债务人不发生效力。

2. 合同义务的转让

合同义务的转让又称债务转让，是指在不改变合同义务的前提下，经债权人同意，合同的债务人将其所负的义务全部或者部分转让给第三人的行为。

债务人将合同的义务全部或者部分转移给第三人，应当经债权人同意，否则债务人转移合同义务的行为对债权人不发生效力，债权人有权拒绝第三人向其履行，同时有权要求债务人履行义务并承担不履行或迟延履行合同的法律责任。

3. 权利和义务一并转让

当事人一方经对方同意，可以将自己在合同中的权利和义务一并转让给第三人。当事人将合同的权利和义务一并转让给第三人的，分别按照权利和义务转让的条件和程序进行。合同关系的一方当事人将权利和义务一并转让时，除了应当征得另一方当事人的同意外，还应当遵守《合同法》有关转让权利和义务转移的如下规定。

(1) 不得转让法律禁止转让的权利。

(2) 转让合同权利和义务时，从权利和从债务一并转让，受让人取得与债权有关从权利和从债务，但该从权利和从债务专属于让与人自身的除外。

(3) 转让合同权利和义务不影响债务人抗辩权的行使。

(4) 债务人对让与人享有债权的，可以依照有关规定向受让人主张抵消。

(5) 法律、行政法规规定应当办理批准、登记手续的，应当依照其规定办理。

4．当事人的分立、合并

在当事人签订合同后，往往会发生当事人的分立或合并。当事人订立合同后合并的，由合并后的法人或者其他组织行使合同权利，履行合同义务。当事人订立合同后分立的，除债权人和债务人另有约定的以外，由分立的法人或者其他组织对合同的权利和义务享有连带债权，承担连带债务。

三、合同的终止

合同的权利义务终止又称为合同消灭，是指合同依法成立后，由于一定法律事实的出现，使合同所确定的权利义务关系归于消灭，合同不再具有法律效力。根据《合同法》第91 条规定，合同的权利义务终止主要有以下几种情形。

1．合同因债务履行而终止

合同因债务按照约定履行而终止是合同终止的最重要的形式，是合同的自然终止，也是当事人订立合同目的的最好实现。按照约定履行即是债务人按照约定的标的、质量、数量、价款或报酬、履行期限、履行地点和方式全面履行。

2．合同因解除而终止

合同解除是指已成立生效的合同因发生法律规定或当事人约定的情况，或者经当事人协商一致，使合同关系归于消灭的行为。合同解除有协议解除和法定解除两种情况。

(1) 协议解除。协议解除是指根据当事人事先约定的情况或经当事人协商一致而解除合同。协议解除合同包括两种情况：

① 协商解除，是指合同生效后，未履行或未完全履行之前，当事人经协商一致而解除合同。

② 约定解除，是指当事人根据合同中约定，在合同履行过程中出现某种可以解除情况时，当事人一方或双方解除合同。

解除权可以在订立合同时约定，也可以在履行合同的过程中约定。根据法律规定必须经有关部门批准才能解除的合同，当事人不得按照约定擅自解除。

(2) 法定解除。法定解除是指在合同成立后，没有履行或没有完全履行完毕之前，当事人在法律规定的解除条件出现时解除合同。《合同法》第 94 条规定，有下列情形之一的，当事人可以解除合同：

① 因不可抗力致使不能实现合同目的。

② 在履行期限届满之前，当事人一方明确表示或者以自己的行为表明不履行主要债务。

③ 当事人一方迟延履行主要债务，经催告后在合理期限内仍未履行。

④ 当事人一方迟延履行债务或者有其他违约行为致使不能实现合同目的。

⑤ 法律规定的其他情形。

当事人一方主张解除合同时，应当通知对方，合同自通知到达对方时解除。对方有异议的，可以请求人民法院或者仲裁机构确认解除合同的效力。法律、行政法规规定解除合同应当办理批准、登记等手续的，应按规定办理。

合同解除后，尚未履行的，终止履行；已经履行的，根据情况和合同性质，当事人可以要求恢复原状，采取其他补救措施，并有权要求赔偿损失。合同的权利义务终止，不影响合同中结算和清理条款的效力。

3. 合同因抵消而终止

抵消指当事人双方互负给付义务，将两项债务相互充抵。对当事人互负债务的抵消，按照法律规定，可以分为法定抵消和合意抵消。

法定抵消是指依照法律规定的条件抵消，当事人互负到期债务，该债务的标的物种类、品质相同的，任何一方可以将自己的债务与对方的债务抵消，但依照法律规定或者按照合同性质不得抵消的除外。当事人主张抵消的，应当通知对方，通知自到达对方时生效，抵消不得附条件或者附期限。合意抵消是指当事人自行达成协议抵消，当事人互负债务，标的物种类、品质不相同的，经双方协商一致，也可以抵消。

4. 合同因提存而终止

提存是指债权人没有正当理由而拒绝接受履行，或者债权人下落不明而无法履行时，债务人按照法律规定将标的物提交有关部门保存待领，从而消灭债务的制度。

有下列情形之一，难以履行债务的，债务人可以将标的物提存：

(1) 债权人无正当理由拒绝受领。

(2) 债权人下落不明。

(3) 债权人死亡未确定继承人或者丧失民事行为能力未确定监护人。

(4) 法律规定的其他情形。

标的物提存后，债权人下落不明的以外，债务人应当及时通知债权人或者债权人的继承人、监护人。标的物提存后，毁损、灭失的风险由债权人承担。提存期间，标的物的孳息归债权人所有，提存费用由债权人负担。标的物不适于提存或者提存费用过高的，债务人依法可以拍卖或者变卖标的物，提存所得的价款。标的物提存后，债权人可以随时领取提存物，但债权人对债务人负有到期债务的，在债权人未履行债务或者提供担保之前，提存部门根据债务人的要求应当拒绝其领取提存物。债权人领取提存物的权利，自提存之日起 5 年内不行使而消灭，提存物扣除提存物费用后归国家所有。

【资料阅读】

校服提存纠纷

某中学与某服装厂在 2014 年 1 月签订了一份服装加工合同，合同规定，由服装厂为某中学加工校服 500 套，平均每套支付加工费 30 元，共计 15000 元；某中学负责提供布料、服装型号和规格；某中学在接到服装厂取货通知后两天内付款，服装厂接到货款后三天内将校服送达某中学。服装厂在规定的时间里完成了服装加工任务并收到货款，依约在第三天将校服送达某中学，可由于该校领导班子正处于调整之中，无人负责接收该批校服，连续一周仍无人出面接受校服。因此，服装厂只好将该校服提存，在提存之后，服装厂认为既然某中学领导班子未定，待领导班子确定后再通知某中学来领校服；15 天后服装厂才通知某中学领取提存物，某中学在领取提存物时被要求交付 15 天的保管费用，某中学拒交，认为服装厂未能及时通知学校去取校服，导致校服提存 15 天，应由服装厂支付提存费用。

问题：

(1) 某中学拒绝支付提存费用的理由有法律依据吗？请依据相关法律规定予以说明。

(2) 服装厂的行为中有无不当之处？

(3) 此案如何处理？

解析：

(1) 该中学拒绝支付提存费用是没有根据的，服装厂已经按照合同的约定履行了合同的主要义务，但是在规定的时间交货时由于学校这一债权人的原因导致无法交货，服装厂才将该批服装提存，其提存是合法的，提存的费用应该由债权人学校予以承担，学校没有依据拒绝支付。

(2) 服装厂的行为也有不足之处，服装厂过了十五天这么长的时间才告知提存，根据合同法第 102 条，标的物提存后，除债权人下落不明外，债务人应当及时通知债权人或者债权人的继承人，监护人。服装厂未尽到这一义务，所以服装厂也是有过错的。

(3) 根据合同法第 103 条，提存费用由债权人承担，但是此处债务人即服装厂也有过错，在债权人承担提存费用之后有权向债务人追偿一部分。

5. 合同因债的免除而终止

债的免除是指合同债权人放弃债权，免除债务人的给付义务。债权人免除债务人部分或者全部债务的，合同的权利义务部分或者全部终止。免除债权，债权的从权利如从属于债权的担保权利、利息权利、违约金请求权等也随之消灭。

6. 合同因主体混同而终止

混同是指债权与债务同归一人，致使债权债务关系归于消灭的事实。合同关系因混同而消灭，从权利随同债权消灭。当债权债务涉及第三人利益时，混同并不必然导致关系终止。

另外，还有法律规定或者当事人约定终止的其他情形，合同的权利义务也可以终止。如《民法通则》规定，代理人死亡、丧失民事行为能力，作为被代理人或代理人的法人终止，委托代理终止。

第七节 违约责任

📖 **案例导入**

甲公司(原告)于 2016 年 3 月 1 日与某自行车厂签订了自行车(共享单车)购销合同。根据合同规定，甲公司向自行车厂购买 200 辆自行车，并支付 40000 元钱作为货款。为了保证合同得到切实履行，双方还约定由百货公司向自行车厂支付定金 5000 元，同时还约定，任何一方如果不履行合同，则必须支付对方违约金 3 万元。没过多久，自行车厂见自行车销售形势大好，价格上涨，于是拒绝向甲公司提供 200 辆自行车。甲公司在多次要求自行车厂履行合同不果的情况下，向法院提起诉讼，要求自行车厂支付违约金并返还定金。

问题：

(1) 某百货公司的诉讼请求能否得到法院的支持？

(2) 某百货公司应如何最大程度维护自己的合法权益？

违约责任是指为了维护合同的严肃性，维护市场经济秩序，当合同当事人不履行债务时，国家强制债务人履行债务和承担法律责任的表现。违约责任既是对违约方违约行为的制裁，又是对受害方遭受损失的补偿，既具有补偿性，又具有惩罚性。

一、违约责任概述

（一）违约责任的概念

违约责任，即违反合同的民事责任，是指合同当事人一方不履行合同义务或者履行合同义务不符合约定时，依照法律规定或者合同约定所承担的法律责任。当事人双方都违反合同的，应当各自承担相应的责任。

依法订立的有效合同，对当事人双方来说，都具有法律约束力。如果不履行或者履行义务不符合约定，就要承担违约责任。只有这样，才能促使当事人双方及时全面地履行合同，保护当事人的合法权益，否则合同就可能会成为一纸空文。规定合同违约责任制度，是保证当事人履行合同义务的重要措施，有利于促进合同的履行和弥补违约造成的损失，对合同当事人和整个社会都是有益的。

（二）违约形式

当事人的违约行为是多种多样的，概括起来可以分为预期违约和实际违约两类。

1. 预期违约

预期违约也称先期违约，是指合同的当事人在合同约定的履行期限到来之前，明示或者以其行为表示将不能履行合同。我国《合同法》第 108 条规定："当事人一方明确表示或者以自己的行为表明不履行合同义务的，对方可以在合同履行期限届满前要求其承担违约责任。"

2. 实际违约

实际违约是已经到达应当履行义务的期限，义务人仍然不履行或者不适当履行合同义务的行为。实际违约的表现有如下几种：未支付价款或报酬；不履行非金钱义务或者履行义务不符合约定；瑕疵履行，即当事人虽然履行了义务，但交付的标的有缺陷；迟延履行。

二、违约责任的归责原则

违约责任的归责原则，是指在追究合同当事人的违约责任中应遵循的根据和准则，是贯穿于整个违约责任制度的指导方针，其决定着违约责任的构成要件、当事人的举证责任以及责任的范围。《合同法》第 107 条规定："当事人一方不履行合同义务或者履行合同义务不符合约定的，应当承担继续履行、采取补救措施或者赔偿损失等违约责任"。该条文中并没有规定当事人能够证明自己没有过错除外，因而一般认为我国合同法对违约责任实行的是严格责任原则。但是，在《合同法》分则中又对某些违约行为规定了过错责任原则，如供电人责任、承租人的保管责任等。由此可见，我国合同法在违约责任的归责原则方面，实行以严格责任原则为主导，以过错责任原则为补充的归责原则体系。

三、承担违约责任的主要形式

根据《合同法》的规定，违约的当事人承担违约责任的主要形式有：继续履行、采取补救措施、赔偿损失、约定违约金和定金等。

1. 继续履行

订立合同的目的是为了实现合同的约定，即实际履行合同。继续履行合同，既是为了实现合同目的，又是一种违约责任。当事人一方违反合同约定，不履行或者履行不符合约定，对方当事人有权要求其继续履行，以维护自己的合法权益。

根据《合同法》的规定，当事人一方未支付价款或者报酬的，对方可以要求其支付价款或报酬。当事人一方不履行非金钱债务或者履行非金钱债务不符合约定的，对方可以要求履行，但有下列情形之一的除外。

(1) 法律上或者事实上不能履行。

(2) 债务的标的不适于强制履行或者履行费用过高。

(3) 债权人在合理期限内未要求履行。

2. 采取补救措施

根据《合同法》的规定，质量不符合约定的，应当按照当事人的约定承担违约责任。对违约责任没有约定或者约定不明确的，当事人可以协议补充或者按照合同有关条款或者交易习惯确定；仍不能确定的，受损害方根据标的性质以及损失的大小，可以合理选择要求对方承担修理、更换、重作、退货、减少价款或者报酬等违约责任。

3. 赔偿损失

当事人一方不履行合同义务或者履行合同义务不符合约定的，在履行义务或者采取补救措施后，对方还有其他损失的，应当赔偿损失。支付赔偿金也是承担违约责任的一种主要形式，它虽然是对违约方的一种经济制裁，但不具有惩罚性，主要目的在于弥补损失，具有补偿性质。

当事人一方不履行合同义务或者履行合同义务不符合约定，给对方造成损失的，损失赔偿额应相当于因违约所造成的损失，包括合同履行后可以获得的利益，但不得超过违反合同一方订立合同时预见到或者应当预见到的因违反合同可能造成的损失。

当事人一方违约后，对方应当采取适当措施防止损失的扩大；没有采取适当措施致使损失扩大的，不得就扩大的损失要求赔偿。当事人因防止损失扩大而支出的合理费用，由违约方承担。

4. 支付违约金

违约金，是指合同当事人一方由于不履行合同或者履行合同不符合约定时，按照合同的约定，向对方支付一定数额的货币。违约金是对不能履行或者不能完全履行合同行为的一种带有惩罚性质的经济补偿手段，不论违约的当事人一方是否已给对方造成损失，都应当支付。

约定的违约金低于造成的损失的，当事人可以请求人民法院或者仲裁机构予以增加；约定的违约金过分高于造成的损失的，当事人可以请求人民法院或者仲裁机构予以适当减少。当事人就迟延履行约定违约金的，违约方支付违约金后，还应当履行债务。

【资料阅读】

铝 锭 争 端

甲公司与乙公司签订一个供货合同，约定由乙公司在一个月内向甲公司提供一级精铝锭 100 吨，价值 130 万元。双方约定如果乙公司不能按期供货的，每逾期一天须向甲公司支付货款价值 0.1% 的违约金。由于组织资源的原因，乙公司在两个月后才给甲公司交付了 100 吨精铝锭，甲公司验货时发现不是一级精铝锭，而是二级精铝锭，就以对方违约为由拒绝付款，要求乙公司支付一个月的违约金 39000 元，并且要求乙公司重新提供 100 吨一级精铝锭。但是乙公司称逾期供货不是自己的过错，而是国家的产业政策调整所然，不应该支付违约金，而且所提供的精铝锭是经过质量检验机构检验合格的产品，甲公司不应当小题大做，现在精铝锭供应比较紧张，根本不可能重新提供精铝锭。甲公司坚持以公司应当支付违约金和按照合同约定的质量标准履行合同。双方为此发生争议，甲公司起诉至法院，要求乙公司支付违约金和重新履行合同。乙公司在答辩状中称，逾期供货不是自己的本意，也不是自己所能控制得了的，不应当支付违约金，即使支付违约金，也不应当支付 39000 元之多，这个请求不公平。

问题：

(1) 甲公司与乙公司之间签订的合同是否有效？

(2) 乙公司没有在约定的时间内交付货物是客观原因还是市场原因？

(3) 甲公司要求乙公司支付违约金和重新提供一级品标准的说法有无依据？

(4) 乙公司主张不能按时供应货物有无依据？

(5) 乙公司主张违约金的数额太高了，自己不应当承担这么多的违约金的说法有无依据？

解析：

(1) 甲公司与乙公司之间签订的合同是有效合同。

(2) 乙公司没有在约定的时间内交付货物是违反了合同的义务，应当承担相应的违约责任。

(3) 甲公司要求乙公司支付违约金和重新提供一级品标准的说法是有合同依据的。

(4) 乙公司主张不能按时供应货物是由于组织货源的原因造成的，不应当由自己负责的说法没有法律依据，也没有合同依据。因为不能组织货源是正常的市场风险，应当由当事人自己承担责任。

(5) 乙公司主张违约金的数额太高了，自己不应当承担这么多的违约金的说法也是没有法律依据的，39000 元违约金相当于合同金额的 3%，并不是很高。根据合同的法的规定，当事人对约定过高或者过低的违约金可以请求法院或者仲裁机构予以调整，但是本合同争议中的违约金金额仅占合同金额的 3%，不能适用前述合同法的规定。

5. 定金

合同的当事人依照《担保法》约定一方向对方给付定金作为债权的担保时，债务人履行债务后，定金应当抵作价款或者收回；给付定金的一方不履行约定的债务的，无权要求返还定金；接受定金的一方不履行约定的债务的，应当双倍返还定金。《合同法》第 116 条规定：当事人既约定违约金，又约定定金的，一方违约时，对方可以选择适用违约金或者定金条款，即当事人只能选择其一适用。

四、违约责任的免除

违约责任的免除，是指当事人由于法律规定或者合同约定的免责事由的发生而不能按约定履行合同，不承担违约责任。一般来说，在合同订立之后，如果一方当事人没有履行合同或者履行合同不符合约定，不论是自己的原因，还是第三人的原因，都应当向对方承担违约责任。但是，如果当事人一方违约是由于某些无法防止的客观原因造成的，则可以根据情况免除违约方的违约责任。免责事由主要有以下两种：

1. 不可抗力

不可抗力，是指不能预见、不能避免并不能克服的客观情况。不可抗力通常包括自然灾害(如台风、地震、水灾等)和社会事件(如战争、暴乱、罢工等)两大类。《合同法》第 117 条、第 118 条规定："因不可抗力不能履行合同的，根据不可抗力的影响，部分或者全部免除责任，但法律另有规定的除外。当事人迟延履行后发生不可抗力的，不能免除责任。""当事人一方因不可抗力不能履行合同的，应当及时通知对方，以减轻可能给对方造成的损失，并应当在合理期限内提供证明。"

2. 免责条款

免责条款，是指当事人在合同中约定的免除其未来责任的条款。免责条款是合同的组成部分，必须经当事人双方充分协商，并以明示的方式作出。免责条款作为合同的组成部分，其内容必须符合法律的规定，才具有法律效力。如果免责条款违反法律、行政法规的强制性规定，损害社会公共利益，该条款不具有法律效力。

五、违约行为与侵权行为的竞合

违约行为与侵权行为的竞合，是指合同当事人一方的同一行为既构成违约行为也构成侵权行为。在违约行为与侵权行为竞合的情况下，为了防止不当得利，各国法律都规定受害方只能在违约赔偿请求与侵权赔偿请求中主张一项，不能双重请求。我国《合同法》规定，因当事人一方的违约行为，侵害对方人身财产权益的，受害方有权选择救济方式，可以选择请求对方承担违约责任或者请求对方承担侵权责任。

【典型案例】

不可抗力对合同履行的影响

甲公司与乙服装厂签订加工 5 万套服装，单价 100 元的合同，约定甲公司于 10 月 30 日前向乙服装厂支付预付款 100 万元，服装厂要在 12 月 1 日前交付第一批服装 2 万套，12 月 10 日甲公司支付乙服装厂款项 200 万元，在次年 1 月 15 日前服装厂交付第 2 批服装 3 万套，甲公司在接到第二批服装 15 日内将余款 200 万元付给乙服装厂。合同约定一旦双方出现纠纷，即提交仲裁委员会仲裁。

合同按期履行，但到 12 月 5 日，乙服装厂突发火灾，将厂房、布料和大部分设备烧毁。甲公司知道后，便停止向乙服装厂支付第二笔款项。经乙服装厂交涉，甲公司同意若乙厂在 1 月 5 日前恢复生产能力，甲公司便支付余下的全部款项，双方继续履行合同。由于筹措资金困难，乙服装厂在 1 月 15 日才恢复生产，并请求甲公司继续履行合同。甲公司认为，由于服装销售季节性很强，这时再生产服装已错过了销售高峰期，很难卖得出去，于是通知对方解除合同，表示可以结清乙厂已交付服装的款项。乙服装厂经多次与甲公司协商未果，遂向人民法院提起诉讼。

请思考：

(1) 甲公司在得知乙服装厂因失火烧毁厂房、布料和大部分机器设备时即中止履行合同是否合法，为什么？

(2) 乙服装厂于 1 月 15 日恢复生产能力，而甲公司却提出解除合同是否合法，为什么？

(3) 乙服装厂在双方发生合同争议时向人民法院提起诉讼是否合法，为什么？

(4) 本案应如何处理，请说明理由。

解析：

(1) 甲公司中止履行合同合法。因为乙服装厂因突发火灾导致厂房、布料和大部分机器设备被烧毁，说明乙厂有丧失履行债务能力的可能，根据法律规定，对方当事人可以中止履行合同，行使不安抗辩权。

(2) 甲公司提出解除合同合法。根据法律规定，当事人一方迟延履行债务致使不能实现合同目的，当事人可以解除合同。由于服装销售季节性很强，迟延履行已不能使甲公司实现合同目的，故其可以解除合同。

(3) 乙服装厂不应向人民法院提起诉讼，因为双方事先达成仲裁协议。

(4) 鉴于上面所述理由，仲裁机构应确认甲公司主张解除合同的行为是合法有效的，合同自甲公司解除合同的通知到达乙服装厂时解除。合同解除后，尚未履行的 3 万套服装不再履行，对已经履行的 2 万套服装，应按合同的规定，由甲公司支付尚欠乙公司的 100 万元货款。

要约邀请与要约的区别

2014 年 6 月，甲公司向乙、丙、丁肉类加工厂发出函电(函件一)，称："我公司每月需鲜牛肉 30 吨,如能满足供应,速来函,我方愿派人前往购买。"三家加工厂都向原告复电(函件二),告知价格。其中丁厂在发出函电的同时,派车送货 30 吨,但甲公司拒绝接受。甲公司最终接受了乙厂的报价,但在给乙厂回函(函件三)中表示,希望乙厂能送货上门。乙厂表示同意,双方订立了期限为一年的合同,约定在每月 15 日交货,货款每半年结算一次。在合同履行过程中,出现下列情况:9 月,制冷设备发生故障,导致乙厂库存的牛肉变质,乙厂不能按照约定的数量交货;12 月,下了一场暴雪,从乙厂通向甲公司的道路停止使用,乙方不能按照约定时间交货;2015 年起,甲公司的经营状况恶化,至 2015 年 3 月,甲公司已经累计亏损 500 万元。2015 年 4 月 1 日,乙厂向甲公司发出函件,除非甲公司能证明其有能力支付货款,否则乙厂将暂时停止向甲公司供货。

请思考:

(1) 函件(一)(二)(三)具有什么性质?

(2) 丁厂在发出函电的同时,派车送货 30 吨,甲公司拒绝接受,是否应当赔偿丁厂的损失?

(3) 乙厂两次不能按时交货所承担的责任相同吗?

(4) 乙厂后来停止向甲公司供货的做法合法吗?

(5) 如果甲公司没有理睬乙厂的要求,乙厂可以采取什么措施?

解析:

(1) 函件(一)是要约邀请,函件(二)是要约,函件(三)是新要约。

(2) 甲公司无须对丁厂的损失承担责任。根据《合同法》关于合同订立的规定,甲公司发函件的内容是希望对方提出条件与自己签约,并没有包括合同的主要条款,因而属于要约邀请,是不具有约束力的。

(3) 履行过程中乙出现的两种情况的性质是不同的,乙承担的责任也就不同。9 月份的情况,无论出于何种原因,制冷设备的损坏都不是不可避免的,因而制冷设备的损坏不能属于不可抗力,不能作为免责事由,乙方应当按照合同规定承担违约责任。12 月份大雪封路不能通行是属于不可抗力,乙厂因此不能按期履行合同,不承担违约责任。但是,乙厂应当及时通知甲公司,并且在一定时间内向甲公司提供相关部门的证明材料。

(4) 乙厂的做法是合法的。根据《合同法》的规定,应当先履行的当事人,有确切证据证明对方经营状况严重恶化,致使其合同权利无法实现的,可以中止合同的履行。

(5) 乙厂可以解除合同。根据 《合同法》的规定,乙厂在行使不安抗辩权,中止履行后,甲公司既没有在合理期限内恢复履行能力又没有提供担保,可以解除合同。

本 章 小 结

1. 合同,又称契约,是当事人之间设立、变更、终止某种权利义务关系的协议。贯穿我国合同法的基本原则有以下几个:当事人平等原则;合同自愿原则;合同公平原则;诚实信用原则;遵守法律、不损害社会公共利益原则。

2. 合同可以采用书面形式、口头形式和其他形式。合同的订立是指两个或两个以上的当事人,依法就合同主要条款协商一致,达成协议的法律行为。合同订立采取要约与承诺的方式进行,当事人意思表示一致时,合同即可成立。

3. 合同的效力，是指合同的法律效力，是法律赋予依法成立的合同具有拘束当事人的强制力。有效合同又称为生效合同，是指符合法律规定的有效要件，因而对当事人具有法律约束力的合同。无效合同是指因缺乏一定生效要件而导致不发生法律效力的合同。无效合同自始不发生法律效力。效力待定的合同是指已成立的合同因欠缺一定的生效要件，其生效与否尚未确定，须经过补正方可生效，在一定的期限内不予补正则无效的合同。

4. 合同的履行是指债务人按照合同的约定全面地、适当地完成其合同义务，使债权人的债权实现的行为。抗辩权是指在双务合同中，一方当事人有依法对抗对方要求或否认对方权利主张的权利。抗辩权只存在双务合同中，单务合同不存在抗辩权。《合同法》规定了同时履行抗辩权、后履行抗辩权和不安(先履行)抗辩权三种情况。

5. 合同的担保是指照法律规定或当事人约定而设立的确保合同义务履行和权利实现的法律措施。合同的担保分为人保(保证)、物保(抵押、质押和留置)和货币担保(订金)。

6. 合同的变更是指合同依法成立后，尚未履行或尚未完全履行时，由于客观情况发生变化，或当事人协商同意，依照法律规定的条件和程序，对合同的内容进行修改或补充。

7. 合同的转让指合同的当事人将自己在合同中享受的权利或者承担的义务，全部或部分让与第三人，由第三人享受让与的权利或承担让与的义务。合同的权利义务终止又称为合同消灭，是指合同依法成立后，由于一定法律事实的出现，使合同所确定的权利义务关系归于消灭，合同不在具有法律效力。

8. 违约责任，即违反合同的民事责任，是指合同当事人一方不履行合同义务或者履行合同义务不符合约定时，依照法律规定或者合同约定所承担的法律责任。

知识结构

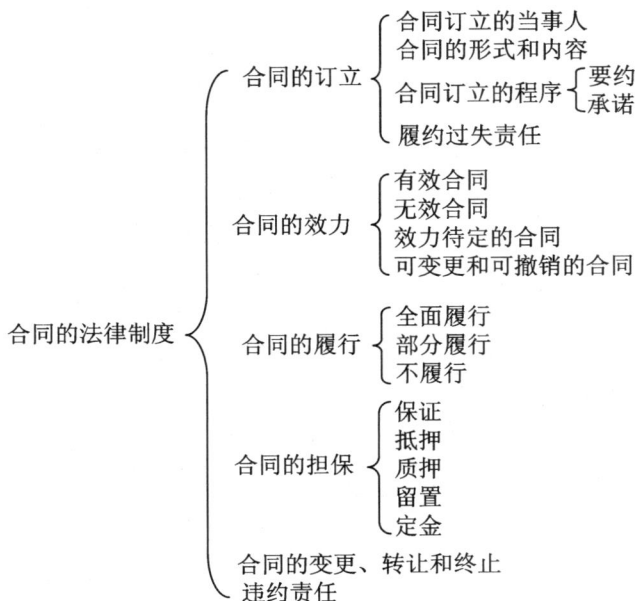

思 考 题

1. 合同一般应包括哪些内容？
2. 合同订立的程序有哪些？
3. 合同生效应当具备的条件？
4. 可变更、可撤销合同的情形有哪些？
5. 合同条款约定不明确时应当如何处理？
6. 解释双务合同履行中的抗辩权。
7. 合同担保的种类有哪些？
8. 合同法定解除的情形有哪些？

第七章　反不正当竞争法律制度

📖 **学完本章后，你应该能够：**

➤ 了解反不正当竞争的监督管理和法律保护的相关规定；
➤ 掌握不正当竞争行为的概念和特征，以及我国法律规定的 11 种不正当竞争行为。

📖 **案例导入**

"凉茶之争"怕上火到底该喝什么？

人民网广州 2014 年 3 月 11 日电(刘圆 王维 陈晓红)：3 月 11 日，广州王老吉大健康产业有限公司、广州医药集团有限公司诉告广东加多宝饮料食品有限公司、广东乐润百货有限公司侵权纠纷案在广州市中级人民法院开庭。双方此次争锋焦点在于一句流行的广告语"怕上火喝×××"。

原告广药、王老吉认为，其在经营、推销王老吉凉茶产品的过程中，量身定做了"怕上火喝王老吉"广告语。经过长达 10 年不断的宣传、推广，该广告语已经是家喻户晓，"怕上火"与王老吉已形成了特定的联系。只要一说"怕上火喝×××"的类似广告语，消费者很自然地会联想到王老吉凉茶。被告用相同表达方式的广告语"怕上火喝加多宝"，实质上必然造成二者的混淆，消费者会误认为加多宝就是王老吉，或者与王老吉有某种特定的关联性。加之加多宝的"改名"宣传以及沿用王老吉原来的红罐等一系列不正当竞争手段，更加使得消费者产生误认与混淆，对原告的知名商品特有名称——王老吉商标造成了直接的损害，侵犯了原告的合法、正当权益，构成了不正当竞争。

为此，原告请求法院判令：被告在加多宝凉茶产品包装及广告宣传上使用与原告"怕上火就喝王老吉"的广告语近似的"怕上火喝加多宝"的广告语，直接损害和淡化了原告王老吉知名商品特有名称——王老吉商标的商誉与价值，将该广告语产生并依附于王老吉知名商品特有名称和商标上的无形资产非法转移至加多宝，造成了消费者的误认和混淆，给原告带来重大经济损失，构成不正当竞争；加多宝、乐润百货应立即停止使用含有"怕上火喝加多宝"或与之意思相近广告语行为，立即销毁含有上述虚假宣传广告语的产品包装及其他宣传物品；加多宝方以其做上述广告相同的媒体、同样的方式、等同的时长或版面消除影响，内容与形式需经法院审定；加多宝公司须在指定媒体上向原告公开赔礼道歉，内容由法院审定；加多宝与乐润百货应共同连带赔偿原告经济损失 500 万元人民币(包含原告因本案而支出的调查取证费、律师费、维权费、合理的差旅费等)，共同承担本案诉讼费。

目前，此案法院正在进一步审理中。

(案例来源：http://news.163.com/14/0312/09/9N4ISNBJ00014JB6.html)

第一节　反不正当竞争法概述

一、不正当竞争的概念和特征

（一）不正当竞争的概念

竞争普遍存在于市场经济社会的商品交易领域，价值规律通过竞争才能得以体现。竞争是市场经济的必然，因竞争而形成的各种与竞争有关的经济关系，也应有相应的法律制度予以调整和保护。所以，凡实施市场经济体制的国家，均通过制定和实施竞争法律制度来规制竞争秩序，保证市场经济的正常运行。

不正当竞争，一般是指经营者采取违反诚信原则和公认的商业道德的手段，获取不正当利益，从而损害其他正当经营者和消费者的利益，扰乱市场经济秩序的行为。《中华人民共和国反不正当竞争法》(以下简称《反不正当竞争法》)第 2 条规定："本法所称的不正当竞争，是指经营者违反本法规定损害其他经营者的合法权益，扰乱社会经济秩序的行为。"

（二）不正当竞争的特征

不正当竞争具有以下显著特征：

1．行为主体的特定性

所谓经营者是指从事商品经营或者营利性服务的法人、其他经济组织或者个人。一般而言，非经营者不能作为竞争的主体。但是，如果政府及其所属职能部门滥用行政权力妨碍经营者的正当竞争行为，根据《反不正当竞争法》的规定，也应视为不正当行为。

2．行为的违法性

只要违反了自愿、平等、公平、诚实信用的原则或者违背了公认的商业道德，损害了其他经营者的合法权益，扰乱了社会经济秩序，就应认定为不正当竞争行为。

3．行为结果的损害性

不正当竞争行为所侵害的客体是其他经营者或消费者的合法权益，从整体上讲扰乱了正常的社会经济秩序。不正当竞争行为不仅损害了其他经营者和广大消费者的利益，而且严重地损害了国家的利益，破坏了市场秩序，阻碍了社会生产力的发展。

二、《反不正当竞争法》的概述

（一）《反不正当竞争法》的概念

反不正当竞争法是指由国家制定的、调整在制止不正当竞争行为过程中发生的经济关系的法律规范的总称。

（二）《反不正当竞争法》的立法宗旨和原则

1993 年 9 月 2 日，第八届全国人民代表大会常务委员会第三次会议通过了《中华人民共和国反不正当竞争法》(以下简称《反不正当竞争法》)。该法第 1 条明确规定："为了保障社会主义市场经济健康发展，鼓励和保护公平竞争，制止不正当竞争行为，保护经营者和消费者的合法权益，特制定本法。"

根据我国《反不正当竞争法》第 2 条的规定，我国反不正当竞争法的基本原则主要有以下几点。

1. 自由竞争原则

自由竞争是指竞争主体有权在国家法律、法规和政策许可的范围内，自由地从事各种竞争活动，不受任何人的干预和限制。它要求竞争主体必须享有意思表示的充分自由，享有以各种法律所不禁止的手段和方法从事竞争的自由，自由地享有或承担竞争的结果。

2. 平等竞争原则

平等竞争是市场竞争的内在要求，首先要确定竞争主体平等的竞争地位，其次要为竞争主体创设平等的竞争条件和环境；同时，要防止并制裁破坏竞争主体平等竞争的行为。

3. 公平竞争原则

公平竞争原则是自由竞争原则的必然延伸和必要补充。因为自由不是绝对的，任何参与竞争的主体，都必须遵守竞争的共同规则，采用正当的手段，必须符合公平原则的要求。公平竞争体现对国家公共利益和竞争主体个体经济权益的兼顾，一方面，要求竞争主体在市场竞争中不得损害国家利益和社会公共利益，不得违反国家法律及经济政策；另一方面，要求竞争主体兼顾其他竞争对手和广大消费者的合法权益，不得以不正当的或欺骗性的方法进行竞争。

4. 诚实信用原则

诚实信用原则，是指社会经济活动的当事人在从事经济活动时，应从善意出发，严格依据法律规定和合同的约定，讲究商业信誉和遵守商业道德规范，诚实待人，正当地行使权力和承担义务，以维持当事人之间及与社会利益之间的平衡关系。

第二节　不正当竞争行为

📖 **案例导入**

某县电力公司在对农村电网进行升级改造的过程中规定：凡参加电网改造的农户必须购买 A 公司生产的电表，否则本公司不负责架线与安装。

试分析：该电力公司的行为是否合法，为什么？

一、假冒行为

假冒行为是指采用假冒商标，伪造、冒用标志等手段，从事市场交易，损害竞争对手的行为。该行为也称欺骗性交易行为，可以归纳为以下四类情况。

（一）假冒他人注册商标

商标是商品的标记，注册商标是指经国务院工商行政管理部门商标局核准注册的商标。商标一经注册，商标所有人即取得注册商标专用权，依法受到法律的保护。假冒他人注册商标的行为，是指未经商标注册人的许可，在同一种商品或者类似商品上使用与其注册商标相同或者近似的商标的行为。假冒他人注册商标的行为具体有以下四种情形：

(1) 在同一种商品上使用与他人注册商标相同的商标。
(2) 在同一种商品上使用与他人注册商标近似的商标。
(3) 在类似商品上使用与他人注册商标相同的商标。
(4) 在类似商品上使用与他人注册商标近似的商标。

（二）假冒或者仿冒知名商品特有的名称、包装、装潢

假冒或者仿冒知名商品特有的名称、包装、装潢的行为，是指擅自将他人知名商品特有的商品名称、包装、装潢作相同或者近似使用，造成与他人的知名商品相混淆，使购买者误认为是该知名商品的行为。

（三）擅自使用他人的企业名称或者姓名，引人误以为是他人商品

企业名称或姓名是区别商品或服务来源的营业标志，是反映经营者的营业或服务活动的外在特征。根据《中华人民共和国企业名称登记管理规定》，企业对其名称享有专用权。企业名称或者姓名体现为经营者通过付出努力和资本获得的无形财产，保护企业名称或者姓名主要是保护附于企业名称或者姓名中的商业信誉。所以，冒用他人的商业信誉是典型的不正当竞争行为。这里的企业名称或姓名是一个广义的概念，它所指的是参与市场交易的经营者的名称，包括各种所有制形式的企业的名称、各种组织形式的企业名称，同时也包括了个体工商户和从事生产经营活动的事业单位的名称。其中姓名包括了无名称字号的个体工商户、个人合伙的投资者在市场交易中使用的自己的姓名。

（四）对商品质量作引人误解的虚假表示

对商品质量作引人误解的虚假表示行为，是指在商品上伪造或者冒用认证标志、名优标志等质量标志，伪造产地，对商品质量作引人误解的虚假表示的行为。这种假冒行为包括以下两种情况：

1. 虚假的品质标志

经营者利用质量标志在消费者心目中的影响，采取冒用认证标志的手段造成消费者误购，与竞争对手抢夺市场，谋取非法利益的属于不正当竞争。此不正当竞争行为应当禁止，因为经营者要在产品上使用品质标志，必须依照法定程序获得质监部门的认定。

2．虚假的标签行为

经营者在标签上弄虚作假，虚假表示商品的制作成分、性能、用途、等级、生产者、生产日期、有效期限，虚假表示产品的产地。消费者因其虚假的标签行为而误购商品，既损害了消费者的利益，又损害了合法经营者的利益。

二、强制交易行为

强制交易行为是指公用企业或者其他依法具有独占地位的经营者，限定他人购买其指定的经营者的商品，以排挤其他经营者的公平竞争。

强制交易行为具有以下特征：

(1) 主体具有特定性。公用企业是指涉及公用事业的经营者，包括供水、供电、供热、供气、邮政、电信、交通运输等行业的经营者。其他依法具有独占地位的经营者是指在特定的市场上，一个经营者处于无竞争的状态或取得了压倒性和排除竞争的能力，也指两个以上经营者不进行价格竞争，在它们对外的关系上具有了上述地位和能力。

(2) 在主观方面表现为故意，即以明知为条件。

(3) 在客观方面表现为排除了其他同类商品的生产销售企业或服务企业参与竞争的可能，排除了竞争对手。

(4) 侵犯的客体是受法律保护的正常的市场交易关系。

三、滥用行政权力限制行为

滥用行政权力限制竞争是指政府及其所属部门滥用行政权力，限定他人购买其指定的经营者的商品，限制其他经营者正当的经营活动的行为。滥用行政权力限制行为具体表现为：

(1) 限定他人购买其指定的经营者的商品。

(2) 限制其他经营者正当的经营活动。

(3) 限制外地商品进入本地市场。

(4) 限制本地商品流向外地市场。

四、商业贿赂行为

商业贿赂是指经营者在市场交易活动中，为争取交易机会，特别是为争得相对于竞争对手的市场优势，通过秘密给付财物或者其他报偿等不正当手段收买客户的负责人、雇员、合伙人、代理人和政府有关部门工作人员等能够影响市场交易的有关人员的行为。我国《反不正当竞争法》明确禁止商业贿赂行为。商业贿赂是市场竞争过程中经常出现的一种消极现象，严重危害了市场经济生活中应有的公平竞争秩序，不仅阻碍市场机能的正常发挥，影响社会资源的合理配置和技术进步，而且是滋生腐败的温床。

商业贿赂一般具有以下特点：

(1) 商业贿赂的主体范围较广，既包括从事市场交易的经营者，还包括能够影响交易的政府有关部门的工作人员；既可以是卖方，也可以是买方；既可以是个人，也可以是单位。

(2) 商业贿赂是经营者在主观上出于故意和自愿进行的行为，其目的是为了排挤竞争对手以占取竞争优势。

(3) 商业贿赂在客观方面表现为违反国家有关财务、会计及廉政等方面的法律、法规的规定，秘密给付财物或其他报偿，具有很大的隐蔽性。

(4) 商业贿赂的表现形式具有复杂性、多样性，除了金钱、回扣之外，还有提供免费度假、旅游、高档宴席、色情服务，赠送昂贵物品、房屋装修，以及解决子女、亲属的入学、就业等多种方式。

五、虚假宣传行为

虚假宣传行为是指经营者利用广告或者其他方法，对商品的质量、制作成分、性能、用途、生产者、有效期限、产地等作使人误解的虚假宣传。使人误解的虚假宣传，既包括虚假宣传，也包括引人误解的宣传。

广告的形式有：报刊、广播、电视、路牌、橱窗、印刷品、霓虹灯等媒体，进行刊播、设置、张贴广告等。其他形式的宣传行为是指广告以外的各种宣传形式，如商品及其包装上的标签和说明，对商品做现场演示或口头说明，散发、邮寄商品的说明书和宣传品，通过行业协会等社会团体推荐宣传、非广告性质的纪实报道等。一般认为，一切具有或可能具有欺骗、误导消费者的购买倾向或决策能力的商业宣传，若导致相当数量的消费者实质性地陷入错误的判断时，就构成了虚假广告宣传行为。

六、侵犯商业秘密行为

商业秘密是指不为公众所知悉，能为权利人带来经济利益且具有实用性，并经权利人采取保密措施的技术信息和经营信息。它具有秘密性、保密性和实用性三方面的特征。侵犯商业秘密行为就是指经营者不正当获取、披露或使用权利人商业秘密的行为。

该行为主要包括的内容如下：

(1) 以盗窃、利诱、胁迫或者其他不正当手段获取权利人的商业秘密。

(2) 披露、使用或者允许他人使用以盗窃、利诱、胁迫或其他不正当手段获取的权利人的商业秘密。

(3) 违反约定或者违反权利人有关保守商业秘密的要求，披露、使用或者允许他人使用其所掌握的商业秘密。

(4) 第三人明知或者应知上述所列违法行为，获取、使用或者披露他人的商业秘密，视为侵犯商业秘密。

七、降价排挤行为

降价排挤行为是指经营者以排挤竞争对手为目的，以低于成本的价格销售产品行为。

降价排挤行为必须具备以下两个条件：

(1) 经营者以排挤竞争对手为目的。

(2) 以低于成本的价格销售商品。

但是，经营者有下列情形之一的，不属于不正当竞争行为。

(1) 销售鲜活商品。

(2) 处理有效期即将到期的商品或者其他积压的商品。

(3) 季节性降价。

(4) 因清偿债务、转产、歇业降价销售商品。

八、强行搭售行为

强行搭售是指搭售商品或者附加其他不合理条件，经营者利用其经济优势，违背购买者的意愿，在销售一种商品或提供一种服务时，要求消费者以购买另一种商品或接受另一种服务为条件，或者就商品或服务的价格、销售对象、销售地区等附加不合理的条件。搭售商品或附加其他不合理条件都是根源于经营者所具有的经济优势，迫使消费者违背自己的意愿而在接受选择商品的同时，被迫接受不需要的其他商品，或者接受苛刻条件。

搭售商品或附加其他不合理条件的行为只有在违背购买者的意愿的情况下进行，才构成不正当竞争行为。如果购买者自愿接受经营者的搭售或附加条件，或者所附加的条件是合理的，则不能被认定为不正当竞争行为。至于附加条件是否合理，衡量的标准应是经营者在市场交易中应当遵循的自愿、平等、公平的原则。当然，在适用这一标准时，要结合当事人的意图、目的、市场地位、商品特性、所属市场结构等作全面的分析。

九、不正当的有奖销售行为

不正当的有奖销售行为是指经营者违反诚实公平竞争原则，利用物质、金钱或其他经济利益引诱购买者与之交易，排挤竞争对手的不正当竞争行为。

这类行为包括：

(1) 采用谎称有奖或者故意让内定人员中奖的欺骗方式进行有奖销售。

(2) 利用有奖销售的手段推销质次价高的商品。

(3) 抽奖式的有奖销售，最高奖的金额超过 5000 元的。

十、诋毁商誉行为

诋毁商誉行为是指经营者为了占领市场，针对同类竞争对手，故意捏造和散布有损于其商业信誉和商品声誉的虚假信息，贬低其法律上的人格，削弱其市场竞争能力，使其无法正常参与市场交易活动，从而使自己在市场竞争中取得优势地位的行为。

十一、串通招投标行为

串通招投标行为是指在招投标行为中，招标者与投标者相互勾结，或者投标者之间串通投标，抬高或压低价格，以排挤竞争对手的公平竞争行为。在我国，法律规定的串通招标行为表现形式为招标者与投标者相互勾结，或者投标者之间串通投标的行为。

第三节　　反不正当竞争的监督管理和法律保护

📖 **案例导入**

某市天然气公司在给本市居民安装天然气时，规定凡要求本公司安装的用户，必须购买本公司 A 牌天然气炉，因为本市各大商场销售的天然气炉质量均不合格，只有 A 牌天然炉质量过关。用户调查发现，A 牌天然炉质量与其他牌子质量差不多，价格还要贵 30％以上。

试分析：

(1) 该市天然气公司的行为是否属于不正当竞争行为？

(2) 该市欲安装天然气的居民应当向哪个部门申诉？

一、反不正当竞争的监督管理

我国《反不正当竞争法》不仅在总则部分对有关不正当竞争行为的监督检查作了原则性规定，而且在第三章专门对不正当竞争行为的监督检查作了较为具体的规定。

（一）监督检查的部门

我国《反不正当竞争法》第 3 条第 2 款规定："县级以上人民政府工商行政管理部门对不正当竞争行为进行监督检查；法律、行政法规规定由其他部门监督检查的，依照其规定。"可见，我国对不正当竞争行为实施监督检查的机关主要有两类：一是县级以上人民政府工商行政管理部门；二是法律、行政法规规定的其他部门，如质量监督、商品检验、物价等部门。

（二）监督检查部门的职权

县级以上监督检查部门在监督检查不正当行为时依法行使下列职权：

1. 调查询问权

监督检查部门按照规定的程序询问被检查的经营者、利害关系人、证明人，并要求提供证明材料或者与不正当竞争行为有关的其他资料；被检查的经营者、利害关系人和证明人应当如实提供有关资料或者情况。

2. 查询、复制资料权

监督检查部门可以查询、复制与不正当竞争行为有关的协议、账册、单据、文件、记录、业务函电和其他资料。

3. 检查财物权

对于属于《反不正当竞争法》第5条规定的不正当竞争行为有关的财物，监督检查部门有权进行检查，必要时可以责令被检查的经营者说明该商品的来源和数量，暂停销售，听候检查，不得转移、隐匿、销毁该财物。值得注意的是，监督检查部门的工作人员监督检查不正当竞争行为时，应当出示检查证件。这既是监督检查工作的程序之一，也是监督检查部门工作人员应遵守的规则。

二、违反《反不正当竞争法》的法律责任

根据我国《反不正当竞争法》的规定，不正当竞争行为应承担的法律责任包括：民事责任、行政责任和刑事责任三种。违反《反不正当竞争法》，根据不同情况，应承担下列责任：

(1) 经营者违反《反不正当竞争法》规定，给被侵害的经营者造成损害的，应当承担损害赔偿责任；被侵害的经营者的损失难以计算的，赔偿额为侵权期间因侵权所获得的利润。同时，违反《反不正当竞争法》的经营者应当承担被侵害的经营者因调查该经营者侵害其合法权益的不正当竞争行为所支付的合理费用。被侵害的经营者的合法权益受到不正当竞争行为损害的，可以向人民法院提起诉讼。

(2) 经营者假冒他人的注册商标，擅自使用他人的名称或姓名，伪造或者冒用认证标志、名优标志等质量标志，伪造产地，对商品质量做引人误解的虚假表示的，依照《商标法》和《产品质量法》的规定处罚。经营者擅自使用知名商品特有的名称、包装、装潢，或者使用与知名商品近似的包装、装潢、名称，造成和他人的知名商品相混淆，使购买者误认为是该知名商品的，监督检查部门应当责令停止违法行为，没收违法所得，可以根据情节处以违法所得1倍以上3以下的罚款；情节严重的，可以吊销营业执照；销售伪劣商品构成犯罪的，依法追究刑事责任。

(3) 经营者采用财物或者其他手段进行贿赂以销售或者购买商品，构成犯罪的，依法追究刑事责任；不构成犯罪的，监督检查部门可以根据情节处以1万元以上20万元以下的罚款，没收违法所得。

(4) 公用企业或者其他依法具有独占地位的经营者限定他人购买其指定的经营者的商品，以排挤其他经营者的公平竞争的，省级或者设区的市的监督检查部门应当责令停止违法行为，可以根据情节处以5万元以上20万元以下的罚款。被指定的经营者借此推销质次价高商品或者滥收费用的，监督检查部门应当没收违法所得，可以根据情节处以违法所得1倍以上3倍以下的罚款。

(5) 经营者利用广告或者其他方法，对商品作虚假宣传，监督检查部门应当责令其停止违法行为，消除影响，可以根据情节处以1万元以上20万元以下的罚款。广告的经营者，在明知或者应知的情况下，代理、设计、制作、发布虚假广告的，监督检查部门应当责令

停止违法行为，没收违法所得，并依法处以罚款。

(6) 侵犯商业秘密的，监督检查部门应当责令其停止违法行为，可以根据情节处以 1 万元以上 20 万元以下的罚款。

(7) 经营者违法进行有奖销售的，监督检查部门应当责令其停止违法行为，可以根据情节处以 1 万元以上 10 万元以下的罚款。

(8) 投标者串通投标，抬高标价或者压低标价；投标者和招标者相互勾结，以排挤竞争对手公平竞争的，其中标无效，监督检查部门可以根据情节处以 1 万元以上 20 万元以下罚款。

(9) 经营者有违反被责令暂停销售，不得转移、隐匿、销毁与不正当竞争行为有关的财物的行为的，监督检查部门可以根据情节处以被销售、转移、隐匿、销毁财物的价款的 1 倍以上 3 倍以下的罚款。

(10) 政府及其所属部门违反本法第七条规定，限定他人购买其指定的经营者的商品、限制其他经营者正当的经营活动，或者限制商品在地区之间正常流通的，由上级机关责令其改正；情节严重的，由同级或者上级机关对直接责任人员给予行政处分。被指定的经营者借此销售质次价高商品或者滥收费用的，监督检查部门应当没收违法所得，可以根据情节处以违法所得 1 倍以上 3 倍以下的罚款。

(11) 监督检查不正当竞争行为的国家机关工作人员滥用职权、玩忽职守，构成犯罪的，依法追究刑事责任；不构成犯罪的，给予行政处分。

(12) 监督检查不正当竞争行为的国家机关工作人员徇私舞弊，对明知有违反本法规定构成犯罪的经营者故意包庇不使他受追诉的，依法追究刑事责任。

当事人对监督检查部门作出的处罚决定不服的，可以自收到处罚决定之日起十五日内向上一级主管机关申请复议；对复议决定不服的，可以自收到复议决定书之日起十五日内向人民法院提起诉讼；也可以直接向人民法院提起诉讼。

本 章 小 结

1．《反不正当竞争法》第 2 条规定："本法所称的不正当竞争，是指经营者违反本法规定损害其他经营者的合法权益，扰乱社会经济秩序的行为。"

2．我国《反不正当竞争法》规定了 11 种行为属于不正当竞争行为，具体有：假冒行为；强制交易行为；滥用行政权力限制行为；商业贿赂行为；虚假宣传行为；侵犯商业秘密行为；降价排挤行为；强制搭售行为；不正当的有奖销售行为；诋毁商誉行为；串通招标投标行为。

3．我国《反不正当竞争法》第 3 条第 2 款规定："县级以上人民政府工商行政管理不正当竞争行为进行监督检查；法律、行政法规规定由其他部门监督检部门对查的，依照其规定。"不正当竞争行为应承担的法律责任包括：民事责任、行政责任和刑事责任三种。

知识结构

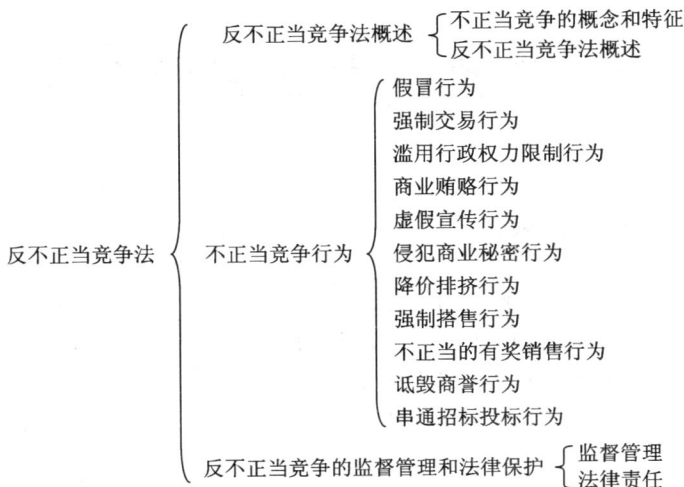

反不正当竞争法
- 反不正当竞争法概述
  - 不正当竞争的概念和特征
  - 反不正当竞争法概述
- 不正当竞争行为
  - 假冒行为
  - 强制交易行为
  - 滥用行政权力限制行为
  - 商业贿赂行为
  - 虚假宣传行为
  - 侵犯商业秘密行为
  - 降价排挤行为
  - 强制搭售行为
  - 不正当的有奖销售行为
  - 诋毁商誉行为
  - 串通招标投标行为
- 反不正当竞争的监督管理和法律保护
  - 监督管理
  - 法律责任

思 考 题

1. 反不正当竞争法的基本原则是哪些?
2. 不正当竞争行为有哪些类型?
3. 欺骗性交易行为的具体表现方式有哪些?
4. 列举不属于不正当低价销售的四种情形。

案 例 演 练

【案例1】　某市自来水公司在市电视台连续一个星期发布公告。公告内容是:"鉴于广大市民家庭所用水龙头是购于不同厂家,而大部分厂家生产的水龙头有轻微漏水现象,水表对此种漏水现象不能察觉,致使自来水公司损失颇多。因此,自本公告发布之日起,市民安装或更换水龙头必须购买自来水公司所推荐的本市 ABC 家用器具生产有限公司生产的甲牌系列水龙头,否则,责任由市民自负。"市工商局调查中发现,所谓"轻微漏水现象"并不存在。

请分析:某市自来水公司的行为属于什么行为?

案例解析　某市自来水公司的行为,是公用企业或者其他依法具有独占地位的经营者限定他人购买其指定的经营商品,以排挤其他经营者的公平竞争的不正当竞争行为。

【案例2】　某化妆品专卖店新开张,为促销印发了许多传单,声称其经销的"化妆品不仅价格全市最低,而且品质全市最好"。

分析:该化妆品专场店的宣传词有无不妥,为什么?

案例解析:该化妆品专场店的宣传词不妥,经营者为了占领市场,针对同类竞争对手,故意捏造和散布有损于其商业信誉和商品声誉的虚假信息。

第八章　消费者权益保护法律制度

学完本章后，你应该能够：

➢ 了解消费者的权利和经营者的义务；
➢ 理解消费者权益保护法的立法及基本原则；
➢ 熟悉消费争议的救济途径及消费者组织；
➢ 掌握违反消费者权益保护法的责任。

案例导入

向收餐具费现象说不

——对巧立名目重复收费予以抵制

2012 年初，消费者冯某在烟台市杨柳居酒店胜利路分店就餐时，工作人员没有向消费者讲清楚可以选择收费与免费的餐具，收取了消费者餐具费 12 元。冯某将此事投诉到烟台市消协，杨柳居酒店胜利路分店的负责同志得知此事后，立即到消费者协会向消费者赔礼道歉，退回了多收的 12 元餐具费，并且补偿了由此而产生的其他合理费用。

【分析】

消费者在就餐时，餐饮企业提供包括经消毒达到卫生标准的餐具、餐巾等配套服务，是长期以来已获社会共同认可、约定俗成的基本服务内容和行业服务标准，是经营者的随附义务，也是消费者接受就餐服务时的前提。服务产生的费用是经营成本的一部分，其费用已包括在菜肴价格内。现在，部分餐饮企业将这些长期以来向消费者提供的配套服务，改为收费服务，实质是变相降低与消费者约定的服务标准，转嫁随附义务，违背了餐饮业的诚信原则。而众多消费者是在就餐时为了避免与经营者发生冲突而被迫接受额外收费，消费者的公平交易权受到了侵害。消费者巧立名目的重复收费应予抵制，即便使用了收费餐具也可拒绝"埋单"。

第一节　消费者权益保护法概述

一、消费者的概念

消费，通常是指人们消耗物质资料以满足物质和文化生活需要的过程，广义的消费包括生产消费和生活消费。所谓消费者，是指为满足生活需要而购买、使用商品或者接受服务的个体社会成员，包括有偿或无偿两种形式。因为商家为了宣传或达到其他商业目的向个体社会成员免费提供服务和赠送商品，对个体社会成员而言仍属于消费行为。另外，从我国农民的现实情况考虑，为了更好地保护农民的消费权益，保证农民生活的安全和农业生产的稳定和发展，《中华人民共和国消费者权益保护法》第54条规定："农民购买、使用直接用于农业生产的生产资料，参照本法执行。"

二、消费者权益的概念

消费者权益，是指消费者依法享有的权利以及该权利给消费者带来的利益。消费者权益的核心是消费者权利，表现为消费者的人身权益和经济权益两大部分。人身权益是指消费者对其生命、健康、荣誉、名誉等所享有的不受经营者非法侵害的权利和利益；经济权益是指消费者所享有的财产不受侵害以及消费者在交易过程中享有公平交易的权利和利益。

三、消费者权益保护法

(一) 消费者权益保护法的概念

消费者权益保护法是调整国家机关、经营者、消费者相互之间因保护消费者利益而产生的各种社会关系的法律规范的总称。为保护消费者权益，维护社会经济秩序，1993年10月31日全国人大常委会通过了《中华人民共和国消费者权益保护法》(以下简称《消费者权益保护法》)，并从1994年1月1日起实施。该法是我国保护消费者权益的基本法。

广义上的《消费者权益保护法》则包括所有有关保护消费者权益的法律、法规，如《产品质量法》《反不正当竞争法》等。

(二)《消费者权益保护法》的立法原则

1. 自愿、平等、公平、诚实信用

《消费者权益保护法》第4条规定："经营者与消费者进行交易，应当遵循自愿、平等、公平、诚实信用的原则。"

2. 给消费者以特别的保护

《消费者权益保护法》第5条第1款规定："国家保护消费者的合法权益不受侵害。"该条第2款规定："国家采取措施，保障消费者依法行使权利，维护消费者的合法权益。"

3. 社会监督

《消费者权益保护法》第6条第1款规定："保护消费者的合法权益是全社会的共同责任。"该条第2款规定："国家鼓励、支持一切组织和个人对损害消费者合法权益的行为进行社会监督。"该条第3款规定："大众传播媒介应当做好维护消费者合法权益的宣传，对损害消费者合法权益的行为进行舆论监督。"

(三) 消费者权益保护法的调整对象

《消费者权益保护法》的调整对象是消费过程中所产生的社会关系，具体包括以下内容：

(1) 经营者与消费者之间的关系，主要是经营者因违法经营给消费者造成损害，消费者有权请求赔偿，以及消费者对经营者进行监督而发生的关系。

(2) 国家机关与经营者之间的关系，主要是国家机关对经营者的经营活动进行监督管理的关系。

(3) 国家机关与消费者之间的关系，主要是国家有关管理部门在为消费者提供指导、服务与保护过程中所发生的关系。

第二节　消费者的权利与经营者的义务

一、消费者的权利

消费者的权利是指消费者在购买、使用商品或者接受服务的一定时间内，依法应享有的各项权利。《消费者权益保护法》规定，消费者享有以下九项权利。

（一）安全保障权

消费者在购买、使用商品和接受服务时，享有人身、财产安全不受损害的权利；消费者有权要求经营者提供的商品和服务，符合保障人身、财产安全的要求。安全保障权包括人身安全权和财产安全权两个方面，这是消费者最重要的权利。

【资料阅读】

车内环境污染，车商返还 75 万

——汽车消费中的侵权问题受到重视

卢洪祥于 2012 年 3 月 23 日从北京云龙之星汽车贸易有限公司购买了一辆美国产道奇公羊 5-2L 汽车，售价为 69 万元，双方订立了购车合同，买方先后支付各种费用共计 65682 元。同年 8 月，卢先生驾车时发觉车内气味刺鼻难忍，头顶开始小片脱发。经检测，车内空气甲醛含量超出正常值 26 倍多。卢先生先后同云龙之星公司多次协商无果后，将对方起诉至北京市朝阳区人民法院，要求被告退回购车款及各种费用共计 755 682 元。2003 年 3 月 29 日，北京市朝阳区人民法院经过审理查明，依法判决被告北京云龙之星汽车贸易有限公司返还卢先生购车价款、车辆购置费、养路损失费、保险损失费共计 751 456 元。

【分析】

本案提出的是一个新问题，即汽车消费中的车内空气污染。据专家介绍，一些新车内部的饰件、各种胶粘剂、座套、脚垫等会产生挥发性的有害物质，其中以甲醛和苯比较多。这些可疑致癌物质造成车内环境污染，会危害乘坐人的身体健康。卢洪祥诉北京云龙之星公司案被冠之"国内首例汽车车内环境污染索赔"案，可见该案具有重大意义。本案的胜诉，说明消费者已经开始重视汽车消费中的侵权问题，并懂得利用法律武器维护自己的合法权益。

（二）知悉真情权

知悉真情权，是指消费者享有的知悉其购买、使用商品或者接受服务真实情况的权利。对消费者来说，知情权是消费活动中必不可少的，它是消费者决定购买商品、接受服务的前提。消费者有权根据商品或者服务的不同情况，要求经营者提供商品的价格、产地、生产者、用途、性能、规格、等级、主要成分、生产日期、有效期限、检验合格证明、使用方法说明书、售后服务或者服务的内容、规格、费用等有关情况。

【资料阅读】

购房遭欺诈，消费者获双赔

——商品房消费也应适用双倍赔偿

2013 年 3 月 15 日，河南省鹤壁市消费者李某购买了当地一家建筑安装公司的一套总价为 65780 元的住房。入住不久，李某发现房子多处断裂，于是开始协商退房。随后又获悉，这套住房是开发商在 2011 年底未经规划部门批准擅自建造的，鹤壁市建委已经下发了拆除令，法院正在强制执行，而且整栋楼房的房产证又被抵押给了银行。2013 年 11 月 8 日，李某以商品房销售欺诈为由，将这家公司诉至鹤壁市山城区人民法院，要求予以双倍赔偿。2014 年 2 月，法院判决认定这家公司对消费者构成欺诈，判决双倍赔偿。

【分析】

本案是全国首例终审生效的商品房欺诈双倍赔偿案。商品房的购买者是否属于《消费者权益保护法》规定的"消费者"，商品房买卖中的欺诈行为是否适用《消费者权益保护法》规定的"双倍赔偿"，在民法理论界及司法实践中存在不同看法。实务中由于商品房涉及金额大等原因，消费者提出双倍赔偿的要求常常得不到法律支持。当然，由于商品房是一种金额较大的商品，按《消费者权益保护法》第49条规定"一刀切"实行双倍赔偿也未必妥当。

（三）自主选择权

自主选择权是指消费者有权根据自己的消费需求、意向和兴趣，自主选择自己满意的商品或服务。这项权利包括四方面的内容：

(1) 自主选择商品或者服务的经营者。
(2) 自主选择商品的品种或者服务的方式。
(3) 自主决定是否购买商品或者接受服务。
(4) 自主比较、鉴别和挑选商品或服务。

【资料阅读】

名为免费美容，实为推销产品

2013 年 10 月 28 日，53 岁的陈女士到七宝龙城店购物，柔婷美容美体连锁店的一位美容促销员向她推荐去做一次免费的面部护理。在护理过程中，美容小姐极力向她推销一种美容院的精油，并要她再购买一张原本标价 7600 元，优惠价 3800 元的终身美容卡。"热心"的美容促销员见她心动，身边资金不够，特意叫了一辆出租车陪她一起回家取钱。事后，细心的女儿发现，母亲购买的"美容卡"商家没有提供发票和任何收款凭证，原本美容小姐所说的"终身美容卡"变成了"长期美容卡"，顿时，陈女士傻了眼。在上海闵行区消协的调解下，商家退还消费者余款 3060 元。

【分析】

在市场经济的社会里，没有免费的午餐，不要轻信那些免费美容的谎言。购买高档消费卡时，要根据自己家庭经济的实际状况量力而行，做一个理智的消费者。建议凡购买高档消费卡应签订一份书面合同，明确使用的范围、有效期限、服务标准、退卡要求。在美容过程中，消费者不能闭着眼睛，要认清使用什么产品、型号、生产日期、厂名、厂址、使用方法，做到心中有数，明明白白。经营者应该要明明白白经营，在推销商品和各类消费卡时，应事先征得消费者的同意，不能自作主张，硬行推销，更不能打着免费的幌子来蒙骗消费者。

（四）公平交易权

公平交易权是指消费者在购买商品或者接受服务时所享有的，获得质量保障和价格合理、计量准确等公平交易条件，拒绝经营者强制交易行为的权利。公平交易权的核心是：消费者以一定数量的货币换取同等价值的商品或者服务。

【资料阅读】

为索赔 2.20 元邱先生自费数千出庭

——向服务欺诈索赔的尝试

2012 年 1 月，邱先生到北京出差期间发现两家公话代办处在收取电话费时，没有执行邮电部关于夜间、节假日长话收费半价的规定，分别向其多收了 0.55 元话费。于是邱先生分别向北京市西城区人民法院和东城区人民法院提起诉讼，要求两家公话代办处双倍赔偿多收取的 0.55 元话费，即各索赔 1.10 元。打官司期间，邱先生两度自费数千元飞往北京出庭。2012 年底，两个案件分别审结，其结果为一胜一负：北京市西城区人民法院支持邱先生的诉讼请求即"双倍赔偿"，判决被告向原告邱先生支付 1.10 元；而北京市东城区人民法院则判决支持"原值赔偿"，即赔偿 0.55 元话费。

【分析】

在此之前出现的打假案件，基本上是针对商品欺诈进行的诉讼。邱先生的诉讼行为，使消费者以及各界对服务欺诈行为的危害予以了思考和重视。如果仅就邱先生所获得的赔偿而言，似乎是得不偿失，但是这种行为是对经营者欺诈行为的警示，受益的将是更广大的消费者，具有公益诉讼的性质。

（五）依法求偿权

依法求偿权是指消费者因购买、使用商品或者接受服务受到人身、财产损害的，享有依法获得赔偿的权利。它是弥补消费者所受损害的必不可少的救济权。享有获得赔偿权的主体包括购买、使用商品或者接受服务的消费者和使用他人购买的商品、服务而受到损害的消费者，以及在别人购买、使用商品或接受服务时，因在场而受到商品或者服务的伤害，致使人身、财产受损害的第三者。前者按契约关系求偿，后二者因与经营者之间没有契约关系，一般按侵权处理，求偿的范围包括人身损害和财产损害两方面。

【资料阅读】

消费者家乐福内摔伤获赔5万

—— 未尽保障责任

马先生在家乐福超市方圆店购物时，被蜂拥的人群挤倒后摔伤，为此他将家乐福超市告上法庭索赔近8万余元。近日，海淀法院作出判决，家乐福公司因未尽到安全保障义务，需承担70%的赔偿责任，赔偿马先生5万余元。

【分析】

从事经营活动的法人，未尽合理范围内的安全保障义务致使他人受伤，受害方可以请求其承担相应赔偿责任。如果损害由第三人造成，受害方在起诉时应当将第三人作为共同被告，但第三人不能确定的除外。本案中，家乐福公司对于经营场所的安全负有保障义务，家乐福公司未举证证明在商场的出口处设置了相关安全保障措施，或组织专门人员维护现场秩序，因而家乐福公司存在过错，应当承担相应的补充赔偿责任。

（六）依法结社权

依法结社权是指消费者享有依法成立维护自身合法权益的社会团体的权利，如消费者协会。消费者成立社会团体的目的在于，通过集体力量来改变自身的弱小地位，从而维护自身的合法权益。

（七）获得知识权

获得知识权是指消费者享有获得有关消费和消费者权益保护方面的知识的权利。消费者应当努力掌握所需商品或者服务的知识和使用技能，正确使用商品，提高自我保护意识。

【资料阅读】

此马非彼马，何山获双赔

—— 全国首例"疑假买假"诉讼案

1996年4月24日，何山在北京乐万达商行购买了两幅标明为徐悲鸿先生所作的作品，一张独马，一张群马，价格分别为700元和2200元。在商行开具的发票中，分别写有"卅三年暮春悲鸿独马"及"悲鸿群马"等字样。何山认为这两幅画作不是徐悲鸿的真迹，遂于 5 月 13 日以"怀疑有假，特诉请保护"为由，诉至北京市西城区人民法院。8 月 2 日，西城区人民法院作出民事判决，认定被告出售国画时有欺诈行为，判决被告退还原告购画款 2900 元，增加赔偿原告购画价款的一倍赔偿金 2900 元，并判决被告赔偿原告和代支付的诉讼费 10 元、律师代理费 224 元，案件受理费 242 元由被告承担。

【分析】

何山乃全国人大法工委民法室巡视员、《消费者权益保护法》起草人之一、《消费者权益保护法》第 49 条"双倍赔偿"的积极倡导者。他起诉的这一案件，被称为全国首例"疑假买假"诉讼案——因为此前王海打假的案件并未进入诉讼程序，而何山打假则直接突入诉讼领域，向商品欺诈宣战，其意义无疑是向商业欺诈行为投出的一颗重磅炸弹。法院判决支持何山的诉讼请求，不仅使何山成为第一个疑假买假走上法庭并获得双倍赔偿的人，也是对广大消费者权利的肯定。

（八）维护尊严权

维护尊严权是指消费者在购买、使用商品与接受服务时，享有其人格尊严、民族风俗习惯得到尊重的权利。它包括人格尊严和民族风俗习惯获得尊重两方面。消费者在消费过程中不受非法搜查、检查、侮辱、诽谤。

【资料阅读】

被拒门外，"丑女"怒告酒吧

——消费者的消费自由权应得到法律保障

2013 年 4 月 22 日、4 月 28 日及 5 月 1 日，在北京工作的高彬 3 次欲进入敦煌公司开办的"TheDen"酒吧消费，均被酒吧工作人员以其"面容不太好，怕影响店中生意"为由挡在门外。2013 年 7 月，高彬向北京市朝阳区人民法院提起诉讼，认为酒吧工作人员的行为侵害了其人格尊严，要求被告赔偿精神损失费 5 万元及经济损失 2847 元，并公开赔礼道歉。二审法院审理后认为，敦煌公司的保安一再拒绝高彬进入酒吧的行为构成了对高彬人格权的侵害，使高彬自主选择服务经营者的权利受到侵害；但是敦煌公司的侵权行为情节轻微，赔礼道歉并负担高彬的合理支出已经足以抚慰其精神损害，撤销了一审中判赔的精神损失费。

【分析】

消费者享有消费自由权，这是从买卖自由的民法基本规则中引发出来的结论。而以相貌丑陋为由拒绝消费者消费，侵害的则是人格尊严。高彬要求被告赔礼道歉、赔偿经济损失和精神损失的诉讼请求，存在事实和法律依据，应予认可。

（九）监督批评权

监督批评权是指消费者享有对商品和服务以及保护消费者权益工作进行监督的权利。消费者有权检举、控告侵害消费者权益的行为和国家机关及其工作人员在保护消费者权益工作中的违法失职行为，有权对保护消费者权益工作提出批评、建议。

【资料阅读】

行使舆论监督权，韩成刚反诉未获补偿

——对经营者进行监督是消费者的法定权利

韩成刚于 2011 年 10 月至 2012 年 9 月间，先后在一些报刊上发表了一系列矿泉壶有害健康的文章，提醒消费者"慎用"和"当心"，并对相关公司的广告点名进行了批评。生产矿泉壶的百龙公司、天津市天磁公司等以侵害其名誉权为由，向太原市中级人民法院提起诉讼。2013 年 6 月，山西省高级人民法院终审判决认定，韩成刚从维护消费者权益角度出发，依法行使了舆论监督权，没有侵害天磁公司等商家的名誉权。韩成刚继而向北京市东城区人民法院起诉天磁公司等 5 被告侵害其舆论监督权，要求被告赔偿 4.89 万元。一审和二审法院均裁定驳回其起诉，理由是山西省高级人民法院作出的终审判决已依法对韩成刚的舆论监督权给予了保护，韩成刚不能就同一事实再次起诉。但韩成刚因被诉所受到的损失却没有得到补偿——山西法院并没有支持其损害赔偿的反诉，北京法院也不予支持。

【分析】

本案是《消费者权益保护法》施行以来首例消费者个人对经营者的经营行为进行监督的诉讼。对于经营者损害消费者合法权益的行为，消费者个人有权进行批评监督。天磁公司等商家起诉韩成刚侵害法人名誉权，无疑是对韩成刚正当行使监督权的妨害，韩成刚因诉讼所受到的损失同天磁公司等商家的侵害行为有因果关系。因此，韩成刚以天磁公司等 5 商家为被告起诉其舆论监督权受到侵害，请求赔偿，这是韩成刚应有的权利。

二、经营者的义务

经营者的义务是经营者在经营活动中应当履行的法律上的责任。由于经营者的义务是消费者权利得以实现的重要保障，所以我国《消费者权益保护法》规定了经营者的十项义务。

（一）履行法定或约定的义务

经营者应当按照《消费者权益保护法》《产品质量法》和其他有关法律的规定或者合同的约定履行义务，但双方的约定不得违背法律、法规的规定，特别是法律、法规的强制性规定。这是对经营者义务的一般性、概括性规定。

（二）接受监督的义务

经营者应接受消费者的监督，应当认真听取消费者的意见和建议，为消费者反映情况提供便利。经营者不仅要接受来自消费者的监督，还应接受来自社会各界的广泛监督。

（三）保障人身和财产安全的义务

经营者应当保证其提供的商品或服务符合人身、财产安全保障的要求，对可能危及人身、财产安全的商品和服务，应当向消费者作出真实的说明和明确的警示，并说明和标明

正确使用商品或者接受服务的方法以及防止危害发生的方法。经营者发现其提供的商品或者服务存在严重缺陷，即使正确使用商品或者接受服务仍然可能对人身、财产安全造成危害的，应当立即停止销售尚未售出的商品或者停止提供服务，并向工商行政管理机关等有关行政部门报告。对已经销售的商品或者已经提供的服务，除报告工商行政管理机关等有关行政部门外，还应当及时通过公共媒体、店堂告示以及电话、传真、手机短信等有效方式告知消费者，并且收回该商品或针对已提供的服务采取相应的补救措施。经营者应当随时对其提供的商品或者服务进行检验，一旦发现存在缺陷时必须采取有效的补救措施，以保证消费者的安全。

（四）提供真实信息的义务

经营者应当向消费者提供有关商品或者服务的真实信息，不得作引人误解的虚假宣传。经营者对消费者就其提供的商品或者服务的质量和使用方法等问题提出的询问，应当做出真实、明确的答复。商店提供商品应当明码标价。

【资料阅读】

经营者有做出真实明确答复的义务

退休工人赵某准备为读大学的儿子买一双真皮旅游鞋。他来到一家百货商店的售鞋柜台前，仔细观看了很久，选中了一双标价 125 元的高帮白色旅游鞋。赵某问服务员这是不是真皮的，此时服务员正忙着与另一服务员交谈，无暇顾及，要赵某自己看商品标签，赵某不识字，便再次向服务员询问，服务员没好气地说，"什么真皮不真皮，要买就付钱。"赵某见问不出名堂，便私下猜测这鞋这么贵，应该是真皮的，便付钱买下。回家后，儿子一见便说这鞋不是真皮的，赵某还找了几个人看了鞋子，也都说不是真皮的。第二天，赵某提着鞋子到百货商店去退货。商店服务员也承认这鞋不是真皮的，但认为该鞋明码标价，赵某自己挑选，而且货款两清，不同意退货，双方遂吵了起来。值班经理闻讯赶来，问明情况，也认为错在赵某，不同意退货。赵某一气之下告到法院，要求百货商店退货并赔偿往返损失。

【分析】

受诉法院审理后认为商店服务员对赵某的询问不作真实明确的答复，违反了《消费者权益保护法》的有关规定，商店应对此承担民事责任。经调解，百货商店同意退货，并赔偿赵某往返损失人民币 30 元。

（五）标明经营者真实名称和标记的义务

经营者应当标明其真实名称和标记。租赁他人柜台或者场地的经营者，应当标明其真实名称和标记。展销会举办者、场地和柜台提供者应当加强管理，督促参展者和场地柜台的使用者悬挂营业执照并标明其真实名称和标记。

（六）签发凭证和单据的义务

经营者提供商品或者服务，应当按照国家有关规定或者商业惯例向消费者出具购货凭证或者服务单据；消费者索要购货凭证或者服务单据的，经营者必须出具。

（七）保障产品质量的义务

经营者应当保证在正常使用商品或者接受服务的情况下，其提供的商品或者服务应当具有的质量、性能、用途和有效期限；但消费者在购买该商品或者接受该服务前已经知道其存在瑕疵的除外。经营者以广告、产品说明、实物样品或者其他方式表明商品或者服务的质量状况的，应当保证其提供的商品或者服务的实际质量与表明的质量状况相符。

（八）承担"三包"义务

经营者提供商品或者服务，按照国家规定或者与消费者的约定，承担包修、包换、包退或者其他责任的，应当按照国家规定或者约定履行，不得故意拖延或者无理拒绝。

实行"三包"的商品经营者，在出售商品时必须出具"三包"凭证。有质量问题的，自售出之日起 7 日内，经营者应当根据消费者的要求予以退货、更换或者修理；15 日内，应当根据消费者的要求予以更换或者修理。在三包有效期内，修理过两次仍不能正常使用的产品，凭修理者提供的修理记录和证明，由销售者负责为消费者免费调换同型号同规格的产品或者退货，然后依法向生产者、供货者领导追偿或者按购销合同办理。

（九）严格遵守公平交易的义务

经营者不得以格式合同、通知、声明、店堂告示等方式作出对消费者不公平、不合理的规定，或者减轻、免除其损害消费者合法权益应当承担的民事责任。格式合同、通知、声明、店堂告示等含有前款所列内容的，其内容无效。

（十）尊重消费者人格尊严的义务

消费者依法享有人身权，经营者不得以任何理由侵犯消费者的人身权利，不得对消费者进行侮辱、诽谤，不得搜查消费者的身体及其携带的物品，不得侵犯消费者的人身自由。

第三节 消费者权益保护

一、消费者权益保护机构

（一）各级人民政府

国家和地方各级工商行政管理机关，是实施消费者权益保护的基本职能机构，其主要职能包括：拟订和组织实施有关法律、法规和政策；协调各部门共同做好保护消费者权益的工作；在工商行政管理机关职权范围内查处侵犯消费者权益的行为。

各级物价、技术监督、卫生、食品检验、商检等行政管理机关，行业主管部门和企业主管部门应在各自的职责范围内，依法加强对经营者的监督管理，保护消费者权益。

（二）公安、司法机关

经营者的违法行为构成犯罪的，应由公安机关和人民检察院依法立案、侦查、起诉至人民法院追究相关责任人员的刑事责任。

人民法院依法受理消费者权益争议案件，应及时审理，通过公正的审理保护消费者的合法权益。

（三）消费者组织

消费者协会和其他消费者组织是依法成立的对商品和服务进行社会监督的保护消费者合法权益的社会团体。

消费者协会履行下列职能：

(1) 向消费者提供消费信息和咨询服务。

(2) 参与有关行政部门对商品和服务的监督、检查。

(3) 就有关消费者合法权益的问题，向有关行政部门反映、查询，提出建议。

(4) 受理消费者的投诉，并对投诉事项进行调查、调解。

(5) 投诉事项涉及商品和服务质量问题的，可以提请鉴定部门鉴定，鉴定部门应当告知鉴定结论。

(6) 就损害消费者合法权益的行为，支持受损害的消费者提起诉讼。

(7) 对损害消费者合法权益的行为，通过大众传播媒介予以揭露、批评。

二、消费者权益争议的解决途径

消费者和经营者发生消费者权益争议时，可以通过下列途径解决：

(1) 与经营者协商和解。

(2) 请求消费者协会调解。

(3) 向有关行政部门申诉。

(4) 根据与经营者达成的仲裁协议提请仲裁机构仲裁。

(5) 向人民法院提起诉讼。

【资料阅读】

争议解决途径和法律责任

赵某将自己才穿了一个月价值 2000 元的羊绒大衣送到 A 干洗店干洗，A 干洗店给他开的取衣凭条上写明"干洗费 5 元，如有损坏赔偿洗衣费的 10 倍"。一星期后，赵某取衣时发现，羊绒大片脱落，遂要求 A 店赔偿，A 店负责人只同意按洗衣费的 10 倍即 50 元赔偿，双方发生争执。

【问题】

(1) A 店负责人的说法有无法律依据，为什么？

(2) 赵某可以采取什么途径保护自己的合法权益？

【分析】

(1) 没有法律依据。取衣凭条上的"说明"属于格式合同，作出了对消费者不公平、不合理的规定，其规定无效，应当依法赔偿赵某的损失。

(2) 赵某可以先与 A 店协商解决，或请求消费者协会调解，或向工商管理部门申诉；也可以根据双方达成的仲裁协议提请仲裁机构仲裁，或向人民法院提起诉讼。

三、违反消费者权益保护法的法律责任

（一）赔偿责任主体的确定

(1) 消费者在购买、使用商品时，其合法权益受到损害的，可以向销售者要求赔偿。销售者赔偿后，属于生产者的责任或者属于向销售者提供商品的其他销售者的责任的，销售者有权向生产者或者其他销售者追偿。

(2) 消费者或者其他受害人因商品缺陷造成人身、财产损害的，可以向销售者要求赔偿，也可以向生产者要求赔偿。属于生产者责任的，销售者赔偿后，有权向生产者追偿；属于销售者责任的，生产者赔偿后，有权向销售者追偿。

(3) 消费者在接受服务时，其合法权益受到损害的，可以向服务者要求赔偿。

(4) 消费者在购买、使用商品或者接受服务时，其合法权益受到损害，因原企业分立、合并的，可以向变更后承受其权利义务的企业要求赔偿。

(5) 使用他人营业执照的违法经营者提供商品或者服务，损害消费者合法权益的，消费者可以向其要求赔偿，也可以向营业执照的持有人要求赔偿。

(6) 消费者在展销会、租赁柜台购买商品或者接受服务，其合法权益受到损害的，可以向销售者或者服务者要求赔偿。展销会结束或者柜台租赁期满后，也可以向展销会的举办者、柜台的出租者要求赔偿。展销会的举办者、柜台的出租者赔偿后，有权向销售者服务者追偿。

(7) 消费者因经营者利用虚假广告提供商品或者服务，其合法权益受到损害的，可以向经营者要求赔偿。广告的经营者发布虚假广告的，消费者可以请求行政主管部门予以惩处。广告的经营者不能提供经营者的真实名称、地址的，应当承担赔偿责任。

（二）法律责任

违反《消费者权益保护法》的法律责任形式以民事责任为核心，同时还包括行政责任和刑事责任。

1. 民事责任

民事责任包括侵害消费者人身权利和财产权利两个方面。

(1) 侵害消费者人身权利的民事责任。

经营者提供商品或者服务，造成消费者或者其他受害人人身伤害的，应当支付医疗费、治疗期间的护理费、因误工减少的收入等费用；造成残疾的，还应当支付残疾者生活自助用具费、生活补助费、残疾赔偿金以及由其扶养的人所必需的生活费等费用。经营者提供商品或者服务，造成消费者或者其他受害人死亡的，应当支付丧葬费、死亡赔偿金以及由死者生

前扶养的人所必需的生活费等费用。经营者提供商品或服务，侵害消费者的人格尊严或者侵犯消费者人身自由的，应当停止侵害、恢复名誉、消除影响、赔礼道歉，并赔偿损失。

（2）侵害消费者财产权利的民事责任。

经营者提供的商品或服务不符合国家规定或者约定，不履行法定或者约定的义务，造成消费者财产损害的，或者产品被认定为不合格以及有欺诈行为的，都应承担民事责任。该类民事责任具体包括：

① 经营者提供商品或者服务，造成消费者财产损害的，应当按照消费者的要求，以修理、重做、更换、退货、补足商品数量、退还货款和服务费用或者赔偿损失等方式承担民事责任；消费者与经营者另有约定的，按照约定履行。

② 对国家规定或者经营者与消费者约定包修、包换、包退的商品，经营者应当负责修理、更换或者退货。在保修期内两次修理仍不能正常使用的，经营者应当负责更换或者退货。对包修、包换、包退的大件商品，消费者要求经营者修理、更换、退货的，经营者应当承担运输等合理费用。

③ 经营者以邮购方式提供商品的，应当按照约定提供；未按照约定提供的，应当按照消费者的要求履行约定或者退回货款，并应当承担消费者必须支付的合理费用。

④ 经营者以预收款方式提供商品或者服务的，应当按照约定提供；未按照约定提供的，应当按照消费者的要求履行约定或者退回预付款，并应当承担预付款的利息和消费者必须支付的合理费用。

⑤ 依法经营有关行政部门认定为不合格的商品，消费者要求退货的，经营者应当负责退货。

⑥ 经营者提供商品或者服务有欺诈行为的，应当按照消费者的要求增加赔偿其受到的损失，增加赔偿的金额为消费者购买商品的价款或者接受服务的费用的一倍。

2. 行政责任

《消费者权益保护法》规定，经营者违反该法规定，侵害消费者合法权益的，由工商行政管理部门责令改正，可以根据情节单处或者处警告并没收违法所得，处以违法所得一倍以上五倍以下的罚款；没有违法所得的，处以一万元以下的罚款；情节严重的，责令停业整顿，并吊销营业执照。

3. 刑事责任

经营者提供商品或者服务，造成消费者或者其他受害人人身伤害或者死亡的，构成犯罪的，依法追究刑事责任。以暴力、威胁等方法阻碍有关行政部门工作人员依法执行职务的，依法追究刑事责任。国家机关工作人员玩忽职守或者包庇经营者侵害消费者合法权益的行为的，由其所在单位或者上级机关给予行政处分；情节严重构成犯罪的，依法追究刑事责任。

【典型案例】

优盘容量缺斤短两案

重庆市民骆勇于 2013 年 2 月花费 188 元，在国美电器购得一只朗科 U160-128MB 超稳普及型闪存盘。使用后，他发现优盘实际容量只有 124 MB。骆勇认为国美电器故意隐瞒该优盘标示容量与实际容量的差异，存在欺诈行为，将其告上了法庭。国美电器称优盘标注容量小于实际容量是行业惯例，并且具有技术上的客观原因。

【分析】

重庆市江北区人民法院经审理认为，被告国美电器明知本案涉及的优盘标示容量与实际存储容量之间存在差异，却故意隐瞒真实情况，侵犯了原告的知情权，被告的行为构成欺诈。对于原告依据消费者权益保护法要求被告双倍赔偿，同时赔偿其因调查取证所产生的经济损失的诉讼请求，法院予以支持。

涉奥邮品诉讼案

王先生诉称，他在上海集邮公司花了 12 元买了被告捆绑销售的"北京申办 2008 年奥林匹克运动会成功纪念"实寄封和"2008 年奥运会主办城市表决纪念"实寄封，但事后他发现这是假实寄封，没有经过"自然实寄"。王先生认为被告故意销售假冒伪劣产品，已构成欺诈，因此要求被告退一赔一，并书面赔礼道歉。

【分析】

北京市宣武区人民法院审理认为该"纪念封"并未标明"实寄封"字样；这种"纪念封"是否必须经过邮政自然实寄，目前国家规定的欺诈消费者行为中尚无明确规定。因此，原告提出被告欺诈销售没有依据，法院不予认可，驳回了王先生的诉讼请求。

本 章 小 结

1．消费者是指为满足生活需要而购买、使用商品或者接受服务的个体社会成员，包括有偿或无偿两种形式。消费者权益是指消费者依法享有的权利以及该权利给消费者带来的利益。消费者权益的核心是消费者权利，表现为消费者的人身权益和经济权益两大部分。消费者权益保护法是调整国家机关、经营者、消费者相互之间因保护消费者利益而产生的各种社会关系的法律规范的总称。

2．消费者的权利是指消费者在购买、使用商品或者接受服务的一定时间内，依法应享有的各项权利。《消费者权益保护法》规定，消费者享有九项权利，即安全保障权、知悉真情权、自主选择权、公平交易权、依法求偿权、依法结社权、获得知识权、维护尊严权、监督批评权。经营者义务是经营者在经营活动中应当履行的法律上的责任。由于经营者义务是消费者权利得以实现的重要保障，所以我国《消费者权益保护法》规定了经营者的十项义务，即履行法定或约定的义务、接受监督的义务、保障人身和财产安全的义务、提供真实信息的义务、标明经营者真实名称和标记的义务、签发凭证和单据的义务、保障产品质量的义务、承担"三包"义务、严格遵守公平交易的义务、尊重消费者人格尊严的义务。

3．消费者权益保护机构主要包括：各级人民政府、公安和司法机关、消费者组织。消费者和经营者发生消费者权益争议的解决途径包括：与经营者协商和解、请求消费者协会调解、向有关行政部门申诉、根据与经营者达成的仲裁协议提请仲裁机构仲裁、向人民法院提起诉讼。

4．违反《消费者权益保护法》的法律责任形式以民事责任为核心，同时还包括行政责任和刑事责任。

知识结构

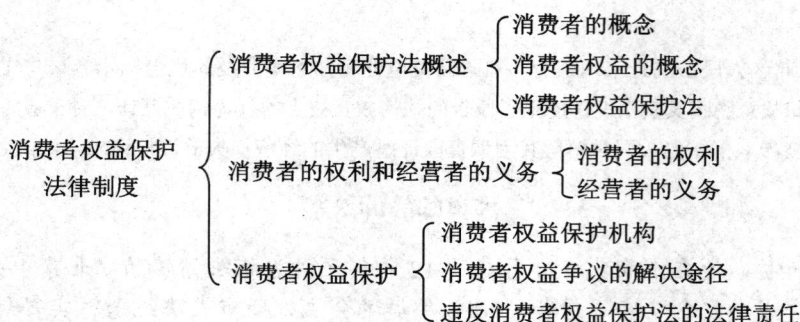

思 考 题

1. 简述消费者和消费者权益保护法的概念。
2. 消费者有哪些权利?
3. 我国保护消费者权益的机构有哪些? 消费者协会有哪些职能?
4. 消费者权益的相关争议如何解决?

案 例 演 练

【案例 1】 张某到附近的一家超市购买生活用品。该超市在醒目位置写着"谨慎购买,概不退换"八个大字。张某在食品柜挑选了一袋奶粉,然后又挑选了其他一些日常生活用品。当天下午,张某发现这袋奶粉已经过了保质期,于是立刻来到这家超市要求退货。值班经理认为不能退货,双方产生争执。

请分析:

(1) 本案中的这家超市侵犯了消费者的何种权利?

(2) 超市打出的"谨慎购买,概不退换"告示牌的效力如何,为什么?

(3) 张某可以通过什么方式解决纠纷?

【案例2】 2013 年 8 月 12 日是某市民李某的生日,当晚李某在甲酒店邀请朋友庆祝。大家正在进餐时,放在餐桌上的一瓶尚未开启的由乙厂生产的 A 牌啤酒突然发生爆炸,致使李某朋友张某双眼受伤,导致失明。张某向甲酒店求偿,甲酒店以张某受伤是由于乙啤酒厂产品不合格所致的,只同意支付部分医药费,并建议张某向乙厂索赔。

请分析:

(1) 甲酒店的理由成立吗,为什么?

(2) 张某能否向乙厂主张,为什么?

(3) 此案如何处理?

第九章　知识产权法律制度

学完本章后，你应该能够：

➢ 了解我国参加的知识产权国际条约；
➢ 掌握著作权与邻接权的关系；
➢ 掌握专利法律关系的构成要素；
➢ 掌握专利权授予的条件和程序；
➢ 掌握商标法律关系的构成要素；
➢ 了解商标权保护的相关法律规定。

案例导入

"新蒙"注册商标专用权归属

甲公司 2010 年 8 月获得"新蒙"文字注册商标专用权，核定商品为沐浴液产品。至 2013 年，"新蒙"沐浴液品牌经三年多有效经营已经驰誉当地。2013 年起，甲公司将"新蒙"注册商标使用于本公司的新产品"新蒙"洗发液产品上。沐浴液与洗发液同属于国际商标分类第三大类，故甲公司认为自己的"新蒙"文字注册商标当然可以延伸使用至"新蒙"洗发液这一类似商品上。当地的乙公司 2014 年起开始生产"新蒙"品牌洗发液，产品包装上突出使用了"新蒙"文字标识。甲公司遂向法院起诉，状告乙公司侵犯其"新蒙"注册商标专用权。

问题：

(1) 甲公司能否将"新蒙"商标使用在洗发液上，为什么？

(2) 乙公司的行为是否侵犯甲公司的注册商标专用权，请说明理由。

解析：

(1) 不能。根据《商标法》第 21 条规定，注册商标需要在同一类的其他商品上使用的，应当另行提出注册申请。

(2) 侵权。根据《商标法》第 52 条第 1 款，未经商标注册人的许可，在同一种商品或者"类似商品上"使用与其注册商标相同或者近似的商标的，视为侵权。另外，如果甲公司想用在洗发水上，必须补注洗发液商品项。本案中，顺延至其他类似群，并不准确。准确地讲，应该是为甲以后注册类似商品项提供便利，但并不能未经注册就直接使用。

第一节　知识产权法概述

一、知识产权的概念

知识产权是指人们依照法律对于自己的智力活动创造的成果和经营管理活动中的标记、信誉所依法享有的专有权利。根据 TRIPS 协定、成立世界知识产权组织公约等国际公约和我国民法通则、反不正当竞争法等国内立法，知识产权的范围主要包括著作权、邻接权、专利权、商标权、商业秘密权、植物新品种权、集成电路布图设计权等各种权利。

知识产权具有如下特征：

1. 知识产权的客体是不具有物质形态的智力成果

这是知识产权的本质属性，是知识产权区别于物权、债权和人身权等权利的首要特征。智力成果是指人们通过智力劳动创造的精神财富或精神产品，本身凝结了人类的一般劳动，具有财产价值，可以成为权利标的。也有学者称智力成果为"知识产品"或"知识财产和相关精神权益"。

2. 专有性

知识产权的权利主体依法享有独占使用智力成果的权利，他人不得侵犯。国家赋予著作权人、专利权人和商标专用权人在有效期内，对作品、发明创造和注册商标享有独占、使用、收益和处分的权利，任何第三人未经作品的作者、专利权人和商标专用权人的许可，不得使用，否则即构成侵权或犯罪，将依法受到应有的制裁。

3. 地域性

知识产权只在产生的特定国家或地区的地域范围内有效，不具有域外效力。因为知识产权作为一种专有权在空间上的效力并不是无限的，而要受到地域的限制，即具有严格的领土性，其效力仅限于本国境内。除签有国际公约或双边互惠协定的以外，知识产权没有域外效力，其他国家对这种权利没有保护的义务，任何人均可在自己的国家内自由使用该知识产品，既无须取得权利人的同意，也不必向权利人支付报酬。

4. 时间性

依法产生的知识产权一般只在法律规定的期限内有效。知识产权不是没有时间限制的永恒权利，其时间性表明：知识产权仅在法律规定的期限内受法律保护，一旦超过法律规定的有效期限，这一权利就自行消灭，相关知识产品即成为整个社会的共同财富，为全人类所共同使用。

二、知识产权法的概念

知识产权法是指因调整知识产权的归属、行使、管理和保护等活动中产生的社会关系的法律规范的总称。我国已相继颁布和实施了《中华人民共和国专利法》(以下简称《专利法》)、《中华人民共和国专利法实施细则》(以下简称《专利法实施细则》)、《中华人民共和国著作权法》(以下简称《著作权法》)、《中华人民共和国著作权法实施细则》(以下简称《著作权法实施细则》)、《中华人民共和国商标法》(以下简称《商标法》)、《中华人民共和国商标法实施细则》(以下简称《商标法实施细则》)等法律、法规。

三、我国参加的知识产权国际条约

我国在制定国内知识产权法律法规的同时，加强了与世界各国在知识产权领域的交往与合作，先后加入了十多项知识产权保护的国际公约，主要有与贸易有关的知识产权协定(TRIPS 协定)、保护工业产权巴黎公约、保护文学和艺术作品伯尔尼公约、世界版权公约、商标国际注册马德里协定、专利合作条约等。其中，世界贸易组织中的 TRIPS 协定被认为是当前世界范围内知识产权保护领域中涉及面广、保护水平高、保护力度大、制约力强的国际公约，对我国国内有关知识产权法律的修改起到了重要作用。

四、知识产权国际保护的基本原则

知识产权国际条约主要规定了知识产权保护的基本原则、范围，以及最低保护标准等内容。其中，关于基本原则的规定，是知识产权保护国际公约中最基本、最重要的内容。

(一) 国民待遇原则

在知识产权的保护上，成员国法律必须给予其他成员国的国民以本国或地区国民所享有的同等待遇。如果是非成员国的国民，在符合一定的条件后也可享受国民待遇。如在著作权保护方面，某公民的作品只要在某成员国首先发表，就可在该成员国享受国民待遇。

(二) 最惠国待遇原则

缔约方在知识产权保护方面给予缔约方或非缔约方的利益、优待、特权或豁免，应立即无条件地给予其他缔约方。国民待遇原则解决的是本国人和外国人之间的平等保护问题，而最惠国待遇原则则是解决外国人彼此之间的平等保护问题，其共同点是禁止在知识产权保护方面实行歧视或差别待遇。

(三) 透明度原则

各成员国颁布实施的知识产权保护法律、法规，以及普遍适用的终审司法判决和终局行政裁决，均应以该国文字颁布或以其他方式使各成员国政府及权利持有人知悉。

(四) 独立保护原则

某成员国国民就同一智力成果在其他缔约国(或地区)所获得的法律保护是互相独立的。知识产权在某成员国产生、被宣告无效或终止，并不必然导致该知识产权在其他成员国也产生、被宣告无效或终止。

(五) 自动保护原则

作者在享有及行使该成员国国民所享有的著作权时，不需要履行任何手续，注册登记、交纳样本及作版权标记等手续均不能作为著作权产生的条件。

(六) 优先权原则

在一个缔约成员国提出发明专利、实用新型、外观设计或商标注册申请人，又在规定期限内就同样的注册申请再向其他成员国提出同样内容的申请的，可以享有申请日期优先的权利，即可以把向某成员国第一次申请的日期，视为向其他成员国实际申请的日期。享有优先权的期限限制视不同的知识产权而定，发明和实用新型为向某成员国第一次申请之日起 12 个月，外观设计和商标为 6 个月。

第二节 著 作 权 法

📖 案例导入

《皆大欢喜系列》雕塑被仿制

福建雕塑艺术家黄先生潜心创作了弥勒佛《皆大欢喜系列》等雕塑作品，并进行了版权保护登记。2009 年起，黄先生发现福建某公司擅自大量仿制并销售其上述雕塑美术作品。黄先生认为，该公司的行为侵犯了其著作权，遂于 2010 年 10 月 12 日向福建省泉州市中级人民法院起诉，要求该公司停止侵权，赔偿经济损失 49 万余元。后泉州中院判决被告公司应立即停止侵犯原告黄先生《皆大欢喜系列》美术作品著作权行为，销毁侵权产品，并赔偿原告黄先生经济损失 10 万元。一审判决后，黄先生不服，于 2011 年 9 月向福建省高级人民法院提出上诉。

法院调解：2011 年 11 月，福建高院经过多次调解，最终被告公司自愿多补偿黄先生 1 万元，黄先生也谅解了被告公司，双方握手言和。

一、著作权法概述

(一) 著作权的概念及其特征

著作权亦称版权，是指作者及其他著作权人对其创作的文学、艺术和科学作品依法享有的权利。著作权包括人身权和财产权两个方面的内容。

著作权属于民事权利，是知识产权的重要组成部分。著作权除了具有知识产权所共有的特征，即具有专有性、地域性、时间性等特征外，与其他知识产权相比，还具有以下特征。

1. 著作权因作品的创作完成而自动产生

专利权、商标权的取得必须经过申请、审批、登记和公告，即必须以行政确认程序来确认权利的取得和归属。而著作权因作品的创作完成而自动产生，一般不必履行任何形式的登记或注册手续，也不论其是否已经发表。

2. 著作权突出对人身权的保护

著作权与作品的创作者密切相关，因而在著作权中，保护作者对作品的人身权利是其重要的内容。著作权中作者的发表权、署名权、修改权、保护作品完整权等人身权利永远归作者享有，不能转让，也不受著作权保护期限的限制。

（二）著作权法的概念

著作权法是指国家制定或认可的调整因著作权的产生、控制、利用和支配而产生的社会关系的法律规范的总称。狭义的著作权法，就是由国家立法机关依照立法程序制定的《著作权法》；广义的著作权法，包括一切调整著作权法律关系的法律规范，如《著作权法》《著作权法实施条例》《计算机软件保护条例》《作品自愿登记办法》等法律、法规、条例和规章等。我国现行《著作权法》于 1990 年 9 月 7 日通过，2012 年 10 月 27 日经由第九届全国人民代表大会常务委员会第二十四次会议修改。

二、著作权法律关系的构成要素

（一）著作权的主体

著作权的主体又称著作权人，是指依法对文学、艺术和科学作品享有著作权的人。根据《著作权法》的规定，著作权人包括作者以及其他依法享有著作权的公民、法人或者其他组织。根据我国《著作权法》的规定，著作权主体有以下几种：

1. 一般意义上的著作权主体

(1) 作者。创作作品的公民是作者。创作，是指产生文学、艺术和科学作品的智力活动。为他人创作进行组织工作，提供咨询意见、物质条件，或者进行了其他辅助工作，均不视为创作。由法人或者其他组织主持，代表法人或者其他组织意志创作，并由法人或者其他组织承担责任的作品，法人或者其他组织视为作者。

【资料阅读】

《见与不见》作者诉出版社侵权案

原告谈某诉称其笔名扎西拉姆·多多于 2007 年 5 月创作了诗作《班扎古鲁白玛的沉默》(又名《见与不见》)，并于同年 5 月 15 日首发于自己的博客。2011 年 3 月，她发现某出版社未经许可出版了内容包括涉案作品的图书《那一天那一月那一年》，且将涉案作品署名为仓央嘉措。故谈某以侵犯了其署名权、复制权和发行权为由，将该出版社和销售涉案图书的书店诉至北京市东城区人民法院。而该出版社认为原告对涉案作品享有著作权的证据不足，由于原告公证的博客网页中虽有涉案作品，但未署名，且该博客未明显说明或者声明博客内容为原创或禁止转载，因而不能证明原告对涉案作品享有著作权，也无法证明被告存在侵权行为。

法院判决：2011 年 10 月东城法院对该案作出一审判决，法院认定《见与不见》的作者为谈某，并根据被告侵权的过错程度、性质和后果等情节，判决被告某出版社停止出版、发行含有《见与不见》内容的涉案图书，销售涉案图书的书店停止销售涉案图书。

(2) 继受人。继受人，是指因发生继承、赠与、遗赠或受让等法律事实而取得著作财产权的人。继受著作权人只能成为著作财产权的继受主体，因著作人身权具有不可转让性。

2. 演绎作品的著作权人

演绎作品，又称派生作品，是指在已有作品的基础上，经过改编、翻译、注释、整理等创造性劳动而产生的作品。演绎行为是演绎者的创造性劳动，是一种重要的创作方式。演绎创作所产生的新作品，其著作权由演绎者享有，但行使著作权时不得侵犯原作品的著作权。

3. 合作作品的著作权人

合作作品，是指两人以上合作创作的作品。合作作品的著作权由合作作者共同享有。

如果合作作品不可以分割使用，由各合作作者通过协商一致行使；不能协商一致，又无正当理由的，任何一方不得阻止他人行使除转让以外的其他权利，但是所得收益应当合理分配给所有合作作者。

如果合作作品可以分割使用，作者对各自创作的部分可以单独享有著作权，但行使著作权时，不得侵犯合作作品整体的著作权。

4. 职务作品的著作权人

职务作品是指公民为完成法人或者其他组织工作任务所创作的作品。单位作品是由单位主持，代表单位意志创作，并由单位承担责任的作品。单位被视为单位作品的作者，行使完整的著作权。

5. 委托作品的著作权人

委托作品，是指接受他人委托而创作的作品。委托作品的著作权归属由委托人和受托人通过合同约定。合同未作明确约定或者没有订立合同的，著作权属于受托人，但委托人在约定的使用范围内享有使用作品的权利；双方没有约定使用作品范围的，委托人可以在委托创作的特定目的范围内免费使用该作品。

(二) 著作权的客体

著作权的客体是指著作权法保护的对象，即文学、艺术和科学领域中的作品。

1. 作品的概念

作品，是指文学、艺术和科学领域内具有独创性并能以某种有形形式复制的智力成果。作品的构成要件如下：

(1) 属于文学、艺术和自然科学、社会科学、工程技术等科学领域中的智力成果。

(2) 具有独创性，即作品系独立完成，而非剽窃之作；作品必须体现作者的个性特征，属于作者智力劳动创作结果，即具有创作性。

(3) 可复制性，即作品必须可以通过某种有形形式复制，从而被他人所感知。

2. 作品的种类

(1) 文字作品。

(2) 口述作品。

(3) 音乐、戏剧、曲艺、舞蹈、杂技艺术作品。

(4) 美术建筑作品。

(5) 摄影作品。

(6) 电影作品和以类似摄制电影的方法创作的作品。

(7) 图形作品和模型作品。

(8) 计算机软件。

(9) 法律行政法规规定的其他作品。

3．不予保护的对象

(1) 违禁作品。

(2) 官方文件。

(3) 时事新闻。

(4) 历法、数表、通用表格和公式。

(三) 著作权的内容

1．著作人身权

著作人身权是指基于作品的创作依法享有的以人格利益为内容的权利。它与作者人身不可分离，一般不能继承、转让，也不能被非法剥夺或成为强制执行中的执行标的。著作人身权包括以下各项权利：

(1) 发表权，是指决定作品是否公之于众的权利。

(2) 署名权，是指表明作者身份，在作品上署名的权利。

(3) 修改权，是指修改或授权修改他人作品的权利。

(4) 保护作品完整权，是指保护作品不受歪曲、篡改的权利。

2．著作财产权

著作财产权是指著作权人依法享有的控制作品的使用并获得财产利益的权利，具体包括以下各项权利。

(1) 使用权，是指以复制、发行、出租、展览、放映、广播、网络传播、摄制、改变、翻译、汇编等方式使用作品的权利。使用权具体包括以下内容：复制权、发行权、出租权、展览权、表演权、放映权、广播权、信息网络传播权、摄制权、改编权、翻译权、汇编权和应当由著作权人享有的使用作品的其他权利。

(2) 许可使用权，是指著作权人依法享有的许可他人使用作品并获得报酬的权利。

(3) 转让权，是指著作权人依法享有的转让使用权中一项或多项权利并获得报酬的权利。

(4) 获得报酬权，是指著作权人依法享有的因作品的使用或转让而获得报酬的权利。

3．邻接权

邻接权是由著作权派生出来的，邻接权亦称作品传播者权或与著作权有关的权益，指作品的传播者在传播作品的过程中对其创造性劳动成果依法享有的专有权利。邻接权包括表演者的权利、音像制作者的权利、广播电视组织者的权利和出版者的权利。

(1) 表演者的权利。表演者权利是指表演者因表演文学和艺术作品而依法享有的权利，包括表明表演者身份的权利，保护表演形象不受歪曲的权利，许可他人从现场直播的权利，许可他人以营利为目的录音录像并获取报酬的权利。

(2) 音像制作者的权利。音像制作者的权利是指音像制品的制作者对其所录制的原始录音、录像制品享有的权利，包括许可他人复制音像作品权，许可他人发行音像制品权，获得报酬权。

(3) 广播电视组织者的权利。广播电视组织者的权利是指广播电视组织对其编制的广播电视节目，依法享有的权利，包括播放、许可他人播放并获得报酬，许可他人复制发行其制作的广播、电视节目并获得报酬等。

(4) 出版者的权利。出版者的权利是指图书、报刊的出版者与著作权人通过合同约定，在一定的期限内，对其作品享有的专有使用权。出版者的权力主要包括图书出版者对著作权人交付的作品，在合同约定的有效期内，享有专有出版权；出版者对其出版的图书、杂志、报纸等的版式、装帧设计，享有专有使用权；在合同约定期和约定地区以同种文字的原版、修订版和缩编本的方式出版图书的权利。

【资料阅读】

土豆侵权《舌尖上的中国》

《舌尖上的中国》是中央电视台摄制的大型美食类纪录片，央视对其享有著作权，并将该节目的信息网络传播权授予原告——央视国际网络有限公司。本案被告方是上海全土豆文化传播有限公司，该公司在其经营的网站"土豆网"上提供了《舌尖上的中国》在线点播服务。原告认为土豆网未经许可在涉案节目热播期内提供在线点播服务，严重侵犯其合法权益。被告辩称，他们提供的是存储空间服务，而涉案作品是网友上传，但未就该主张提供证据证明。

该案由闵行区人民法院一审审理，判决被告上海全土豆文化传播有限公司于判决生效之日起十日内赔偿原告央视国际网络有限公司经济损失 24 万元、合理费用 8000 元。被告不服，提起上诉。二审法院判决驳回被告上诉，维持原判，原告获得终审胜诉。

三、著作权的利用和限制

(一) 著作权的利用

1. 著作权的许可使用

著作权的许可使用是指著作权人授权要求使用自己作品的人以一定的方式，在一定的时期和一定的范围内使用其作品的行为。这种利用通常是通过使用许可合同来实施的。著作权人利用许可合同可以将著作财产权中的一项或者几项内容许可他人使用，同时向被许可人收取一定数额的著作权使用费，以保障实现著作财产权益。

著作权使用许可合同主要条款应包括：许可使用作品的方式；许可使用的权利是否专

有；许可使用的范围、期限；付酬标准和办法；违约责任；其他需要约定的内容。著作权使用许可合同的有效期限为 10 年，期满可以续订。

2．著作权的转让

著作权的转让是指著作权人将作品著作财产权的一项或者几项全部转让给受让人，从而使受让人成为该作品一项或几项或全部著作财产权新的权利人的法律行为。

3．著作权的其他利用

著作权的其他利用是指除许可使用及转让外，著作权还可以用来作为债的担保、信托、破产财产强制执行以及离婚时夫妻财产分割的对象。

（二）著作权的限制

著作权的限制是指法律赋予著作权人以外的人有采用法定方式使用作品的权利。著作权的限制包括：合理使用、法定许可使用和强制许可使用。

1．合理使用

合理使用，是指在特定的条件下，法律允许他人自由使用享有著作权的作品，既不必取得著作权人的许可，也不必向著作权人支付报酬的制度。

我国著作权法规定下列行为属合理使用范围：

(1) 为个人学习、研究或欣赏，使用他人已经发表的作品。

(2) 为介绍、评论某一作品或者说明某一问题，在作品中适当引用他人已经发表的作品。

(3) 为报道时事新闻，在报纸、期刊、广播电台、电视台等媒体中不可避免的再现或引用已经发表的作品。

(4) 报纸、期刊、广播电台、电视台等媒体刊登或播放其他报纸、期刊、广播电台、电视台等媒体已经发表的关于政治、经济、宗教问题的时事性文章，但作者声明不许刊登、播放的除外。

(5) 报纸、期刊、广播电台、电视台等媒体刊登或播放在公共集会上发表的讲话，但作者声明不许刊登、播放的除外。

(6) 为学校课堂教学研究，翻译或少量复制已经发表的作品，供教学或科研人员使用，但不得出版发行。

(7) 国家机关为执行公务在合理范围内使用已经发表的作品。

(8) 图书馆、纪念馆、博物馆、档案馆、美术馆为陈列或保存版本的需要，复制本馆收藏的作品。

(9) 免费表演已经发表的作品，该表演未向公众收取费用，也未向表演者支付报酬。

(10) 对设置或陈列在室外公共场所的艺术作品进行临摹、绘画、摄影、录像。

(11) 将中国公民、法人、其他组织已经发表的以汉语言文字创作的作品翻译成少数民族语言文字作品在国内出版发行。

(12) 将已经发表的作品改成盲文出版。

上述这些限制的规定，同样适用于对出版者、表演者、录音录像制作者、广播电台、电视台的权利限制。

2．法定许可

法定许可是指依照著作权法的规定，使用者在利用他人已经发表的作品时，可不必征得著作权人许可，但应支付报酬，并尊重著作权人其他权利的制度。法定许可的几种情形如下：

(1) 为实施九年制义务教育和国家教育规划而编写出版教科书，除作者事先声明不许使用的以外，可以不经著作权人许可，在教科书中汇编已经发表的作品片段或短小的文字作品、音乐作品或单幅的美术作品或摄影作品，但应当按照规定支付报酬，指明作者姓名、作品名称，并且不得侵犯著作权人享有的其他权利。

(2) 录音制作者使用他人已经合法录制为录音制品的音乐作品制作录音制品，可以不经著作权人许可，但应当按照规定支付报酬，著作权人声明不许使用的不得使用。

(3) 广播电台、电视台播放他人已经发表的作品，可以不经著作权人许可，但应当支付报酬。

(4) 广播电台、电视台播放已经出版的录音制品，可以不经著作权人许可，但应当支付报酬。

(5) 当事人另有约定的除外，具体办法由国务院另行规定。

3．强制许可

强制许可是指在特定的条件下，由著作权主管机关根据情况，将对已经发表作品进行特殊使用的权利授予申请获得此项使用权的人，并把授权的依据称作"强制许可证"。特别是为发展国家的教学、学术活动和科学研究方面的便利，允许主管机关颁发翻译权与复制权的强制许可证。强制许可证仅限于该国内有效。根据强制许可证而使用作品的报酬，通常由法律确定。

四、著作权的保护

(一) 著作权的保护期限

1．著作人身权的保护期限

著作人身权中的署名权、修改权和保护作品完整权的保护期不受限制，可以获得永久性保护，但著作人身权中的发表权的保护有时间限制。

2．自然人作品的发表权和财产权的保护期

公民的作品，其发表权和使用权的保护期分别为作者终生及其死后 50 年，截止于作者死亡后 50 年的 12 月 31 日；如果是合作作者，截止于最后死亡的作者死亡后第 50 年的 12 月 31 日。作者生前未发表的作品，如果作者未明确表示不发表，作者死亡后 50 年内，其发表权可由继承人或者受赠人行使；没有继承人又无人受遗赠的，由作品原件的所有人行使。

3．法人或其他组织的作品的发表权和财产权的保护期

单位作品，著作权(署名权除外)由法人或者其他组织享有的职务作品，其发表权和使用权的保护期为 50 年，截止于作品发表后第 50 年的 12 月 31 日，但作品自创作完成后 50 年内未发表的，著作权不再保护。

4. 作者身份不明的作品使用权的保护期

作者身份不明的作品，其使用权的保护期截止于作品发表后第 50 年的 12 月 31 日。作者身份确定后，适用著作权法第 21 条的规定，按不同作品类型分别确定保护期。

(二) 侵犯著作权的法律责任

根据法律规定，侵犯他人著作权的行为，应当视其情节轻重承担相应的民事责任、行政责任、刑事责任。

1. 民事责任

需承担民事责任的违法行为有：

(1) 未经著作权人许可，发表其作品。

(2) 未经合作作者许可，将与他人合作创作的作品当作自己单独创作的作品发表。

(3) 没有参加创作，为牟取个人名利，在他人作品上署名。

(4) 歪曲、篡改他人作品。

(5) 未经著作权人许可，以表演、播放、展览、发行、摄制电影、电视、录像或者改编、翻译、注释、编辑等方式使用作品的，本法另有规定的除外。

(6) 使用他人作品，未按照规定支付报酬。

(7) 未经表演者许可，从现场直播其表演。

(8) 其他侵犯著作权以及与著作权有关的权益的行为。

承担民事责任的方式有：停止侵害、消除影响、公开赔礼道歉、赔偿损失等。上述侵权的民事责任方式既可以单独适用，也可以合并使用。

2. 行政责任

《著作权法》规定，著作权行政管理部门可以对较严重的著作侵权行为给予警告，责令停止制作和发行侵权复制品，没收违法所得，没收侵权复制品及制作设备和罚款的行政处罚。承担行政责任的侵权行为有：

(1) 剽窃、抄袭他人作品。

(2) 未经著作权人许可，以营利为目，复制发行其作品。

(3) 出版他人享有专有出版社的图书。

(4) 未经表演者许可，对其表演制作录音录像出版。

(5) 未经录音录像者许可，复制发行其制作的录音录像。

(6) 未经广播电台、电视台许可，转播、复制发行其制作的广播、电视节目。

(7) 制作出售假冒他人署名的美术作品。

对于前述第(1)项行为给予罚款 1000 至 5000 元；对于第(2)～(6)项行为，罚款 1 万至 10 万元或者总定价的 2 至 5 倍；对于第(7)项行为，罚款 1000 元至 5 万元。行政处罚的决定一经作出即具有强制力，当事人在收到行政处罚决定书三个月内不履行处罚决定，又不到人民法院起诉的，著作权行政管理机关可以申请人民法院强制执行。

3. 刑事责任

承担刑事责任的侵权行为有：

(1) 未经著作权人许可，以营利为目的复制、发行其文学作品。

(2) 以营利为目的出版他人享有出版权的图书。

(3) 未经录音录像制作者许可，以营利为目的复制、发行其制作的录音录像。

(4) 以营利为目的制作、出售假冒他人署名的美术作品。

上述行为情节严重的，视情节不同判处罚金、拘役，或判处 3 年以下、3 年以上 7 年以下有期徒刑等。

第三节 专 利 法

案例导入

王某研制出一种"自动加温保温瓶"，采用酒精作为恒温器的感温介质，用陶瓷制作瓶胆，目的是使保温瓶可以自动将瓶内的水温维持在一定的温度范围内。王某向专利局提出实用新型专利申请。专利局认为，酒精是一种常用的感温介质，陶瓷瓶容器早已在市面上销售，只是原来普通真空玻璃瓶的一种简单材料转换，没有产生突破性技术效果，所以不能授予专利权。

请回答：专利局的做法依据何在？

解析：授予专利权的条件是新颖性、创造性、实用性。本案中，张某研制出的"自动加温保温平"只是原来普通真空玻璃瓶的一种简单材料转换，没有产生突破性技术效果，不具有创造性。

一、专利法概述

（一）专利的概念

专利，也称专利权，即由国家颁发专利证书，授予专利权人在法律规定的期限内，对某项发明或者实用新型享有制造、使用、许可销售、销售、进口的专利权，或对外观设计享有制造、使用、销售、进口的专有权。

专利制度是国际上流行的一种运用法律和经济的手段推动技术进步的管理制度。专利制度既具有积极作用又具有消极作用，积极的一面在于它有利于保护、鼓励、推广发明创造，促进科学技术的发展；消极的一面在于产品的成本提高，容易形成专利技术的垄断，新技术、新产品难以广泛应用。

（二）专利法的概念

专利法有广义和狭义之分。广义的专利法是调整申请、取得、利用和保护专利过程中发生的社会关系的法律规范的总称，包括立法机关制定的法律、法规，行政机关制定的规章、条例，以及司法机关做出司法解释等构成的相关法律规范。狭义的专利法仅指立法机关依照法律制定的专利法。而专利法所调整的专利关系主要有专利管理关系、专利权属关系、专利许可使用关系、专利转让关系等。

专利法正式诞生于欧洲蓬勃兴起的工业革命时期。1474 年 3 月 19 日，威尼斯共和国颁布了世界上第一部专利法。我国最早有关专利的法规是 1898 年清朝光绪皇帝颁布的《振兴工艺给奖章程》。1984 年 3 月 12 日，《专利法》经第六届全国人民代表大会常务委员会第四次会议通过，并于 1984 年 3 月 20 日公布，于 1985 年 4 月 1 起正式施行。1992 年 9 月 4 日第七届全国人民代表大会常务委员会第二十七次会议通过了《关于修改〈专利法〉的决定》，进行了《专利法》的第一次修改，修改后的《专利法》于 1993 年 1 月 1 日起施行。2011 年 8 月 25 日，第九届全国人民代表大会常务委员会第十七次会议通过了《关于修改〈专利法〉的决定》，最后修改的《专利法》于 2012 年 7 月 1 日起施行。

二、专利法律关系的构成要素

（一）专利权主体

专利权的主体是指有权提出申请并获得专利权的个人或单位。根据《专利法》的规定，发明人或者设计人、职务发明创造的单位、外国人和外国企业或者外国其他组织都可以成为专利权的主体。

1．发明人或设计人的单位

如果发明创造属于职务发明，则有权取得专利权的主体应当是发明人或者设计人所在单位。所谓职务发明，是指执行本单位的任务或者主要是利用本单位的物质技术条件所完成的发明创造。执行本单位任务所完成的发明创造是指与发明人职务有关的发明创造，主要有：在本职工作中做出的发明创造；履行本单位交付的本职工作之外的任务所做出的发明创造；退职、退休或者调动工作一年之内做出的，与其在原单位承担的本职工作或者分配任务有关的发明创造，如果是辞职或开除的情况，应当作同一处理。"本单位物质条件"是指本单位的资金、设备、零部件、原材料或者不向外公开的技术材料等。

《专利法》第 16 条规定：被授予专利权的单位应当对职务发明创造的发明人或者设计人给予奖励；发明创造专利实施后，根据其推广应用的范围和取得的经济效益，对发明人或者设计人给予合理的报酬；同时，发明人或者设计人有在专利文件中写明自己是发明人或者设计人的权利。

2．发明人或设计人

发明人或设计人，是指对发明创造的实质性特点作出了创造性贡献的人。在完成发明创造过程中，只负责组织工作的人、为物质技术条件的利用提供方便的人或者从事其他辅助性工作的人，例如试验员、描图员、机械加工人员等，均不是发明人或设计人。发明人或设计人是指非职务发明创造的发明人或者设计人。

对于非职务发明创造，申请专利的权力属于发明人或者设计人。

3．共同发明人、设计人

如果一项非职务发明创造是由两个或两个以上的发明人、设计人共同完成的，则完成发明创造的人称之为共同发明人或共同设计人。共同发明创造的专利申请权和取得的专利权归全体共有人共同所有。

两个以上单位或者个人合作完成的发明创造、一个单位或者个人接受其他单位或者个人委托所完成的发明创造，如果双方约定发明创造的申请专利权归委托方，从其约定申请被批准后，申请的单位或者个人为专利权人；如果单位或者个人之间没有协议，构成委托开发的，申请专利权以及取得专利权归受托人，但委托人可以免费实施该专利技术。

4．发明创造的合法受让人

受让人是指通过合同或继承而依法取得专利权的单位或个人。继受了专利申请权或专利权之后，受让人并不因此而成为发明人、设计人，该发明创造的发明人、设计人也不因发明创造的专利申请权或专利权转让而丧失其特定的人身权利。

5．外国人、外国企业或者外国其他组织

在中国没有经常居所或者营业所的外国人、外国企业或者外国其他组织在中国申请专利的，依照其所属国同中国签订的协议或者共同参加的国际条约，或者依照互惠原则依法办理。

【资料阅读】

退休职工的发明权归属

甲曾任 A 厂的工程师，负责程控电话交换机的研究工作。2010 年 10 月，甲退休。2012 年 5 月甲利用过去工作中积累的资料，研究出一种 64 门程控空分交换机，经在 B 厂实验使用，效果极佳。2013 年 5 月，甲将此交换机以个人名义向专利局提出专利申请，同时经甲同意，B 厂在其指导下制造了 50 台交换机试销，并准备进一步组织生产。2014 年，甲的专利获得批准并公告。

问题：

(1) A 厂认为甲开发的新技术是使用其工作期间积累的资料完成的，应属职务发明，专利权应属 A 厂。则 A 厂的主张是否成立，为什么？

(2) 甲如果认为自己是 A 厂的老职工，取得的成绩离不开单位的支持，与 A 厂自行协商，将专利技术交由单位持有，则甲转让专利技术的行为是否有效，为什么？

解析：

(1) A 厂的主张不成立。因为根据专利法实施细则规定，发明人在退职、退休或者调动工作后 1 年内发明创造的，与其在原单位承担的本职工作或者原单位分配的任务有关的发明创造才算是职务发明创造。而甲的发明创造是在其退休 1 年之后才做出的，因而不能归为职务发明。

(2) 该行为无效。因为根据专利法规定，转让专利权的当事人必须订立书面合同，经专利局登记和公告后生效。当事人自行订立的协议不发生法律效力。

(二) 专利权的客体

专利权的客体是专利法的保护对象，即依法应授予专利的发明创造。我国《专利法》所称的发明创造，包括发明、实用新型和外观设计三种。

1. 发明

发明是指对产品、方法或者其改进所提出的新的技术方案，是发明人将自然规律在特定技术领域进行运用和结合的结果。我国专利法将发明分为产品发明、方法发明和改进发明三种。产品发明是关于新产品或新物质的发明；方法发明是指为解决某个特定技术问题而采用的手段和步骤的发明；改进发明是对已有的产品发明或方法发明所做出的实质性革新的技术方案。

2. 实用新型

实用新型是指对产品的形状、构造或者其结合所提出的适于实用的新的技术方案。实用新型专利只保护产品，该产品应当是经过工业方法制造的且占据一定空间的实体。

3. 外观设计

外观设计是指对产品的形状、图案或其结合以及色彩与形状、图案的结合所做出的富有美感并适于工业应用的新设计。外观设计只涉及美化产品的外表和形状，不涉及产品的制造和设计技术或科学方法。

下列情况不得授予专利权：

(1) 违反国家法律、社会公德或妨害社会公共利益的发明创造。

(2) 科学发现。

(3) 智力活动的规则和方法。

(4) 疾病的诊断和治疗方法。

(5) 动物和植物品种。

(6) 用原子核变换方法获得的物质。

【资料阅读】

存在明显撰写错误时专利权保护范围的确定

2011 年 4 月 7 日，原告北京西科盛世通酒店会展设备制造有限公司(简称西科公司)向法院起诉称：由被告广州市番禺区恒美酒店金属家具制造有限公司(简称恒美公司)生产、销售，被告上海闵行星河湾酒店有限公司(简称星河湾酒店)使用的"活动舞台"产品的技术特征，与原告"可移动的折叠台"发明专利(专利号为 ZL95196021.0)权利要求 3 的技术特征相同，已经落入了涉案专利权的保护范围，构成侵权。故请求法院判令：被告恒美公司停止生产、销售侵权产品，销毁库存侵权产品及其生产模具，并消除侵权影响；被告恒美公司赔偿原告经济损失及合理费用 10 万元；被告星河湾酒店停止使用侵权产品。

被告恒美公司辩称：原告主张保护的专利权范围为权利要求 3，其特征包括第二连杆形状呈矩形(105)，而其公司生产的折叠台产品结构不是矩形的而是 U 形结构，不具备原告权利要求 3 的技术特征，故没有落入原告主张的专利权保护范围，不构成专利权侵权。

被告星河湾酒店辩称：该公司通过公开招标的方式购买了恒美公司生产的"活动舞台"产品，对该产品是否侵犯他人专利权并不知晓，其使用的产品具有合法来源，故不应承担侵权责任。

裁判: 上海市第一中级人民法院经审理认为, 矩形通称为长方形, 是平面上每个内角都是直角的四边形。站在该领域普通技术人员的立场, 难以得出"基本上呈矩形"的含义能够包容"大致呈凹形"或者 U 形几何特征的结论。据此, 对原告"活动舞台"产品的技术特征与涉案专利权利要求 3 的技术特征相同, 落入了涉案专利权保护范围的主张不予支持。因此, 法院判决: 驳回原告全部诉讼请求。

原告不服一审判决, 提起上诉。上海市高级人民法院经审理认为, 综合一审以及二审查明的事实, 本案中所属技术领域普通技术人员能够明确无误地确认权利要求 3 中"基本上呈矩形的第二连杆(105)"是撰写错误, 也能明显无疑地知道该处的"基本上呈矩形的第二连杆(105)"应为"基本上呈 U 形的第二连杆(108)"。2012 年 10 月 31 日, 上海高院判决: 撤销一审判决, 改判被告恒美公司立即停止侵权并赔偿原告经济损失及合理费用 6 万元, 对原告其余诉讼请求不予支持。

裁判要旨: 当所涉领域的普通技术人员在阅读专利权利要求和说明书后, 能够发现某一技术特征的撰写文字存在明显错误, 并可根据说明书等专利文献获知明确无疑的答案的, 应以更正后的权利要求确定保护范围。

(三) 专利权的内容

专利权的内容是指专利权人的权利和义务。

1. 专利权人的权利

(1) 独占权。专利权人享有独占制造、使用和销售专利产品或使用专利方法的权利。专利权被授予后, 除本法另有规定的以外, 任何单位或者个人未经专利权人许可, 都不得实施其专利, 即不得为生产经营目的制造、使用、许诺销售、销售、进口其专利产品, 或者使用其专利方法以及使用、许诺销售、销售、进口依照该专利方法直接获得的产品。

(2) 转让权。专利申请权和专利权都可以转让, 转让双方必须签订书面转让合同, 经专利局登记和公告后生效。专利申请权或者专利权的转让自登记之日起生效。中国单位或者个人向外国人转让专利申请权或者专利权的, 必须经国务院有关主管部门批准。

(3) 许可权。专利权人有许可他人实施其专利并收取使用费的权利, 但必须订立书面实施许可合同。合同主要有三种类型: 独占实施许可合同、排他实施许可合同和普通实施许可合同。

(4) 标记权。专利权人有权在专利产品或该产品的包装上标明专利标记和专利号。发明人或设计人无论是否是专利权人, 都有权在专利文件上写明自己是发明人或设计人。

(5) 阻止权。专利权人有权阻止他人未经专利权人许可为了生产经营的目的制造、使用、销售、进口其专利产品, 或者进口依照其专利方法直接获得的产品。

(6) 放弃权。专利权人有权以书面声明形式放弃其专利权。

2. 专利权人的义务

(1) 缴纳专利费的义务。

(2) 职务发明创造的单位取得专利权后, 作为专利权人有向发明人或设计人给予报酬奖励的义务。

三、授予专利权的条件

发明创造要取得专利权，必须满足一定的条件。

（一）发明或者实用新型专利的授权条件

(1) 新颖性，是指在申请日以前没有同样的发明或者实用新型在国内外出版物上公开发表过、在国内公开使用过或者以其他方式为公众所知，也没有同样的发明或者实用新型由他人向国务院专利行政部门提出过申请并且记载在申请日以后公布的专利申请文件中。

(2) 创造性，是指同申请日以前已有的技术相比，该发明有突出的实质性特点和显著的进步。所谓实质性特点是指，与原有技术相比有本质突破；所谓进步是指，明显地超出了已有技术水平。

(3) 实用性，是指该发明或实用新型能够制造或使用，并且能够产生积极效果。实用性主要指该发明创造并不是一种纯理论的方案，它必须能够在实际中得到应用。

（二）外观设计专利的授权条件

(1) 新颖性。授予专利权的外观设计，应当同申请日以前在国内外出版物上公开发表过或者国内公开使用过的外观设计不相同且不相近似。

(2) 实用性。授予专利权的外观设计必须适于工业应用。

(3) 富有美感。授予专利权的外观设计必须富有美感。美观是指外观设计从视觉感知上的愉悦感受，与产品功能是否先进没有必然联系。

(4) 不得与他人在先取得的合法权利相冲突。

四、授予专利权的程序

（一）专利的申请

1. 专利申请的原则

(1) 书面原则，是指申请人为获得专利权所需的各种法定手续都必须依法以书面形式办理，及时提交各种文件。

(2) 单一性原则，是指一件专利申请只能限于一项发明创造。但是属于一个总的发明构思的两项以上的发明或者实用新型，可以作为一件申请提出；用于同一类别并且成套出售或者使用的产品的两项以上的外观设计可以作为一件申请提出。

(3) 先申请原则，是指两个以上的申请人分别就同样的发明创造申请专利的，专利权授予最先申请的人。我国专利制度以申请日作为判断申请先后的时间标准。若两个或两个以上的申请人就同样的发明创造在同日提出申请时，申请人应在接到专利局通知后自行协商解决，若协商不成，专利局将驳回各方申请。

2. 专利申请文件

申请发明专利和实用新型专利时，应向专利局递交请求书、说明书及其摘要和权利要求书等文件。申请外观设计专利时，应当递交请求书以及该外观设计的图片和照片等文件，并应写明使用该外观设计的产品及其所属类别。

3．专利申请日

专利局收到专利申请文件之日为申请日。申请人享有优先权的，优先权日视为申请日。《专利法》第29条规定了国际优先权和国内优先权。申请人自发明或者实用新型在外国第一次提出专利申请之日起十二个月内，或者自外观设计在外国第一次提出专利申请之日起六个月内，又在中国就相同主题提出专利申请的，依照该外国同中国签订的协议或者共同参加的国际条约，或者依照相互承认优先权的原则，可以享有优先权。申请人自发明或者实用新型在中国第一次提出专利申请之日起十二个月内，又向国务院专利行政部门就相同主题提出专利申请的，可以享有优先权。

【资料阅读】

专利申请的优先权原则

中国学者甲在美国完成一项产品发明。2012年12月3日，甲在我国某学术研讨会上介绍了他的这项发明成果。2013年6月16日，出席过这次研讨会的某研究所工程师乙将这项成果作为他自己的非职务发明，向中国专利局提出申请。2013年5月5日，甲以此成果在法国提出专利申请。2014年4月28日，甲又以同一成果向中国专利局提出专利申请，同时提出要求优先权的书面说明，并提交了有关文件。

问题： 本案应怎么处理？

解析： 本案应由甲享有国外优先权，故专利申请权应属甲享有，其申请日为2013年5月5日。

（二）专利申请的审批

我国专利法对发明专利采用早期公开、迟延审查制，而对实用新型和外观设计则采用登记制。

1．发明专利的审批

（1）初步审查。专利主管机关查明该申请是否符合专利法关于申请形式要求的规定。

（2）早期公开。专利局受到发明专利申请后，经初步审查认为符合要求的，自申请日起满18个月，即行公布。专利局可以根据申请人的请求早日公布其申请。

（3）实质审查。发明专利申请自申请日起3年内，专利局可以根据申请人随时提出的请求，对其申请进行实质审查；申请人无正当理由逾期不请求实质审查的，该申请即被视为撤回。专利局认为有必要的时候，可以自行对发明专利进行实质审查。

（4）授权登记公告。发明专利申请经实质审查没有发现驳回理由的，由专利局做出授予发明专利权的决定，发给发明专利证书，同时予以登记和公告。发明专利权自公告之日起生效。

2．实用新型和外观设计专利的审批

实用新型和外观设计专利申请经初步审查没有发现驳回理由的，由专利局作出授予实

用新型专利权或者外观设计专利权的决定，发给相应的专利证书，同时予以登记和公告。实用新型专利权和外观设计专利权自公告之日起生效。

（三）专利的复审和无效宣告

国家知识产权局设立专利复审委员会。专利申请人对专利局驳回申请的决定不服的，可以自收到通知之日起 3 个月内，向专利复审委员会请求复审。专利复审委员会复审后，作出决定，并通知专利申请人。专利申请人对专利复审委员会的复审决定不服的，可以自收到通知之日起 3 个月内向人民法院起诉。

自国务院专利行政部门公告授予专利权之日起，任何单位或者个人认为该专利权的授予不符合本法有关规定的，可以请求专利复审委员会宣告该专利权无效。专利复审委员会对宣告专利权无效的请求应当及时审查和作出决定，并通知请求人和专利权人。宣告专利权无效的决定，由国务院专利行政部门登记和公告。对专利复审委员会宣告专利权无效或者维持专利权的决定不服的，可以自收到通知之日起 3 个月内向人民法院起诉。人民法院应当通知无效宣告请求程序的对方当事人作为第三人参加诉讼。宣告无效的专利权视为自始即不存在。

五、专利权的保护期限和终止

我国《专利法》规定，发明专利权的保护期限为 20 年，实用新型和外观设计的保护期限为 10 年，均自申请日起计算。

专利权在保护期限届满时终止为正常终止，专利权在保护期限届满前终止为提前终止。提前终止有两种情况：一是没有按规定缴纳专利年费；二是专利权人以书面形式声明放弃其专利权。专利权提前终止，应由国务院专利行政部门登记和公告。

六、专利权的强制许可

强制许可又称为非自愿许可，是指国务院专利行政部门依照法律规定，不经专利权人的同意，直接许可具备实施条件的申请者实施发明或实用新型专利的一种行政措施。其目的是为了促进获得专利的发明创造得以实施，防止专利权人滥用专利权，维护国家利益和社会公共利益。我国专利法将强制许可分为三类：

1．不实施时的强制许可

具备实施条件的单位以合理的条件请求发明或实用新型专利权人许可实施其专利，而未能在合理的时间内获得这种许可时，国务院专利行政部门根据该单位的申请，可以给予实施该发明专利或者实用新型专利的强制许可。请求国务院专利行政部门给予强制许可的，只有在专利权被授予之日起满 3 年后才可以申请。

2．根据公共利益需要的强制许可

在国家出现紧急或者非常情况时，或者为了公共利益的目的，国务院专利行政部门可以给予实施发明专利或者实用新型专利的强制许可。

3．从属专利的强制许可

一项取得专利权的发明或者实用新型比前已取得专利权的发明或者实用新型具有显著

经济意义的重大技术进步，其实施又有赖于前一发明或者实用新型的实施的，国务院专利行政部门根据后一专利权人的申请，可以给予实施前一发明或者实用新型的强制许可。在依照前款规定给予实施强制许可的情形下，国务院专利行政部门根据前一专利权人的申请，也可以给予实施后一发明或者实用新型的强制许可。

七、专利权的保护

(一) 专利侵权行为的认定

专利侵权行为，是指在专利有效期内，行为人未经专利权人许可，实施其专利的行为。

发明或者实用新型专利权的保护范围以其权利要求的内容为准，说明书及附图可以用于解释权利要求。外观设计专利权的保护范围以表示在图片或者照片中的该外观设计专利产品为准。

下列情形不视为侵犯专利权的行为：

(1) 专利权人制造、进口或者经专利权人许可而制造、进口的专利产品或者依照专利方法直接获得的产品售出后，使用、许诺销售或者销售该产品的。

(2) 在专利申请日前已经制造相同产品、使用相同方法或者已经作好制造、使用的必要准备，并且仅在原有范围内继续制造、使用的。

(3) 临时通过中国领陆、领水、领空的外国运输工具，依照其所属国同中国签订的协议或者共同参加的国际条约，或者依照互惠原则，为运输工具自身需要而在其装置和设备中使用有关专利的。

(4) 专为科学研究和实验而使用有关专利的。

(二) 专利权的保护

未经专利权人许可实施其专利，即侵犯其专利权，引起纠纷的，由当事人协商解决；不愿协商或者协商不成的，专利权人或者利害关系人可以向人民法院起诉，也可以请求管理专利工作的部门处理。

侵犯专利权的诉讼时效为两年，自专利权人或利害关系人知道或应当知道侵权行为之日起计算。

第四节 商 标 法

📖 案例导入

假冒"茅台"被查处

2008 年 1 月 18 日，格尔木市工商局执法人员在市场巡查时，依法查处了格尔木市管道输油处生活南区"油龙超市"销售涉嫌侵权53度五星贵州"茅台"牌白酒案，共计查获"茅台"牌白酒168瓶，案值13.2万元。经查，油龙超市当事人王某于2007年12月12

日从赵某(已逃逸)手中以每瓶550元的价格一次性购进了53度五星贵州"茅台"牌白酒240瓶，其中，72瓶白酒因包装损坏已自用，剩余168瓶白酒存放在油龙超市库房内准备销售时，被依法查获。经贵州茅台酒股份有限公司对所查扣涉嫌侵权白酒鉴定，认定为侵犯其注册商标专用权商品。

一、商标法概述

(一) 商标和商标法的概念

商标是指由文字、图形、字母、数字、三维标志和颜色组合，以及上述要素的组合，使用于一定的商品或者服务项目，用以区别商标使用者与同类商品的生产经营者或者同类服务业经营者的显著标记。

商标法是调整在确认、保护商标专用权和商标使用过程中发生的社会关系的法律规范的总称。世界上最早的商标法是1803年法国制定的《关于工厂、制造厂和作坊的法律》。我国的商标法最早可追溯到1904年清政府制定的《商标注册试办章程》。1982年8月23日，《中华人民共和国商标法》(以下简称《商标法》)颁布，于1983年3月1日起实行。1993年2月22日第七届全国人民代表大会常务委员会第十三次会议和2012年10月27日第九届全国人民代表大会常务委员会第二十四次会议对《商标法》分别进行了两次修正。《商标法》及《商标法实施细则》是我国商标法律制度中的最重要的法律文件。

(二) 商标的种类

根据不同的标准，可将商标分为以下几类：

1. 平面商标和立体商标

平面商标是指由文字、图形、字母、数字、色彩的组合，或前述要素的相互组合构成的商标。立体商标是由产品的容器、包装、外形以及其他具有立体外观的三维标识构成的商标。

2. 商品商标和服务商标

商品商标是指使用于各种商品上，用来区别不同生产者和经营者的商标。服务商标是指使用于服务项目，用来区别服务提供者的商标。

3. 集体商标和证明商标

集体商标是指以团体、协会或者其他组织名义注册，供该组织成员在商事活动中使用，以表明使用者在该组织中的成员资格的标志。证明商标是指由对某种商品或服务具有监督能力的组织所控制，而由该组织以外的单位或个人使用于其商品或服务，用以证明该商品或者服务的原产地、原料、制造方法、质量或者其他特定品质的标志。

二、商标权

(一) 商标权的概念

商标权是指商标所有人依法对其注册商标享有的独占使用的权利。由于我国在商标权的取得方面实行的是注册原则，所以商标权实际上是因商标所有人申请，经政府主管部门确认的专有权利, 即因商标注册而产生的权利。

(二) 商标权的主体

商标权的主体是指通过法定程序, 在自己生产、制造、加工、拣选、经销的商品或者提供的服务上享有商标专用权的人。根据《商标法》规定商标权的主体范围包括: 自然人、法人或者其他组织。

两个以上自然人、法人或者其他组织可以共同向商标局申请注册同一商标, 共同享有和行使该商标专用权。

(三) 商标权的客体

商标权的客体是指经商标局核准注册的商标, 即注册商标。

申请注册商标应当具备以下条件:

(1) 商标应当具备显著性。《商标法》规定, 申请注册的商标, 应当有显著特征, 便于识别, 并不得与他人在先取得的合法权利相冲突。商标具备的这种显著性, 可以通过两种方式产生: 一是商标本身具有显著性; 二是通过长期的使用获得商标的显著性。

(2) 商标应当符合可视性要求。《商标法》规定, 任何能够将自然人、法人或者其他组织的商品与他人的商品区别开的可视性标志, 包括文字、图形、字母、数字、三维标志和颜色组合, 以及上述要素的组合, 均可以作为商标申请注册。由此可见, 气味标志、音响标志不能成为注册商标。

《商标法》第 10 条规定, 下列标志不得作为商标使用。

(1) 同中华人民共和国的国家名称、国旗、国徽、军旗、勋章相同或者近似的, 以及同中央国家机关所在地特定地点的名称或者标志性建筑物的名称、图形相同的。

(2) 同外国的国家名称、国旗、国徽、军旗相同或者近似的, 但该国政府同意的除外。

(3) 同政府间国际组织的名称、旗帜、徽记相同或者近似的, 但经该组织同意或者不易误导公众的除外。

(4) 与表明实施控制、予以保证的官方标志、检验印记相同或者近似的, 但经授权的除外。

(5) 同"红十字""红新月"的名称、标志相同或者近似的。

(6) 带有民族歧视性的。

(7) 夸大宣传并带有欺骗性的。

(8) 有害于社会主义道德风尚或者有其他不良影响的。

县级以上行政区划的地名或者公众知晓的外国地名, 不得作为商标。但是, 地名具有其他含义或者作为集体商标、证明商标组成部分的除外; 已经注册的使用地名的商标继续有效。

《商标法》第 11 条规定, 下列标志不得作为商标注册。

(1) 仅有本商品的通用名称、图形、型号的。

(2) 仅仅直接表示商品的质量、主要原料、功能、用途、重量、数量及其他特点的。

(3) 缺乏显著特征的。

前款所列标志经过使用取得显著特征, 并便于识别的, 可以作为商标注册。

《商标法》第 12 条规定：以三维标志申请注册商标的，仅由商品自身的性质产生的形状、为获得技术效果而需有的商品形状或者使商品具有实质性价值的形状，不得注册。

《商标法》第 13 条规定：就相同或者类似商品申请注册的商标是复制、模仿或者翻译他人未在中国注册的驰名商标，容易导致混淆的，不予注册并禁止使用。

就不相同或者不相类似商品申请注册的商标是复制、模仿或者翻译他人已经在中国注册的驰名商标，误导公众，致使该驰名商标注册人的利益可能受到损害的，不予注册并禁止使用。

《商标法》第 15 条规定：未经授权，代理人或者代表人以自己的名义将被代理人或者被代表人的商标进行注册，被代理人或者被代表人提出异议的，不予注册并禁止使用。

《商标法》第 16 条规定：商标中有商品的地理标志，而该商品并非来源于该标志所标示的地区，误导公众的，不予注册并禁止使用；但是，已经善意取得注册的继续有效。这里所称地理标志，是指标示某商品来源于某地区，该商品的特定质量、信誉或者其他特征主要由该地区的自然因素或者人文因素所决定的标志。

（四）商标权的内容

商标权的内容，是指商标权人依法享有的权利和应承担的义务。

1. 商标权人的权利

(1) 独占使用权，指商标权人对核准注册的商标，在指定的范围内享有完全独占使用其商标的权利。

(2) 禁止权，指商标权人禁止他人未经自己许可而使用该商标的权利。

(3) 转让权，商标权人转让注册商标的，转让人和受让人应当签订转让协议，并共同向商标局提出申请。受让人应当保证使用该注册商标的商品质量。转让注册商标经核准后，予以公告，受让人自公告之日起享有商标专用权。

(4) 许可使用权，商标注册人可以通过签订商标使用许可合同，许可他人使用其注册商标。

(5) 续展权，是指商标权人在其注册商标有效期届满时，依法享有申请续展注册，从而延长其注册商标保护期的权利。每次续展注册的有效期为 10 年，自该商标上一届有效期满次日起计算。

(6) 标示权，商标注册人使用注册商标，有权表明"注册商标"字样或者注册标记。

2. 商标权人的义务

(1) 使用注册商标的义务。《商标法》规定：连续 3 年停止使用注册商标的，由商标局责令限期改正或撤销该注册商标。

(2) 对使用注册商标的商品质量负责，其商品不得粗制滥造，以次充好，欺骗消费者。

(3) 不得自行改变注册商标的文字、图形或者其组合。

(4) 不得自行改变注册商标的注册人名义、地址或者其他注册事项。

(5) 不得自行转让注册商标。

(6) 许可他人使用注册商标的，应签订商标使用许可合同，商标使用许可合同应当报商标局备案。

(7) 许可他人使用注册商标的，许可人应当监督被许可人使用其注册商标的商品质量，被许可人应当保证使用该注册商标的商品质量；经许可使用他人注册商标的，必须在使用该注册商标的商品上标明被许可人的名称和商品产地。

(8) 放弃注册商标应办理注销手续。

三、商标注册

（一）商标注册的概念

商标注册是指商标所有人将其使用的商标依照商标法规的条件和程序，向商标主管机关提出申请，经商标主管机关依法审查核准，在商标注册簿上登录并公告，发给商标注册证，授予商标所有人商标专用权的法律活动。经过商标主管机关核准的商标，称为注册商标。只有经过注册的商标，商标所有人才能取得商标专用权并受法律保护。商标所有人在使用注册商标时，必须注明"注册商标"字样，或标明注册标记"注"或"®"。

（二）商标注册的原则

1. 自愿注册与强制注册相结合原则

自愿注册原则，主要指商标所有人对其所有的商标是否申请注册可根据情况自行决定。商标注册实行自愿原则，表明商标所有人也可以不申请商标注册。但由于只有经过注册的商标才能取得商标专用权，才能受到法律的保护，所以商标所有人在不申请商标注册的情况下，不受法律保护，也就不能禁止他人使用自己未经注册的商标。在实行自愿注册原则的同时，我国规定了在极少数商品上使用的商标实行强制注册的原则。目前必须使用注册商标的商品有两大类，即人用药品和烟草制品。

2. 申请在先原则

申请在先原则又称注册在先原则，是指两个或两个以上的商标注册申请人，在同一种商品或者类似商品上，以相同或者近似的商标申请注册的，申请在先的商标，其申请人可获得商标专用权，在后的商标注册申请予以驳回。

3. 单一性原则

我国进行商标注册申请，应遵循一类商品一件商标一份申请的原则。一般情况下，同一商标只限于同一类商品使用，同一申请人在不同类别的商品上使用同一类商标，应按商品分类分别提出。

4. 优先权原则

商标注册申请人自其商标在外国第一次提出商标注册申请之日起六个月内，又在中国就相同商品以同一商标提出商标注册申请的，依照该外国同中国签订的协议或者共同参加的国际条约，或者按照相互承认优先权的原则，可以享有优先权。

商标在中国政府主办的或者承认的国际展览会展出的商品上首次使用的，自该商品展出之日起六个月内，该商标的注册申请人可以享有优先权。

（三）商标注册的程序

1．注册申请

商标注册申请人向商标局提出申请时，需提交下列申请文件。

(1) 申请书。

(2) 商标图样。

(3) 商标代理人委托书。

(4) 其他有关证明文件。

2．商标注册的审定

商标局对受理的商标注册申请依法进行审查，对符合规定的或者在部分指定商品上使用商标的注册申请符合规定的，予以初步审定，并予以公告；对不符合规定或者在部分指定商品上使用商标的注册申请不符合规定的，予以驳回或者驳回在部分指定商品上使用商标的注册申请，书面通知申请人并说明理由。

两个或者两个以上的商标注册申请人，在同一种商品或者类似商品上，以相同或者近似的商标申请注册的，初步审定并公告申请在先的商标；同一天申请的，初步审定并公告使用在先的商标，驳回其他人的申请，不予公告。

申请商标注册不得损害他人现有的在先权利，也不得以不正当手段抢先注册他人已经使用并有一定影响的商标。

商标权的异议是指任何人对商标局初步审定予以公告的商标，自公告之日起 3 个月内提出异议，向商标局提出不应给予注册的意见。

对初步审定、予以公告的商标提出异议的，商标局应当听取异议人和被异议人陈述事实和理由，经调查核实后做出裁定。当事人不服的，可以自收到通知之日起十五日内向商标评审委员会申请复审，由商标评审委员会做出裁定，并书面通知异议人和被异议人。当事人对商标评审委员会的裁定不服的，可以自收到通知之日起三十日内向人民法院起诉。

对驳回申请、不予公告的商标，商标局应当书面通知商标注册申请人。商标注册申请人不服的，可以自收到通知之日起十五日内向商标评审委员会申请复审，由商标评审委员会做出决定，并书面通知申请人。当事人对商标评审委员会的决定不服的，可以自收到通知之日起三十日内向人民法院起诉。

当事人在法定期限内对商标局做出的裁定不申请复审或者对商标评审委员会做出的裁定不向人民法院起诉的，裁定生效。

3．核准注册

对初步审定的商标，自公告之日起三个月期满无异议的或虽提出异议，但经裁定异议不能成立的，予以核准注册，发给商标注册证，并予以公告。经裁定异议成立的，不予核准注册。

经裁定异议不能成立而核准注册的，商标注册申请人取得商标专用权的时间自初审公告三个月期满之日起计算。

四、商标权的保护期限、续展和终止

(一) 商标权的保护期限

《商标法》规定，注册商标的有效期为 10 年，自核准注册之日起计算。

(二) 商标权的续展

注册商标有效期满，需要继续使用的，应当在期满前六个月内申请续展注册；在此期间未能提出申请的，可以给予六个月的宽展期。宽展期满仍未提出申请的，注销其注册商标。每次续展注册的有效期为十年。续展注册经核准后，予以公告。

(三) 商标权的终止

(1) 注销，是指商标注册所有人自动放弃注册商标或商标局依法取消注册商标的程序。引起注销的几种情形是：自动申请注销；过期注销；无人继承注销。

(2) 撤销，是指商标主管机关或商标仲裁机关对违反商标法有关规定的行为予以处罚使原注册商标专用权归于消灭的程序。引起撤销的几种情形是：违法撤销；不当注册撤销；争议撤销。

五、商标使用的管理

商标使用的管理是指商标局对注册商标、未注册商标的使用进行监督管理，并对违反商标法规定的侵权行为予以制裁的活动。

(一) 对注册商标使用的管理

经商标局核准注册的商标为注册商标，商标注册人依法享有商标专用权，受法律保护。根据《商标法》的规定，商标行政管理部门对注册商标的使用依法实行管理，具体管理工作包括以下内容。

(1) 对使用注册商标的管理。使用注册商标，有下列行为之一的，由商标局责令限期改正或者撤销其注册商标。

① 自行改变注册商标。

② 自行改变注册商标的注册人名义、地址或者其他注册事项。

③ 自行转让注册商标。

④ 连续 3 年停止使用。

(2) 监督使用注册商标的商品质量。使用注册商标，其商品粗制滥造、以次充好、欺骗消费者的，由各级工商行政管理部门分别不同情况，责令限期改正，并可以予以通报或者处以罚款，或者由商标局撤销其注册商标。

(3) 对被撤销或者注销的商标的管理。注册商标被撤销的或者期满不再续展的，自撤销或者注销之日起 1 年内，商标局对与该商标相同或者近似的商标注册申请，不予核准。

(4) 对必须使用注册商标的商品的管理。对按照国家规定必须使用注册商标的商品，未申请注册而在市场销售的，由地方工商行政管理部门责令限期申请注册，可以并处罚款。

（二）对未注册商标使用的管理

未注册商标的使用同样涉及商标专用权的保护、商品或者服务质量的保证和消费者利益的保障，因而商标管理工作也包括对未注册商标使用的管理。

根据《商标法》的规定，使用未注册商标，有下列行为之一的，由地方工商行政管理部门予以制止，限期改正，并可以予以通报或者处以罚款。

(1) 冒充注册商标。

(2) 违反商标法中不得作为商标使用的标志的规定。

(3) 粗制滥造，以次充好，欺骗消费。

六、商标权的保护

注册商标的保护，仅限于核准注册的商标和核定使用的商品范围内，不得任意改变或扩大保护范围。

商标侵权的行为通常是指他人出于商业目的，未经商标专用权人的许可而擅自使用他人已注册的商标，或者把他人注册商标的主要部分用作自己的商标，并使用在相同或类似的商品上，从而产生商标混同，以欺骗消费者。

依据《商标法》第52条规定，有下列行为之一的，均属侵犯注册商标专用权。

(1) 未经商标注册人的许可，在同一种商品或者类似商品上使用与其注册商标相同或者近似的商标。

(2) 销售明知是侵犯注册商标专用权的商品。

(3) 伪造、擅自制造他人注册商标标识或者销售伪造、擅自制造的注册商标标识。

(4) 未经商标注册人同意，更换其注册商标并将该更换商标的商品又投入市场。

(5) 给他人的注册商标专用权造成其他损害。此类行为包括：

① 在同一种或者类似商品上，将与他人注册商标相同或者近似的标志作为商品名称或者商品装潢使用，误导公众。

② 故意为侵犯他人注册商标专用权行为提供仓储、运输、邮寄、隐匿等便利条件。

由于侵犯注册商标专用权行为引起纠纷的，由当事人协商解决；不愿协商或者协商不成的，商标注册人或者利害关系人可以向人民法院起诉，也可以请求工商行政管理部门处理。工商行政管理部门处理时，认定侵权行为成立的，责令立即停止侵权行为，没收、销毁侵权商品和专门用于制造侵权商品、伪造注册商标标识的工具，并可处以罚款。当事人对处理决定不服的，可以自收到处理通知之日起十五日内依照《中华人民共和国行政诉讼法》向人民法院起诉；侵权人期满不起诉又不履行的，工商行政管理部门可以申请人民法院强制执行。进行处理的工商行政管理部门根据当事人的请求，可以就侵犯商标专用权的赔偿数额进行调解；调解不成的，当事人可以依照《中华人民共和国民事诉讼法》向人民法院起诉。

对侵犯注册商标专用权的行为，工商行政管理部门有权依法查处；涉嫌犯罪的，应当及时移送司法机关依法处理。

【资料阅读】

冒牌"大宝"被查

2008 年 12 月 19 日,西宁市工商局城东分局执法人员依法检查褚家营 365 号巷道内正在卸货的车号青 A-F8890 和青 A-E9863 箱式货车时,发现其所承运的"大宝"牌 SOD 蜜化妆品涉嫌侵犯他人注册商标专用权。经查,当事人康某于 12 月 10 日从河北省任丘市唐村以每件 90 元的价格购进"大宝"牌 SOD 蜜化妆品 171 件,通过河北某货运部发往西宁拟销售。当事人在西宁倒货时,被依法查获,所查扣物品经商标持有人"北京大宝化妆品有限公司"鉴定属于冒牌侵权产品。

【典型案例】

专利权授予的原则

北京某公司于 2013 年 1 月 10 日就其完成的"漏电保护器"发明创造向中国专利局提出了实用新型专利申请。上海某公司于 2011 年 12 月底独自完成了"漏电保护器"发明创造,并于 2012 年 1 月初投入生产。2013 年 2 月 10 日,天津某公司向中国专利局提出"漏电保护器"实用新型专利申请。

请思考:专利局应将专利权授予给那家公司,为什么?

解析:根据我国《专利法》的规定,两个以上的申请人分别就同样的发明创造申请专利的,专利权授予最先申请的人。本案北京某公司先于上海某公司提出申请,根据先申请原则,专利局应将专利权授予北京某公司。

商标侵权

2011 年 1 月 10 日,经国家商标局核准,北京某甲食品有限责任公司取得"大磨房"商标专用权,核定使用商品是面包。2012 年 10 月,甲公司与乙商场签订面包代销协议,约定由乙设"大磨房"专柜出售甲生产的面包;由甲提供名、优、新的注册商标商品;合同履行期一年。2013 年 11 月,甲不再给乙供货。2014 年 2 月,甲到乙处查看,发现乙为代销甲的产品设置的"大磨房"面包专柜中仍有与大磨房面包外形一致的其他厂家面包出售,商品标价签上注明产地为大磨房。

请思考:乙的行为是否侵犯了甲的商标专用权,为什么?

解析:本案乙商场未经甲许可,在为代销甲的产品设置的"大磨房"面包专柜有与大磨房面包外形一致的其他厂家面包,造成混淆,构成对这家公司"大磨房"商标专用权的侵害。

本 章 小 结

1. 知识产权是指人们依照法律对于自己的智力活动创造的成果和经营管理活动中的标

记、信誉所依法享有的专有权利。知识产权国际保护的基本原则有：国民待遇原则；最惠国待遇原则；透明度原则；独立保护原则；自动保护原则；优先权原则。

2．著作权亦称版权，是指作者及其他著作权人对其创作的文学、艺术和科学作品依法享有的权利。著作权包括人身权和财产权两个方面的内容。公民的作品，其发表权和使用权的保护期分别为作者终生及其死后 50 年，截止于作者死亡后 50 年的 12 月 31 日；如果是合作作者，截止于最后死亡的作者死亡后第 50 年的 12 月 31 日。

3．专利，也称专利权，即由国家颁发专利证书，授予专利权人在法律规定的期限内，对某项发明或者实用新型享有制造、使用、许可销售、销售、进口的专利权或对外观设计享有制造、使用、销售、进口的专有权。发明专利权的保护期限为 20 年，实用新型和外观设计的保护期限为 10 年，均自申请日起计算。

4．商标权是指商标所有人依法对其注册商标享有的独占使用的权利。注册商标的有效期为 10 年，自核准注册之日起计算。

知识结构

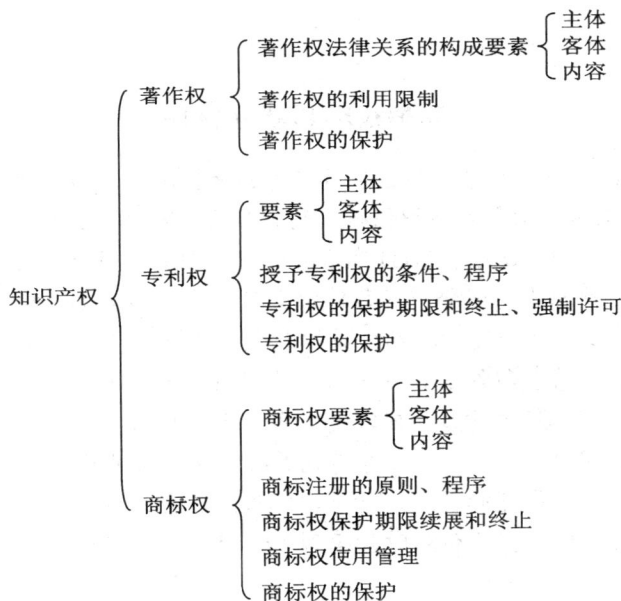

思 考 题

1．知识产权国际保护的基本原则有哪些？

2．解释著作权与邻接权的关系。

3．列举专利法律关系的构成要素。

4．专利权授予的条件有哪些？

5．商标法律关系的构成要素有哪些？

6．商标的侵权行为有哪些？

第十章 金融法律制度

📐 **学完本章后，你应该能够：**

➢ 理解金融法在保护存款人、投资人和社会公众利益，促进金融业发展中所起的作用；
➢ 熟悉中央银行法、证券法、保险法的主要规定；
➢ 掌握商业银行法、票据法的基本内容。

📖 **案例导入**

票据权利和票据责任

某年 1 月 20 日，甲公司根据与乙公司签订的货物买卖合同，按照约定签发了金额为 10 万元的银行承兑汇票，承兑人为甲银行，到期日为当年 11 月 1 日。汇票在甲公司交给乙公司前被甲公司遗失，甲公司于 2004 年 8 月 1 日登报声明作废，又于同年 9 月 1 日向法院申请公示催告。法院于当天通知甲银行停止支付。公示催告期限届满时，甲公司未向法院申请除权判决。甲公司后来交付给乙公司的是遗失的汇票复印件和甲银行于当年 8 月 20 日出具的说明函。在汇票复印件上的持票人签章栏内，加盖了甲银行的汇票专用章，但是没有甲公司的签章。甲银行说明函的内容是：由于汇票被出票人遗失，出票人已登报声明作废，因而同意在复印件上加盖本行汇票专用章，作为收款人向本行收款的有效依据；汇票到期后，收款人必须派员凭此复印件结算票款项。乙公司按照复印件记载的日期，在到期后持上述复印件向甲银行提示付款时，遭到甲银行拒付。

【问题】

(1) 公司是否有权要求甲银行承担票据责任，为什么？

(2) 乙公司的权力如何得到保护？

【分析】

(1) 乙公司不享有票据权利，无权要求甲银行承担票据责任。首先，根据《票据法》第 20 条的规定，出票是指出票人签发票据并将其交给收款人的票据行为。甲公司虽然签发了汇票，但是汇票在向乙公司交付前被遗失，故甲公司并未完成出票的票据行为，乙公司也未实际持有该汇票。乙公司据以主张权利的是汇票的复印件，但是该复印件上没有出票人的签章，汇票无效，并且甲银行虽然在复印件上的持票人栏盖章，但是未承兑，另附的甲银行说明函不具有票据上的效力，所以乙公司不能享有票据权利，无权要求甲银行承担票据责任。

(2) 乙公司可以向甲公司行使利益返还请求权。《票据法》第 18 条规定，持票人因超过票据权利时效或者因票据记载事项欠缺而丧失票据权利的，仍享有民事权利，可以请求出票人或者承兑人返还其与未支付的票据金额相当的利益。本案中，乙公司因票据无效丧失了票据权利，但是对甲公司的债权并未丧失，乙公司与甲公司之间的债权债务关系是票据原因关系，属民法调整，乙公司可以根据民法的有关规定，向甲公司主张债权。

第一节　金融法概述

一、金融法的概念

（一）金融

金融，是货币资金的融通，是以银行等金融机构为中心的各种形式的信用活动以及在信用基础上组织起来的货币流通。金融包括货币的发行和回笼，存款的吸收和贷款发放，现金流通，金银、外币、有价证券的买卖，汇兑往来，票据贴现，信托投资，各种保险等活动。

（二）金融法

金融法是调整货币流通和信用活动中所发生的金融关系的法律规范的总称。金融关系包括金融监管关系和金融交易关系。金融监管关系主要是指政府金融主管机关对金融机构、金融市场、金融产品及金融交易的监督管理的关系。金融交易关系主要是指在货币市场、证券市场、保险市场和外汇市场等各种金融市场发生的各种金融交易的关系。

调整金融关系的法律规范，主要是通过金融法律、法规表现出来的，包括银行法、货币法、证券法、信托法、票据法、外汇法、证券交易法等法律规范。本章重点介绍中央银行法、商业银行法、证券法、票据法、保险法。

二、我国的金融立法

我国的金融立法在 20 世纪 80 年代主要表现为国务院以及中国人民银行等金融管理部门制定和公布的金融行政法规，随着金融体制改革的加深，20 世纪 90 年代开始出台了一系列金融法律。

1995 年 3 月 18 日，第八届全国人大第三次会议通过了《中国人民银行法》。1995 年 5 月 10 日，第八届全国人大常委会第十三次会议通过了《票据法》《商业银行法》。1995 年 6 月 30 日，第八届全国人大常委会第十四次会议通过了《保险法》。1998 年 12 月 29 日，第九届全国人大常委会第六次会议通过《证券法》。2001 年 4 月 28 日，第九届全国人大常委会第二十一次会议通过了《信托法》。

国务院制定了《外汇管理条例》，并修改了《人民币管理条例》《非法金融机构和非法金融业务活动取缔办法》《金融违法行为处罚办法》《期货交易管理暂行条例》等行政法规。国务院各金融监管机构，包括中国人民银行、中国证券监督委员会、中国保险监督委员会和国家外汇管理局也发布了一系列行政规章。

此外，我国《刑法》《合同法》《担保法》等法律中关于金融关系法律规范也是我国金融立法的组成部分。目前，我国已建构起了以《中国人民银行法》《商业银行法》《保险法》《票据法》《证券法》和《信托法》为主干，以诸多行政法规和规章为补充的初具规模的金融法律体系。

三、我国的金融体系

金融机构的组织及其管理关系，形成了金融体系。一般来讲，世界各国的金融体系基本上分为两类：一类是多种银行体制，即以中央银行为核心，以商业银行为主体，多种金融机构并存的金融体系；另一类是单一银行体制，即将中央银行的职能和商业银行的职能集中于一体的、单一的国家银行，另外仅建立几家专业性银行，如储蓄银行、投资银行等。

我国金融体制几经变动和改革，目前已初步形成了以中央银行即中国人民银行为核心，以国有商业银行为主体，政策性银行与商业银行相分离，多种金融机构并存的且分工协作的新的金融体系。我国金融体系的构成如下：

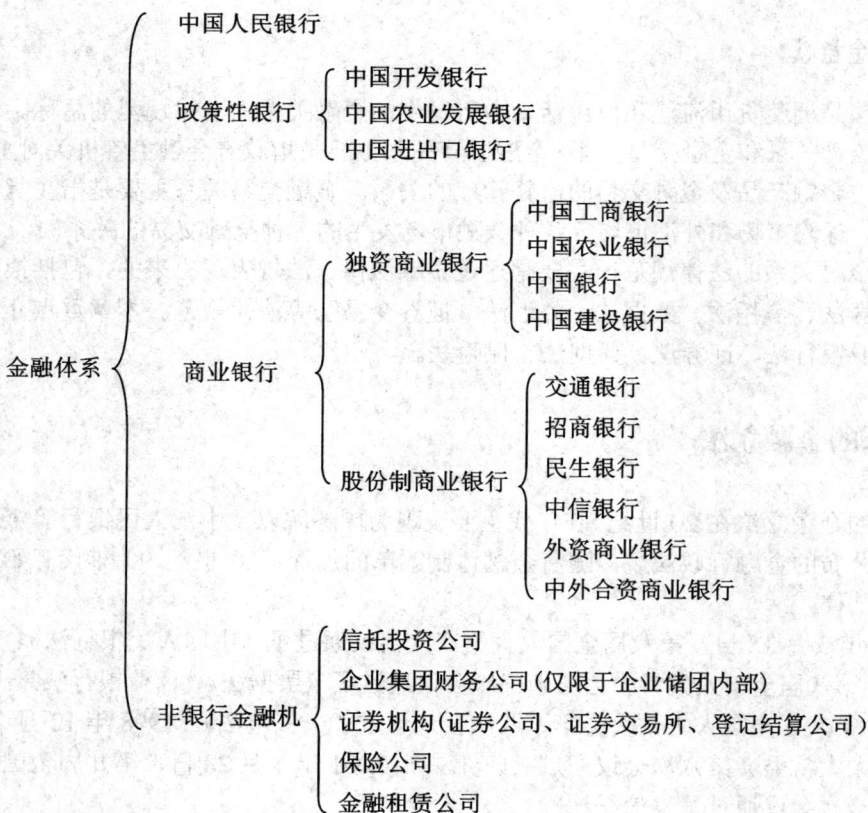

金融体系
- 中国人民银行
- 政策性银行
  - 中国开发银行
  - 中国农业发展银行
  - 中国进出口银行
- 商业银行
  - 独资商业银行
    - 中国工商银行
    - 中国农业银行
    - 中国银行
    - 中国建设银行
  - 股份制商业银行
    - 交通银行
    - 招商银行
    - 民生银行
    - 中信银行
    - 外资商业银行
    - 中外合资商业银行
- 非银行金融机
  - 信托投资公司
  - 企业集团财务公司（仅限于企业储团内部）
  - 证券机构（证券公司、证券交易所、登记结算公司）
  - 保险公司
  - 金融租赁公司

第二节　中央银行法

一、中央银行法概述

（一）中央银行的概念

中央银行是指在国家金融体系中居于核心地位，依法制定和执行国家调控经济、货币的政策，实施国家金融监督管理职能的特殊国家机关。我国的中央银行是中国人民银行，它在国务院领导下，制定和实施货币政策，对金融业实施监督管理，并向全国人民代表大会常务委员会提出有关货币政策情况和金融监督管理情况的工作报告。

（二）中央银行法的概念

中央银行法是指调整中央银行的性质、职能、组织体系和业务范围等内容的法律规范的总称。我国的中央银行法为 1995 年 3 月 18 日由第八届全国人民代表大会第三次会议通过，2003 年 12 月 27 日第十届全国人大常委会第六次会议又加以修订的《中华人民共和国中国人民银行法》(以下简称《人民银行法》)。《人民银行法》是我国金融业的第一部大法，是金融法律体系中的基本法。

二、中国人民银行的性质和地位

中国人民银行是中华人民共和国的中央银行，其全部资本由国家出资，属于国家所有。中国人民银行在国务院领导下依法独立执行货币政策，履行职责，开展业务，不受地方政府、各级政府部门、社会团体和个人的干涉。中国人民银行具有重要的法律地位。

1. 中国人民银行是政府的银行

中国人民银行是在国务院领导下的政府的金融管理机构，具有国家机关的性质，是特殊的金融机构，其全部资本由国家出资，属于国家所有。

2. 中国人民银行是发行的银行

中国人民银行是全国的货币发行机关，它根据国家的授权，统一印制和掌握人民币的发行工作，建立统一的发行机构。

3. 中国人民银行是银行的银行

中国人民银行与商业银行之间关系是特殊业务关系，中国人民银行在我国银行体系中居于领导地位。中国人民银行作为中央银行其业务对象是商业银行，是商业银行的存款准备金的最终保管者和最后贷款人。中国人民银行是代表国家进行金融机构控制和金融管理的特殊金融机构，它不仅经营对商业银行的存款、贷款和清算业务，而且要管理监督商业银行的业务经营活动。

4. 中国人民银行是依法享有相对独立权的国务院职能部门

根据《人民银行法》第七条的规定，中国人民银行在国务院领导下依法独立执行货币政策，履行职责，开展业务，不受地方政府、各级政府部门、社会团体和个人的干涉。也就是说，中国人民银行独立于其他国家机关，独立于各级地方政府，独立于社会团体和个人。

三、中国人民银行的职责

保持币值稳定，并以此促进经济增长，是中国人民银行履行职责的目标。中国人民银行依法履行下列职责：

(1) 发布和履行与其职责有关的命令和规章。

(2) 依法制定和执行货币政策。

(3) 发行人民币，管理人民币流通。

(4) 监督管理银行间同业拆借市场和银行间债券市场。

(5) 实施外汇管理，监督管理银行间的外汇市场。

(6) 监督管理黄金市场。

(7) 持有、管理、经营国家外汇储备和黄金储备。

(8) 经理国库。

(9) 维护支付、清算系统的正常运行。

(10) 指导、部署金融业反洗钱工作，负责反洗钱的资金监测。

(11) 负责金融业的统计、调查、分析和预测。

(12) 作为国家的中央银行，从事有关的国际金融活动。

(13) 国务院规定的其他职责。

四、中国人民银行的组织机构

（一）中国人民银行行长

中国人民银行实行行长负责制，设行长 1 人，副行长若干人协助行长工作。中国人民银行行长由国务院总理提名，报全国人民代表大会或常务委员会决定，由国家主席任免；副行长由国务院总理任免。

（二）货币政策委员会

货币政策委员会是中国人民银行设立的常设决策机构，其职责是在综合分析宏观经济形式的基础上，依据国家的宏观经济调控目标，讨论货币政策的制定、调整。货币政策委员会会议每月至少召开 1 次，并定期向全国人大常务委员会报告。

（三）中国人民银行的分支机构

中国人民银行根据履行职责的需要设立分支机构，作为中国人民银行的派出机构。中国人民银行对分支机构实行统一领导和管理。中国人民银行的分支机构根据中国人民银行的授权维护本辖区的金融稳定，承办有关业务。

目前，中国人民银行总行设在北京，在沈阳、天津、济南、上海、西安、武汉、成都、广州、南京设有 9 个分支机构；在北京、重庆设有营业部。

五、中国人民银行的业务

（一）主要业务

与商业银行及其他金融机构相比，中国人民银行的业务有两个显著特点：一是不以营利为目的；二是不经营一般银行业务。人民银行依法开展如下业务：

（1）执行货币政策。货币政策是指国家为了保持货币币值的稳定，促进经济增长而制定的控制、调节和稳定货币的经济政策。

（2）经理国库。政府的财政收支均由中国人民银行代理，财政存款是中国人民银行重要的资金来源，中国人民银行对财政存款不付利息。

（3）代理经营政府债券业务。中国人民银行可以代理国务院财政部门向金融机构组织发行、兑付国债和其他政府债券。

（4）办理银行业金融机构账户开立业务。

（5）办理清算业务。中国人民银行办理银行业金融机构之间债权债务关系的结算，协调银行业金融机构相互之间的清算事项，提供清算服务。

（二）业务限制

《中国人民银行法》对中国人民银行的业务活动作了如下限制性的规定：

（1）中国人民银行不得为商业银行提供 1 年期以上的贷款。

（2）中国人民银行不得对银行业金融机构的账户透支。

（3）中国人民银行不得对政府财政透支，不得直接认购国债和其他政府债券。

（4）中国人民银行不得向地方政府、各级政府部门提供贷款，不得向非银行业金融机构以及其他单位和个人提供贷款，但国务院决定可以向特定的非银行业金融机构提供贷款的除外。

（5）中国人民银行不得向任何单位和个人提供担保。

【资料阅读】

中央银行的业务范围和业务限制

中国人民银行 A 市分行在上一年度从事了以下几项业务：

（1）1 月份直接认购国库券 100 万元。

（2）2 月份向甲公司贷款 20 万元。

（3）3 月份向 A 市农业银行发放期限为 2 年的贷款 300 万元。

（4）5 月份向工商银行透支 20 万元。

（5）8 月份为乙国有企业购买设备 40 万元提供了债务担保。

(6) 9 月发行面额为 10 万元的人民币 100 万元，面额为 20 元的人民币 50 万元。

(7) 12 月份向中国银行再贴现人民币 60 万元。

试分析： 中国人民银行 A 市分行的上述行为是否合法？

分析：

(1) 直接认购国库券 100 万元不合法，中国人民银行可以在公开市场上买卖国债和其他政府债券，但不能直接认购、包销国债和其他政府债券。

(2) 向甲公司贷款 20 万元不合法，中国人民银行不得向非银行金融机构及其他单位和个人提供贷款。

(3) 向 A 市农业银行发放期限为 2 年的贷款 300 万元不合法，中国人民银行可以向商业银行提供贷款，但期限不得超过一年。

(4) 向工商银行透支 20 万元不合法，中国人民银行不得对银行业金融机构的账户透支。

(5) 为乙国有企业提供担保不合法，中国人民银行不得向任何单位和个人提供担保。

(6) 发行人民币合法，人民币由中国人民银行统一印制、发行。

(7) 向中国银行再贴现人民币 60 万元合法，人民银行可以为金融机构办理再贴现。

第三节　商业银行法

一、商业银行法概述

（一）商业银行的概念

商业银行是指依照《中华人民共和国商业银行法》和《中华人民共和国公司法》设立的吸收公众存款、发放贷款、办理结算等业务的企业法人。商业银行依法开展业务，不受任何单位和个人的干涉，并以其全部法人财产独立承担民事责任。目前，我国的商业银行大体上可以分为四类。

(1) 国有独资商业银行，如中国工商银行、中国农业银行、中国建设银行和中国银行。

(2) 股份制商业银行，如交通银行、招商银行、中信实业银行、中国光大银行、华夏银行、深圳发展银行、广东发展银行、福建兴业银行、上海浦东发展银行、海南发展银行和中国民生银行等。

(3) 合作银行，即城市商业银行，该类银行是由原城市合作银行演变而来，是在城市信用合作社的基础上，由城市企业、居民和地方财政投资入股组成的股份制商业银行。

(4) 外资银行，如中外合资银行和外国银行。

（二）商业银行法的概念

商业银行法是调整商业银行的组织机构及其业务经营关系的法律规范的总称。

为了保护商业银行、存款人和其他客户的合法权益，规范商业银行的行为，提高信贷资产质量，加强监督管理，保障商业银行的稳健运行，维护金融秩序，促进社会主义市场经济的发展，1995 年 5 月 10 日第八届全国人大常委会第十三次会议通过，2003 年 12 月

27 日第十届全国人大常委会第六次会议又加以修正了《中华人民共和国商业银行法》(以下简称《商业银行法》)。

《商业银行法》适用于在中国境内设立的所有商业银行，包括国有商业银行、合作银行、外资银行、中外合资银行、外国银行分行和其他商业银行以及城市信用合作社、农村信用合作社、信托投资公司、企业集团财务公司、金融租赁公司、证券公司和其他外资金机构。但外资银行、中外合资银行、外国银行分行和其他外资金融机构，除适用《商业银行法》的规定外，还适用 1995 年 2 月国务院发布的《外资金融机构管理条例》。

二、商业银行的职能

商业银行的职能主要有以下四个方面：

1．信用中介职能

商业银行的信用中介职能主要是指商业银行成为货币资本的贷出者与借入者，通过负债业务把社会上的各种闲散货币集中到银行，再通过资产业务把它投向经济各部门，从发放贷款利息收入和投资收益的总额中减去吸收资金的成本，获取银行利润。这是商业银行的最基本职能，也最能反映其基本特征。

2．支付中介职能

商业银行的支付中介职能是指商业银行作为企事业单位和个人的货币保管、出纳和支付代理人，为储户兑付现款、代理客户支付等，减少现金使用，加速结算过程和货币资金周转。

3．信用创造职能

商业银行的信用创造职能是指商业银行通过吸收存款、发放贷款，在支票流通和转账结算的基础上，贷款转化为存款；在存款不提或不完全提现时，增加了商业银行的资金来源，形成了数倍于原始存款的派生存款。信用创造的实质是流通工具的创造，而不是资本的创造。

4．金融服务职能

商业银行的服务职能是指商业银行为适应经济发展和科技进步的需要，迫于银行间业务竞争的日益剧烈，满足客户的需求，开始拓展新的业务领域，开展代发工资、提供信用证服务、代付其他费用、办理信用卡等服务项目。目前，金融服务职能逐步成为商业银行的重要职能。

三、商业银行的设立、变更、接管和终止

(一) 商业银行的设立

1．设立条件

(1) 有符合《商业银行法》和《公司法》规定的章程。

(2) 有符合《商业银行法》规定的最低限额以上的注册资本。设立全国性商业银行的

注册资本最低限额为人民币 10 亿元；设立城市商业银行的注册资本最低限额为人民币 1 亿元；设立农村商业银行的注册资本最低限额为人民币 5000 万元。注册资本应当是实缴资本。

(3) 有具备任职专业知识和业务工作经验的董事、高级管理人员。

(4) 有健全的组织机构和管理制度。

(5) 有符合要求的营业场所、安全防范措施和与业务有关的其他设施。

(6) 符合其他审慎性条件。

2．设立程序

设立商业银行，申请人应按有关审批权限的规定，向国务院银行业监督管理机构提出申请。经批准设立的商业银行，由中国人民银行颁发《金融机构法人许可证》，并凭此证依法向公司登记机关申请设立登记。经公司登记机关核准设立登记并发给《企业法人营业执照》，营业执照签发日为商业银行成立日。

（二）商业银行的变更

商业银行有下列变更事项之一的，应当经国务院银行业监督管理机构批准。

(1) 变更名称。

(2) 变更注册资本。

(3) 变更总行或者分支行所在地。

(4) 调整业务范围。

(5) 变更持有资本总额或者股份总额百分之五以上的股东。

(6) 修改章程。

(7) 国务院银行业监督管理机构规定的其他变更事项。

更换董事、高级管理人员时，应当报经国务院银行业监督管理机构审查其任职资格。分立、合并，适用《中华人民共和国公司法》的规定，并应当经国务院银行业监督管理机构审查批准。

（三）商业银行的接管

商业银行已经或者可能发生信用危机，严重影响存款人的利益时，国务院银行业监督管理机构可以对该银行实行接管。接管的目的是对被接管的商业银行采取必要措施，以保护存款人的利益，恢复商业银行的正常经营能力。被接管的商业银行的债权债务关系不因接管而变化。

接管由国务院银行业监督管理机构决定，并组织实施。国务院银行业监督管理机构的接管决定应当载明被接管的商业银行名称、接管理由、接管组织和接管期限。接管自接管决定实施之日起开始。自接管开始之日起，由接管组织行使商业银行的经营管理权力。接管期限届满，国务院银行业监督管理机构可以决定延期，但接管期限最长不得超过二年。接管决定由国务院银行业监督管理机构予以公告。

（四）商业银行的终止

(1) 因解散而终止。商业银行因分立、合并或者出现公司章程规定的解散事由需要解散的，应当向国务院银行业监督管理机构提出申请，并附解散的理由及支付存款的本金和利息等债务清偿计划，经国务院银行业监督管理机构批准后解散。

(2) 因撤销而终止。商业银行因吊销经营许可证被撤销的，国务院银行业监督管理机构应当依法及时组织成立清算组进行清算，按照清偿计划及时偿还存款本金和利息等债务。

(3) 因破产终止。商业银行不能支付到期债务，经国务院银行业监督管理机构同意，由人民法院依法宣告其破产。商业银行破产清算时，在支付清算费用、所欠职工工资和劳动保险费用后，应当优先支付个人储蓄存款的本金和利息。

四、商业银行的经营原则与业务范围

(一) 商业银行的经营原则

我国商业银行以安全性、流动性、效益性为经营原则，实行自主经营，自担风险，自负盈亏，自我约束。

(二) 商业银行的业务范围

1. 存款业务

商业银行办理个人储蓄存款业务，应当遵循存款自愿、取款自由、存款有息、为存款人保密的原则。对于个人储蓄存款、单位存款，商业银行有权拒绝任何单位或个人查询、冻结、扣划，但法律另有规定的除外。商业银行应当保证存款本金和利息的支付，不得拖延、拒绝支付存款本金和利息。

2. 贷款业务

贷款业务是商业银行的核心业务。商业银行开展贷款业务应根据国民经济和社会发展的需要，接受国家产业政策的指导。商业银行在发放贷款时应当对借款人的借款用途、偿还能力、还款方式等情况进行审查，并实行审贷分离、分级审批的制度。

3. 票据贴现业务

票据贴现是商业银行主要业务之一。票据贴现是指商业银行将扣除利息和相关费用后的票据款项支付给贴现申请人，从而成为票据的持票人，拥有票据相关权利。

4. 结算业务

商业银行是办理转账结算的主体。商业银行依法办理国内外结算业务。商业银行办理票据承兑、汇兑、委托收款等结算业务应当按照规定的期限兑现、收付入账，同时公布有关兑现、收付入账的期限。

5. 发行金融债券或者到境外借款业务

商业银行发行金融债券或者到境外借款应当依照法律、行政法规的规定。

6. 同业拆借业务

同业拆借是银行间的一种短期借贷。同业拆借的借入方一般是出现准备金头寸不足的商业银行，同业拆借的目的是解决商业银行临时性资金不足的问题。同业拆借的期限由拆借双方协议决定，拆借期限最长不得超过 4 个月。

7. 其他

除了上述业务以外，商业银行还从事代理发行、代理兑付、承销政府债券；买卖金融债券、政府债券；买卖、代理买卖外汇；从事银行卡业务；提供信用证服务及担保；代理收付款项及代理保险业务；提供保险箱服务以及经国务院银行业监督管理机构批准的其他。

【资料阅读】

商业银行分支机构的设立

某市商业银行决定在该市 A 区设立 A 区分行，经考察研究后，决定了 A 区分行的办公地点，并落实了主要管理人员及营运资金。然后，市商行依法向国务院银行业监督管理机构报送了申请书、近两年财务会计报告、经营方针计划等材料。国务院银行业监督管理机构批准后，颁发了经营许可证，市商行凭该许可证向工商行政管理部门办理登记并领取了营业执照。然而领取营业执照后不久，A 区分行的经营前准备发生意外，一是原拟订作为 A 区分行营业地的写字楼因开发商资金链断裂，无法按期交付使用，A 区分行所在地只好另寻新址；二是不久后，A 区分行行长李某携 A 区分行巨额营运资金潜逃，经查，李某一年前投资失败欠下巨额债务，于是挪用 A 区分行银行营运资金抵债。由于以上变故的影响，A 区分行迟迟无法开业经营，国务院银行业监督管理机构发现后，以 A 区分行设立过程中存在严重违法事项，且超过 6 个月未开业为由吊销了 A 区分行的营业许可证。

【问题】

(1) 依《中华人民共和国商业银行法》规定，设立商业银行分支机构需经过哪些程序？

(2) A 区分行的设立过程中有哪些违法事项？

(3) 国务院银行业监督管理机构吊销 A 区分行营业许可证是否符合法律规定？

【分析】

(1) 依据《商业银行法》第 19、20、21 条规定：商业银行根据业务需要可以在中华人民共和国境内外设立分支机构。设立分支机构必须经国务院银行业监督管理机构审查批准。商业银行在中华人民共和国境内设立分支机构，应当按照规定拨付与其经营规模相适应的营运资金额。拨付各分支机构营运资金额的总和，不得超过总行资本金总额的百分之六十。设立商业银行分支机构，申请人应当向国务院银行业监督管理机构提交下列文件：申请书(申请书载明拟设立的分支机构的名称、营运资金额、业务范围、总行及分支机构所在地等)；申请人最近两年的财务会计报告；拟任职的高级管理人员的资格证明；经营方针和计划；营业场所、安全防范措施和与业务有关的其他设施的资料及国务院银行业监督管理机构规定的其他文件资料。经批准设立的商业银行分支机构，由国务院银行业监督管理机构颁发经营许可证，并凭该许可证向工商行政管理部门办理登记，领取营业执照。

(2) A 区分行设立过程中违法事项有二：第一，市商行没有依法审慎审查 A 区分行行长李某的任职资格。依《商业银行法》第 27 条规定："有下列情形之一的，不得担任商业银行的董事、高级管理人员：

(一)因犯有贪污、贿赂、侵占财产、挪用财产罪或者破坏社会经济秩序罪，被判处刑罚，或者因犯罪被剥夺政治权利的；(二)担任因经营不善破产清算的公司、企业的董事或者厂长、经理，并对该公司、企业的破产负有个人责任的；(三)担任因违法被吊销营业执照的公司、企业的法定代表人，并负有个人责任的；(四)个人所负数额较大的债务到期未清偿的。"而李某投资失败背负巨额债务，显然不能担任商业银行的高级管理人员。第二，在营业地发生变更时，没有经过国务院银行业监督管理机构批准。依《商业银行法》第24条规定："商业银行有下列变更事项之一的，应当经国务院银行业监督管理机构批准：(一)变更名称；(二)变更注册资本；(三)变更总行或者分支行所在地；(四)调整业务范围；(五)变更持有资本总额或者股份总额百分之五以上的股东；(六)修改章程；(七)国务院银行业监督管理机构规定的其他变更事项。更换董事、高级管理人员时，应当报经国务院银行业监督管理机构审查其任职资格。"

(3) 国务院银行业监督管理机构吊销A区分行营业许可证是正确合法的。依《商业银行法》第23条第2款规定："商业银行及其分支机构自取得营业执照之日起无正当理由超过六个月未开业的，或者开业后自行停业连续六个月以上的，由国务院银行业监督管理机构吊销其经营许可证，并予以公告。"

第四节　证券法

一、证券法概述

(一) 证券的概念

证券是指表示一定权利的书面凭证，即记载并代表一定权利的书面凭证。证券是权利与权利载体的结合体。

证券有广义和狭义之分。广义的证券包括财物证券(如货运单、提单等)、货币证券(如汇票、支票、本票等)和资本证券(如股票、公司债券、基金凭证等)。狭义的证券仅指资本证券，是发行人为筹集资本而发行的，表示持有人对发行人享有股权或债权的书面凭证。

《中华人民共和国证券法》(以下简称《证券法》)规定的证券为股票、公司债券和国务院依法认定的其他证券。其他证券主要是指投资基金凭证、非公司企业债券、国家政府债券等。

(二) 证券的特征

证券法上的证券是指狭义的证券，具备以下特征：

(1) 证券是一种投资凭证。证券发行人向投资者募集资金，投资者在缴纳资金后取得由发行人所提供的权利凭证。

(2) 证券是一种权益凭证。证券是投资者权益的外部表现形式，它仅体现一定的权利，而并不能创设权利，如股票体现的是所有权，债券体现的是债权。

(3) 证券是一种可转让的权利凭证，具有流通性。作为一种民事财产权利，证券可采用背书方式转让，也可以通过证券交易场所完成流通。

（三）证券的分类

目前我国证券市场上发行和流通的证券主要有以下几类：

1. 股票

股票是指股份有限公司签发的证明股东所持股份的凭证，它具有权利性、非返还性、流通性、收益性及风险性的特点。股票的种类具有多样性，如记名股票和不记名股票、普通股和优先权股、表决权股和无表决权股等。

2. 债券

债券是指依照法定程序发行的，约定在一定期限内还本付息的有价证券，它具有风险性小、流通性强的特点。我国目前发行的债券主要有国家债券、企业债券、公司债券和金融债券。

3. 投资基金证券

投资基金证券是指基金发起人向不特定的投资者发行的，表示持有人对基金享有基金所有权、收益分配权和其他权利，并承担相应义务的有价证券。

（四）证券法的概念及原则

1. 证券法的概念

证券法是指调整因证券发行、交易和管理而产生的各种社会关系的法律规范的总和。广义证券法是指在调整证券发行和交易活动过程中所发生的各种社会关系的法律规范的总称，还包括国家行政机关特别是中国证监会制定的行政法规、行政规章、地方立法机关制定的有关地方性法规，各证券交易所与证券业协会制定的章程、规则等。狭义证券法是指《证券法》。

2. 证券法的基本原则

(1) 公开、公平、公正原则。

公开原则是指市场信息的公开化，即证券信息的初期披露和持续披露。发行人只有将与证券有关的一切真实情况依法予以公开，才能供投资者决策参考，才能实现公平、公正。因此，公开原则是证券发行和交易制度的核心。公平原则是指在证券发行和交易活动中，所有的市场参与者法律地位完全平等，各自的合法权益受到同等的保护，不因其在市场中的职能差异、身份不同、经济实力大小而得到区别对待。公正原则主要针对证券监督管理机构而言，它要求证券监督管理机构在公开、公平的基础上，对一切被监管对象公正对待。根据公正原则，证券监督管理机构应制定体现公平精神的法律、法规和政策；应根据法律授予的权限公正履行监管职责；应对证券违法行为、证券纠纷事件和争议进行公正处理。

(2) 自愿、有偿、诚实信用原则。

自愿是指当事人在合法的前提下，按照自己的意愿参与证券发行和交易活动，行使自己的民事权利，任何人不得干涉。有偿是指证券活动的民事法律关系主体在民事活动中应按照价值规律的要求进行等价交换。诚实，即不欺不骗；信用，即遵守诺言，实践成约，从而取得别人的信任。诚实信用的法律原则，是商业道德法律化的具体体现。

(3) 合法性原则。

《证券法》第 5 条规定："证券发行、交易活动，必须遵守法律、行政法规；禁止欺诈、内幕交易和操纵证券交易市场的行为。"这体现了证券发行、交易活动必须依法进行的原则。

(4) 分业经营、分业管理原则。

《证券法》第 6 条规定："证券业和银行业、信托业、保险业分业经营、分业管理。证券公司与银行、信托、保险业务机构分别设立。"证券业和银行业、信托业、保险业都有各自业务的准确定位和各自的行业风险。我国目前还不具备混业经营的条件，因而各业务机构分别设立，实现分业经营、分业管理。

(5) 保护投资者合法权益原则。

证券市场的发展必须依靠社会公众的支持，投资者的热情和信心是证券市场稳健发展的重要保证。我国《证券法》把保护投资者的合法权益放在重要位置。

(6) 统一监管原则。

《证券法》第 7 条规定："国务院证券监督管理机构依法对全国证券市场实行集中统一监督管理。"第 8 条规定："在国家对证券发行、交易活动实行集中统一监督管理的前提下，依法设立证券业协会，实行自律性管理。"第 9 条规定："国家审计机关对证券交易所、证券公司、证券登记结算机构、证券监督管理机构，依法进行审计监督。"对证券市场实行集中统一监督管理，是为了规范证券市场的行为，有效地控制证券市场的风险，推动证券市场的健康发展。

【资料阅读】

内 幕 交 易

章某是甲上市公司的打字员。2012 年 11 月，章某在接受一份文件打印任务时，获知甲公司与乙银行发生重大的经济纠纷，甲公司用以抵押的办公楼可能将被法院强制拍卖，卖价评估为 5000 万元，占甲公司固定资产比例的 35%。章某于是将自己持有的 1000 股票脱手，获取股利 1.2 万元。另外，章某还将此事告知其好友习某，习某也脱手卖出自己的股票。2013 年 5 月，章某又获知丙公司将收购甲公司部分股票，于是又低价买进甲公司股票 1000 股，同年 10 月其卖出该 1000 股，又获利 1 万元。

【问题】

章某的行为是什么性质的行为？试述该种行为的定义并指出章某属于该行为主体中的哪一种。

【分析】

章某的行为属于内幕交易，所谓内幕交易，是指单位或个人以获取利益或减少损失为目的，利用内幕信息进行证券发行和交易活动。章某属于该行为主体的第一种，即发行人的董事、监事、高级管理人员、秘书、打字员，以及其他可与通过履行职务接触或者获得内幕信息的职员。

二、证券发行

证券发行是指发行人依法向社会公众或特定的人销售证券(股票与公司债券)的活动。也就是说,证券的发行是证券市场上筹资者(发行人)通过发行证券筹集资金的活动。证券的发行需要通过证券市场来实现,证券发行市场是整个证券市场的起点和源头,相对于证券交易市场而言,发行市场也称为"一级市场""初级市场"。证券发行市场由证券发行人、证券投资者、证券中介机构组成。证券发行市场其实是一种无形市场,主要是一个证券发行人发售证券的行为程序。

(一) 证券发行的方式

1. 按证券的发行是否通过承销机构,可分为直接发行与间接发行

直接发行是指证券发行人不通过证券中介机构而直接与证券投资者签订购买合同;间接发行是指证券发行人并不直接与证券投资者发生关系,而是通过证券中介机构承销发行。我国现行法律规定,股票发行必须采取间接发行;而债券的发行,特别是企业债券的发行,则可选择投资者直接发行或间接发行。

2. 按发行对象的不同,可分为私募发行与公募发行

私募发行是指仅以特定的投资者为募集对象而进行的证券发行;公募发行是指证券发行人以同一条件向不特定的任何社会公众和组织所进行的证券发行。

3. 按证券发行时间的不同,可分为初次发行与再次发行

初次发行是指某种证券的第一次发行;再次发行是指在初次发行的基础上,再次发行同种证券。

【资料阅读】

证券的承销方式

甲公司是从事生物技术开发的国有企业,与乙生物研究院科技实业公司作为发起人,发起设立丙股份有限公司,并向社会公开发行股票 2500 万股,每股面值 1 元。2012 年 7 月 12 日,丙公司与 A 证券公司签订了股票承销协议,由 A 证券公司承销丙公司股票 2500 万股,发行价为每股 6.88 元,承销期为 7 月 12 日至 8 月 27 日。按照协议规定,承销期结束时,A 证券公司如未售完 2500 万股丙公司股票,则应全部自行购入。事实上,至 8 月 27 日,承销期届满时,仍有 541 万股股票未能售出。A 证券公司由于资金紧张,不愿购买售后剩余的 541 万股股票,遂向丙公司提出将 541 万股股票全部退还给丙公司,丙公司不允。于是 A 证券公司又在承销手续费等问题上提出新的要求,双方协议未果,诉至法院。

【问题】

(1) 何为证券代销、余额包销、全额包销?

(2) 本案属于哪种承销方式?

(3) 证券包销与代销有何区别?

(4) 本案中，A 证券公司提出退还股票给丙公司是否合理?

(5) 如果丙公司发行的股票票面总值超过人民币 5000 万元，法律规定应如何承销?

【分析】

(1) 证券代销是指证券承销商不担保证券的全部发行，只是利用自己的经验、网点、专业力量尽力推销，在承销期限届满后，将筹集的资金和未能销出的剩余证券还给发行人。余额包销是指证券承销商按照与发行人约定的发行条件和发行总额向社会公众推销证券，如果在承销协议规定的承销期届满时，证券未能全部售完，则将未售出的部分按发行价格全部买进。全额包销是指证券承销商首先以较低的价格将发行人拟发行的证券一次性全部买下，然后以较高的价格在市场上销售给投资者。

(2) 本案属于余额包销。

(3) 二者的区别在于：包销中的承销商属于买方地位，证券发行人属于卖方地位，是一种特殊的买卖合同。风险由承销商承担，属于行纪行为。而代销中的承销商属于代理人地位，证券发行人属于被代理人地位，是典型的民事代理行为，风险由发行人承担，承销商只收取代理费。

(4) A 证券公司退还股票的要求不合理。协议表明 A 证券公司为丙公司包销 2500 万股股票是余额包销，在余额包销方式下，剩余的股票应自行购入。

(5) 应由承销团承销。承销团是指在一次发行证券承销合同中，多家证券公司联合起来共同组织承销合同，共同担当承销人，共同承担风险的组织。

(二) 股票发行的条件

股票发行在我国一般有两种形式：一是为设立新公司而首次发行股票，即设立发行；二是为扩大已有的公司规模而发行新股，即增资发行。对不同种类的股票发行，法律规定了不同的发行条件，但都必须报经国务院证券监督管理机构核准。

1. 设立发行的条件

设立股份有限公司，申请公开发行股票，一般应当符合下列条件：

(1) 生产经营符合国家产业政策。

(2) 发行的普通股限于一种，同股同权。

(3) 发起人认购的股本数额不少于公司拟发行股本总额的 35%。

(4) 在公司拟发行的股本总额中，发起人认购的部分不少于人民币 3 000 万元，但是国家另有规定的除外。

(5) 向社会公众发行的部分不少于公司拟发行股本总额的 25%，其中公司职工认购的股本数额不得超过拟向社会公众发行的股本总额的 10%；公司拟发行的股本总额超过 4 亿元的，证监会按照规定可以酌情降低向社会公众发行部分的比例，但最低不得少于公司拟发行股本总额的 10%。

(6) 发起人在最近 3 年内没有重大违法行为。

(7) 证监会规定的其他条件。

2. 增资发行的条件

股份有限公司增资发行新股，必须符合下列条件：

(1) 前一次发行的股份已经募足，并间隔 1 年以上。

(2) 公司在最近 3 年连续盈利，并可向股东支付股利。

(3) 公司最近 3 年内财务会计文件无虚假记载，从前一次公开发行股票至本次申请期间没有重大违法行为。

(4) 公司预期利润可达同期银行存款利率。

(5) 前一次公开发行股票所得资金的使用与其招股说明书所述的用途相符，并且资金使用效益良好。

另外，公司以当年利润分派新股，不受上述第(2)项条件的限制。

(三) 股票发行的程序

1. 发行准备阶段

发行人就发行何种股票、在何条件下发行、发行面值、发行价格、发行时间、发行方式等有关股票发行的问题制定发行计划，并形成发行决议，同时取得资信、资产和财务状况的评估审查报告，即可着手编制股票发行申请书和招股说明书。

2. 申请报批与审核阶段

(1) 申请报批阶段。公开发行股票，必须依照法律、法规规定的条件，报经国务院证券监督管理机构核准。发行人必须向国务院证券监督管理机构提交规定的有关文件。发行人向国务院证券监督管理机构提交的股票发行申请文件必须真实、准确和完整。为股票发行出具有关文件的专业机构和人员，必须严格履行法定职责，保证其出具文件的真实性、准确性和完整性。

(2) 申请审核阶段。国务院证券监督管理机构设发行审核委员会，依法审核股票发行申请。发行审核委员会由国务院证券监督管理机构的专业人员和聘请的专家组成，以投票方式对股票发行申请进行表决，对符合法定条件的申请，予以批准；对不符合法定条件的申请，不予批准，并提出审核意见。核准程序应当公开，依法接受监督。参与核准股票发行的人员，不得与发行申请单位有利害关系；不得接受发行申请单位的馈赠；不得持有所核准的发行申请的股票；不得私下与发行申请单位进行接触。国务院证券监督管理机构审核的时间应为 3 个月，自接受申请文件之日起算。

另外，国务院证券监督管理机构对已作出的核准股票发行的决定，发现不符合法律、法规规定的，应当予以撤销。

3. 发行实施阶段

发行人在获准公开发行股票后，应在规定的期限内完成股票的公开发售工作，原定发行内容不得中途变更，以维护发行审批的严肃性和合法性。

(1) 应公开信息。在股票发行前，发行人应当公告招股说明书等公开发行文件，并将文件置备于指定场所供公众查阅。

(2) 签订股票承销协议。发行人可以依法自主选择证券公司承销。承销包括代销和包销两种方式。代销是指证券公司代发行人发售证券，在承销期结束时，将未售出的证券全部退还给发行人的承销方式；包销是指证券公司将发行人的证券按照协议全部购入或者在承销期结束时，将售后剩余证券全部自行购入的承销方式。发行人公开发行股票，应当同证券公司签订代销或包销协议。向社会公开发行的股票票面总值超过人民币 5000 万元的，应当由承销团承销。承销团由主承销和参与承销的证券公司组成。股票的代销、包销期最长不得超过 90 日。证券公司在代销、包销期内，对所代销、包销的股票应当保证先行出售给认购人，证券公司不得为本公司事先预留所代销的证券和预先购入并留存所包销的证券。同时，证券公司应将承销情况报国务院证券监督管理机构备案。

(3) 认股人认股。我国目前认购新发行股票采用网上发行和网下发行方式(都采用摇号中签)，股票为无记名形式。发行股票的股款缴足后，必须经法定验资机构验资并出具证明。同时，发起人应在 30 日内主持召开由认股人组成的公司创立大会。公司董事会应于创立大会结束后 30 日内，向国家工商登记部门申请设立登记，公司取得营业执照之日即为公司成立之日。若是增资发行股票，通过证券交易所的交易网络，投资人配股缴款。公司在股款募足后，向有关机构办理变更登记手续，并进行公告。

(四) 股票发行价格

股票发行价格是指股票第一次作为商品进入流通领域的售卖价格，即股份有限公司将股票公开出售给特定或非特定投资人时所采用的价格。

1. 股票发行价格的种类

我国股票发行价格有两种：平价发行和溢价发行。

(1) 平价发行，即以股票的票面金额作为发行价格。这种发行的好处是发行费用较低，发行程序也简便易行。

(2) 溢价发行，即以超出股票票面金额的价格作为发行价格。股票溢价发行的部分作为资本公积金入账。一般经营业绩较好的公司多采用溢价发行。

此外，当股票的发行价格低于股票面额时，叫做折价发行。目前，我国不允许股票折价发行。

2. 股票发行价格的确定

从发行人的角度考虑，发行价格越高越好，能筹集更多资金；从承销商角度考虑，发行价格过高，则发行难度与风险加大。因此，为了能顺利圆满地发行证券，需要采用一定的股票发行定价方法。

(1) 议价法。

议价法又称协商定价，是指发行人与承销商讨论协商后，根据一定的原则确定发行价格。一般来说，决定发行价格的有净资产、盈利水平、发展潜力、发行数量、行业特点以及股市状况等因素。对于那些经营业绩佳、行业前景看好、发展潜力大的公司，其证券发行价格也较高；反之，发行价格较低。原则上，上述决定因素会综合体现在股票的市盈率上。市盈率是股票市价与每股盈利的比例，即股价是每股盈利的倍数。市盈率是人们普遍关注的指标，该比率反映投资人愿意用盈利的多少倍货币来购买这种股票，可以用来估计股票的投资报酬和投资风险。因此，用市盈率来作为议价的基本方法(股票发行价格：每股税后利润 X 市盈率)，简便易行。发行价格协商确定后，须报证监会核准，这也是证监会行使监管权的一个方面。

(2) 竞价法。

竞价法即投资者在指定时间内通过证券交易所的交易网络或者交易柜台，以不低于发行底价的价格，按限购比例或数量进行认购委托；申购期满后，由交易所的交易系统将所有有效申购按照价格优先，同价位申报按照时间优先的原则，将投资者的认购委托从高价位向低价位排序，并累计从高价位到低价位的有效认购数量，当累计数量恰好到达或超过本次发行数量的价格即为本次发行的价格。如果在发行底价上仍不能满足本次发行股票的数量，则竞价的底价为发行价。

三、证券上市

证券上市是指公开发行的公司股票和公司债券符合法定条件时，发行人申请并由国务院证券监督管理机构或者证券交易所作出审批后在证券交易所进行的集中交易。根据《证券法》的规定，证券上市主要包括股票上市和公司债券上市。本节只介绍股票上市。

（一）股票上市的概念及条件

股票上市，即符合条件的上市公司的股票在证券交易所进行的集中交易。所谓上市公司，是指所发行的股票经国务院或者国务院授权的证券管理部门批准在证券交易所上市交易的股份有限公司。上市公司的股票称为上市股票。根据《公司法》的有关规定，股票上市必须具备一定的条件。该条件主要有：

(1) 股票经过国务院证券管理部门批准已向社会公开发行。

(2) 公司股本总额不少于人民币 5000 万元。

(3) 开业时间在 3 年以上，最近 3 年连续盈利；原国有企业依法改建而设立的，或者《证券法》实施后新组建成立，其主要发起人为国有大中型企业的，可连续计算。

(4) 持有股票面值达人民币 1000 元以上的股东人数不少于 1000 人，向社会公开发行的股份达公司股份总数的 25% 以上；公司股本总额超过人民币 4 亿元的，其向社会公开发行股份的比例为 15% 以上。

(5) 公司在最近 3 年内无重大违法行为的记载。

(6) 国务院规定的其他条件。

（二）股票上市的程序

1．报请批准

股份公司申请其股票上市交易，必须报请国务院证券监督管理机构核准。申请时，应当提交下列文件：上市报告书；申请上市的股东大会决议；公司章程；公司的营业执照；经法定的验资机构验证的公司最近 3 年的或者公司成立以来的财务会计报告；法律意见书和证券公司的推荐书；最近一次的招股说明书。

2．审查批准

对于申请上市公司所报文件，国务院或者国务院授权的证券管理部门要进行审查。经过审查，对符合条件的予以批准，否则不予批准。

3．向证券交易所提出申请

根据《证券法》的规定，股票上市交易申请经国务院证券监督管理机构核准后，其发行人应当向证券交易所提交核准文件。证券交易所应当自接到该股票发行人提交的规定的文件之日起 6 个月内，安排该股票上市交易。

4．上市公告

股份有限公司的股票上市申请经批准上市交易后，必须进行上市公告。上市公司应当在上市交易的 5 日前公告经核准的股票上市的有关文件，并将该文件置备于指定场所供公众查阅。

除以上文件外，还应当公告下列事项：股票获准在证券交易所交易的日期；持有公司股份最多的前 10 名股东的名单和持股数额；董事、监事、经理及有关高级管理人员的姓名及其持有本公司股票和债券的情况。

（三）上市公司股票上市的暂停和终止

上市公司股票上市暂停，是指上市公司出现了法律规定的股票不宜继续上市交易的情形，由国务院证券监督管理部门决定暂时停止其上市交易；暂停的情形消除后，经申请仍可继续上市。上市的暂停包括下列情况：

(1) 公司股本总额、股权分布等发生变化，不再具备上市的条件。

(2) 公司不按规定公开其财务状况，或者对财务会计报告作虚假记载。

(3) 公司有重大违法行为。

(4) 公司最近 3 年连续亏损。

上市公司的终止是指上市公司在出现法定情形后，由国务院证券管理部门决定终止其上市资格。上市终止包括下列情况：

(1) 公司不按规定公开其财务状况，或者对财务会计报告作虚假记载，或者有重大违法行为，经查实后果严重的。

(2) 公司股本总额、股权分布等发生变化，不再具备上市的条件；公司最近 3 年连续亏损，在限期内不能消除的。

(3) 公司决议解散、被行政主管部门依法责令关闭或者被宣告破产的，由国务院证券管理部门决定终止其股票上市。

四、持续信息公开

（一）信息公开制度的概念

所谓信息公开制度，是指证券发行公司于证券发行及发行后上市交易的一系列环节中，依法将与其证券有关的一切真实信息以一定的方式向社会公众予以公开，让投资者知晓其真实情况以便作出证券投资判断的法律制度。

（二）信息公开的原则

1．真实性

真实性就是要求公开的信息内容必须符合上市公司的实际经营状况，不得有任何虚假记载。强调真实性原则，是努力将上市公司所公开的信息客观化，排除对投资者投资判断活动的人为干扰，用投资判断的真实性来促进投资判断活动的公平性。

2．准确性

准确性就是要求公司在公开信息时必须确切表明其含义，其内容不得使人产生误解，不得有误导性陈述，以免使投资者难以通过其陈述获得准确的信息。

3．完整性

完整性就是要求必须将能够影响证券市场价格的重大信息都予以公开，不能有重大遗漏，不能将法定事项部分或全部不予记载，或者未予公开。股票的市场价格是由上市公司经营状况决定的。证券投资者的判断，是对特定上市公司所公开的全部信息进行的综合判断。对于投资者整体来说，上市公司将各种影响股票市场价格的重大信息都予以公开，是投资者判断正确性和公平性的前提条件。在防止内幕交易方面，完整性原则具有更为重要的作用。

（三）持续信息公开的内容

1．定期报告

（1）中期报告。股票或者公司债券上市交易的公司，应当在每一会计年度的上半年结束之日起 2 个月内，向国务院证券监督管理机构和证券交易所提交记载以下内容的中期报告，并予以公告。

第一，公司财务会计报告和经营情况；

第二，涉及公司的重大诉讼事项；

第三，已发行的股票、公司债券变动情况；

第四，提交股东大会审议的重要事项；

第五，国务院证券监督管理机构规定的其他事项。

（2）年度报告。股票或者公司债券上市交易的公司，应当在每一会计年度结束之日起 4 个月内，向国务院证券监督管理机构和证券交易所提交记载以下内容的年度报告，并予以公告。

第一，公司概况；

第二，公司财务会计报告和经营情况；

第三，董事、监事、经理及有关高级管理人员简介及其持股情况；

第四，已发行的股票、公司债券情况，包括持有公司股份最多的前 10 名股东名单和持股数额；

第五，国务院证券监督管理机构规定的其他事项。

2．临时报告

发生可能对上市公司股票交易价格产生较大影响，而投资者尚未得知的重大事件时，上市公司应当立即将有关该重大事件的情况向国务院证券监督管理机构和证券交易所提交临时报告，并予以公告，说明事件的实质。下列情况为上述所称重大事件：

（1）公司的经营方针和经营范围的重大变化。

（2）公司的重大投资行为和重大的购置财产的决定。

（3）公司订立的重要合同，而该合同可能对公司的资产权益和经营成果产生重要影响。

（4）公司发生重大债务和未能清偿到期重大债务的违约情况。

(5) 公司发生重大亏损或者遭受超过净资产 10% 以上的重大损失。

(6) 公司生产经营的外部条件发生的重大变化。

(7) 公司的董事长，1/3 以上的董事，或者经理发生变动。

(8) 持有公司 5% 以上股份的股东，其持有股份情况发生较大变化。

(9) 公司减资、合并、分立、解散及申请破产的决定。

(10) 涉及公司的重大诉讼，法院依法撤销股东大会、董事会决议。

【资料阅读】

证券市场的信息公开原则

2011 年 4 月，甲股份公司的股票在上海证券交易所上市，上市当年，每股收益 0.4 元，以后逐年下降。2013 年 8 月，甲公司中期报告表明，中期净利润 7797.76 万元，是去年同期的 473 倍。2014 年 1 月，甲公司在某家证券报上刊登的 2013 年年度报告中称，2013 年实现利润 5.7 亿余元……每股收益 0.715 元，净利润 3.75 亿余元，是去年净利润的 1005 倍，分配预案每 10 股转送 8.9 股。同年 2 月 24 日，该股票成交量创了 4996.7 万股纪录，换手率 28%，成交金额达 17.93 亿元。与此同时，各种不利传闻在场内外流传，对此，甲公司在报纸上刊登公告，其董事长李某也通过新闻媒体向外传递公司业绩高速增长毋庸置疑等信息，负责年报审计的乙会计师事务所公开表示财务报表是真实准确的。据调查，甲公司的几大股东在 2013 年中期报告披露之前低价大量购进股票，抢在 2014 年 3 月之间高价抛售，大量获利，而甲公司所称其实现的 5.7 亿元利润中，虚假利润占 5 亿多元。

【问题】

(1) 我国证券法规定了哪三种不法证券交易行为？本案属于其中的哪种？

(2) 证券法对此禁止交易行为有哪些具体规定？

(3) 本案中哪些单位和个人应承担法律责任？

(4) 证券信息公开包括发行信息公开和持续信息公开，其具体内容有哪些？

(5) 说明我国证券法规定的信息公开的原则。

【分析】

(1) 不法交易行为有：内幕交易；操纵市场；证券欺诈行为。本案是利用虚假信息误导或影响证券交易行为，属证券欺诈行为。

(2) 证券法的具体规定为：编造并且传播虚假信息，影响证券交易的行为，其主体主要是国家工作人员、新闻传播媒介从业人员及其他有关人员；证券业从业人员、管理人员在证券交易中作虚假陈述或信息误导的行为。

(3) 甲公司及其几大股东、乙会计师事务所、甲公司董事长应承担法律责任。

(4) 发行信息公开主要是指投资者对股票发行人的经营状况发展潜力进行细致评估，包括对招股说明书和上市公告书的披露。持续信息公开包括定期信息公开和重大事件信息公开。定期报告是上市公司信息持续公开的最主要形式，年度中分两次定期向公众公开报告，即中期报告和年度报告。

(5) 我国证券法规定信息公开的原则是：真实性、准确性、完整性。

五、证券交易

(一) 证券交易的概念

证券交易,是指对已发行并被投资者认购的证券进行转让、买卖的活动。证券交易一般分为两种形式:一种形式是上市交易,是指证券在证券交易所集中交易挂牌买卖;另一种形式是上柜交易,是指公开发行但未达上市标准的证券在证券柜台交易市场买卖。众多的股份有限公司发行了股票,但不是所有的股票都可以自由上市或上柜交易的。股票要上市或上柜交易,必须按一定条件和标准进行审查,符合规定的才能上市或上柜自由买卖。已上市股票如条件变坏,达不到标准,证券交易所可以停止其上市资格。

(二) 证券交易的一般规定

1. 证券交易的合法性

证券交易的合法性主要是指交易的证券为依法发行并交付的证券,证券依法具有可流通性,买卖证券的形式要符合法律规定。

(1) 交易的证券必须是依法发行并交付的证券。所谓依法发行并交付,是指证券的发行完全依照《公司法》《证券法》以及有关法律、法规的规定进行,符合法律规定的条件和程序,待发行、未发行或发行尚未完成的证券都不能交易;依法买卖的证券还必须是通过发行程序将证券已经交付给购买者的证券。没有交付的证券,当事人权利能力受到限制,无处分权,也不能买卖。

(2) 交易的证券必须是依法可以交易的证券。交易的证券依法进行交易,是指交易的证券法律对其没有限制性规定。依法发行并交付的证券可以交易,但并不排除对某些证券的交易作出限制性规定。如有些债券,只允许在发行后满一定期限才可转让;对于股票,如《公司法》规定发起人持有的股份有限公司的股票 1 年内不得转让,股份有限公司的董事、监事、经理所持公司股票在任职期内转让有严格的限制。

(3) 买卖证券的形式符合法律规定。证券交易所买卖的证券不仅在性质上要合法,而且在形式上也要符合法律、法规的要求。证券的买卖形式有多种,并且在不断变化,最初为纸面形式,现多采用簿记式、无纸化等形式。我国《证券法》第 34 条规定:"证券交易当事人买卖的证券可以采用纸面形式或者国务院证券监督管理机构规定的其他形式。"

2. 证券交易市场

(1) 证券交易市场的概念。

证券交易市场也称二级市场,一般由两部分组成:一是证券集中交易市场;二是证券非集中交易市场。

证券集中交易市场,是指设有固定的证券交易场所和设施,并按照规定的程序、方式、原则和制度进行报价、成交、清算和交割的场所。集中交易场所一般以证券交易所为主。证券非集中交易市场,是指在证券交易所之外,由买卖双方通过协商定价直接交易证券的市场。证券非集中交易市场一般以柜台交易市场为主。

(2) 证券交易所。

证券交易所是提供证券集中竞价交易场所的不以营利为目的的法人。目前，我国有两家证券交易所，即上海证券交易所和深圳证券交易所。证券交易所的设立和解散，由国务院决定。

证券交易所的基本职能是创造公开、公平的市场环境，提供便利条件，以保证证券交易的正常运行。证券交易所的具体职责有：

① 提供证券交易的场所和设施。

② 制定证券交易所的业务规则。

③ 审核批准证券的上市申请。

④ 组织、监督证券交易活动。

⑤ 根据规定及规则对上市公司进行监管。

⑥ 依照规定对会员的证券交易活动进行监督。

⑦ 提供和管理证券交易所的证券市场信息。

⑧ 证监会许可的其他职能。

(3) 非集中竞价的证券交易场所。

非集中竞价的证券交易场所，又称为"场外交易市场"，它是指经国务院证券监督管理机构批准由证券公司开设的经营场所。前面已经讲过，上市交易的证券必须具备一定的条件，不具备条件的证券就不能在证券交易所进行交易。因此，这部分证券一般是通过柜台交易来完成的。

3．证券交易的方式

《证券法》规定：我国的证券交易实行集中竞价方式和现货交易方式。

(1) 集中竞价方式。公开的集中竞价是所有买卖该证券的买主和卖主集中在一个市场内公开申报、竞价交易，每当买卖双方出价吻合，就构成一笔买卖，交易依次连续进行。公开的集中竞价实行价格优先、时间优先的原则。价格优先原则，对于买进方而言，申报价格高的优先于价格低的；对于卖出方而言，申报价格低的优先于价格高的。时间优先原则是指当买卖双方对同一证券的申报出价相同时，先出价者先成交。

(2) 现货交易方式。现货交易是指证券交易达成后，按当时达成的价格进行即时交割，从而实现股票所有权的转让。需要指出的是，现货交易的达成与清算交割的时间往往是分离的，清算在后；进行清算的依据是成交时的价格。

六、禁止交易行为

（一）禁止内幕交易

内幕交易又称知情证券交易，是指内幕人员以及其他通过非法途径获取公司内幕信息的人，利用该信息进行证券交易而获利的行为。

《证券法》将内幕交易列为禁止行为，是由于证券发行公司内部人员、证券市场内部人员和证券市场管理人员，有先于其他公众投资者得知发行公司内幕信息的便利。掌握内幕信息者利用尚未公开的信息，与一般公众投资者进行交易，致使投资者受损，违背市场公平、公正、公开原则。

1．内幕消息的知情人

(1) 发行股票或者公司债券的公司董事、监事、经理、副经理及有关的高级管理人员。

(2) 持有公司 5% 以上股份的股东。

(3) 发行股票公司的控股公司的高级管理人员。

(4) 由于所任公司职务可以获取公司有关证券交易信息的人员。

(5) 证券监督管理机构工作人员以及由于法定的职责对证券交易进行管理的其他人员。

(6) 由于法定职责而参与证券交易的社会中介机构或者证券登记结算机构、证券交易服务机构的有关人员。

(7) 国务院证券监督管理机构规定的其他人员。

2．内幕信息

内幕信息，是指在证券交易活动中，涉及公司的经营、财务或者对该公司证券的市场价格有重大影响的尚未公开的信息。

我国《证券法》对内幕信息作了如下界定：

(1) 法律规定上市公司必须公开的可能对股票价格产生较大影响，而投资者尚未得知的重大事件。

(2) 公司分配股利或者增资的计划。分配股利，可以看出公司业绩和前景，可以看出投资回报，因而是投资者投资决策的重要参考内容；公司增资，说明公司发展规模扩大，有较好的成长性。

(3) 公司股权结构的重大变化。公司股权结构的重大变化是指持股人、持股量、持股类别等的重大变化，尤其是公司大股东的变化。

(4) 公司债务担保的重大变更。债务担保的变更，包括担保人的变更，如从一家国有融资机构担保变更为个体户担保，显然担保者的信用不同；也有担保方式的变更，如从连带责任担保变更为一般担保，担保者的责任完全不同。

(5) 公司营业用主要资产的抵押、出售或者报废，一次超过该资产的 30%。资产的抵押、出售或者报废影响公司的生产、经营和盈利，超过 30% 就有可能影响资产的所有权和资产的整体利用。

(6) 公司的董事、监事、经理、副经理或者其他高级管理人员的行为依法承担重大损害赔偿责任，这里是指这些人的职务行为要承担重大损害赔偿责任。由于他们的职务职责原因(不存在主观过错)，重大损害赔偿由公司承担，这样势必损害公司利益，影响公司声誉。

(7) 上市公司收购的有关方案。上市公司的收购、合并等涉及资产重组的题材，往往是市场的热点，投资者十分关注，同时也会引起公司主要股东、营业方向、投资策略、营利性等的重大变化。

(8) 国务院证券监督管理机构认定的对证券交易价格有显著影响的其他重要信息。

(二) 禁止操纵证券市场行为

所谓操纵市场，是指单位或个人以获取利益或减少损失为目的，利用其资金、信息等优势或者滥用职权，影响证券市场价格，制造证券市场假象，诱导或者致使投资者在不了解事实真相的前提下作出证券投资的决定，扰乱证券市场秩序的行为。禁止任何人以下列手段获取不正当利益或者转嫁风险：

(1) 通过单独或者合谋，集中资金优势、持股优势，或者利用信息优势联合或者连续买卖，操纵证券交易价格。

(2) 与他人串通，以事先约定的时间、价格和方式相互进行证券交易或者相互买卖并不持有的证券，影响证券交易价格或者交易量。

(3) 以自己为交易对象，进行不转移所有权的自买自卖，影响证券交易价格或者交易量。

(4) 以其他方法操纵证券交易价格。

【资料阅读】

操纵证券交易价格的行为

1998 年 5 月初，甲证券公司以 100 多人的名义开设自营账户炒作 M 股票，成为炒作 M 股票的庄家。5 月底，甲证券公司大量买入 M 股票，持仓量由 5 月初占总股本的 15%，增加到 5 月底的 19%，至 6 月底，再次大量建仓，持仓量占股票总股本的 22%。甲证券公司用自营账户买卖 M 股票，运用资金共 5.2 亿元，并使用不同的账户对 M 股票作价格数量相近，方向相反的交易，拉高股票价格，使该股票价格由 6.42 元升至 13.74 元。甲证券公司实际上已操纵了 M 股票价格的涨跌。

【问题】

(1) 操纵证券交易价格的行为有几种？

(2) 甲证券公司的行为属于哪几种？

(3) 你认为操纵市场的行为有什么危害？

(4) 应该如何防范证券市场操作行为？

(5) 甲证券公司可能承担什么样的法律责任？

【分析】

(1) 单独或者合谋，集中资金优势，联合或者连续买卖，操纵证券交易价格的行为；与他人串通，以事先约定的时间、价格和方式相互买卖证券或者进行虚买虚卖，制造证券交易虚假价格或者证券交易量的行为；以自己为交易对象进行不转移证券所有权的自买自卖，以影响证券价格或者证券交易量的行为。

(2) 本案中，甲证券公司动用资金 5.2 亿元，使用不同的账户对 M 股票作价格数量相近、方向相反的交易，提高股票价格，是集中资金优势连续买卖证券的行为，属于第一种。甲公司以自己为交易对象进行不转移所有权的自买自卖，影响证券价格，属于第三种。

(3) 操纵市场行为是竞争机制的天敌；是盘剥投资者的工具；是形成虚构的供求关系的罪魁。

(4) 大量持股报告义务；禁止单位以个人名义开户买卖证券；禁止挪用公款买卖证券；禁止国有企业及上市公司炒作上市交易股票。

(5) 根据不同情况单处或者并处警告、没收非法所得、罚款、限制或暂停其证券经营活动和证券业务。

（三）禁止欺诈行为

欺诈行为，是指单位或个人在证券发行和交易中为获取不正当利益，欺骗客户的行为。禁止证券公司及其从业人员从事下列损害客户利益的欺诈行为：

(1) 违背客户的委托为其买卖证券。

(2) 不在规定时间内向客户提供交易的书面确认文件。

(3) 挪用客户所委托买卖的证券或者客户账户上的资金。

(4) 私自买卖客户账户上的证券，或者假借客户的名义买卖证券以牟取佣金收入；诱使客户进行不必要的证券买卖；其他违背客户的真实意志、损害客户利益的行为。

（四）禁止虚假陈述

虚假陈述，是指有关单位和个人对证券发行、交易及相关活动的事实、性质、前景、法律等事项作出不实、严重误导或者含有大量遗漏的任何形式的虚假陈述或者诱导，致使投资者在不了解事实真相的情况下作出证券投资决定。

《证券法》第 72 条规定，禁止国家工作人员、新闻传播媒介从业人员和有关人员编造并传播虚假信息，严重影响证券交易。禁止证券交易所、证券公司、证券登记结算机构、证券交易服务机构、社会中介机构及其从业人员，证券业协会、证券监督管理机构及其工作人员，在证券交易活动中作出虚假陈述或者信息误导。

第五节　保　险　法

一、保险法概述

（一）保险法的概念

保险法是调整一切保险关系的法律规范的总称。从保险法的调整对象来看，保险法包括保险合同法、保险业法与保险特别法。

1995 年 6 月 30 日第八届全国人民代表大会常务委员会第十四次会议通过了《中华人民共和国保险法》(以下简称《保险法》)，并于同年 10 月 1 日开始实施。这是新中国成立以来确立的第一部保险基本法，标志着我国保险业已进入法制化、规范化发展的新阶段。为培育和发展保险市场，推进保险业改革，促进保险企业公平竞争，防范和化解保险业风险，1998 年 11 月 18 日，我国成立保险监督管理委员会(简称保监会)主管全国商业保险。保监会取代了中国人民银行的位置，使得保险业监管走上专门化、专业化的轨道。

2001 年 12 月 11 日，我国成为世界贸易组织(WTO)的正式成员。为了适应新的形势和履行有关入世的承诺，满足我国保险业内部结构和外部环境变化的要求，第九届全国人民代表大会常务委员会第三十次会议于 2002 年 10 月 28 日正式通过《关于修改(中华人民共和国保险法)的决定》，并于 2003 年 1 月 1 日起施行新修订的《保险法》。

（二）保险法的基本原则

1．损失补偿原则

保险的基本职能就是对约定风险所致的损失进行补偿。损失补偿原则的基本内容是，投保人按照约定缴纳保险费，被保险人或受益人在约定的保险事故发生时，可以从保险人处获得所受实际损失的补偿。但是，补偿的金额只限于被保险人遭受的实际损失，保险金额超过保险价值的，超过的部分无效。在财产保险合同中，保险人可以按照事先约定的保险价值为基础承担保险责任，也可以在事故发生后，以实际损失为基础承担保险责任；而在人身保险合同中，保险标的的价值是无法用金钱衡量的，所以损失的补偿额是事先约定的。

2．保险利益原则

所谓保险利益是指投保人对保险标的具有的法律上承认的利益。判断投保人对保险标的是否具有保险利益的标志，就是看投保人是否因保险标的的损害或丧失而遭受经济上的损失。如果因保险事故的发生给投保人带来经济利益上的损失，则表明该投保人对保险标的具有保险利益；相反则不具有保险利益。

保险利益具有以下法律特征：

(1) 保险利益必须是可以用货币计算的经济利益。如果被保险人遭受的损失不是经济损失，保险人的赔偿或给付义务则无法履行，也无法实现保险的补偿和保障目的。

(2) 保险利益必须是一种确定的利益。确定的利益是现实中已经存在的利益，如投保人对财产所享有的所有权、占有权、使用权等。

(3) 保险利益必是合法的利益。这种合法利益既可由法律直接规定而产生，也可来自于当事人之间的约定。保险利益的合法性表现为保险标的存在的合法性，以及投保人与保险标的的关系的合法性。

(4) 保险利益具有公益性。公益性表现为保险利益要符合社会公共利益的要求，这可以使保险与赌博区别开来。

3．近因原则

保险法中的近因原则是指约定保险事故的发生与损失结果的形成，具有直接的因果关系，保险人才对损失承担赔付责任。这里的"近因"，不是指时间上最近的原因，而是指促成损失结果出现的最直接的原因。例如，某船投保了海上风险保险，在某次出航中遭受鱼雷，被迫停靠某港口，当晚，船舶受海浪冲击沉入海底。经核实，船舶沉没的直接原因是遭受雷击。在这种情况下，保险人就无需对该船舶的损失承担责任。

4．最大诚信原则

诚实信用原则是合同订立与履行过程中必须遵循的原则。在保险活动中，保险标的掌握在投保方的手中，如果投保人或被保险人有欺诈与隐瞒的行为，保险人很难了解保险标的的真实情况，也极有可能作出不合理的赔付；从另一个角度看，保险又具有很强的专业性，如果保险人不对保险合同条款予以说明，投保方也可能遭受不公平的待遇。因此，法律对保险活动中诚实信用程度的要求比其他合同要高得多，这也是保险合同被称为最大诚信合同的原因所在。

公司是否有保险利益

　　吴某是某有限公司的职工，该公司于 2001 年 10 月与保险公司签订了团体人身意外伤害保险合同，期限一年。人身意外保险合同上载明：发生保险赔偿事项时，保险赔偿金由投保人转交给被保险人或者受益人。2002 年 3 月，吴某因私事在他人家中跌伤，后经医院诊断为桡骨骨折。为此，公司批准他休假 100 天，在此期间还为吴某发了工资和劳保待遇(未发工资)。不久，保险公司依协议将吴某的保险金付给了有限公司，而公司未将此款项转交给吴某。吴某得知此事后向公司索要，但公司认为自己本着防止职工在工作中发生意外，减轻为此产生的经济损失的初衷为职工投保。吴某因私事受了伤，且在其停工期间依然享受了工资、福利、医疗等待遇，公司支付的保险费不但没有得到补偿反而增加了支出，造成新的分配不公，故公司享有该项保险金的权利。为此，吴某向法院提起诉讼，要求公司返还保险金并按银行 1 年期存款利率计算赔偿损失。

　　【问题】　该公司的理由能否成立？

　　【分析】　公司为本单位职工投保团体人身意外伤害险，是对职工人身保护的一项福利措施。《团体人身意外伤害保险条款》第 4 条规定："被保险人在保险单有效期内，因意外伤害事故以致死亡或残疾的，给付全部或部分保险金额"。很显然，保险金赔偿条件就是在保险单有效期内的意外事故致死亡或残疾的，而不论该事故是因公还是因私。吴某停工住院期间虽享受了工资福利待遇等，但这些是法律规定公司必须履行之义务，是强制性规定。至于保险金，则是吴某根据保险合同应得的合法权益，公司无权以任何理由剥夺之，否则就构成侵权，况且在保险合同中也明确约定保险金由公司转交给被保险人或者受益人。综上，公司的理由是不能成立的。

二、保险法一般规定

（一）保险合同的概念与特征

1. 保险合同的概念

　　《保险法》规定："保险合同是投保人与保险人约定保险权利义务关系的协议。"依照保险合同，投保人向保险人支付保险费，保险人在合同约定的保险事故发生或约定的人身保险事件出现时，履行赔偿或给付保险金的义务。

2. 保险合同的特征

　　(1) 保险合同是射幸合同。射幸合同是指当事人一方或双方应为的给付，取决于合同成立后偶然事件的发生。在保险合同中，投保人支付保险费，目的是在事故发生后获得损失补偿的机会。在合同约定的期间内，如果发生意外事故，投保人可获得超出保险费的金钱给付；反之，投保人支付的保险费就没有回报(人寿保险除外)。从保险人的角度看，获取保险费后，是否需要履行赔偿损失或给付保险金的义务，同样取决于约定的偶然事件是否发生。这一点在财产保险合同中体现得尤为突出。

(2) 保险合同是格式合同。格式合同是指合同的基本条款由一方当事人预先拟定，在订立合同时未与对方协商的合同。保险合同具有内容专业、使用频率高、范围大的特点，将合同的基本条款交给具有专业知识和经验的一方当事人依据统一标准制定，降低了交易成本，提高了效率和经济效益。因此，世界各国的保险合同基本采用格式合同的形式。

(3) 保险合同是双务有偿合同。双务合同是指双方当事人都享有权利并承担义务的合同。就保险合同而言，投保人履行了交付保险费的义务，享有损失产生后获得补偿的权利；保险人收取了保险费，必须承担约定事项发生时赔付保险金的责任。

保险合同的双务性从另一个角度看，就是它的有偿性。被保险人或受益人所获得的赔偿或给付是以投保人支付保险费为对价的，与此相对应，保险人收取的保险费是以将来可能支付赔偿额或保险金为对价的，这也充分体现了保险合同商业性的特点。

(二) 保险合同的法律关系

保险合同的法律关系是由保险合同的主体、保险合同的客体、保险合同的内容要素构成。

1. 保险合同的主体

保险合同的主体是指在保险合同中享有权利和承担义务的人。保险合同的主体分为两类：一是保险合同的当事人，二是保险合同的关系人。此外，还有一种保险合同的辅助人，它是当事人之间订立保险合同的媒介或对保险合同的订立与履行起辅助作用，又称为保险中介人。

(1) 保险合同的当事人为保险人和投保人。

① 保险人，也称承保人。它是保险合同当事人的一方，在保险合同成立时，有权收取保险费，并在发生保险事故时，对被保险人承担赔偿损失责任的经营保险事业的保险组织，即经金融管理部门特许经营的机构。

② 投保人，也称要保人，是保险合同的另一方当事人。它是指与保险合同有保险利益，向保险人申请订立保险合同，并负有交付保险费义务的人。投保人可以是自然人，也可以是法人或其他社会组织。作为保险投保人必须具备三个要件：第一，投保人要具有完全行为能力；第二，投保人与保险标的之间有保险利益；第三，投保人负有交付保险费的义务。

(2) 保险合同的关系人为被保险人和受益人。

① 被保险人，指其财产或人身受保险合同保障，享有保险金请求权的人。投保人与被保险人可以是同一个人，也可以不是同一个人，被保险人必须具备两个条件：其一，被保险人须是发生保险事故时遭受损失的人；其二，被保险人须是享有保险赔偿请求权的人，即被保险人因保险事故而遭受损害，享有保险赔偿请求权。

② 受益人，也称保险金受领人，是指在人身保险合同中由被保险人指定的享有保险金请求权的人。投保人、被保险人均可以成为受益人。受益人须具备两个条件：其一，受益人须是由被保险人在人身保险合同中指定的人；其二，受益人须是享有保险金请求权的人。另外，被保险人在保险合同期间变更受益人，必须通知保险公司，保险公司在保险单上作

出批注，变更新的受益人才生效。

(3) 保险合同的辅助人，即中介人，为保险代理人和保险经纪人。保险代理人指根据保险人的委托，向保险人收取代理手续费并在保险人授权的范围内代为办理保险业务的单位或者个人。

保险经纪人是基于投保人的利益，并依法收取佣金的单位。

2. 保险合同的客体

所谓保险合同的客体，是指保险合同的主体权利与义务共同指向的对象。在财产保险中可以是财产或与财产相关的法律责任或经济利益；在人身保险中则是人的身体、健康和生命。由于获得经济保障是投保人的目的所在，所以体现保障的保险利益就应是法律给予保护的对象，理应成为保险合同的客体。

3. 保险合同的内容

保险合同的内容指保险合同双方当事人的权利和义务。保险合同是通过保险条款体现出来的。保险单中规定了各种保险合同的一些最基本事项，投保人选定了某种险，就同意了该种险的保险条款，双方对订立合同达成一致，保险合同就成立。

保险合同的基本条款主要有：

(1) 当事人的姓名和住所。

明确当事人的姓名和住所，是履行保险合同的前提。但在运输货物保险合同的简易保险单中，大多采用无记名式，保险单随货物的转移一并转移给第三人，其目的是确保商品的流通。在人身保险中，除写明投保人、被保险人之外，还要写明受益人姓名。对于被保险人，还须写明性别、年龄、职业等。

(2) 保险标的。

保险标的是指作为保险对象的财产及其有关利益或人的寿命和身体。在财产保险中，保险标的为各种财产本身或与其有关的利益和责任；在人身保险中，保险标的为人的生命、身体或健康。保险标的明确了保险事故可能发生的本体。

(3) 保险价值。

保险价值是指投保人对保险标的所享有的保险利益在经济上用金钱估计的价值额，是确定保险金额的基础。投保人在投保时，要确定标的价值额为多少，只有这样才能确定投保的保险金额。

(4) 保险金额。

保险金额是指保险人承担赔偿或给付保险金责任的最高限额，也是投保人对保险标的的实际投保金额。保险金额不能超过保险价值，但可以低于保险价值。在人身保险中，不存在保险标的价值，保险金额完全由双方当事人约定，保险金额只受投保人本身支付保险费能力的制约。

(5) 保险费和保险费率。

保险费是投保人支付的用以换取保险人承担风险赔偿责任的对价。我国保险法将缴保险费规定为投保人的义务，但并不排斥其他人代投保人缴付保险费。如果投保人不缴保费视为放弃继续保险时，其他人的代交未经投保人认可，应为无效。

保险费率是指保险人以保险标的的损失率、死亡率或生存率为计算基础而规定一定时期内一定保险金额收取保险费的比例。保险费率的高低决定缴保险费的多少，它直接涉及保险人、投保人的利益。

(6) 保险责任。

保险责任指保险人在保险单中载明的对被保险人标的承担经济保障的具体范围，它是保险合同中最基本的条款之一。保险人不是对标的发生的所有危害损失或特定事件都赔偿或给付，只有发生在保险责任范围内才承担责任。不同种类的保险险种，其保险责任范围不同。即使是同一种类的险，由于各保险公司设计的不同，保险责任的范围也可能有差异。

(7) 保险期限。

保险期限是指保险合同的有效期限，它是保险人承担保险责任的期限，也叫保险责任的起讫时间，是保险合同中不可缺少的条款。保险期限有两种表示方法：时间表示法和航次事件表示法。

(8) 保险金赔偿或给付办法。

保险单中明确订有保险金具体赔偿或给付的条款，以确保发生保险事故时，投保人依合同提出索赔或要求给付，保险人依合同约定方法支付赔偿金或给付保险金。

(9) 违约责任和争议处理。

违约责任是指合同当事人因其过错致使合同不能如约履行或不能完全履行时所应承担的法律后果。《保险法》对保险合同的违约责任都明确规定了相应的责任。在签订保险合同时，合同中已载明违约责任条款，以确保合同的完全履行。

争议处理是指保险合同发生纠纷后，解决纠纷的方式方法，主要有双方协商、仲裁和诉讼三种。在签订合同时，双方可以约定发生纠纷时的解决方式。

【资料阅读】

受益人应当是"前妻"还是"后妻"

李先生于 2007 年与王女士结婚，并于 2008 年作为投保人以自己为被保险人向某保险公司购买数份人身意外险，保险金额为人民币数万元，保险合同受益人一栏中填写为"妻子"。2009 年，李先生因与妻子王女士感情不和而协议离婚，双方未对保险单处理进行约定。2010 年 9 月，李先生又与杜女士结婚。2012 年 2 月，李先生不幸遭遇车祸身亡。李先生去世后，王女士与杜女士都认为自己应当是保险合同的受益人，分别向保险公司提起给付保险金的请求。王女士的理由是李先生签订保险合同是在与其婚姻关系存续期间所为，其为李先生的合法妻子，李先生当时指定妻子为受益人的真意当然是王女士。杜女士则认为李先生与王女士的婚姻关系已经不复存在，而她才是李先生出事时的合法妻子，故理应由其作为受益人领取保险金。保险公司也无法判断该向谁理赔，故王女士向人民法院提起诉讼，请求法院判令保险公司向自己承担保险责任。

【问题】
(1) 人身保险合同的受益人的指定方式有哪些？

(2) 本案中应该确定谁为受益人？

【分析】

(1) 人身保险合同的受益人一般都是被保险人的利害关系人。《中华人民共和国保险法》第22条对受益人的概念作了明确的规定，但没有强制规定受益人的指定方式。故受益人可以指定具体姓名或名称，也可以指定身份。本案中，李先生正是以指定身份的方式来指定受益人的。

(2) 杜女士应为受益人。理由有二：首先，王女士与李先生离婚的行为导致其丧失李的"妻子"的身份，而杜女士拥有了这种身份。其次，法律之所以允许投保人或被保险人指定被保险人的利害关系人作为受益人，其主要目的在于当被保险人发生保险事故后，受益人可以从保险人处领取定数额的保险金，以弥补由于其利害关系人遭受不幸而可能给其带来的物质上或精神上的损害和负担，这里所谓的受益人当然是现实的合格的受益人。本案中李先生投保的本意应当是：若其发生保险事故，会给他的妻子带来物质上和精神上的损害和负担，故希望保险公司给予其以一定的补偿。很明显，当然是给他现实的合法妻子以补偿，而不是给他的前妻以补偿。所以，本案受益人应当是杜女士。

三、保险合同的订立与履行

（一）保险合同订立的程序

1. 保险合同订立的概念

保险合同的订立是指当事人经协商一致达成协议的法律行为，一般要经历要约和承诺两个阶段。

第一阶段：要约。投保人发出投保要求，即表明要求投保的意愿。第二阶段：承诺。保险人同意承保，即表明接受对方的要求。要约人与承诺人并非固定，有时保险人也可以是要约人，投保人也可以是承保人。例如，保险人向公众散发印有保险费、保险金额、险种、时间的保险广告，此为保险要约，保险人是要约人。

投保人与保险人只要就合同条款达成协议，保险合同即成立。值得注意的是：其一，保险单签发。保险单是双方订立保险合同的协议凭证，不是保险合同成立的必要条件。其二，保险费的交付。保险费是投保人在合同成立后应履行的义务之一，不是保险合同成立的必备条件。《保险法》第58条规定："合同约定分期支付保险费的，投保人应当于合同成立时支付首期保险费。"

2. 保险合同订立凭证

保险合同订立凭证是保险双方当事人意思表示的书面表现形式，通常认为有四种：投保单、暂保单、保险单、保险凭证。

(1) 投保单。

投保单是投保人向保险人表示订立保险合同的书面要约，是由保险人事先准备好的，投保人必须依所列各项，遵循最大诚信原则去填写。投保单本身不是正式合同文本，在人寿保险中，一经保险人接受，可成为正式保险合同的组成部分；在简易财产保险中，投保单经保险人盖章认可，也可成为保险合同。投保人要如实填写投保单，否则会影响正式保险合同的效力。

(2) 暂保单。

暂保单是正式保险单签发之前出示给投保人的临时保险合同，它的效力与正式保险单相同，但其效力时间一般为 30 天。当正式保险单签发给投保人时，暂保单就自动失效。

暂保单仅限于在财产保险中使用。暂保单主要出现在以下情况中：保险代理人或保险经纪人招揽业务时，保险公司的分支机构揽到某些特殊业务时，出口贸易结汇时等，均属于为拉住客户而应急出立的一种凭证。

(3) 保险单。

保险单是保险人与投保人之间订立的正式保险合同的书面凭证，是保险法中规定的保险合同的法定形式，是被保险人在保险标的遭受保险损失(或发生特定事件)时向保险人索赔的凭证，亦是保险人赔偿的依据。

(4) 保险凭证。

保险凭证又称小保单，它是由保险人出立给投保人的一种简化了的保险单，与正式保险单具有相同的法律效力，也是我国保险法规定的保险合同的法定形式之一。保险凭证上只列明几项，不详细列保险基本条款，有关的权利义务条款适用与之相同的保险单中的详细规定。由于保险凭证简便易行，在客货运输保险、邮包保险中被广泛使用。

(二) 保险合同的履行

所谓保险合同的履行，就是保险当事人按合同约定履行义务的过程。它主要包括投保人的义务和保险人的义务两个方面。

1. 投保人的义务

(1) 告知义务。

投保人的告知义务是指投保人在保险合同订立时，依法就保险标的或被保险人的有关情况向保险人作出真实、准确陈述的义务。保险业是一种风险事业，投保人不履行告知义务的，必须承担相应的法律责任。具体而言，投保人故意隐瞒事实或者因过失未履行告知义务并足以影响保险人决定是否同意承保或提高保险费率的，保险人有权解除合同。

(2) 缴付保险费的义务。

保险合同成立后，投保人有义务按照合同的约定缴付保险费。投保人未按约定缴付保险费的，将承担以下法律后果：

① 在财产保险合同中，保险人可以请求投保人给付保险费及迟延利息，也可以终止合同。

② 在人身保险合同中，如果事先约定分期交付保险费的，投保人超过约定期限 6 个月未支付到期保险费，保险合同中止或者由保险人按照合同约定的条件减少保险金额。但对于逾期欠缴保险费的投保人，保险人不得用诉讼的方式要求投保人支付。

(3) 防损减灾的义务。

投保人或被保险人应尽到合理谨慎的注意，防止意外事故的发生；当保险事故发生时，应采取一切必要措施防止损失的扩大。这就是防损减灾义务的基本内涵。具体来说，投保人或被保险人应承担下列义务与责任：

① 保险人应遵守国家有关消防、安全、生产操作、劳动保护等方面的规定，维护保险

标的的安全。投保人、被保险人未按约定履行该义务的，保险人有权要求增加保险费或者解除合同。

② 保险人可以对保险财产的安全情况进行检查，如发现不安全因素，应及时向投保方提出消除不安全因素的合理建议，投保方应及时采取措施消除；否则，对由此引起的保险事故造成的损失，保险人不承担责任。

③ 保险事故发生后，投保方应积极施救，避免损失的扩大。投保方不履行施救义务的，保险人对由此造成的扩大的损失，不承担责任。对于投保方履行施救义务所支付的必要、合理的费用，应由保险人承担；保险人承担的数额在保险标的损失赔偿金额以外另行计算，但最高不超过保险金额的数额。

(4) 通知义务。

投保人的通知义务主要有两项：危险增加的通知义务和出险通知义务。

① 所谓"危险增加"是指签订合同时当事人双方未曾估计到的发生危险的可能性增加。发生危险的可能性增加会导致保险费及双方当事人权利义务的变化，因而投保人对此负有通知义务，保险人有权要求增加保险费或者解除合同。投保人未履行该项义务的，因保险标的发生危险的可能性增加而发生的保险事故，保险人不承担责任。

② 出险通知义务是指发生约定的意外事故时，投保人、被保险人或受益人承担的及时通知保险人的义务。法律这样规定，一方面有利于保证保险人能够及时对损失进行调查，合理地确定责任；另一方面，也有利于保险人采取适当措施防止损失的扩大。保险事故发生后，投保人、被保险人或受益人没有履行通知义务，保险人是否可以免于承担责任，对此，保险法没有作出明确规定。因此，违反出险通知义务的具体责任还要依据保险合同的规定，事先没有约定，保险人不得拒绝承担保险责任。

2. 保险人的义务

(1) 说明义务。

说明义务是指保险人于合同订立阶段，依法对保险合同有关情况向投保人进行必要的解释的义务，它包括两个方面：说明合同条款内容的义务与说明免责条款的义务。我国《保险法》第 17 条规定："订立保险合同，保险人应当向投保人说明保险合同的条款内容。"该法第 18 条规定："保险合同中规定有关于保险人责任免除条款的，保险人在订立保险合同时应当向投保人明确说明，未明确说明的，该条款不产生法律效力。"法律规定保险人的说明义务，主要考虑到保险合同是格式合同，拟约方经济势力比较强大，并且合同条款专业性较强，对合同条款予以说明，有利于双方当事人真实地表达意愿，避免纠纷的发生。

(2) 赔偿或给付保险金的义务。

保险人收到被保险人或者受益人的赔偿或者给付保险金的请求后，应当及时作出核定，属于合同约定的保险责任的，必须支付赔偿金或给付保险金。如果经核实，不属于保险责任的，保险人应当向被保险人或者受益人发出拒绝赔偿或给付保险金的通知书。

(3) 保密义务。

保险合同订立时，投保人对保险人关于保险标的或被保险人的询问，应当如实告知，这样保险人就有可能了解或掌握投保人或被保险人业务、财产等方面的情况。对于这些情况，无论保险合同是否成立，保险人都负有保密义务。

3．给付保险金

保险人履行保险责任义务的方式一般为支付现金，也可以约定由保险人负责对财物重置或修理。

保险人承担赔偿金包括以下几个方面：

(1) 标的实际损失补偿金。

(2) 投保人施救费用。

(3) 投保人诉讼支出。

(4) 投保人对事故损失的检查、估价、处理等费用。

除(1)以外的损失应分别计算，对于(2)、(3)、(4)的费用，《保险法》第42条规定，"保险人所承担的数额在保险标的的损失赔偿金额以外另行计算，最高不超过保险金额的数额。"另外，保险人在与投保人、被保险人达成赔偿协议后10天内履行赔偿义务。

四、索赔与理赔

发生保险事故后，投保人要向保险人提出索赔，保险人要进行理赔，索赔与理赔是保险合同履行中的重要组成部分。

(一) 索赔的概念

索赔是指投保人、被保险人在保险标的遭受保险事故后，按保险合同的规定，请求保险人履行赔偿责任的行为。

(二) 索赔应遵循的程序

(1) 出险通知。投保人在保险事故发生后，应及时将保险事故发生的时间、地点、原因及其他情况，以最快捷的方式通知保险人，并提出索赔请求。投保人、被保险人的索赔请求有时间限制，超过请求期限，将丧失索赔请求权。

(2) 提供索赔单证。这是投保人、被保险人索赔的依据，包括保险单、原始单据(账册、发票、收据、装箱单、提单等)、出险核验证明(出险证明书、出险调查报告、损失鉴定证明等)、财产损失清单及施救费用单据等。

(3) 达成赔偿协议，领取保险金。

(4) 开具权益转让书。保险事故的发生涉及第三者责任时，被保险人领取赔偿金后，应开具权益转让书给保险人，使保险人拥有向第三人追究责任的请求权。

(三) 理赔的概念

理赔是指保险人按投保人、被保险人的请求，根据保险合同约定，履行有关保险赔偿责任的行为。理赔是保险职能作用的具体体现，它直接关系到保险人的信誉和被保险人、受益人的利益。

(四) 理赔应遵循的程序

(1) 立案查勘。保险人收到投保人、被保险人发出的出险通知后，应立即立案，并派人到现场查勘，及时了解损失原因及情况。

(2) 审核保险责任。根据立案查勘所得材料及保险人自己了解的情况，分析确定保险事故与发生损失之间是否有因果关系，然后作出是否给予保险赔偿的判断。

(3) 给付保险金。

【资料阅读】

投保人妻子未如实告知是否要理赔

甲向保险公司投保了一份人寿保险，期限为五年，并以其妻乙为受益人。合同签订前，保险公司要求甲提供医院的健康状况检查表，甲便去保险公司指定的医院做了检查。该医院的主治医师丙发现甲患有末期直肠癌。因其与甲熟识，就未将病情告诉他，也没有将该事项记入身体检查表中，但告诉了乙。甲将检查表交给了保险公司，保险公司确认无误后，与甲签订了人寿保险合同，甲也缴纳了首期保费。两年后，甲终因癌症不治身亡，乙要求保险公司支付保险金。保险公司经调查后发现了事实真相，因而拒绝理赔。

【问题】

(1) 甲是否有义务去做体检？如果甲和保险公司签订的是简易人寿保险合同呢？

(2) 保险公司拒绝理赔的行为有无法律依据？

【分析】

(1) 根据人寿保险条款的规定，除简易人寿保险合同和团体人寿保险合同外，投保人寿保险的都应在保险人指定的医师主持下进行体格检查。体检是人寿保险合同的特殊性质所决定的，只有通过体检，对被保险人的身体状况有了一定了解，保险人才能决定是否承保以及保险费率的高低。因此，本案例中甲有义务去做体检，但如果双方签订的是简易人寿保险合同的话就可以不用体检。因为简易人寿保险一般保险金额小，保险费低，交费期短，保险期限一般以五年、十年、十五年为期，缴费周期通常为一个月，具有两全保险的性质，所以在程序上一般较为简单。

(2) 保险公司应当拒赔。根据《中华人民共和国保险法》第 17 条规定："投保人故意隐瞒事实，不履行如实告知义务的，或者因过失未履行如实告知义务，足以影响保险人决定是否同意承保，或者提高保险费率的，保险人有权解除保险合同。投保人故意不履行如实告知义务的，保险人对于保险合同解除前发生的保险事故，不承担赔偿或者给付保险金的责任，并不退还保险费。"本案例中，丙作为投保人的妻子，明知甲患有癌症，却故意隐瞒事实真相，没有履行如实告知义务，且甲患的是癌症，足以影响到保险人是否同意承保的问题，因而保险公司有权单方面解除该保险合同，对在解除前发生的保险事故也不需要承担赔偿或者保险金的责任，并不退还保险费。

五、保险合同的变更与终止

保险合同成立之后，双方当事人必须按合同的规定履行义务。但合同履行过程中，可因一定事由变更或终止保险合同。

（一）保险合同的变更

保险合同有主体的变更、内容的变更和效力的变更三种。

1. 保险合同主体的变更

保险合同主体的变更，指在不改变合同内容的条件下，只改变保险合同中的保险当事人和关系人，即改变保险人、投保人、被保险人、受益人。在保险单主体变更中往往保险标的不发生变化，实质上是保险合同的债权、债务的移转，习惯上又称保险单的移转。值得注意的是：货物运输保险单随标的转移而自动移转；非货物运输保险单转让须经一定程序；在人身保险中，被保险人不允许更换。

2. 保险合同内容的变更

保险合同内容的变更，是指保险合同在主体不变的情况下，改变合同中已有的事项，通常有：

(1) 标的存放地点的变化。

(2) 标的数量增减，标的品种、价值等方面的变化。

(3) 保险期限、金额、责任等方面的变化。

(4) 人身保险合同中的一些事项的变更等。所有保险合同内容的变更，必须经保险人同意，并按规定办理了变更手续后才有效。

3. 保险合同效力的变更

保险合同效力的变更，指的是人寿保险合同中的失效和复效。复效制度是指在分期支付保险费的人身保险合同中，被保险人在约定缴费期限内超过一定期限未缴保险费，保险合同失效。当被保险人在一定期限内重新申请，经保险人同意补缴保险费后，保险合同效力重新恢复。

(二) 保险合同的终止

1. 保险合同自然终止

保险合同自然终止是指因一定法定事由出现，保险合同效力自动消灭，主要有以下几种情形：

(1) 保险合同期限届满。在保险合同有效期间内，始终没有发生保险事故，自保险期限届满之日起，保险合同的效力自然终止。

(2) 保险合同已履行。在保险合同有效期限内，保险事故已经发生，保险人依约已完全履行给付义务的，保险合同尽管期限还未届满，其效力也自动终止。

(3) 保险标的不复存在。保险标的是履行保险合同的基础，如果标的发生保险责任之外的灭失，原保险合同因标的不复存在而效力自然终止。在财产保险中，如投保的损失险中没有盗窃险，而投保人又没有加保，标的却因盗窃而不存在，合同效力因此终止。人身保险中，被保险人在犯罪活动中死亡，因违反法律而得不到赔偿，合同效力就此终止。

2. 保险合同解除和终止

保险合同的解除是指保险合同当事人因行使解除权，而使合同的效力归于消灭，其包括法定、约定、任意解除三种。

(1) 法定解除，是指保险合同当事人(保险人)在法律规定的解除事由出现后，依法行使解除权，使合同的法律效力归于消灭。

法定解除有几种情况：投保人违反告知义务；投保人、被保险人违反通知义务；投保人、被保险人违反安全防灾义务。这几种情况出现之后，保险人可以依法行使解除权，这是一种单方使合同效力终止的权利，无须征得被保险人的同意。

(2) 约定解除，是指当事人双方在订立合同时就约定了解除条件，如果在合同期限内，一方违反了约定的事项，另一方可解除合同。如保证条款，投保人一旦违背，可导致保险人终止合同。

(3) 任意解除，是指法律规定当事人有权根据自己意愿解除合同的权利。法律赋予投保人任意解除权，是因为保险合同的技术性、附合性，想以此弥补投保人的弱势地位。但并非所有保险合同都可以任意解除，《保险法》第 35 条规定："货物运输保险合同和运输工具航程保险合同，保险责任开始后，合同当事人不得解除合同。"

3. 保险合同因复效丧失而终止

在分期支付保险费的人身保险中的复效制度，须具备一定条件，如不具备一定条件，会导致保险合同的效力彻底终止。

(1) 投保人两年内没有申请复效。

(2) 被保险人的身体已不宜人身保险。

(3) 投保人无力补足失效期间的保险费。

(4) 保险人拒绝复效申请。

【资料阅读】

投保人只签姓不签名合同是否有效

年逾七十的杨某终身未嫁，几年前因患病而行动不便。她拿出多年的积蓄雇佣了一个小保姆王某，心地善良的王某尽心尽力地伺候杨某，杨某颇为感动。2012 年 11 月，杨某在征得王某的同意后，二人一同来到保险公司，为王某办理了一份人身意外伤害综合保险，期限是两年，受益人是杨某。在签订保险合同时，需要被保险人签字，王某不识字，就只会写个简单的"王"字，保险公司没有异议，并给二人开具了保单，杨某也按合同约定交纳了保险费。2013 年 10 月，王某在出外办事时不幸遇车祸身亡，杨某为其办完后事后到保险公司理赔，不料保险公司却拒绝给付，理由是杨某与王某非亲非故，投保人杨某对被保险人王某不具有保险利益。而且以死亡为给付条件的保险合同须经被保险人书面同意，即出具本人亲自签名的书面文件，而王某只签了一个姓在上面，于法不符，因而保险合同无效。杨某再三交涉不成，遂将保险公司告上法庭。

【问题】

(1) 投保人杨某对被保险人王某有没有保险利益？

(2) 该保险合同是否有效？

【分析】

(1) 根据《中华人民共和国保险法》第 53 条规定，投保人对本人、配偶、子女、父母或者与投保人有抚养、扶养、赡养关系的家庭其他成员、近亲属，具有保险利益。而对不具有上述关系的其他人(如本案中的杨某与王某)，该法规定只要被保险人同意投保人为其订立保险合同，就视为投保人对被保险人具有保险利益。本案中，杨某与王某是一同去的保险公司，这足以说明王某是同意杨某为其办理保险合同的。

(2) 保险合同有效。首先，王某的知识水平有限，只会写一个姓，这是客观上的不能，与其主观意思没有关系，其真实意思表示同意签订保险合同，这一点就足够了。至于签字只是一个形式问题，不管是签全名还是只签一个姓，只要是出自该人之手即可，况且法律也没有明文规定必须写全名而不得只写一个姓。因此，二者应当具有同等的法律效力。

其次，在订立保险合同时，如果保险公司认为王某只签一个姓的行为不符合法律规定，可能将导致合同无效，就应当立即向投保人和被保险人如实说明。而现实中却是保险公司没有任何异议，并开具了保单又收缴了保费，这就足以说明保险公司是认可了合同的效力的。然而在保险事故发生后，保险公司又矢口否认，这显然是不符合最大诚信原则的，于法不容。因此，保险公司得按约理赔。

第六节　票　据　法

一、票据法基础知识

(一) 票据的概念及法律特征

1. 票据的概念

票据是出票人依票据法签发的，由自己或委托他人于票据到期日或见票时无条件支付一定金额给收款人或持票人的一种有价证券。

我国的票据包括汇票、本票和支票三种。

2. 票据的法律特征

(1) 票据是设权证券。所谓设权证券，是指票据权利的发生必须首先作成票据。票据的签发，不是为了证明已经存在的权利，而是为了创设一种权利。因此，没有票据也不会有票据上的权利。

(2) 票据是要式证券。票据必须具备法定形式才能产生票据的效力。票据法对票据上应记载的事项有明确的规定，如果欠缺票据法所规定的必须记载的事项，票据即为无效。

(3) 票据是文义证券。票据的一切权利义务必须严格依票据上记载的文字而定，不得以票据以外的任何事由变更其效力。

(4) 票据是金钱证券。票据是以支付一定金额货币为目的的有价证券，凡以金钱以外的物品为给付标的的，都不是票据法所称的票据。

(5) 票据是无因证券。票据的持票人行使票据权利时，不必证明其取得票据的原因，仅依票据上所载文义就可以请求给付一定金额的货币，而且票据行为不因票据的基础关系无效或有瑕疵而受影响。

(6) 票据是流通证券。票据的转让与债权的转让不同，可以依背书和交付的简单程序进行转让，而不必通知债务人，因而更便于流通。

(7) 票据是返还证券。票据债权人受领了票据金额后，必须将票据交还。若付款人是主债务人时，付款后票据关系消灭；付款人为次债务人时，付款后可向其前手追索。

(二) 票据法及其特征

票据法是规定票据制度,调整票据活动产生的各种社会关系的法律规范的总称。票据法具有如下特征:

1. 票据法是强制法

首先,票据的种类是法定的,不得由当事人任意创设;其次,票据上要记载的事项是法定的,绝对事项不能因合意而减少;再次,票据行为的方式是法定的。

2. 票据法具有高度的技术性

票据法中的规定多数都是技术性的,如承兑必须在票据的正面完成,背书必须在票据的背面或是在粘单上完成。当事人要使用票据就必须遵循这些,如有违反就要承担不利的后果。

3. 票据法是国内法,但包含着国际统一性

一国的票据法是由本国的立法机关制定的,是为本国商品经济服务的,因而是国内法。但由于商业活动无国界,票据会随着商业信用活动而流通于国际社会之间,要促进本国贸易的发展,使本国更深入地参与国际经济活动,必须使本国的票据法尽可能地与日益统一的国际性票据法相一致。

(三) 票据法律关系

1. 票据法律关系的概念

票据法律关系是指票据当事人之间在票据签发和转让等过程中发生的权利和义务关系。票据法律关系可分为票据关系和非票据关系。

(1) 票据关系是指基于票据行为而直接发生的法律关系。例如,出票人与受款人之间的关系,受款人与付款人之间的关系,背书人与被背书人之间的关系,等等。

(2) 非票据关系则是指由票据法所规定的,不是基于票据行为直接发生的法律关系。例如,票据上的正当权利人对于因恶意而取得票据的人行使票据返还请求权而发生的关系;因手续欠缺而丧失票据上权利的持票人对于出票人或承兑人行使利益偿还请求权而发生的关系;票据付款人付款后请求持票人交还票据的关系等。

2. 票据法律关系的构成要素

票据法律关系亦称票据关系,是由票据法律关系的主体、内容和客体成的。

(1) 票据关系的主体。票据关系主体是指在票据关系中享有票据权利、承担票据责任的人,即票据当事人,如出票人、收款人、付款人、背书人、承兑人、保证人、持票人等都是票据当事人。

(2) 票据关系的内容。在票据关系中,票据当事人享有的票据权利、承担的票据义务是票据关系的内容。票据关系的内容分为两类:一类是债权人的付款请求权与债务人的付款义务;另一类是债权人的追索权与债务人的偿付义务。

(3) 票据关系的客体。票据关系的客体就是票据当事人的权利义务所指向的对象,即票载金额。

（四）票据行为

1. 票据行为的概念

票据行为是指票据关系的当事人之间以发生、变更或终止票据关系为目的而进行的法律行为。

2. 票据行为的特征

(1) 票据行为是在票据关系当事人之间进行的行为。该当事人包括：

① 出票人，指依法定方式做成票据并在票据上签名盖章，并将票据交付给收款人的人。

② 收款人，指票据到期并经提示后收取票款的人。

③ 付款人，指根据出票人的委托支付票款的人。

④ 持票人，指持有票据的人。

⑤ 承兑人，即汇票的主债务人，指接受汇票之出票人的付款委托，同意承兑，承担支付票款义务的人。

⑥ 背书人，背书转让票据时，在票据背面签字或盖章，并将该票据交付给受让人的票据收款人或持有人。

⑦ 被背书人，指被记名受让票据或接受票据转让的人。

⑧ 保证人，即是为票据提供担保的人。

⑨ 其他当事人，如参加承兑人、参加付款人、预备付款人等与票据的债权、债务直接或间接发生关系的当事人。

(2) 票据行为是以设立、变更或终止票据为目的的行为。票据行为是一种意思表示行为，即票据关系之当事人进行票据行为时都是有目的地设定、变更或终止某项权利义务，并将该种意思表现于外。

(3) 票据行为是一种合法行为。票据行为是一种民事法律行为，凡是行为主体不合格、意思表示不真实、行为内容违法等的违法行为就不是票据行为，不受法律保护。

3. 票据行为成立的有效条件

票据行为是一种民事法律行为，票据行为成立必须符合民事法律行为成立的条件。

(1) 书面作成。票据行为为书面行为，行为人要以书面记载事项承担票据责任。口头的票据行为有悖于票据行为的要式性，因而是无效的。

(2) 行为人必须具有从事票据行为的能力。从事票据行为的能力亦称票据能力，包括权利能力和行为能力。《票据法》规定："无行为能力人或者限制民事行为能力人在票据上签章的，其签章无效。"可见，在票据行为中，在票据上签章的自然人必须是具有完全民事行为能力的人，否则该签章不具有任何效力。签章者并不因此而成为票据上的债务人，其他票据当事人也不得据此签章向无行为能力人或限制行为人主张任何票据债权。

(3) 行为人的意思表示必须真实或无缺陷。意思表示真实应是行为人的内心意思与外在表示一致，意思表示无缺陷即是意思表示不存在法律上的障碍或欠缺。我国《票据法》规定："以欺诈、偷盗或者胁迫等手段取得票据的，或者明知有前列情形，出于恶意取得票据的，不得享有票据权利。"这一规定表明，尽管票据的形式符合条件，但从事票据行为人的意思表示不真实或存在缺陷，票据的持有人亦不得享有票据上的权利，该等行为无效。

(4) 票据行为的内容必须符合法律、法规的规定。票据行为是一种合法行为，故其内容必须符合法律、法规的规定。我国《票据法》对此内容作了详尽的规定，具体表现在以下几个方面：

① 书面作成。票据行为为书面行为，行为人要以书面记载事项承担票据责任。口头的票据行为有悖于票据行为的要式性，因而是无效的。

② 签章。票据上的签章是票据行为表现形式中绝对应记载的事项，如无该项内容，票据行为即为无效。

③ 票据记载事项。票据记载事项分为绝对应记载事项、相对应记载事项、任意记载事项等。第一，绝对应记载事项是指票据法明文规定必须记载的，如无记载，票据即为无效。票据须记载的内容是：票据金额、票据收款人、年月日。第二，相对应记载事项是指某些应该记载而未记载，适用法律的有关规定而不使票据失效的事项。第三，任意记载事项是指票据法规定由当事人任意记载的事项。

④ 票据交付是票据行为人有意识地使票据由自己占有转为由他人占有的行为。票据行为人在记载完成并签章后，握有票据，票据行为不能生效。只有将票据交付持票人，票据行为才算完成。

4. 票据行为的种类

(1) 出票。出票指行为人在银监会统一规定样式的专用票据上，按票据法填写绝对必须记载事项，签章并将其交给收款人的票据行为。出票的行为人称为出票人；接受票据交付的人，则为收款人或持票人。汇票、本票、支票都有出票行为。

(2) 背书。背书是以转让票据权利或者将一定的票据权利授予他人行使为目的，在票据背面或粘单上记载有关事项并签章的票据行为。背书的行为人称为背书人，接受其交付的人称为被背书人。

(3) 承兑。承兑是指汇票承兑人承诺在汇票到期日支付汇票金额的票据行为，也是付款人对出票人在出票时在票据上所作的付款委托经过选择后作出的承诺。

(4) 保证。保证是指票据债务人以外的人为担保票据债务的履行，在已发行的票据上(或粘单上)所为的、承诺愿意与被保证人负相同票据责任的票据行为。在汇票、本票中，都可以存在保证。保证是附属的票据行为，是一种保证票据权利的重要措施，具有增强票据信用、确保交易安全的作用。

5. 票据权利及责任

票据权利是指持票人向票据债务人请求支付票据金额的权利，包括付款请求权和追索权。持票人是票据权利的主体。票据权利是由票据债务人的票据行为产生的，所以它与票据法上规定的权利是不一样的。如付款人在持票人要求取款时让持票人交出票据的请求权，这种权利不是由票据债务人票据行为产生的，而是票据法规定的。因此，它被称为票据法上的权利，而不是票据权利。

票据权利包括付款请求权和追索权。

(1) 付款请求权。付款请求权是指票据债权人请求票据主债务人或其他付款人按照票据所载金额支付金钱的权利。付款请求权是第一次请求权。

(2) 追索权。追索权是指当持票人的第一次请求权不能实现，即债权人行使付款请求权而遭拒绝或者因其他法定原因而不能实现时，在保全票据权利的基础上，向除主债务人以外的前手(包括出票人、背书人、保证人)请求偿还票据金额及损失的权利。如经持票人追索，被追索人作了清偿，那么他对另外的相对人可再行使追索权，这种权利称为再追索权。追索权除一些法定原因(如不获承兑、债务人破产)，可在票据到期日前行使外，一般应在票据到期不付款时才能行使。此外，追索权请求的债权金额，不仅包括票据所载金额，还包括所载票据金额利息、作成拒绝证书等的费用，因而追索金额要大于票据所载金额。因此，票据追索权又被称为偿还请求权。

6. 票据权利的取得及限制

(1) 票据权利的取得。票据权利一般可从以下三个途径取得：从出票人处取得；被背书人从背书人处取得；依照法定方式取得，如因税收、继承、赠与、投资分红等原因取得。

(2) 取得票据权利的限制。为了防止通过不合法手段占有票据的行为，票据法对取得票据的合法性及票据权利的行使作了如下两方面规定：

① 票据的取得，必须给付对价，即应当给票据双方当事人认可的相应的代价(即相当或相等的代价)。

② 因欺诈、偷盗、胁迫、恶意或重大过失而取得票据的，不得享有票据权利。所谓恶意，是指以各种不正当的方法取得票据，包括受让人明知让与人为无处分权人，而仍接受其票据转让。所谓重大过失，是指稍加注意，或以一般注意，即可推知让与人的票据权利有瑕疵的情况。

7. 票据权利的时效

所谓权利时效，是指法律所确认的某种权利得以行使的时间范围。为了有利于票据的有序流通，票据法对票据权利的行使时间作了规定，如果持票人在法定时间内不行使票据权利，时效届满，其票据权利即告消灭。票据法对票据时效有以下四种规定：

(1) 持票人对票据出票人和承兑人的权利(付款请求权)，自票据到期日起两年；见票即付的汇票、本票，自出票日起两年。

(2) 持票人对支票出票人的权利，自出票日起6个月。

(3) 持票人对前手的追索权，自被拒绝承兑或拒绝付款之日起6个月。

(4) 持票人对其前手的再追索权，自清偿日或者被提起诉讼之日起3个月。

【资料阅读】

伪造的票据及其法律后果

王某是上海B公司职工，上海B公司在宝山区工商行开立结算户头，并曾买过银行承兑汇票(全是空白汇票)。王某窃取其中一张，伪造了一张100万元的银行承兑汇票。该汇票以杭州甲公司为收款人，以上海B公司为承兑申请人，汇票的"交易合同号码"栏未填，在承兑银行盖章处盖有三省一市银行汇票结算章。王某将这张伪造的银行汇票转让给杭州C公司，杭州C公司背书转让给D公司。杭州D公司持这张伪造的汇票到杭州农行申请提现，杭州农行未审查出该汇票的真伪，予以提现人民币 96 万元。杭州农行通过同城票据结算，交换给杭州建行，杭州建行又以联行票据结算将汇票转让给上海第四支行。上海第四支行从未办理过银行承兑业务，在收到汇票后，立即向公安机关报案，汇票退给杭州农行，而农行以多种借口拒收汇票。

【问题】

(1) 王某假冒出票人的名义进行原始票据创设的行为称为什么？

(2) 伪造者王某应负什么责任，请说明理由。

(3) 杭州甲公司和上海 B 公司是否承担票据责任，请说明理由。

(4) 杭州 C 公司是否承担票据责任，请说明理由。

(5) 杭州农行应承担哪些法律责任？

(6) 简答汇票绝对应记载的事项。

【分析】

(1) 票据伪造。

(2) 王某应承担民事责任和刑事责任，但不承担票据责任。由于票据伪造人在伪造票据时，并没有在票据上以自己的名义签章，故根据文义性的特点，不负票据上的责任。

(3) 票据伪造是伪造人假冒被伪造人所为的票据行为，所以被伪造人不负票据责任。除非被伪造人事后对伪造人的行为进行追认。

(4) 承担票据责任。凡真正签章于票据上的人，仍然应各负票据上的责任，不受伪造签章的影响。所谓真正签章，就是对伪造的票据进行背书，承兑或保证等票据行为的人。

(5) 付款人付款后，票据关系因付款而消灭，付款人对出票人伪造付款人和其他真实签章的债务人，都不得基于票据关系而主张权利；但可基于非票据关系请求追还其利益。但付款人对伪造的票据在认定时，有过失而予以付款的，应自负其责。杭州农行审查票据时有明显过错，应承担责任。

(6) 绝对应记载的事项为：表明"汇票"的字样；无条件支付的委托；确定的金额；付款人名称；受款人名称；出票日期。

二、汇票

(一) 汇票概述

1. 汇票的概念

汇票是出票人签发的委托付款人在见票时或者在指定的日期无条件支付确定的金额给收款人或持票人的票据。

2. 汇票的种类

我国《票据法》将汇票分为银行汇票和商业汇票。

(1) 银行汇票是指银行签发给汇款人持往异地办理转账结算或支取现金的票据位、个体业户和个人需要使用各种款项，均可使用银行汇票。

(2) 商业汇票是指收款人或付款人(或承兑申请人)签发，由承兑人承兑，并于到期日向收款人或被背书人支付款项的票据。

商业汇票按承兑人的不同，分为商业承兑汇票和银行承兑汇票。商业承兑汇票指由收款人签发的，经付款人承兑，或由付款人签发并承兑的票据；银行承兑汇票指由收款人或承兑申请人签发并由承兑申请人向开户银行申请，经银行审查同意承兑的票据。

（二）出票

1. 出票的概念

出票是指出票人按照《票据法》规定的记载事项和方式作成票据并交付收款人的一种票据行为。出票实际包括两个行为：

(1) 出票人依照《票据法》的规定作成票据，即在原始票据上记载法定事项并签章。

(2) 交付票据，即将做成的票据交付给他人占有。

2. 汇票的记载事项

汇票的记载事项可分为绝对应记载事项、相对应记载事项和非法定记载事项。

(1) 汇票的绝对应记载事项。汇票的绝对应记载事项是指票据法规定必须在票据上记载的事项，如欠缺记载，票据便无效。根据《票据法》的规定，汇票的绝对应记载事项包括几个方面：表明"汇票"的字样；无条件支付的委托；确定的金额；付款人名称；收款人名称；出票日期；出票人签章。

(2) 汇票的相对应记载事项。汇票的相对应记载事项也是汇票应记载的内容，但是相对应记载的事项未在汇票上记载，并不影响汇票本身的效力，汇票仍然有效。相对应记载事项包括：付款日期；付款地；出票地。

(3) 汇票的非法定记载事项。根据《票据法》的规定，汇票上可记载本法规定事项以外的出票事项，但是该记载事项不具有汇票上的效力。

3. 出票的效力

出票是以票据权利为目的的票据行为。出票人依照票据法的规定完成出票行为后，即产生票据上的效力。这一效力表现为创设票据权利和引起票据债务的发生，这种权利、义务因汇票当事人的地位不同而不同。

(1) 对收款人的效力。收款人取得出票人发出的汇票后，即取得了票据权利，一方面就票据金额享有付款请求权；另一方面，在该请求权不能满足时，即享有追索权。

(2) 对付款人的效力。出票行为是单方行为，付款人并不因此而有付款义务，只有付款之权限。但出票人的付款委托使其具有承兑人的地位，在其对汇票进行承兑后，即成为汇票上的主债务人。

(3) 对出票人的效力。出票人委托他人付款，一旦该行为成立，就必须保证该付款能得以实现。如果付款人不予付款，出票人就应该承担票据责任。

（三）背书

1. 汇票转让与背书

汇票转让是指汇票的持票人以背书或仅凭交付的方式将票据权利让与他人的一种票据行为。票据转让有背书转让和交付转让两种。但是，我国《票据法》第27条第3款规定：

"持票人行使第一款规定的权利时，应当背书并交付汇票。"这表明，我国票据法规定的汇票转让只能采用背书的方式，而不能仅凭交付的方式，否则就不产生票据转让的效力。

2．背书的形式

背书是一种要式行为，故其符合法定形式，即其必须作成背书并交付，才能有效成立。从背书的记载事项来看，应符合票据法的有关规定，具体包括如下几个方面。

(1) 关于背书签章和背书日期的记载。背书人背书时，必须在票据上签章，背书才能成立，否则背书行为无效。背书签章是确定背书的债务人地位及其担保责任的依据，故此属绝对应记载事项。关于背书日期，则相对应记载事项，因为背书未记载日期的，视为在汇票到期日前背书。

(2) 关于被背书人名称的记载。我国《票据法》规定："汇票的背书转让或者以背书将一定的汇票权利授予他人行使时，必须记载被背书人名称。"这一规定表明，我国票据法不承认不记名背书。如果背书人不作成记名背书，即不记载被背书人名称，汇票转让将不能成立，背书行为无效。因此，被背书人名称是背书应记载之绝对事项。

(3) 关于禁止背书的记载。背书人的禁止背书是背书行为的一项任意记载事项。如果背书人不愿意对其后手以后的当事人承担票据责任，即可在背书时记载禁止背书。这是指背书人之后手将记载有禁止背书的汇票转让，原背书人对依此取得汇票的一切当事人，包括以后的被背书人、背书人、最后持票人等，将不承担票据责任。

3．关于背书时粘单的使用

《票据法》规定："票据凭证不能满足背书人记载事项的需要，可以加附粘单，黏附于票据凭证上。粘单上的第一记载人应在汇票和粘单的粘接处签章。"否则该粘单记载的内容无效。

(四) 承 兑

1．承兑的概念

承兑是指汇票的付款人接受出票人的委托，同意承担在汇票到期日支付汇票金额的一种票据行为。承兑是明确出票人在汇票中所记载的事项是否为付款人所确认，付款人是否愿意支付该汇票的金额，如果愿意，在加盖"承兑"印章并签章后，就成为该汇票的主债务人，即为现实意义上的第一债务人。

2．承兑的程序

(1) 提示承兑。

提示承兑是指持票人向付款人出示汇票，并要求付款人承诺付款的行为。票据法规定，定日付款或者出票后定期付款的汇票，持票人应当在汇票到期日前向付款人提示承兑。

见票后定期付款的汇票，持票人应当自出票日起一个月内向付款人提示承兑。汇票未按规定提示承兑的，持票人丧失对其前手的追索权。票据法规定的提示承兑是赋予持票人的部分票据权利，是为了使持票人在一定的期间证实自己的票据权利，如果其不按时行使，就是对自己权利的放弃，也属于一种权利处分。

(2) 承兑成立。

付款人对向其承兑的汇票应当在收到提示承兑的汇票之日起 3 日内承兑或拒绝承兑。

《票据法》第 41 条规定：付款人收到持票人提示承兑的汇票时，应当向持票人签发收到汇票的回单，回单上应当注明汇票提示承兑的日期并签章。

付款人承兑汇票的，应当在汇票的正面记载"承兑"字样和承兑日期并签章；见票后定期付款的汇票，应在承兑时记载付款日期。汇票上未记载承兑日期的，以付款人收到提示承兑的汇票之日起第 3 日为承兑日期。

付款人承兑汇票不得附有条件，承兑附有条件的，或者以其他方法变更汇票上的记载事项的，视为拒绝承兑。

（五）保 证

1．保证的概念

保证是票据债务人以外的第三人为担保债务的履行所作的一种附属票据行为。保证的作用在于加强持票人票据权利的实现，确实保证票据付款义务的履行，促进票据流通。

2．保证的记载事项与记载方法

（1）保证的记载事项。

保证的记载事项分为绝对应记载事项与相对应记载事项两种。绝对应记载事项主要有：表明"保证"的字样，保证人签章。相对应记载事项主要有：保证人的名称和地址。保证人名称可由其签章认定；保证人地址可以推定为保证人的营业场所、住所。缺少保证人的名称，视为承兑人(业经承兑)或出票人保证；缺少保证日期，以出票日为保证日期。

（2）保证的记载方法。

保证的记载方法是记载在汇票上或者其粘单上。如果是为出票人、承兑人保证的，则应记载于汇票的正面；如果是为背书人保证的，则应记载于汇票的背面或者粘单上。

3．保证的法律效力

保证一旦成立，即在保证人与被保证人之间产生法律效力，保证人必须对保证行为承担相应的责任。

（1）保证人的责任。

《票据法》规定："保证人对合法取得汇票的持票人所享有的汇票权利，承担保证责任。但是，被保证人的债务因汇票记载事项欠缺而无效的除外。"这是有关保证人责任的规定。根据这一规定，保证行为成立后，保证人就成为票据上的债务人，必须向被保证人的一切后手承担票据责任，即满足被保证人后手票据权利的实现。但是，保证人承担保证责任是有一定前提条件的。根据票据法的前述规定，如果被保证人的债务因形式要件欠缺而无效，保证人的债务，即保证人承担的保证责任也将归于无效。

（2）共同保证人的责任。

共同保证是指保证人为两人以上的保证。《票据法》规定："保证人为两人以上的，保证人之间承担连带责任。"在共同保证的情况下，持票人可以不分先后向保证人中的一人或者数人就全部金额及有关费用行使票据权利，共同保证人不得拒绝。

（3）保证人的权利。

保证人的权利是指保证人的追索权，主要指保证人在向持票人清偿债务后，依照法律规定取得持票人对被保证人及被保证人的前手的偿还请求权。这一偿还请求权不是从持票人处获得的，而是根据法律规定而获得的。《票据法》对此作出规定："保证人清偿汇票债务后，可以行使持票人对被保证人及其前手的追索权。"由此可见，保证人的这一偿还请求权是一种追索权，保证人行使这一权利时，被保证人及其前手不得以对抗持票人的事由而对抗保证人。

（六）付款

1．付款的概念

付款是指付款人依据票据文义支付票据金额，以消灭票据关系的行为。付款是汇票义务人承担汇票责任对持票人所作的给付。请求付款是持票人的汇票权利，也是其拥有汇票的目的；而付款则是汇票债务人的责任。票据法规定，付款人依法足额付款后，全体汇票债务人的责任解除。

2．付款的期限

《票据法》规定，持票人应当按照下列期限提示付款：

（1）见票即付的汇票，自出票日起一个月内向付款人提示付款；定日付款，出票后自到期日起 10 日内向承兑人提示付款。

（2）持票人未按前款规定提示付款的，在作出说明后，承兑人或付款人仍应当继续对持票人承担付款责任。

3．提示付款

这是对票据权利的行使，其主体是提示付款人，持票人。《票据法》第 53 条第三款规定的情况，即通过委托收款银行或者通过票据交换系统向付款人提示付款的，视同持票人提示付款。

4．付款程序

（1）持票人请求付款的，付款人必须当日足额付款，否则就会影响付款人或银行的信用，并且还应承担相应的财产责任。

（2）汇票金额为外币的，按照付款日的市场汇价，以人民币支付。

（3）持票人获得付款的，应当在汇票上签收，并将汇票交给付款人；持票人委托银行收款的，受委托的银行将代收的汇票金额转入持票人账户，视同签收。至此，持票人的汇票权利得到实现，汇票债务人的责任全部解除。

（4）持票人委托收款的银行的责任，限于按照汇票上记载的事项将汇票转入持票人账户；付款人委托付款的银行的责任，限于按照汇票上记载事项从付款人账户支付汇票金额。

（5）付款人及其代理付款人付款时，应当审查汇票背书的连续性并审查提示付款人的合法身份证明或者有效证件。

（七）追索权

1．追索权的概念

追索权是指持票人在票据到期不获付款或期前不获承兑或有其他法定原因，并在实施行使或保全票据上权利的行为后，可以向其前手请求偿还票据金额、利息及其他法定款项的一种票据权利。追索权是在票据权利人的付款请求权得不到满足之后，法律赋予持票人对票据债务人追偿的权利。它是用来弥补付款请求权对保护持票人票据权利的实现所带来的局限的一种制度。

2．追索的原因

(1) 汇票到期被拒付的，或者虽然付款人表示可以付款，但是要满足其一定的条件。如将汇票金额的全部或一部分存在付款人所在银行里，购买付款人的金融债券或公司债券，以及其他汇票上原来没有记载的条件和款人新提出的条件，等等。票据法规定，付款人提出条件的，视为拒绝付款。

(2) 汇票未到期，但是被拒绝承兑的。被拒绝承兑的汇票必须是形式上符合票据法规定的，不缺少必要的记载事项，以及持票人的票据身份没有缺陷等。

(3) 承兑人或付款人死亡、逃匿的。

(4) 承兑人或付款人被依法宣告破产的，或者因违法被责令终止业务活动的。在此情况下，持票人有两种选择：第一种是行使追索权，请求其他债务人履行汇票义务；第二种是放弃追索权，以汇票金额向破产清算组提出债权申报，意图从破产人处得到汇票金额的偿还。

3．追索与再追索

(1) 承担被追索责任者。汇票的出票人、背书人、承兑人和保证人对持票人承担连带责任，参加承兑者也应是承担连带责任的汇票债务人成员，上述人员对持票人受到拒绝承兑或拒绝付款承担无条件地给付汇票全部金额的责任。持票人可以按《票据法》的规定，自由选择对自己有利的追索对象。

(2) 追索。被追索人清偿债务时，持票人应当交出汇票和有关拒绝证明，并出具所收到利息和费用的收据。

(3) 再追索。被追索者清偿债务后，与持票人享有同一(追索)权利，向其他汇票债务人行使追索权。依此顺序，直至该汇票的债权债务关系因履行或其他法定原因而消灭为止。

(4) 追索的例外。当持票人为出票人的，对其前手无追索权；当持票人为背书人的，对其后手无追索权。追索内容有：持票人有权请求债务人偿还汇票的本金，从偿还汇票金额到期日或者付款提示日起到清偿日止的利息，以及取得有关拒绝证明和发出通知书的费用(包括通信费、差旅费和必要的人工费)。

【资料阅读】

汇票的背书转让

甲签发一张面额100万元的汇票交付给乙，付款人为丙，付款期限为出票后60天。乙将该汇票提示承兑后转让给甲，甲背书转让给B。B不慎遗失，被C拾到，C假冒B的签名将汇票据为己有，并背书转让给D。D以40万元货物作为对价受让该汇票，并背书转让给E，以抵消自己欠E的100万元债务。

【问题】

(1) 该汇票的债务人是谁？债权人是谁？

(2) 该汇票在承兑前，谁是主债务人，应承担什么责任？

(3) 持票人 E 的权利是否有缺陷？假如该汇票遭拒付，他如何实现自己的权利？

(4) 假如 D 偿付票款后，能否向其任何一前手追索？

(5) B 对该汇票是否承担保证责任，是否有权要求 E、C、D 返还汇票？他如何保护自己的权利？

(6) C 在本案中承担什么法律责任？

【分析】

(1) 该汇票的债务人是甲、乙、丙、甲、C、D，债权人是 B、E。

(2) 该汇票在承兑前，甲是主债务人，他承担保证该汇票承兑和付款的责任。

(3) 持票人 E 的权利没有缺陷，因为他是善意地受让票据且给付了对价，票据背书在形式上也是连续的。他享有充分的票据权利，可以通过行使追索权或提起诉讼来实现自己的权利。

(4) 假如 D 偿付票款，但它不能向其任何一前手追索。D 的前手 C 因拾得票据，没有给付对价，且假冒 B 的签名，属于票据的伪造，按《票据法》的规定，不得享有票据权利。D 以 40 万元的货物作为对价受让票据，其目的是牟取 60 万元的差价。D 应当知道并且是可以知道 C 是无票据权利的，D 可以通过核实 C 的身份发现 C 的票据伪造行为，但 D 却未予查实，因而存在重大过失，按《票据法》的规定，不得享有票据权利。所以，D 不能向其任何一位前手追索。

(5) B 对该汇票不承担保证责任，因为他没有在票据上留下任何他自己的真实签章，其背书是 C 所伪造，且 B 对此毫不知情且没有过失，因而不构成表见代理，对 B 不产生任何法律效力。根据《票据法》的规定，对于因恶意或重大过失而取得票据的人，票据上的正当权利人有票据返还请求权。因此，B 可以要求 C、D 返还票据，但无权要求 E 返还汇票。他可以根据《票据法》和《民事诉讼法》的有关规定，申请挂失止付、公示催告或向人民法院提起票据纠纷诉讼，来保护自己的权利。

(6) C 在本案中是票据的伪造人，根据票据的文义性，他不需要承担任何票据责任。但他的行为构成票据诈骗罪，应当承担刑事责任、行政责任和民事损害赔偿责任。

三、本票

(一) 本票的概念和特征

本票是由出票人签发的，承诺自己在见票时无条件支付确定的金额给收款人或者持票人的票据。

本票具有以下的特征：

(1) 本票是自付票据。本票是由出票人本人对持票人付款，而不是像汇票和支票委托银行付款，所以也可将本票称为自付证券。

(2) 基本当事人少。本票的基本当事人只有出票人和收款人两个，与汇票和支票相比，在很多情况下少了付款人这个基本当事人，其债务关系也相应简单一些。

(3) 无须承兑。本票在很多方面与汇票相似，汇票的背书、保证、付款、追索等法律制度对本票也适用。但是，由于本票是由出票人本人付款，无须委托银行付款，所以本票不用承兑即能保证付款。

(二) 本票的记载事项

本票必须记载下列事项：表明"本票"的字样；无条件支付的承诺；确定的金额；收款人名称；出票日期；出票人签章。

本票上未记载上述事项之一的，本票无效。本票上记载付款地、出票地等事项的，应当清楚、明确。本票上未记载付款地的，出票人的营业场所为付款地；本票上未记载出票地的，出票人的营业场所为出票地。

(三) 本票的付款

1. 提示付款

收款人或持票人向出票人提示付款是行使自己票据权利的主要方法。《票据法》规定，本票的出票人在持票人提示见票时，必须承担付款责任。见票是指收款人或持票人以本票原件给出票人检查，如果本票上背书及有关记载没有违反票据法规定的，出票人应当足额付款。

2. 付款期限

《票据法》规定，本票自出票日起，付款期限最长不超过两个月。

3. 提示付款的权利

提示付款是持票人请求出票人履行义务的要式表示行为，在一定的期限内提示可获得确定的本票金额；当不能获得时，提示就成为持票人曾经行使过第一次付款请求权的证明，接着便可以行使第二次请求权，向本票的其他债务人追索。可以说，行使第一次请求权是行使第二次请求权必需的程序。因此，没有按期提示本票，持票人就不能向其前手追索。

四、支票

(一) 支票的概念

支票是出票人签发的，委托办理支票存款业务的银行或其他金融机构在见票时，无条件支付确定的金额给收款人或持票人的票据。支票的基本当事人有三个：出票人、付款人和收款人。支票与汇票、本票相比，有两个显著特点：一是以银行或者其他金融机构作为付款人；二是见票即付。

(二) 支票的种类

支票按照支付票款的方式可以分为普通支票、现金支票和转账支票。

(1) 普通支票既可以转账，也可以支取现金。用于转账的，可在普通支票左上角加划两条平行线，亦称为划线支票；未划线的普通支票，可用于支取现金。

(2) 现金支票专门用于支取现金。这种支票在印制时，已在支票的上端印明了现金字样。

(3) 转账支票专门用于转账，不得用于支取现金。这种支票在印制时，在支票的上端已印明转账字样。

（三）支票的记载事项

支票绝对应记载的事项有：表明"支票"的字样；无条件支付的委托；确定的金额；付款人的名称；出票日期；出票人签章。支票上未记载前述六项规定事项之一的，则支票无效。

支票相对应记载的事项有：付款地，未记载付款地的，以付款人营业场所为付款地；出票地，未记载出票地的，以出票人的营业场所、住所或者经常居住地为出票地。

（四）支票的付款

1．付款期限

支票属于见票即付的票据，因而没有付款到期日的规定。支票的出票日实质上就是到期日。《票据法》对提示付款期限的规定为："支票的持票人应当自出票日起 10 日内提示付款；异地使用的支票，其提示付款的期限由银监会另行规定。"

2．付款提示期

超过付款提示期限的，依照《票据法》的规定，付款人可以不予付款；但是付款人不予付款的，出票人仍应当对持票人承担票据责任，持票人不丧失对出票人的追索权。持票人在提示期间内向付款人提示票据，付款人在对支票进行审查之后，如未发现有不符合规定者，即应向持票人付款。付款人依法支付支票金额的，对出票人不再承担受委托付款的责任，对持票人不再承担付款的责任，但是付款人以恶意或者有重大过失付款的除外。

【资料阅读】

遗失空白支票格式凭证是否须承担票据责任？

某私营焦炭厂厂长王某，于 1999 年 6 月 2 日不慎遗失空白的支票格式凭证 4 张，王某没有及时按中国人民银行有关票据格式凭证管理的规定报失及刊登告示。刘某拾到这 4 张支票格式凭证，并在其中一张上加盖私刻的"某某食品公司"的财务章，金额填写为 8 万元，支票的收款人处空白。1999 年 6 月 11 日，刘某持伪造的支票及身份证，到某商场购物，当场将该商场填写为收款人。商场收到支票后，送银行入账，结果遭退票。商场遂起诉王某，要求其支付该支票票款或退赔货物。

【问题】

(1) 王某是否应承担票据责任，是否承担民事责任？

(2) 某商场持有该伪造的支票是否享有票据权利？

(3) 刘某的行为是否构成犯罪？如果构成犯罪，应定何罪，试用犯罪构成要件加以分析。

(4) 支票绝对应记载的事项有哪些？

【分析】

(1) 王某不承担票据责任。因其丢失的不是已签章的空白支票，而是支票格式凭证，且王某未在票据上签章，所以王某不承担民事责任。

(2) 商场不享有票据权利。首先，伪造的票据为实质无效票据，直接从伪造出票的人手中取得票据，不能获得支付请求权。其次，在伪造的票据上，无真实票据行为人承担票据义务。

　　(3) 构成犯罪。构成金融票证诈骗罪。犯罪构成要件有：刘某客观上有犯罪故意；客观上实施了伪造票证诈骗的行为；侵犯了金融管理关系和特定的货币资金所有关系；数额较大。

　　(4) 支票绝对应记载的事项有：表明"支票"的字样；无条件支付的委托；确定的金额；付款人名称；出票日期；出票人签章。

【典型案例】

上海自贸区金融法制建设肩负三大任务

　　第四届自由贸易法治论坛暨中国国际经济贸易法学研究会国际金融法专业委员会2014年年会日前在上海举行，围绕中国(上海)自由贸易试验区金融法制问题，与会专家就上海自贸区个人境外投资者权益保护、利率市场化改革、如何实施金融宏观审慎管理等金融创新的法制建设进行了探讨。就自贸区金融法制建设，华东政法大学自贸区法律研究院常务副院长贺小勇指出，金融开放创新是上海自贸区最为引人关注的热点。资本项目可兑换、金融业全面开放、人民币跨境使用以及利率汇率市场化是自贸区金融开放创新的主要任务，而这一任务的实现必须要有完善的法制保障。

　　一、构建中国对外投资保险(放心保)法律制度

　　中国人民银行去年底发布的《关于金融支持中国(上海)自由贸易试验区建设的意见》(以下简称"金融 30 条")指出，允许在区内就业并符合条件的个人可按规定开展包括证券投资在内的各类境外投资。

　　上海大学法学院金融法研究中心主任陈剑平表示，如何在对外投资中避免个人投资者无力对抗的政治风险，是一个需要研究和解决的问题。应该借鉴发达国家同行的做法，构建中国对外投资保险法律制度，以保护中国公民的投资利益，进一步推动中国个人投资者走向世界。建立中国特色的对外投资保护法律制度，除了在保险费率等一般条款外，还应该根据中国现行实际情况来进行立法和规范，建议由国务院制定中国对外投资保护法规，这样可以根据实施法规遇到的问题，补充、修改法规的具体内容，使之逐步完善起来，等到立法条件成熟，再制定由全国人大讨论通过的法律。

　　从法律的观点看，就个人投资者境外证券投资而言，上海财经大学法学院樊健表示，下列问题值得关注，宏观层面有：尊重投资者自由投资的权利和保护投资者，尤其是缺乏境外证券投资经验的投资者(其处于信息、经验以及抗风险能力等方面的劣势，一定程度上需要法律的特殊保护)，两者关系如何平衡？对于境外侵害个人投资者权益的行为，如何有效地协助个人投资者维护其正当权益？樊健建议，证监会基于自身的丰富专业知识，应当在其官网上向个人投资者比较详细地介绍美国证券法律、证券行政执法和证券诉讼的相关情况；证监会可与美国证券交易委员会(SEC)展开全面合作，通过签订协议的方式要求美国为中国个人投资者维权提供便利条件，当然基于对等原则，中国也应当为美国个人投资者提供相应的便利，例如美国应当通过我国证监会及时地向中国投资者通报 SEC 的执法情况，尤其是针对中国概念股的执法情况，使得中国投资者既可以避免进一步的损失，又可以决定是否采取诉讼等下一步行动；证监会可以与司法部、律协(尤其是上海市的司法局和律协)

等机构合作,培训一批具有美国证券诉讼专业知识的律师(尤其是具有美国州律师执照的中国籍律师)。

二、利率市场化改革的法制保障

随着今年 3 月份上海自贸区内放开小额外币存款利率上限,我国上海自贸区利率市场化改革步入最后阶段。目前,已经实现银行间同业拆借利率完全放开、外币存款利率完全放开、银行间同业存单可依法发行和自由转让,自贸区利率市场化改革稳步推进。接下来,存款利率放开、存款保险制度推行、大额存单实现可转让等改革的推进,将实现完全的利率市场化。

华东政法大学经济法学院副教授何颖介绍,上海自贸区利率市场化改革风险,如利率波动风险、金融机构客户违约风险、离岸金融业务发展使得上海自贸区利率市场化风险进一步加大。利率市场化改革过程中,主要涉及三方主体,即中央银行、商业银行等各金融机构、金融机构客户,通过规范三方主体之间的法律关系进行法律引导,有利于保障上海自贸区利率市场化改革顺利推进。

何颖建议,中央银行可以通过加强金融机构内部利率管理和风险控制机制、制定利率风险应对预案、完善自贸区金融机构的信息报告制度及中央银行的信息披露制度、做好区内外账户之间的隔离等方面,对利率风险进行适当管理和指引。

三、金融宏观审慎管理如何实施

金融 30 条规定了在自贸区内实施金融宏观审慎管理。上海财经大学法学院教授宋晓燕表示,目前在自贸区金融改革的背景下,利率市场化、人民币跨境使用、资本项下自由兑换、证券市场风险的跨市场传染等都有可能是系统性风险产生的路径。因此,需要前瞻性地考虑到其可能产生的系统性风险,尽早确立并不断完善我国的金融宏观审慎监管架构。

就如何实施金融宏观审慎管理,宋晓燕介绍可借鉴其他国家的经验,一个缜密的监管架构至少应包括这些构成要素:目标、职责清晰的机构;与目标一致的权力和监管工具,独立性、问责性和透明度以及其他承担金融稳定职责的公共政策的有效协调。世界各国在宏观审慎监管方面的共性很明显,首先是中央银行进入金融宏观审慎监管框架,并在其中发挥主导作用;其次,宏观审慎监管中微观监管信息共享至关重要,因而需要建立正式的机制和组织安排来强化央行和各监管机构之间的协调和合作,从而形成对系统性风险科学的分析、监测和评估制度。

(资料来源:《金融时报》2014-04-15)

我国首部地方金融法规今实施,温州成首个实验区

民间借贷合法化在中国迈出重要一步,《温州市民间融资管理条例》(以下简称《条例》)和《温州市民间融资管理条例实施细则》(以下简称细则)3 月 1 日起正式实施。

这是中国第一部地方性金融法规,并首次将民间借贷纳入了政府监管范畴。相关人士认为,作为金融改革试验区,《条例》和细则的实施,不仅是民间融资监管在温州迈出的重要一步,也意味着在官方层面给了民间借贷一个合法的位置,并将为中国的金融改革探索道路。

《条例》界定了民间借贷和非法吸收公众存款、集资诈骗的界限,规定出借人应当以

自有资金出借，不得非法吸收、变相吸收公众资金或者套取金融机构信贷资金。

《条例》同时规定，发生民间借贷时，借贷双方应签订格式合同。借贷规模达到一定标准，借贷双方就必须将合同副本报送地方金融管理部门或者其委托的民间融资公共服务机构备案。其中强制备案标准为：单笔借款金额300万元以上；借款余额1000万元以上和向30个人以上特定对象借款。

根据《条例》，在温州范围内可以设立三类民间融资类企业，即民间资金管理企业、民间融资信息服务企业和民间融资公共服务机构。

其中，民间资金管理企业是从事定向集合资金募集和管理的资金管理机构；民间融资信息服务企业，提供资金撮合、理财产品推介等中介服务；民间融资公共服务机构，既能提供中介服务，也接受政府委托，提供公共服务。

根据《条例》，上述三类企业成立只需向温州地方金融管理部门备案。但民间资金管理企业对注册资本有要求，须不低于5000万元，且必须为实缴货币资本。

据介绍，民间资金管理企业的业务虽然十分类似于地下钱庄，但不同的是，《条例》对民间资金管理企业募资和投资作了非常具体的规定，以规避以往地下钱庄的高风险套利模式。

根据规定，民间资金管理企业可以不公开向合格投资者定向发行债券融资，但每期债券的投资人不能超过200个，且定向集合资金应当用于募集时确定的生产经营项目。项目闲置资金经持有三分之二以上该期定向集合资金份额的合格投资者同意，可以用于温州市行政区域内不超过6个月的短期民间借贷，但是数额不得超过该期定向集合资金总额的百分之三十。

民间资金管理企业募集的资金总额不得超过其净资产的8倍，并应当由温州市行政区域内具备国家规定条件的金融机构托管。除募集合同另有约定外，民间资金管理企业在其募集的每期资金中的出资比例不得低于百分之十。

据了解，《条例》及其细则，除了对民间借贷进行规范性指导、约束、监管，还强调对民间借贷风险的防范。为把大额型、涉众型民间借贷备案制度落到实处，规定今后处理民间融资纠纷时，备案材料可以作为证明力较高的证据。有关部门处理涉嫌非法集资、非法证券活动、非法经营等案件时，备案的材料可以作为民间融资行为合法性的重要依据。

此外，《条例》还规定，民间融资公共服务机构向民间融资当事人提供民间借贷备案登记服务不得收取任何费用。民间借贷行为经备案机构备案登记，每笔借贷发生及履约情况将纳入民间征信系统，和入驻中心的人民银行征信系统一同供客户查询，以降低民间借贷风险。

自2011年温州民间借贷危机爆发以来，民间融资一直成为社会关注的焦点。温州市金融办有关官员认为，《条例》及其细则的实施，其意义并不仅在于民间借贷有法可依，更通过备案程序，在利于防范和化解民间融资风险的同时，为民间借贷设置了安全的边界。

（资料来源：《中国青年报》2014-03-01）

本 章 小 结

1. 金融法是调整货币流通和信用活动中所发生的金融关系的法律规范的总称。调整金融关系的法律规范，主要是通过金融法律、法规表现出来的，包括银行法、货币法、证券法、信托法、票据法、外汇法、证券交易法等法律规范。

2．金融法在本质上是属于经济法的范畴。尽管在金融法调整的对象和范围中也包含有民商法、行政法的因素，但其最基本因素是经济法。金融活动是连接生产、交换、分配和消费等各个经济环节的纽带，是国民经济的重要组成部分；金融法是调整各类金融关系的法律规范的总和，是经济法的重要组成部分。金融法是国家在宏观上调控和监管整个金融产业，在微观上规范经济主体金融活动，促进金融业朝着正确方向发展的重要法律手段之一。

3．金融法的主要功能是确认和规范国家调控金融和监管市场的职责权限，维护社会整体利益。金融主管机关据此依法调控金融业和监管金融市场，体现出金融法规范和约束政府权力的经济法性质的作用。

知识结构 🐚

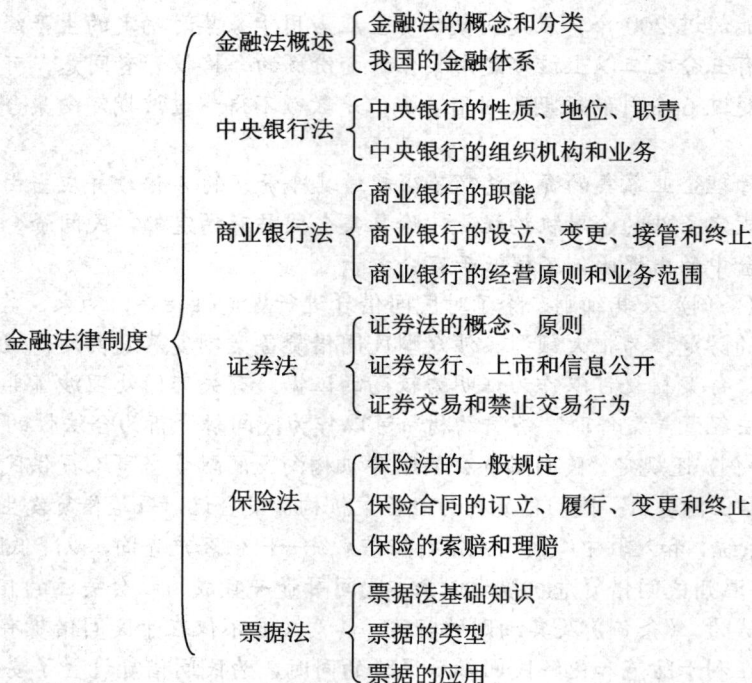

金融法律制度
- 金融法概述
  - 金融法的概念和分类
  - 我国的金融体系
- 中央银行法
  - 中央银行的性质、地位、职责
  - 中央银行的组织机构和业务
- 商业银行法
  - 商业银行的职能
  - 商业银行的设立、变更、接管和终止
  - 商业银行的经营原则和业务范围
- 证券法
  - 证券法的概念、原则
  - 证券发行、上市和信息公开
  - 证券交易和禁止交易行为
- 保险法
  - 保险法的一般规定
  - 保险合同的订立、履行、变更和终止
  - 保险的索赔和理赔
- 票据法
  - 票据法基础知识
  - 票据的类型
  - 票据的应用

思 考 题

一、判断题

1．中国人民银行可以直接认购国债和其他政府债券。　　　　　　　　（　　）

2．商业银行是企业法人。　　　　　　　　　　　　　　　　　　（　　）

3．中国银行是我国的中央银行，不是商业银行。　　　　　　　　（　　）

4．单位的工资、奖金等现金的支取可以通过一般存款账户办理。　（　　）

5．企业之间可以拆借资金。　　　　　　　　　　　　　　　　　　（　　）

二、简答题

1．如何理解中国人民银行是发行的银行、国家的银行、银行的银行？

2．请简述商业银行的经营原则。

3．我国证券法对证券交易方式有何规定？

4．我国票据法规定的票据种类有哪些？

案 例 演 练

【案例1】　甲公司从乙企业购进原材料 50 万元，乙企业提出如果以现金方式结算，可以优惠 5%，即只收取 47.5 万元，若采取转账方式则全额付款。于是，甲公司董事长便要求财务人员想办法以现金方式支付。

请分析：

(1) 该笔交易能否以现金支付？

(2) 开户单位可以在哪些范围内使用现金？

(3) 结算方式有哪些？

【案例2】　A 市发展银行是股份制的全国性银行，资产 20 亿元人民币。为了开拓业务，发展银行的业务员张某将目光投向本市的光明实业总公司。1998 年 5 月 20 日，张某与光明实业总公司总经理刘某取得联系，向其暗示，如果刘某愿意在发展银行存款，将对刘某有益。刘某当即提出想要购买发展银行的股票。张某回去与行长商议此事。后经张某与行长商议决定将发展银行的第二大股东江某所持的 3 亿元股票转让给刘某，刘某也答应如果事成，光明实业总公司将在发展银行开户存款 5 亿元。1998 年 9 月，双方即如约履诺，A 市发展银行自行说服江某将 3 亿元股票转让给刘某，刘某也在发展银行开立了光明实业总公司的账户，存款 5 亿元。为了报答刘某，发展银行于 1998 年 10 月 20 日购买了光明实业总公司的上市股票 100 万股共 500 万元，并暗中送给刘某 1 万元的"辛苦费"。1998 年 11 月 3 日，刘某又在发展银行开立个人账户一个，存入公司的流动资金 50 万元。在 2000 年 7 月中旬，中国人民银行对 A 市发展银行进行检查时，发现许多违法行为，依照商业银行法的有关规定，对 A 市发展银行责令其停止违法行为，并处罚款，并对刘某处以相应数额的罚款，没收其 1 万元的违法所得。该发展银行和刘某皆不服，向法院起诉。

请用商业银行法的相关规定，分析本案中存在哪些违法行为，并说明为什么？

第十一章 会计法与税法

📖 学完本章后，你应该能够：

➢ 了解会计岗位设置、法律责任及税法构成；
➢ 熟悉我国会计、税收的管理规定；
➢ 掌握会计法、税法基本原则与相关法律制度，具备一定分析和解决实际问题的能力。

📖 案例导入

原始凭证金额错误＋不相容职务＋财政监督＋借款收据

明光公司是一家股份有限公司，2013 年度发生以下事项：

(1) 2 月 14 日，公司从外地购买了一批货物，收到发票后，经办人员王某发现发票金额与实际支付金额不相符，便将发票退回给出具单位，要求对方重开。

(2) 3 月 22 日，公司从事收入、支出、费用账目登记工作的吴某休产假，公司决定由出纳员李某临时顶替其工作，并按规定办理了交接手续。

(3) 5 月 15 日，公司财务部门负责人张某根据工作需要，对部分会计工作岗位进行调整，原从事总账登记工作的陈某被调到稽核岗位协助另一位稽核员进行稽核工作，使该岗位一岗两人。

(4) 6 月 8 日，市财政部门要求到该公司进行检查，公司领导以"分管财务工作领导及财务部门负责人出差"为由，予以拒绝。

(5) 9 月 22 日，公司供销科钱某出差归来报销差旅费 1700 元，同时将多余现金 300 元退回给出纳员李某，李某随即退还给钱某 2000 元借款收据。

请根据以上资料及会计法律制度的有关规定，请回答下列问题：

(1) 该公司经办人员王某退回金额错误的发票，要求出具单位重开的做法是否符合会计法律制度的规定，为什么？

(2) 该公司决定由出纳人员李某临时顶替吴某兼管收入、成本、费用账目的登记工作是否符合会计法律制度的规定？为什么？

(3) 该公司财务部门负责人调整部分会计工作岗位，使稽核岗位一岗两人的做法是否符合会计法律制度的规定，为什么？

(4) 该公司领导拒绝市财政部门检查的做法是否符合会计法律制度的规定？

(5) 该公司出纳员李某退回原借款收据的做法是否符合会计法律制度的规定，为什么？

【分析】

(1) 该公司经办人员王某的做法符合规定。根据规定，原始凭证金额错误的，应当由出具单位重开，不得在原始凭证上更正。

(2) 该公司决定由出纳人员李某顶替吴某兼管收入、支出、费用账目登记工作的做法不符合规定。根据《会计法》的规定，出纳人员不得兼任稽核、会计档案保管和收入、支出、费用、债权债务账目的登记工作。

(3) 该公司财务部门负责人调整会计工作岗位并使稽核岗位一岗两人的做法符合规定。根据《会计基础工作规范》的规定，会计人员的工作岗位应当有计划地进行轮换。会计工作岗位可以一人一岗、一人多岗或一岗多人，但出纳人员不得兼管稽核、会计档案保管和收入、支出、费用、债权债务账目的登记工作。

(4) 该公司领导拒绝市财政部门检查的做法不符合规定。根据《会计法》的规定，各单位必须依照有关法律、行政法规的规定，接受财政、审计、税务等有关监督检查部门依法实施监督检查，如实提供会计凭证、会计账簿、财务会计报告和其他会计资料以及有关情况，不得拒绝、隐匿、谎报。

(5) 该公司出纳员李某退还借款收据的做法不符合规定。根据《会计基础工作规范》的规定，职工借款凭据，必须附在记账凭证之后。收回借款时，应当另开收据或者退还借据副本，不得退还原借款收据。

第一节　会计法律制度

一、会计法的概念及调整对象

会计是以货币计量为基本形式，采用专门方法，连续、完整、系统地反映和控制单位的经济行为，进而达到加强经济管理，提高经济效益目的的一种管理活动。会计法是指调整会计法律关系的法律，有广义和狭义之分。广义的会计法是指国家颁布的有关会计方面的法律、法规和规章的总称；狭义的会计法是专指全国人民代表大会常务委员会通过的《中华人民共和国会计法》(以下简称《会计法》)。

《会计法》于 1985 年 1 月 21 日由第六届全国人民代表大会常务委员会第九次会议通过，1993 年 12 月 29 日第八届全国人民代表大会常务委员会第五次会议对该法作了修正，1999 年 10 月 31 日第九届全国人民代表大会常务委员会第十二次会议作出《关于修改〈中华人民共和国会计法〉的决定》，对《会计法》再次作了修改。新修改的《会计法》共 7 章 52 条，主要对会计工作总的原则、会计核算、会计监督、会计机构、会计人员和法律责任等作了详细规定。

《会计法》调整国家机关、社会团体、公司、企业、事业单位和其他组织(以下统称单位)，在办理会计事务中产生的经济管理关系。这种关系包括上述单位内部的会计事务管理关系、上述单位之间在办理会计事务中产生的经济关系、上述单位与国家会计管理机关和有关行政管理机关之间在会计事务管理中产生的行政管理关系等。

二、会计法的基本原则

根据《会计法》的规定，会计法的基本原则如下：

1. 合法性原则

国家机关、社会团体、公司、企业、事业单位和其他组织必须依照会计法办理会计事务。会计机构、会计人员依照会计法规定进行会计核算和会计监督。任何单位或个人不得对依法履行职责、抵制违反会计法规定行为的会计人员实行打击报复，对于有违反会计法规定行为的，依法追究法律责任。

2. 真实性原则

《会计法》规定，各单位必须依法设置会计账簿，并保证其真实性。单位负责人对本单位的会计工作和会计资料的真实性负责。任何单位或个人不得以任何方式授意、指使、强令会计机构、会计人员伪造、变造会计凭证、会计账簿和其他会计资料，提供虚假财务会计报告。

3. 完整性原则

各单位必须依法设置会计账簿，并保证其完整性。单位负责人对本单位的会计工作和会计资料的完整性负责。

三、会计管理法律规定

（一）会计工作的管理体制

根据《会计法》的规定，我国会计工作的管理体制实行"统一领导、分级管理"的原则。
(1) 国务院财政部主管全国的会计工作。
(2) 县级以上地方各级人民政府的财政部门管理本地区的会计工作。
(3) 各单位负责人领导、管理本单位的会计工作。

（二）制定会计制度的权限

我国会计法明确了会计制度制定的权限，是会计工作实行统一领导、分级管理原则的一个重要方面。
(1) 国家实行统一的会计制度。国家统一的会计制度由国务院财政部门根据会计法制定并公布。
(2) 国务院有关部门可以依照会计法和国家统一的会计制度，制定对会计核算和会计监督有特殊要求的行业实施国家统一的会计制度的具体办法或者补充规定，报国务院财政部门审核批准。
(3) 中国人民解放军总后勤部可以依照会计法和国家统一的会计制度制定军队实施国家统一的会计制度的具体办法，报国务院财政部门备案。

（三）会计机构和会计人员

1. 会计机构和会计人员的设置

各单位应当根据会计业务的需要，设置会计机构，或者在有关机构中设置会计人员并指定会计主管人员。设置会计机构，应当配备会计机构负责人，在有关机构中配备专职会计人员，应当在专职会计人员中指定会计主管人员。不具备设置会计机构和配备会计人员条件的，应当根据《代理记账管理暂行办法》，委托经批准设立从事会计代理记账业务的中介机构代理记账。

国有的和国有资产占控股地位或者主导地位的大、中型企业必须设置总会计师。总会计师的任职资格、任免程序、职责权限由国务院规定。

2. 会计机构内部应当建立稽核制度

会计机构内部稽核制度是会计机构自身对于会计核算工作进行的一种自我检查、自我审核的制度，其主要内容包括：稽核工作的组织形式和具体分工；稽核工作的职责、权限；审核会计凭证和复核会计账簿、会计报表的方法。建立会计机构内部稽核制度的目的在于防止会计核算工作上的差错和有关人员的舞弊，提高会计核算工作的质量。会计稽核是会计工作的重要内容，加强会计稽核工作是做好会计核算工作的重要保证。

《会计法》第 37 条规定，会计机构内部应当建立稽核制度。出纳人员不得兼任稽核、会计档案保管和收入、支出、费用、债权债务账目的登记工作。

3. 会计机构、会计人员的职责

会计机构和会计人员的主要职责表现在以下五个方面：

(1) 依法进行会计核算。

(2) 依法进行会计监督。

(3) 拟定本单位办理会计事务的具体办法；

(4) 参与拟定经济计划、业务计划、考核、分析预算、财务计划的执行情况。

(5) 办理其他会计事务。

任何单位或者个人不得以任何方式授意、指使、强令会计机构、会计人员伪造、变造会计凭证、会计账簿和其他会计资料，提供虚假财务会计报告。任何单位或者个人不得对依法履行职责、抵制违反会计法规定行为的会计人员实行打击报复。

4. 会计人员的任免、交接

从事会计工作的人员，必须取得会计从业资格证书。担任单位会计机构负责人(会计主管人员)的，除取得会计从业资格证书外，还应当具备会计师以上专业技术职务资格或者从事会计工作 3 年以上经历。

因有提供虚假财务会计报告，做假账，隐匿或者故意销毁会计凭证、会计账簿、财务会计报告，贪污，挪用公款，职务侵占等与会计职务有关的违法犯罪行为被追究刑事责任的人员，不得取得或者重新取得会计从业资格证书。

因违法违纪行为被吊销会计从业资格证书的人员，自被吊销会计从业资格证书之日起5 年内，不得重新取得会计从业资格证书。

会计人员从业资格管理办法由国务院财政部门规定。

会计人员调动工作或者离职，必须与接管人员办清交接手续。一般会计人员办理交接手续，由会计机构负责人(会计主管人员)监交；会计机构负责人(会计主管人员)办理交接手续，由单位负责人监交，必要时主管单位可以派人会同监交。

【资料阅读】

总会计师 + 不相容职务 + 伪造

东方公司是一家大型国有控股企业，2013 年该公司发生以下情况：

(1) 3 月，公司董事长胡某主持召开董事会会议，研究进一步加强会计工作问题。根据公司经理的提名，会议决定增设 1 名副经理主管财会工作，现任总会计师配合其工作。

(2) 5 月，公司会计科负责收入、费用账目登记工作的会计张某提出休产假。因会计科长出差在外，主管财会工作的副经理指定出纳员兼管张某的工作，并让出纳员与张某自行办理会计工作交接手续。

(3) 12 月，公司产品滞销状况仍无根本改变，亏损已成定局。公司董事长胡某指使会计科在会计报表上做一些"技术处理"，确保"实现"年初定下的盈利 40 万元的目标。会计科遵照办理。

请根据上述情况和会计、金融法律制度的有关规定，回答下列问题：

(1) 该公司增设主管财会工作的副经理的做法是否符合法律规定？简要说明理由。

(2) 该公司指定出纳员兼管会计张某的工作并让出纳员与张某自行办理会计工作交接是否符合法律规定？分别简要说明理由。

(3) 该公司董事长胡某指使会计科在会计报表上做一些"技术处理"，致使公司由亏损变为盈利的行为属于何种违法行为，应承担哪些法律责任？

【分析】

(1) 该公司增设主管财会工作的副经理的做法不符合法律规定。根据《总会计师条例》的规定，设置总会计师的单位，不应当再设置与总会计师职责重叠的行政副职。

(2) 该公司指定出纳员与张某自行办理会计工作交接不符合法律规定。根据《会计基础工作规范》的规定，一般会计人员办理工作交接，应由单位会计机构负责人监交。

(3) 该公司董事长胡某指使会计科在会计报表上做一些"技术处理"，致使公司由亏损变为盈利，该行为属于授意、指使、强令会计机构、会计人员伪造、变造会计凭证、会计账簿、编制虚假财务会计报告的行为。根据《会计法》的规定，授意、指使、强令会计机构、会计人员及其他人员伪造、变造会计凭证、会计账簿，编制虚假财务会计报告，构成犯罪的，依法追究刑事责任；尚不构成犯罪的，可以处 5000 元以上 5 万元以下的罚款；属于国家工作人员的，还应当给予行政处分。

四、会计核算制度

（一）会计核算的概念

会计核算是会计的基本职能之一。会计核算有广义和狭义之分。广义的会计核算是对国家机关、社会团体、公司、企业、事业单位和其他组织的经济活动全过程的核算；狭义的会计核算是指以货币为主要计量单位，通过专门的程序和方法，对国家机关、公司、企业、事业单位等组织的经济活动和财务收支情况进行审核和计算。《会计法》中所规定的会计核算，是指狭义的会计核算，即事后的会计核算。

（二）会计核算的内容

《会计法》规定，下列经济业务事项，应当办理会计手续，进行会计核算：

(1) 款项和有价证券的收付。

(2) 财物的收发、增减和使用。

(3) 债权债务的发生和结算。

(4) 资本、基金的增减。

(5) 收入、支出、费用、成本的计算。

(6) 财务成果的计算和处理。

(7) 需要办理会计手续、进行会计核算的其他事项。

（三）会计年度和记账本位币

会计年度是指在会计工作中，为总结国家机关、公司、企业、事业单位等组织的财务收支和业务成果所确定的以年为单位的起讫期间。会计年度通常与财政年度一致。《会计法》规定，会计年度自公历 1 月 1 日起至 12 月 31 日止，采用 "历年制"。会计年度与国民经济计划年度、财政年度保持一致，有利于国民经济宏观管理。

会计核算以人民币为记账本位币。业务收支以人民币以外的货币为主的单位，可以选定其中一种货币作为记账本位币，但是编报的财务会计报告应当折算为人民币。

（四）会计核算方法及程序

会计核算方法是指对会计对象进行连续、系统、全面的记录、反映和监督所应用的方法。会计核算的程序，是指从会计凭证的整理、填制、传递，到登记账簿、编制财务会计报告的一系列工作过程。《会计法》规定的会计核算方法和程序如下：

1. 基本要求

会计核算的基本要求是：会计凭证、会计账簿、财务会计报告和其他会计资料必须符合国家统一的会计制度的规定。任何单位和个人不得伪造、变造会计凭证、会计账簿及其他会计资料，不得提供虚假的财务会计报告。用电子计算机进行会计核算的，对使用的软件及其生成的会计凭证、会计账簿、财务会计报告和其他会计资料，也必须符合国家统一的会计制度的规定。

2. 编制和审核会计凭证

《会计法》规定，会计凭证包括原始凭证和记账凭证。会计法对原始凭证有如下要求：

(1) 办理《会计法》第 10 条所列的经济业务事项，必须填制或者取得原始凭证并及时送交会计机构。

(2) 会计机构、会计人员必须按照国家统一的会计制度的规定对原始凭证进行审核，对不真实、不合法的原始凭证有权不予接受，并向单位负责人报告；对记载不准确、不完整的原始凭证予以退回，并要求按照国家统一的会计制度的规定更正、补充。

(3) 原始凭证记载的各项内容均不得涂改。原始凭证有错误的，应当由出具单位重开或者更正，更正处应当加盖出具单位印章。原始凭证金额有错误的，应当由出具单位重开，不得在原始凭证上更正。而记账凭证应当根据经过审核的原始凭证及有关资料编制。

3. 会计账簿登记

《会计法》规定，会计账簿登记必须以经过审核的会计凭证为依据，并符合有关法律、行政法规和国家统一的会计制度的规定。会计账簿包括总账、明细账、日记账和其他辅助性账簿。会计账簿应当按照连续编号的页码顺序登记。会计账簿记录发生错误或者隔页、缺号、跳行的，应当按照国家统一的会计制度规定的方法更正，并由会计人员和会计机构负责人在更正处盖章。使用电子计算机进行会计核算的，其会计账簿的登记、更正，应当符合国家统一的会计制度的规定。

各单位发生的各项经济业务事项应当在依法设置的会计账簿上统一登记、核算，不得违反《会计法》和国家统一的会计制度的规定私设会计账簿登记、核算。各单位应当定期将会计账簿记录与实物、款项及有关资料相互核对，保证会计账簿记录与实物及款项的实有数额相符、会计账簿记录与会计凭证的有关内容相符、会计账簿之间相对应的记录相符、会计账簿记录与会计报表的有关内容相符。

4．建立健全财产清查制度

各单位应当建立财产清查制度，定期将会计账簿记录与实物、款项及有关资料相互核对，保证账实相符、账证相符、账账相符、账表相符。

5．正确编制财务会计报告

财务会计报告是指单位对外提供的反映本单位某一特定日期财务状况和某一会计期间经营成果、现金流量的文件。各单位按照《会计法》和国家统一的会计制度关于财务会计报告的编制要求、提供对象和提供期限的规定，根据经过审核的会计账簿记录和有关资料编制财务会计报告。

向不同机关、单位提供的财务会计报告，其编制依据应当一致，所反映的会计信息应当真实、完整。有关法律、行政法规规定会计报表、会计报表附注和财务情况说明书须经注册会计师审计的，注册会计师及其会计师事务所出具的审计报告应当随同财务会计报告一并提出。会计记录的文字应当使用中文，在民族自治地方，可以同时使用当地通用的一种民族文字，在我国境内的外商投资企业、外国企业和其他外国组织的会计记录可以同时使用一种外国文字。

（五）会计处理方法

《会计法》规定，各单位采用的会计处理方法，前后各期应当一致，不得随意变更；确有必要变更的，应当按照国家统一的会计制度的规定变更，并将变更的原因、情况及影响在财务会计报告中说明。单位提供的担保、未决诉讼等或有关事项，应当按照国家统一的会计制度的规定，在财务会计报告中予以说明。

（六）公司、企业会计核算的特别规定

《会计法》对公司、企业的会计核算作了专门规定。公司、企业进行会计核算，除应当遵守《会计法》第2章关于会计核算的规定外，还应当遵守如下特别规定：

(1) 不得随意改变资产、负债、所有者权益的确认标准或者计量方法，虚列、多列、不列资产、负债、所有者权益。

(2) 不得虚列或者隐瞒收入，推迟或者提前确认收入。

(3) 不得随意改变费用、成本的确认标准或者计量方法，虚列、多列、不列或者少列费用、成本。

(4) 不得随意调整利润的计算、分配方法，编造虚假利润或者隐瞒利润。

(5) 不得有违反国家统一的会计制度规定的其他行为。

五、会计监督

会计监督是会计的基本职能之一，是经济监督的重要组成部分。会计监督主要包括三个方面。

（一）单位内部的会计监督

根据《会计法》的规定，各单位应当建立健全本单位内部会计监督制度。单位内部会计监督制度应当符合下列要求：

(1) 记账人员与经济业务事项和会计事项的审批人员、经办人员、财物保管人员的职责应当明确，并相互分离、相互制约。

(2) 重大对外投资、资产处置、资金调度和其他重要经济业务的决策和执行的相互监督、相互制约程序应当明确。

(3) 财产清查的范围、期限和组织程序应当明确。

(4) 会计资料定期进行内部审计的办法和程序应当明确。

单位负责人应当保证会计机构、会计人员依法履行职责，不得指使、强令会计机构、会计人员违法办理会计事项。会计机构、会计人员对违反本法和国家统一的会计制度规定的会计事项，应当拒绝办理或者予以纠正。

会计机构、会计人员发现会计账簿记录与实物、款项及有关资料不相符的，应当按照国家统一的会计制度的规定进行处理；无权自行处理的，应当立即向单位负责人报告，请求查明原因，作出处理。

会计机构、会计人员和其他人员对违反本法和国家统一的会计制度规定的行为，有权检举。收到检举的部门有权处理的，应当依法按照职责分工及时处理；无权处理的，应当及时移送有权处理的部门处理。收到检举的部门、负责处理的部门应当为检举人保密，不得将检举人姓名和检举材料转给被检举单位和被检举人个人。

（二）国家监督

国家监督是指财政、审计、税收、人民银行、证券监管、保险等部门代表国家对各单位的财务会计工作实行监督。

根据《会计法》的规定，财政部门对各单位的下列情况实施监督：

(1) 是否依法设置会计账簿。

(2) 会计凭证、会计账簿、财务会计报告和其他资料是否真实、完整。

(3) 会计核算是否符合国家统一的会计制度的规定。

(4) 从事会计工作的人员是否具备从业资格。

财政部门在对第(2)项所列事项实施监督，发现重大违法嫌疑时，国务院财政部门及其派出机构可以向与被监督单位有经济业务往来的单位和被监督单位开立账户的金融机构查询有关情况，有关单位和金融机构应当给予支持。

财政、审计、税务、人民银行、证券监管、保险监管部门按照各自的职责分工，依照有关法律、行政法规规定，对有关单位的会计资料实施监督检查。以上各监督部门在对有关部门的会计资料依法实施监督检查后，应当出具检查结论。有关监督检查部门已经作出的检查结论能够满足其他监督检查部门履行本单位的职责需要的，其他监督检查部门应当加以利用，避免重复查账。依法对有关单位的会计资料实施监督检查的部门及其工作人员，对在监督检查中知悉的国家秘密和商业秘密负有保密义务。

（三）社会监督

社会监督，是指社会中介机构依法对单位的经济活动进行审计，并据实作出客观评价的一种监督形式。

根据《会计法》的规定，有关法律、行政法规规定，经注册会计师进行审计的单位，应当向受委托的会计师事务所如实提供会计凭证、会计账簿、财务会计报告和其他资料以及有关情况。任何单位或者个人不得以任何方式要求或者示意注册会计师及其会计师事务所出具不实或者不当的审计报告。财政部门有权对会计师事务所出具审计报告的程序和内容进行监督。

六、违反会计法的法律责任

（一）违反会计核算规定的法律责任

违反《会计法》规定，有下列行为之一的，由县级以上人民政府部门责令限期改正，可以对单位及其直接负责的主管人员和其他直接责任人员处以罚款；属于国家工作人员的，还应当依法给予行政处分。

(1) 不依法设置会计账簿。

(2) 私设会计账簿。

(3) 未按照规定填制、取得原始凭证或者填制取得的原始凭证不符合规定的。

(4) 以未经审核的会计凭证为依据登记付款会计账簿或者登记会计账簿不符合规定的。

(5) 随意变更会计处理方法的。

(6) 向不同的会计资料使用者提供的财务会计报告编制依据不一致的。

(7) 未按照规定使用会计记录文字或者记账本位币的。

(8) 未按照规定保管会计资料，致使会计资料毁损、灭失的。

(9) 未按照规定建立并实施单位内部会计监督制度或者拒绝依法实施的监督或者不如实提供有关会计资料及有关情况的。

(10) 任用会计人员不符合《会计法》规定的。

有上述条款之一构成犯罪的，依法追究刑事责任。

（二）违反会计监督规定的法律责任

下列行为构成犯罪的，依法追究刑事责任，不构成犯罪的，给予通报、罚款等处罚；对属于国家工作人员的，还应当由其所在单位或者有关单位依法给予撤职甚至开除的行政处分；对其中的会计人员，并由县级以上人民政府财政部门吊销会计从业资格证书。

(1) 伪造、变造会计凭证、会计账簿，编制虚假财务会计报告。

(2) 隐匿或者故意销毁依法应当保存的会计凭证、会计账簿和财务会计报告。

（3）授意、指使、强令会计机构、会计人员及其他人员伪造、变造会计凭证、会计账簿，编制虚假财务会计报告或者隐匿、故意销毁依法应当保存的会计凭证、会计账簿和财务会计报告。

（三）对侵犯会计人员职权的法律责任

会计人员的职权是受法律保护的。单位负责人对依法履行职责、抵制违反《会计法》规定行为的会计人员以降级、撤职、调离工作岗位、解聘或者开除等方式实行打击报复，构成犯罪的，依法追究刑事责任；尚不构成犯罪的，由其所在单位或有关单位依法给予行政处分。对受打击报复的会计人员，应当恢复其名誉和原有职务、级别。

（四）监督部门的法律责任

财政部门及有关行政部门的工作人员在实施监督管理中滥用职权、玩忽职守、徇私舞弊或者泄露国家秘密、商业秘密，构成犯罪的，依法追究刑事责任；尚不构成犯罪的，依法给予行政处分。

【资料阅读】

伪造、变造会计资料应承担的法律责任

2016年，某市国有东英机械公司因市场变化导致产品销售不畅，大量积压，厂长李某为了粉饰企业经营业绩，会同会计科长张某、会计王某多次伪造会计凭证、变造会计账簿，虚增利润80万元，并以此编制2016年财务会计报告，经厂长李某等有关人员签字并盖章后报出。事后财政部门调查时，厂长李某、会计科长张某、会计王某对上述行为均供认不讳。

根据会计法律制度的有关规定，回答下列问题：

(1) 上述行为属于《会计法》规定的哪种违法行为？

(2) 如上述行为尚不构成犯罪的，将如何处罚？

【分析】

(1) 伪造、变造会计凭证、会计账簿，编制虚假财务会计报告的严重违法行为。

(2) 上述行为的处罚方法有：通报；罚款，县级以上人民政府财政部门可以对单位并处5000元以上10万元以下的罚款，对其直接负责的主管人员和其他直接责任人员可以处3000元以上5万元以下的罚款；行政处分；吊销会计从业资格证书。

第二节　税收法律制度

一、税收概述

（一）税收的概念和特征

税收是国家为实现其职能，凭借政治权力，按照法律规定的标准，强制地、无偿地取

得财政收入的一种特殊分配关系。它是国家取得财政收藏的主要形式和调节经济的重要杠杆。税收体现的是以国家为主体，以政治权力为后盾的强制性分配关系。我国税收收入占国家财产收入的绝大部分，是国家财政收入中最主要最稳定的来源。

税收的形式特征如下：

(1) 强制性。强制性是指国家依据法律规定强制征税，纳税人必须依照税法的规定无条件地履行纳税义务，否则要受到法律的制裁。

(2) 无偿性。无偿性是国家依据税法征税，无须向纳税人付出任何代价或报酬，这是与公债收入和规费收入的本质区别。

(3) 固定性。固定性是指国家按照法律预先规定的范围、标准、环节征收。税收相对稳定和固定，未经法律许可，征纳税双方任何一方均无权改变。

税收既是一种经济、政治范畴，也是一个历史范畴。从经济意义上讲，税收是政府得以存在并履行其职能的物质基础。从政治上讲，税收具有鲜明的阶段属性，税收的社会本质取决于一定的生产关系和国家的性质。从历史意义讲，税收是在产生国家后产生和存在的。税收的本质是国家凭借政治权力强制地、无偿地参与社会分配所形成的一种特殊分配关系。

税收是国家取得财政收入的一种分配工具，具有三项基本职能：一是组织财政收入的职能；二是调节经济的职能；三是反映和监督管理的职能。

(二) 税收的分类

我国现行税收的分类如下：

1. 按征税对象的性质，税收可分为流转税、所得税、财产税、行为税和资源税

(1) 流转税，是根据商品或劳务的流转额为征税对象的一类税。流转额是指在商品流转中商品的销售收入和经营流动所取得的劳务或业务收入。流转税是我国的主要税种，具有征税范围广、税源大的特点。我国现行流转税有：增值税、消费税、关税等。

(2) 所得税，是以纳税人的所得或收益为征税对象的一类税。所得税有以下特征：第一，税额的多少直接决定于有无收益额和收益额的多少，而不决定于商品或劳务的流转额。第二，企业所得税的课税对象是纳税人的真实收入，不易进行税负转嫁，反映着纳税人的负担能力，因而一般将其划入直接税。第三，企业所得税与企业财务会计制度有着密切的联系。所得税是我国税制中另一主要税种。我国现行所得税有：企业所得税和个人所得税。

(3) 财产税，是以法定财产为征税对象，根据财产占有或者财产转移的事实所征收的一类税。财产税的基本特点是：以纳税人所占有或转移的财产为征税对象；面向财产所有人或使用人惩上，税负难以转移。我国现行财产税有：房产税、城市房地产税和契税等。

(4) 行为税，是以特定行为的发生为条件，对行为人征收的一类税。行为税是国家对某种特定行为进行规范、引导、控制和管理的重要手段。行为税具税率多样、税源分散、纳税环节和方法灵活等特点。我国现行行为税有：车船使用税、城市维护建设税、印花税、屠宰税等。

(5) 资源税，即对在我国境内从事国有资源开发，就资源和开发条件的差异而形成的级差收入采用差别税额，实行从量定额片收，征收范围较窄。我国现行的资源税有：资源

税、土地增值税、城镇土地使用税、耕地占用税等。

2．按税收的计量标准分类，可分为从价税和从量税

(1) 从价税，是以征税对象的价格或价值为计量标准的税种。从价税的应纳额随商品价格的变化而变化，能够体现合理负担政策。

(2) 从量税是以征税对象的数量、重量、容积或体积为计量标准的税种。从量税的税额随征税对象数量的变化而变化，具有计税简便的优点，但税收负担不能随价格高低而增减，因而一般实行差别税额，分等定率，以平衡税负。

3．按税收和价格的关系分类，可分为价内税和价外税

凡税金作为价格的组成部分的税，属价内税，如消费税、营业税；凡税金作为价格外附加的，则属于价外税，如增值税。

4．按税收的管理权和使用权分类，可分为中央税、地方税和中央地方共享税

凡按财政管理体制的规定划归中央财政，由中央政府征管的税种，为中央税，如关税等；凡按财政管理体制的规定划归地方财政收入，由地方各级政府征管的税种，属地方税，如印花税；凡是征收的税款由中央和地方政府分享的税种，属中央和地方共享税，如增值税等。

5．按支付税金的法定义务人与实际负担人之间是否同一进行分类，可分为直接税和间接税

凡是法定纳税人与税金实际负担者为同一主体的税，为直接税；凡是法定纳税人与税金实际负担者不是同一主体的税，为间接税。

二、税法的概念

税法是调整税收关系的法律规范，是由国家最高权力机关或其授权的行政机关规定的有关调整国家在筹集财政资金方面形成的税收关系的法律规范的总称。税法是国家向一切纳税的依据，是纳税人纳税的准绳。

（一）税法的调整对象

税法调整对象是税收征纳关系，即参与税收征纳关系主体之间所发生的经济关系。我国税法调整对象范围为：

1．税收分配关系

税收分配关系是一种经济利益关系，它表现为以下三种不同的税收分配关系：

(1) 国家与纳税人之间的税收分配关系。

(2) 国家内部中央政府与地方政府之间的税收分配关系。

(3) 中国政府与外国政府及涉外纳税人之间的税收分配关系。

2．税收法律关系

税收法律关系，是指由税法调整国家与纳税义务人之间在税收活动中所发生的权利义务关系。税收法律关系的要素有：

(1) 主体。税收法律关系的主体资格是由国家法律、法规直接规定的，分为征税主体和纳税主体。征税主体包括：国家权力机关、行政管理机关和税收职能机关；纳税主体包括各类纳税义务人。

(2) 内容。税收法律关系的内容是主体双方在征纳活动中所享有的权利和应承担的义务，它决定了税收法律关系的实质，是税法关系的核心。

(3) 客体。税收法律关系的客体包括应税商品、货物、财产、资源、所得等物质财富和主体的应税行为。

（二）税法的构成要素

税法的构成要素是指构成税收法律规范不可缺少的内容。税法的构成要素是由税收分配的特殊需要和税法关系的特殊内容决定的，其构成要素包括以下内容。

1. 纳税主体

纳税主体也是纳税义务人，也称纳税人，是指税法规定的直接对国家承担纳税义务的社会组织和个人。纳税人包括自然人和法人，是纳税义务的法律承担者。

2. 征税对象

征税对象又称征税客体，是指纳税主体权利义务所指向的对象，是税法的最基本要素，也是征税的直接依据。课税对象是一种税区别于另一种税的重要标志，每一种税都有明确规定的征税客体，如流转税类的各项产品的销售收入额、所得税类的所得额、财产税类的数量和价值等。

3. 税率

税率是指纳税额与征税对象数额之间的比例。税率是税法的核心，是具体计算应纳税额的尺度，它体现了国家征税的深度。税率的高低关系到国家财政收入和反映国家经济政策，更关系到纳税人负担的轻重。我国现行税率分为固定税率、比例税率和累进税率。

(1) 固定税率，又称定额税率，是按征税对象的计量单位直接规定应纳税额的税率形式，采用定额税率征税，税额的多少同征税对象的数量成正比。

(2) 比例税率，是对同一征税对象，不分数额大小，规定相同的征收比例的税率。

(3) 累进税率，是对同一征税对象，随着数量的增加，所负的税率也随之增加的税率。累进税率适用于对所得额的征税，其调节作用直接、功能强、效果显著。累进税率可以分为：

① 全额累进税率，是对征税客体的全部数额按照规定的与之相适应的等级税率计征税额。

② 超额累进税率，是根据征科对象的数额的不同等级部分，按照规定的每个等级的适用税率计算征税的一种累进税率。征税对象增加，需要提高一级税率时，只对增加工厂的数额按照高一级税率计征税额。同一纳税人要适用几个级距的税率来计算应纳税额，可采用"速算扣除数"的办法来计算应纳税额。

③ 超倍累进税率，是把征税对象的特定数额部分作为一个计税基数，以这个基数为一倍，按不同超倍数额采用不同的累进税率计征。

4. 纳税环节

纳税环节是指征税对象在其生产或流通过程中应当缴纳税款的环节。商品从生产到消费要经过许多环节，但在税收上只选择其中的一个环节，规定为纳税环节。确定纳税环节应遵循有利于控制税源、简化纳税手续、保证财政收入及时入库和便于管理等原则。纳税环节的确定，主要是解决征一道税还是几道税，以及确定在哪个环节纳税的问题。

5. 纳税期限和纳税地点

纳税期限是指税法规定的纳税人向国家缴纳税款的时间和期限。纳税人不按纳税期限纳税款的，要加收滞纳金。纳税期限有按期纳税、按次纳税、按时预缴三种。

纳税地点是指缴纳税款的地方。纳税地点一般采用属地主义的原则，以纳税人所在地、征收对象所在地和应税行为的发生所在地的税务机关为纳税地点。

6. 加征税和减免税

加征和减免税是根据国家政策对某些纳税人给予鼓励、照顾或者限制，更有效地发挥税收的调控作用而采取的一种措施。它是税率的一种变相延伸，是税率的一种辅助和补充手段，体现了税收的特殊性和灵活性的结合。加征税又称加成征税，是指按规定的税率计算出税款后，再加征一不定期的成数。减免税是税法对某些纳税人和征税对象给予减轻或免除税负的一种优惠规定。减税是对应征税款少征收一部分，免税是对应征税款全部予以免征。

7. 法律责任和纳税争议的解决

法律责任是指违反税法规定的纳税人和直接责任人应当承担的法律后果，纳税争议的解决是指纳税人在纳税或违章处理等问题上同税务机关发生争议时，通过什么程序予以解决。

【资料阅读】

2013 年 8 月，某市开发区国税局(县级局)管理二处接到举报，称该市 F 企业有偷税行为，遂以管理二处的名义下发检查通知书，派检查人员李刚到企业检查。该企业拒不提供纳税资料，开发区局核定其应纳税额 3 万元，责令其 8 月 15 日之前缴纳。8 月 7 日李刚发现该企业将大量商品装箱运出厂外，李刚担心税款流失，到其开户银行出示税务检查证后要求银行提供企业资金情况。在银行不予配合的情况下，报经局长批准，李刚扣押了 F 企业价值 3 万余元的商品，并委托商业机构拍卖，拍卖价款 4 万元。8 月 15 日，该企业缴纳税款 3 万元，对其扣押措施不服，向中级人民法院提起诉讼。

【问题】

(1) 开发区国税局的执法行为不当之处在哪里，应如何做才正确？

(2) 银行是否应提供该企业的账户资金情况，为什么？

(3) 法院是否应受理此案，为什么？

(4) 若法院受理应如何判决？

(5) 对该企业拒不提供纳税资料的行为应如何处理？

【分析】

(1) 开发区国税局不应以管理二处的名义下发检查通知书，因为其没有执法主体资格，应以开发区局的名义下发；李刚应出示税务检查证；稽查人员应至少两个人，不应单人稽查；采取税收保全措施之前应先责令企业提供纳税担保；未到纳税限期之前不应拍卖商品抵税，且拍卖应委托依法成立的拍卖机构拍卖，而不应委托商业企业拍卖。

(2) 银行不应提供资金情况，因为没有经局长批准，没有持全国统一格式的检查存款账户许可证明。

(3) 法院应受理此案。因为按照税务行政复议规则规定，税收保全措施属于选择复议，可直接诉讼。

(4) 法院应当以执行扣押措施不当，给纳税人造成损失为由，判决税务机关承担赔偿责任。若能够返还商品，则应返还商品，不能够返还，应将拍卖所得 4 万元返还企业。

(5) 对 F 企业拒不提供纳税资料的行为，应责令改正，可以处以 1 万元以下的罚款。情节严重的，处以 1 万元以上 5 万元以下的罚款。

三、流转税法律制度

(一) 增值税

增值税是以法定增值额为征税对象征收的一种流转税。增值额是指企业或个人在生产经营过程中新创造的那部分价值，法定增值额是指一国税法规定据以计算应纳增值税的增值额。增值税最早于 1954 年创始于法国，我国国务院于 1993 年月 12 月颁布了《中华人民共和国增值税暂行条例》(以下简称《增值税暂行条例》)。2008 年 11 月 5 日国务院第 34 次常务会议修订通过了《中华人民共和国增值税暂行条例》，决定自 2009 年 1 月 1 日起在全国范围内实施增值税转型改革。这标志着我国增值税改革向前迈出了重要一步，必将对我国宏观经济发展产生积极而又深远的影响。

1．纳税主体

凡在中国境内销售货物、提供加工、修理修配劳务，以及进口货物的单位和个人都是增值税的纳税义务人，即纳税主体。增值税的纳税人可分为一般纳税人和小规模纳税人。小规模纳税人是指符合以下条件的纳税人：

(1) 从事货物生产或提供应税劳务的纳税人，以及以从事货物生产或提供应税劳务为主，并兼营货物批发或零售的纳税人，年应税销售额在 50 万元以下的。

(2) 从事货物批发或零售的纳税人，年应税销售额在 80 万元以下的。

(3) 年应税销售额超过小规模纳税人标准的个人、非企业性单位、不经常发生应税行为的企业，视同小规模纳税人。

年应税销售额超过上述标准，财务健全，能够提供正确完整的纳税资料的纳税人，经申请认定，可以成为一般纳税人。

2．征税范围

根据现行《增值税暂行条例》的规定，我国增值税的征税范围包括：

(1) 销售货物，通常指有形动产，包括电力、热力和气体在内，不包括不动产和无形资产。

(2) 提供加工、修理修配劳务。

(3) 进口货物。

(4) 视同销售货物行为。对于将货交付他人代销，销售代销的货物在统一核算的两个以上的机构之间移送，将自产、委托加工或购买的货物用于非应税项目、集体福利、无偿赠送他人以及分配给股东或者投资者均视为销售，征收增值税。

(5) 混合销售行为，即一项销售行为既涉及货物又涉及非应税劳务。这里"非应税劳务"，是指缴纳营业税的劳务。对于从事货物的生产、批发或零售的企业、企业性单位以及个体经营者(包括从事货物的生产、批发或零售为主，并兼营非应税劳务的企业、企业性单位信个体经营者)的混合行为，视为货物销售，应征收增值税；其他单位和个人的混合销售行为，视为非应税劳务，征收营业税。

(6) 兼营非应税劳务。一般应分别核算销售货物或应税劳务和非应税劳务的销售额，如不分别核算的应合并征收增值税。

3. 税率

我国一般纳税人增值税税率分为如下三档。

(1) 基本税率。基本税率为 17%，适用于一般商品和劳务；适用于除低税率以外的其他货物以及加工、修理修配劳务。

(2) 低税率。低税率为 13%，主要适用于人民物质生活和精神生活必需品，如粮食、食用植物油，自来水、暖气、冷气、热水、热水、煤气、石油液化气、天然气、沼气、居民煤炭制品，新闻出版和印刷业，饲料、化肥、农药、农药、农机、农膜，国务院规定的其他货物。

(3) 零税率。零税率适用于进口货物，但国务院另有规定的除外。零税率是免税的一种特殊形式，但与一般免税不同。一般免税只是对某一应税商品免征本环节的税收，而零税率则不仅不征收本环节的税收，而且还要退还应税商品出口环节以前各环节已纳的税额。

小规模纳税人销售货物和应税劳务的征收税率为 3%。

4. 应纳税额的计算

(1) 一般纳税人应纳税额的计算。

一般纳税人销售货物或提供应税劳务，应纳税额为当期销项税额抵扣当期进项税的余额。计算公式为：

$$应纳增值税额 = 当期销项税额 - 当期进项税额$$

因当期销项税额小于当期进项税，不足抵扣时，其不足部分可以下期继续抵扣。

销项税额是指纳税人销售货物或提供应税劳务，按照销售额(从购买方收取的全部价款和一切价外费用)和规定税率计算并向购买方收取的增值税税额。计算公式为：

$$销项税额 = 销售额 \times 税率$$

进项税额是指纳税人购进或接受应税劳务时所支付或负担的增值税税额。准予从销项税额中抵扣的进项税额，限于下列在增值税额：从海关取得的完税凭证上注明的增值税额；购进免税农产品的进项税额。按照买价依 13% 的扣除率计算，外购货物所支付的运输费用，根据运费结算单据所列运费金额依 7% 的扣除率计算。

下列项目的进项税不得从销项税额中抵扣：用于非应税项目的购进货物或者接受应税劳务；用于免税项目的购进货物或者接受应税劳务；用于集体福利或者个人消费的购进货物或者接受应税劳务；非政党损失的购进货物；非政党损失的在产品、产成品所耗用的购进货物或者接受应税劳务。

(2) 小规模纳税人应纳税额的计算。

小规模纳税人应纳税额实行简易办法计算。计算公式为：

$$应纳税额 = 销售额 \times 税率$$

(3) 进口货物。

进口货物按组成计税价格依照税率直接计算应纳税额，不抵扣任何税额。

计算公式为：

组成计税价格 = 关税免税价格 + 关税 + 消费税应纳税额 = 组成计税价格 × 税率

(二) 消费税

消费税是指对《税法》规定的特定消费品或消费行为的流转额征收的一种税。它是世界各国普遍征收的一种税，在各国的财政收，尤其是在发展中国家财政收入中占有相当大的比重。我国国务院于 1993 年 12 月颁布了《中华人民共和国消费税暂行条例》(以下简称《消费税暂行条例》)，于 1994 年 1 月 1 日起在全国施行。

1. 纳税主体

根据我国《消费税暂行条例》的规定，凡在中华人民共和国境内生产、委托加工和进口本条例所规定的消费品的单位和个人，为消费税的纳税人。

2. 征税范围

我国消费税应税产品共五类。

(1) 过度消费会对人类健康、社会秩序、生态环境等方面有害的消费品，如烟、酒及酒精、鞭炮、焰火等。

(2) 奢侈品和非生活必需口，如贵重首饰和珠宝玉石、化妆品等。

(3) 高耗能及高档消费品、如汽车摩托车等。

(4) 不可再生和不可替代的石油类消费品，如汽油、柴油等。

(5) 具有财政意义的消费品，如汽车轮胎等。

3. 税目和税率

我国消费税在原来 11 个税目中，取消了护肤护发品税目。据(财税[2006]33 号)新增了高尔夫球及球具、高档手表、游艇、木制一次性筷子、实木地板税目以及成品油税目；汽油、柴油改为成品油税目下的子目(税率不变)；新增石脑油、溶剂油、润滑油、燃料油、航空煤油五个子目。消费税的税率实行比例税率和定额税率，对于那些供求基本平衡，价格差别不大，计量单位规范的消费口，选择计税方便的定额税率，如黄酒、啤酒、汽油、柴油等，定额税率为 4 档，最低为每征税单位 0.1 元，最高为每征税单位 240 元。对于供求矛盾突出，价格差别大，计量单位不规范的消费品，其中比例税率分为 10 个高低不同的档次，最高的为 45%，最低的为 3%。

4. 应纳税额的计算

消费税实行从价定率或者从量定额的办法计算应纳税额。

从价定率的应纳税额的公式为：

$$应纳税额 = 销售额 \times 税率$$

销售额是指纳税人销售应税消费品向购买方收取的全部价款和价外费用。

从量定额的应纳税额的公式为：

$$应纳税额 = 销售数量 \times 单位税额$$

纳税人自产自用的应税消费品，按照纳税人生产的同类消费品的销售价格计算纳税；没有同类消费品销售价格的，按照组成计税价格计算纳税。计算公式为：

$$组成计税价格 = (成本 + 利润) \div (1 - 消费税税率)$$

进口的应税消费品，实行从价定率办法计算应纳税额的，按照组成计税价格计算纳税。公式为

$$组成计税价格 = (关税完税价格 + 关税) \div (1 - 消费税税率)$$

【资料阅读】

包装物押金收入是否纳税?

某酒厂生产粮食白酒和黄酒，2013 年 4 月销售白酒价值 10 万元，同时收取包装物押金 5000 元，销售黄酒 20 吨，同时收取包装物押金 1000 元。

【请问】 该厂上述包装物押金收入是否纳税?

【分析】

国家税务总局《关于加强增值税征收管理若干问题的通知》(国税发「1995」192 号)文件规定："从 1995 年 6 月 1 日起，对除售出啤酒、黄酒外的其他酒类产品而收取的包装物押金，无论是否返还以及会计上如何核算，均应并入当期销售额征收增值税。"

根据财政部、国家税务总局《关于酒类产品包装物押金征税案例的通知》(财税字「1995」53 号)文件规定："从 1995 年 6 月 1 日起，对酒类产品生产企业销售酒类产品而收取的包装物押金，无论如何核算均需并入酒类产品销售额中，依酒类产品的适用税率征收消费税。"因此，该厂销售粮食白酒而收取的包装物押金应该计算缴纳增值税和消费税，而销售黄酒收取的包装物押金只需计算缴纳消费税。

(1) 从价征收的消费税。

① 征税货物种类及其税率。

根据《中华人民共和国消费税暂行条例》随附的《消费税税目税率(税额)表》的规定，烟、酒和酒精、化妆品、护肤护发品、贵重首饰及珠宝玉石、鞭炮烟火、汽油、柴油、汽车轮胎、摩托车和小汽车 11 类货物为消费税应税货物。该表中同时列名了各应税货物适用的税率，其中最高为 56%，最低为 1%。

② 计税价格及税额计算。

我国实行从价定率办法计算进口消费税，计税价格由进口货物(成本加运保费)价格(即关税完税价格)加关税税额组成。我国消费税采用价内税的计税方法，因而计税价格组成中包括消费税税额。

组成计税价格计算公式为：

$$组成计税价格 = (关税完税价格 + 关税税额) \div (1 - 消费税税率)$$

从价计征的消费税税额计算公式为：

$$应纳税额 = 组成计税价格 \times 消费税税率计税价格及税额计算$$

我国实行从价定率办法计算进口消费税，计税价格由进口货物(成本加运保费)价格(即

关税完税价格)加关税税额组成。我国消费税采用价内税的计税方法，因此，计税价格组成中包括消费税税额。

组成计税价格计算公式为：

$$组成计税价格 = (关税完税价格 + 关税税额) \div (1 - 消费税税率)$$

从价计征的消费税税额计算公式为：

$$应纳税额 = 组成计税价格 \times 消费税税率$$

【资料阅读】

消费税税额计算

某公司向海关申报进口一批小轿车，价格为 FOB 横滨 10 000 000 日元，运费 200 000 日元，保险费率 5‰，消费税税率 8%。100 000 日元兑换人民币买卖中间价为 8500 元。

关税完税价格：

$$\frac{10\ 000\ 000 + 200\ 000}{1 - 5‰} = 10\ 251\ 256.28141$$

10 251 256.28 141 × 8500 ÷ 100 000 = 871 356.783 919 6 ≈ 871 357 人民币元

进口小轿车应当归入税号 8703.2314，关税税率 80%，关税税额为：

$$871\ 357\ 人民币元 \times 80\% = 697\ 085.6\ 人民币元$$

消费税计税价格：

$$\frac{871\ 357元 + 697\ 085.6元}{1 - 8\%} = 1\ 704\ 828.91 \approx 1\ 704\ 829\ 人民币元$$

消费税税额：

$$1\ 704\ 829 \times 8\% = 136\ 386.32\ 人民币元$$

(2) 从量计征的消费税。

从量计征的消费应税货物有黄酒、啤酒、汽油、柴油 4 种，实行定额征收。黄酒每吨人民币 240 元，啤酒每吨人民币 220 元，汽油每升 0.2 元，柴油每升 0.1 元。

从量计征的消费税税额计算公式为：

$$应纳税额 = 单位税额 \times 进口数量$$

按从量税计征消费税的货品计量单位的换算标准是：

啤酒 1 吨 = 988 升

黄酒 1 吨 = 962 升

汽油 1 吨 = 1388 升

柴油 1 吨 = 1176 升

【资料阅读】

从量计征的消费税税额计算

某公司进口 1000 箱啤酒，每箱 24 听，每听净重 335 ml，价格为 CIFUS 1000。100 美元兑换人民币 824 元，关税普通税率 7.5 元/升，消费税税率 220 元/吨。

进口啤酒数量：

$$335\ ml \times 1000 \times 24 \div 1000\ ml = 8040\ 升 = 8.1377\ 吨$$

关税税额：

$$7.5\ 元 \times 8040 = 60\ 300\ 元$$

消费税税额：

$$220\ 元 \times 8.1377 = 1790.29\ 人民币元$$

5．税收的起征点和减免

增值税起征点的适用范围仅限于个人：

(1) 销售货物的起征点为月销售额 600～2000 元。

(2) 销售应税劳务起征点为月销售额 200～800 元。

(3) 按次纳税的起征点为每次(日)销售额 50～80 元。

增值税的减免是指增值税最终环节的减免。增值税的减免征项目包括：农业生产者销售的自产农业产品；避孕药品和用具；故旧图书；直接用于教学研究、科学实验和教学的进口仪器、设备；外国政府、国际组织无偿的物质和设备；来料加工、来件装配和补偿贸易所需的进口设备；由残疾人组织直接进口供残疾人专用的物品；销售自己使用过的物品等。

【资料阅读】

销项税额的计算

某公司采用商业折扣方式销售电冰箱 50 台，每台电冰箱不含税销售价格为 2500 元，折扣率为 4%。该公司在开具增值税专用发票时，将折扣额和销售额在同一张发票上注明。

请问：应计算多少销项税额？

【分析】

根据国家税务总局《增值税若干具体问题的规定》(国税发〔1993〕154 号)文件规定：纳税人采取折扣方式销售货物，如果销售额和折扣额在同一张发票上分别注明的，可按折扣后的销售额征收增值税。因此，该公司此项销项税为：

$$2500 \times 50 \times (1 - 4\%) \times 17\% = 20\ 400(元)$$

(三) 关税

关税是对进出关境或国境的货物和物品征收的一种税。货物是指以贸易行为为目的而进出关境的商品物资；物品是指入境旅客或运输工具服务人员携带的行李物品，个人邮递物品以及其他方式进入关境或国境的属于个人自用的非商品物资。

1．纳税主体

关税的纳税人为进口货物的收货人、出口货物的发货人和进出境物品的所有人。

2．征税范围

关税的征税范围是进出关境的货物和物品的流转额。

3．税则、税目和税率

关税税则是指一国制定和公布的对进出其关境的货物征收关税的条例和税率的分类表。我国 1992 年公布的《海关进出口税则》是以《商品名称及编码协调制度》为基础，并结合中国进出口商品的实际编排的，全部应税商品共分为 21 大类，6250 个税目。关税税率分为进口税率和出口税率。

4．应纳税额的计算

我国对进出口货物征收关税，主要以进出口货物的完税价格为计税依据。进口货物以海关审定的政党成交价格为基础的到岸价格作为完税价格；出口货物以海关审定的货物售与境外的离岸价格，扣除出口关税后，作为完税价格。

从价计征的计算公式为：

$$应纳税额应税进出口货物(或物品)数量 × 单位完税价格 × 适用税率$$

从量计征的计算公式为：

$$应纳税额 = 应税进出口货物(或物品)数量 × 关税单位税额$$

四、所得税法律制度

（一）企业所得税

企业所得税是国家对企业取得的生产、经营所得和其他所得征收的一种税。

我国国务院于 1993 年 12 月发布了《中华人民共和国企业所得税暂行条例》(以下简称《企业所得税暂行条例》)，财政部于 1994 年 2 月发布了《中华人民共和国企业所得税暂行条例实施细则》。2007 年十届全国人大五次会议 16 日表决通过了企业所得税法。新企业所得税法自 2008 年 1 月 1 日起施行。新企业所税法分为 8 章，共计 60 条。新企业所得税法规定，在中华人民共和国境内，企业和其他取得收入的组织为企业所得税的纳税人，依照本法的规定缴纳企业所得税。个人独资企业、合伙企业不适用本法。

1．纳税主体

在中华人民共和国境内，企业和其他取得收入的组织(以下统称企业)为企业所得税的纳税人，依照本法的规定缴纳企业所得税。 企业分为居民企业和非居民企业。居民企业，是指依法在中国境内成立，或者依照外国(地区)法律成立但实际管理机构在中国境内的企业；非居民企业，是指依照外国(地区)法律成立且实际管理机构不在中国境内，但在中国境内设立机构、场所的，或者在中国境内未设立机构、场所，但有来源于中国境内所得的企业。

2．征收范围

企业所得税的征收范围是企业生产、经营所得和其他所得，包括来源于中国境内、境外的所得。非居民企业在中国境内设立机构、场所的，应当就其所设机构、场所取得的来源于中国境内的所得，以及发生在中国境外但与其所设机构、场所有实际联系的所得，缴纳企业所得税。非居民企业在中国境内未设立机构、场所的，或者虽设立机构、场所但取得的所得与其所设机构、场所没有实际联系的，应当就其来源于中国境内的所得缴纳企业所得税。

3. 税率

企业所得税的基本税率为25%。非居民企业取得规定的所得，适用税率为20%。

4. 应纳税额的计算

应纳税额的计算公式为：

$$企业所得税应纳税额 = 应纳税所得额 \times 税率$$

$$应纳税所得额 = 纳税人的年度收入总额 - 税收准予扣除的项目$$

收入总额包括：生产、经营收入；财产转让收入；利息收入；租赁收入；特许权使用收入；股息收入；其他收入。

根据《企业所得税暂行条例》和其他法律、法规的规定，税收准予扣除的项目是指与纳税人取得收入有关的成本、费用和损失，通常包括：

(1) 纳税人在生产经营期间，向金融机构借贷的利息支出。

(2) 纳税人支付给工人的计税工资。

(3) 纳税人的职工工会经费、职工福利费、职工教育经费。

(4) 纳税人用于公益、救济性的捐赠。

(5) 纳税人用于与生产、经营有关的业务招待费。

(6) 纳税上缴的职工养老保险基金、待业保险基金。

(7) 纳税人参与财产保险、运输保险及其他各类保险和统筹，按规定交纳人的保险费用。

(8) 纳税人研究开发新产品、新技术、新工艺发生的开发费用。

(9) 纳税人根据生产经营需要而租入固定资产所支付诉租赁费。

(10) 纳税人按规定撮的坏账准备金和商品削价准备金；纳税人转让各类固定资产支出的费用；纳税人当期发生的固定资产和流动资产盘亏、毁损的净损失；纳税人支付给总机构的与生产经营有关的管理费；纳税人在生产经营期间发生的汇兑损失。

不允许从收入总额中扣除的项目主要有：资本性支出；无形资产受让、开发支出；违法经营的罚款和没收财产的损失；各项税收的滞纳金、罚款、罚金；自然灾害或意外事故损失有偿赔偿的部分；超过国家规定允许扣除的公益、救济性捐赠；各种赞助支出；各种与取得收入无关的其他各项支出。

5. 税收优惠

《企业所得税暂行条例》第8条规定，对于下列纳税人，实行税收优惠政策。

(1) 民族自治地方的企业，需要照顾和鼓励的，经省级人民政府批准实行，可以实行定期减税或者免税。

(2) 法律、行政法规和国务院有关规定给予减税或者免税的企业，依照规定执行。

（二）个人所得税

个人所得税是指个人应税所得为征税对象的一种税。这里的应税所得，包括居民来源于境内、境外的应税所得和非居民来源于境内的应税所得。我国现行的《个人所得税法》

于 1980 年 9 月 10 日颁布并确定了个税 800 元的起征点。2005 年 10 月 27 日，全国人大常委会通过决议，把个人所得税工薪费用减除标准从 800 元调整到 1600 元，决定于 2006 年 1 月 1 日起施行。2007 年 12 月 29 日，全国人大常委会表决通过了关于修改个人所得税法的决定，个人所得税起征点自 2008 年 3 月 1 日起由 1600 元提高到 2000 元。2011 年 9 月 1 日，个税起征点又调整为是 3500 元。

1. 纳税主体

我国个人所得税的纳税主体分为居民纳税人和非居民纳税人。居民纳税人是指在中国境内有住所，或者无住所而在境内居住满 1 年的个人，从中国境内和境外取得的所得，依法应缴纳个人所得税的自然人。非居民纳税人是指在中国境内无住所又不居住或者无住所而在境内居住不满 1 年的个人，从中国境内取得的所得，依法应缴纳个人所得税的自然人。我国《个人所得税》采用的是住所和时间两个标准来区分居民纳税人和非居民纳税人。对居民行使的是居民税收管辖权，居民纳税人应当负无限纳税义务；而对非居民行使的是收入来源地管辖权，非居民纳税人负有限纳税义务。

2. 征税范围

我国实行分类所得税制，将属于个人所得税征税范围的应税所得分为 11 项目，具体为：工资、薪金所得，个体工商户的生产，经营所得，对企事业单位的承包经营，承租经营所得，个人工商户生产者，经营所得，对个事业单位的承包经营，承租经营所得，劳务报酬所得，稿酬所得，特许权使用费所得，利息、股息、红利所得，财产租赁所得，财产转让所得，偶然所得和经国务院财政部门确定征税的其他所得。

3. 税率

根据《个人所得税法》的规定，我国个人所得税采用了分别计算征收的方法，规定了下面几种税率。

(1) 工资、薪金所得，适用 7 级超额累进税率，按月计征，税率为 3%～45%。

(2) 个体工商户的生产、经营所得和企事业单位的承包经营、承租经营所得，适用 5 级超额累进税率，按年计算，分月预缴，税率为 5%～35%。

(3) 稿酬所得，适用比例税率，税率为 20%。对劳务报酬所得一次收入较高的，可以实行加成征收，具体办法由国务院规定。根据国务院批准发布的《个人所得税实施细则》规定，对于劳务报酬所得一次收入超过 2 万～5 万的部分，按税法规定计算的税额，加征 5 成，即税率为 30%；超过 5 万元的，加征 10 成，即税率为 40%。

(4) 特许权使用费所得，利息、股息、红利所得，财产租赁所得，财产转让所得，偶然所得和其他所得，适用比例税率，税率为 20%。

4. 应纳税额的计算

$$应纳税额 = 应纳税所得额 \times 税率$$

其中，应纳税所得额是指个人取得的收入总额减去税法规定的扣除项目或扣除金额之后的余额。具体扣除有定额扣除、定率扣除和据实扣除三种方法。

(1) 工资、薪金所得的应纳税所得额为每月收入额减除 3500 后的余额，具体内容详见表 11-1。

表 11-1   工资、薪金所得个人所得税税率表

全月应纳税所得额	税率	速算扣除数/元
全月应纳税所得额不超过 1500 元	3%	0
全月应纳税所得额超过 1500 元至 4500 元	10%	105
全月应纳税所得额超过 4500 元至 9000 元	20%	555
全月应纳税所得额超过 9000 元至 35 000 元	25%	1005
全月应纳税所得额超过 35 000 元至 55 000 元	30%	2755
全月应纳税所得额超过 55 000 元至 80 000 元	35%	5505
全月应纳税所得额超过 80 000 元	45%	13505

说明：

① 本表含税级距指以每月收入额减除费用 3500 元后的余额或者减除附加减除费用后的余额。

② 含税级距适用于由纳税人负担税款的工资、薪金所得；不含税级距适用于由他人(单位)代付税款的工资、薪金所得。

(2) 个体工商户的生产、经营所得和对企事业单位的承包经营、承租经营所得的应纳税所得额为每一纳税年度的收入总额，减除成本、费用以及损失后的余额，具体内容详见表 11-2。

表 11-2   个体工商户的生产、经营所得和对企事业单位的承包经营、承租经营所得个人所得税税率表

级数	含税级距	不含税级距	税率 /(%)	速算扣除数
1	不超过 15 000 元的	不超过 14 250 元的	5	0
2	超过 15 000 元到 30 000 元的部分	超过 14 250 元至 27 750 元的部分	10	750
3	超过 30 000 元至 60 000 元的部分	超过 27 750 元至 51 750 元的部分	20	3750
4	超过 60 000 元至 100 000 元的部分	超过 51 750 元至 79 750 元的部分	30	9750
5	超过 100 000 元的部分	超过 79 750 元的部分	35	14 750

说明：

① 本表含税级距指每一纳税年度的收入总额，减除成本，费用以及损失的余额。

② 含税级距适用于个体工商户的生产、经营所得和对企事业单位的承包经营承租经营所得；不含税级距适用于由他人(单位)代付税款的承包经营、承租经营所得。

(3) 劳务报酬所得、特许权使用费所得和财产租赁所得的应纳税所得的分为两种情况：每次收入不超过 4000 元的，应纳税所得额为每次收入额减除费用 800 元后的余额；每次收入超过 4000 元，应纳税所得额为每次收入额减除 20% 后的余额。

(4) 稿酬所得的应纳税所得额按次确定，每次收入不超过 4000 元时减除 800 元，每次收入 4000 元以上时减除收入 20%，另按应纳税额减征 30%。

(5) 财产转让所得的应纳税所得额为转让财产收入减除财产原值和合理费用后的余额。

(6) 利息、股息、红利所得以及偶然所得的应纳税所得额为每次收入额。

5. 减税免税

根据我国《个人所得税法》的规定，下列各项个人所得可免纳个人所得税。

(1) 省级人民政府、国务院部委和中国人民解放军军以上单位，以及外国组织、国际组织颁发的科学、教育、技术、文化、卫生、体育、环境保护等方面的奖金。

(2) 国债和国家发行的金融债券利息。

(3) 按照国家统一规定发给的补贴、津贴。

(4) 福利费、抚养、救济金。

(5) 保险赔款。

(6) 军人的转业费、复员费。

(7) 按照国家统一规定发给干部、职工的安家费、退职费、退休费、离休工资、离休生活补助费。

(8) 依照我国有关法律规定应予免税的各驻华使馆、领事馆的外交代表、领事官员和其他人员的所得。

(9) 经国务院财政部门批准免税的所得。

【资料阅读】

个人捐赠税务官司

2013 年 4 月 20 日，浙江温州籍人士余成锡到北京市红十字会一次交付了价值二百多万元的捐赠物资，以支援四川雅安地震灾区。但是，这笔捐赠因为江苏省无锡市地税局涉外分局在向余成锡征收 2013 年纳税年度个人所得税时未予以全额扣除引发了一起个人诉税务机关的行政诉讼，无锡市崇安区人民法院受理并审理了此案。

原告在法庭上诉称，这笔捐赠物资交付的当天，北京市红十字会向捐赠人颁发了记载有捐赠价值的捐赠证书和接受捐赠物资(品)凭证。2013 年 6 月 20 日，在被告征收原告从无锡市天龙房产开发有限公司取得的一笔经济补偿收入时，原告提交了捐赠证书和凭证，要求全额扣除免缴所得税，被告以接受捐赠物资(品)凭证不符规定而必须提交"接受捐赠物资(品)票据"为由决定继续向原告征税。原告再赴北京市红十字会以凭证换取票据，红十字会提出原告捐赠的物资中有质量问题，质量合格部分的价值只有 87 万多元，有质量瑕疵的物资已被红十字会销毁，红十字会反过来要求原告更换补齐质量瑕疵品，不更换补齐则红十字会收回捐赠证书和凭证。2014 年 2 月 17 日、4 月 7 日，原告分两次向红十字会更换补齐了捐赠物资，红十字会向原告提供了票据日期为 2013 年 6 月 17 日的接受捐赠物资(品)票据三份。但被告仅认可其中金额 87 万多元的票据并在应纳税额中扣除，而认定另两份票据金额不得在 2013 纳税年度抵扣。

被告认为今年的两次更换补交捐赠物资是新的捐赠，两次补交捐赠品的票据日期开为"2013 年 6 月 17 日"应认定为提前开票。原告代理律师北京市松涛律师事务所张铎则认为，捐助法规定，捐赠必须符合捐赠人的意愿，原告从没有表示在今年对北京市红十字会捐赠的意愿；原告 2013 年 6 月 17 日的捐赠是一次性的捐赠，按照民法通则的规定，捐赠物资所有权的转移以捐赠财产交付的时间为准，北京市红十字会以其取得捐赠物资所有权的时间开具接受捐赠物资票据符合法律规定，接受捐赠物资后发现有质量瑕疵而要求更换，是捐赠财产转移后的所有权人行使所有权的法律救济方式，不能因为质量问题而否认原告已按捐赠约定向红十字会进行捐赠，也不能因为更换捐赠物资而认定更换是新的捐赠。产品质量法有售后产品可以更换的规定，但是，更换产品并非产品交易双方发生了新的交易行为；而在该案中，证明捐赠的法律文件是捐赠证书，原告已向法庭提交了捐赠证书和票据，并且公证部门进行了公证，被告则不能提供相反的证据。

这起对公益事业的捐赠能否抵扣税款的官司引起了广泛的关注。今年交付的捐赠物资究竟是新的捐赠行为，还是更换捐赠物资的行为，诉讼双方在法庭上展开激烈争辩，最终法庭判决原告胜诉，认可余先生捐助物资 200 万元票据并在 2013 年应纳税额中扣除。在经历多次大型灾害事故之后，我国加快了公益事业捐助法的制定和实施，以减免税款的方式鼓励社会力量向公益部门捐赠。

五、资源税、财产税和行为税法律制度

（一）资源税

1．资源税

资源税是指国家对在我国境内从事自然资源开发的单位和个人，因资源生产和开发条件的差异而形成的级差收入征收的一种税。

（1）纳税主体。资源税的纳税主体为在我国境内开采本条例规定的矿产或者生产盐的个人。

（2）纳税范围。纳税范围包括原油、天然气、煤炭、其他非金属矿产品、黑色金属矿原矿、有色金属矿原矿和盐。

（3）税率、计税依据和应纳税额的计算。我国资源税的税率采用定额税率的形式，计税依据销售数量(生产数量)、自产自用数量。计算公式为：

$$应纳税额 = 课税数量 \times 税额$$

2．土地增值税

土地增值税是对转让国有土地使用权、地上建筑物及其附着物并取得收入的单位和个人，就其转让房地产所取得的增值额征收的一种税。

（1）纳税主体。土地增值税的计税依据为纳税人转让国有土地使用权、地上建筑物及其附着物并取得收入的单位个人。

（2）计税主体。土地增值税的计税依据为纳税人转让房地产所取得的增值额。增值额是纳税人转让房地产取得的收入减除规定扣除项目金额之后的余额。

（3）税率。我国土地增值税税率施行 30%～60% 的 4 级超率累进税率。

(4) 应纳税额的计算。公式为：

$$应纳税额 = 土地增值额 \times 税率$$

3. 城镇土地使用税

城镇土地使用税是指对在城市、县城、建制镇和工矿区使用土地的单位和个人，以其实际占用土地面积为计税依据，实行从量定额征税的一种税。

(1) 纳税主体。城镇土地使用税的纳税主体为在城市、县城、建制镇和工矿区范围内拥有使用权的单位和个人。

(2) 征税范围。城镇土地使用税的征税范围：城市的市区和郊区；县城为县人民政府所在地的城镇；建制镇为镇人民政府所在地；工矿区为工商业比较发达、人口集中、符合建制镇标准，但尚未设镇的大中型工矿企业所在地。

(3) 计税依据和税率。城镇土地使用税的计税依据是纳税人实际占用的土地的面积，税率幅度为 0.5～10 元/平方米。

(4) 应纳税额的计算。公式为：

$$应纳税额 = 实际占用的土地面积 \times 税率$$

4. 耕地占用税

所谓耕地，是指用于种植农作物的土地和鱼塘、菜地、苗圃、花圃、茶园、桑园以及其他种植经济林木的土地。

耕地占用税是指对占用耕地建造房屋或者从事其他非农业建设的单位和个人，按其占用耕地的面积从量定额征收的一种税。

(1) 纳税主体。耕地占用税的纳税主体为占用耕地建房或从事其他非农业建设的单位和个人。

(2) 征税范围。耕地占用税的征税范围包括：占用国家和集体所有的耕地；已经开发用于种植和养殖的滩涂、草场、水面和林地视同耕地。

(3) 税率。耕地占用税采用的是定额税率。

(4) 应纳税额的计算。公式为：

$$应纳税额 = 实际占用的土地面积 \times 税率$$

(二) 财 产 税

1. 房产税

房产税是指以房产为征收对象，按照房产的价值或租金收入向房产所有人征收的一种税。

(1) 纳税主体。房产税的纳税主体为房产所有人，即在我国境内拥有房屋所有权的单位和个人。

(2) 征税范围。房产税法以在我国境内用于生产经营的房屋为征税对象，即城市、县城、建制镇和工矿区的房产，不包括农村农民的房产。

(3) 计税方法。房产税的计税依据是房产的计税价值(即房产原值一次减除 10%～30%后的余额)和房屋的租金收入。

① 按照房产计税余值征税的，实行从价计征，计算公式为：

$$应纳税额 = 计税余值 \times 1.2\%$$

② 按照房产租金收入计征的，实行从租计征，计算公式为：

$$应纳税额 = 租金收入 \times 1.2\%$$

2. 契税

契税是指以财产所有权发生转移或变动的不动产为征税对象向产权承受人征收的一种税。

(1) 纳税主体。契税的纳税主体为买卖、典当、赠与或交换房屋的承受人。

(2) 征税范围。契税的征税对象是境内转移土地、房屋权属的行为。土地、房屋权属以下列方式转移的，视同土地使用权转让、房屋买卖或者房屋赠与而征税。

① 以土地、房屋权属作价投资入股。

② 以土地、房屋权属抵债。

③ 以获奖方式承受土地、房屋权属。

④ 以预购方式或预付集资建房款方式承受土地、房屋权属。

(3) 计税方法。契税的计税依据为不动产的价格。契税实行 3%～5% 的浮动税率。公式为：

$$应纳税额 = 计税依据 \times 税率$$

(三) 行 为 税

1. 印花税

印花税是指对经济活动和经济交往设立、领受具有法律约束力的凭证的行为征收的一种税。印花税因采用在应税凭证上粘贴印花税票作为完税标志而得名。

(1) 纳税主体。印花税的纳税主体为在我国境内设立、领受应税凭证的单位和个人，即立合同人、立账簿人、立据人和领受人。

(2) 征税范围。印花税的征税范围为：合同或具有合同性质的凭证产权转移书据；营业账簿；权利许可证照；经财政部确定征税的其他凭证。

(3) 税率。印花税实行比例税率和定额税率两种形式。

2. 车船使用税

车船使用税是对拥有并使用车船的单位和个人征收的一种税。

(1) 纳税主体。车船使用税的纳税主体为在我国境内拥有并使用车船的单位和个人。

(2) 征税范围。车船使用税的征税对象，包括行驶于我国境内公共道路的车辆和航行于我国境内河流、湖泊或领海的船舶两大类。

(3) 计税依据和税率。车船使用税以纳税人所拥有的车船数量或吨位为计税依据，实行从量征收。车船使用税的税率实行定额税率，即根据不同类型车工船辆数、净吨位、载重分别规定定额税率计税。

(4) 计算方法。

$$应纳税额 = (应纳增值税额 + 应纳消费税额 + 应纳营业税额) \times 税率$$

3. 屠宰税

屠宰税地指对猪、羊、菜牛等法定的几种牲畜在发生屠宰行为时，向屠宰、收购单位和个人征收的一种税。

(1) 纳税主体。屠宰税的纳税主体为宰杀应税牲畜的单位和个人。

(2) 征税范围。屠宰税的征税范围为屠宰的应税牲畜，包括猪、骡、马、牛、羊等牲畜。

(3) 计税依据和税率。屠宰税以应税牲畜屠宰的实际销售收入为计税依据。屠宰税的税率分为比例税率和定额税率两种，分别实行依率从价计征和从量定额征收两种计征方法。

六、税收征收管理法律制度

税收征收管理法律制度是指在我国税收与缴纳过程中形成的税收关系的法律规范的总称。这里的税收关系是指税务管理、税款征收、税务检查、法律责任等关系。我国于 1992 年 9 月 4 日颁布了《中华人民共和国税收征收管理法》(以下简称《征管法》)，后于 1995 年、2001 年进行修订是我国税收征收管理关系的基本法。

(一) 税务登记

税务管理是指国家及其征税机关为保证国家税收职能的实现，对税收进行决策、计划、组织、协调和监督等一系列活动。税务登记包括税务登记、账簿凭证管理和纳税申报。

1. 税务登记

税务登记是指税务机关依据税法的规定，对纳税人的开业、注销以及生产经营活动进行法定登记的一项管理制度。我国税务登记分为以下 3 种：

(1) 开业登记。企业、企业在外地设立的分支机构和从事生产、经营的场所，个体工商户和从事生产经营的事业单位(以下统称从事生产、经营和纳税人)自领取营业执照之日起 30 日内，持有关证件向税务机关报申报办理税务登记，税务机关审核后发给税务登记证件。

(2) 变更登记。从事生产、经营的纳税人，税务登记内容发生变化的，自工商行政管理机关办理变更登记之日起 30 日内或者在向工商行政管理机关申请办理注销登记之前，持有关证件向税务机关办理变更登记。

(3) 注销登记。纳税人发生解散、破产撤销以及其他情形，依法终止纳税义务的，应当向工商行政管理机关办理注销登记前，持有关证件向原税务登记机关申报注销税务登记；按照规定纳税人不需要在工商行政管理机关办理注册登记的，应当自有关机关批准或者宣布终止之日起 15 日内，持有关证件向原税务登记机关申报办理注销税务登记。

2. 账簿、凭证管理

账簿、凭证管理是纳税人进行生产经营活动不可缺少的原始凭证，是税务机关进行税务监督的主要依据。

(1) 账簿的设置。从事生产、经营的纳税人、扣缴义务人按照国务院财政、税务主管部门的规定设置账簿，根据合法、有效凭证记账，进行核算。个体工商户确实不能设置账簿的，经税务机关核算，可以不设置账簿。

(2) 纳税资料的保存。从事生产、经营的纳税人、扣缴义务人必须按照国务院财政、税务主管部门规定的保管期限保管账簿、记账凭证完税凭证及其他有关资料。

(3) 发票的管理。发票是指在购销商品、提供或者接受服务时，依据经营活动开具、收取的付款凭证。根据我国《税收征管法》的规定，单位、个人在购销商品、提供或者接受经营服务以及从事其他经营活动中，应当按照规定开具、使用、取得发票。税务机关是发票的主管机关，负责发票的领购、开具、取得、保管、缴销的管理和监督。增值税专用发票由国务院税务主管部门指定的企业印刷；其他发票按照国务院税务主管部门的规定，分别由省、自治区、直辖市国家税务局、地方税务局指定的企业印刷。

3. 纳税申报

纳税申报是指纳税人履行纳税义务和扣缴义务人履行代扣代缴、代收代缴义务的法定手续，也是税务机关办理税款征收、核定应税税款、开具纳税凭证的主要依据。纳税人必须在法律、行政法规规定或者税务机关依照法律、行政法规的规定确定的申报期限内办理纳税申报，报送纳税申报表、财务会计报表以及税务机关依据实际需要要求纳税人报送的其他纳税材料。

（二）税款征收

税款征收是指税务机关依法征收税款，纳税人、扣缴义务人依法缴纳或者解缴税款等到一系列活动的总称。它是税收征管的中心环节，是强化税收管理，维护征纳双方的权益，保证国家税收及时入库的重要措施。

1. 税款征收机关

根据《税收征管法》的规定，国务院税务主管部门主管全国税收管理工作。同时，《征管法实施细则》规定，国务院税务主管部门是指财政部、国家税务总局。财政部是国务院综合管理国家财政收支、财税政策、实施财政监督、参加与对国民经济进行宏观调控的职能部门。国家税务局是国务院主管国家税务工作的职能机构。国家税务机关是税款征收的主体，包括国家税务和地方税务局。

地方财政局主要负责农业税、耕地占用税、契税的征收和管理。海关主要负责关税以及进口货物增值税和消费税的征收和管理。

2. 税款的征收方式

（1）查账征收。查账征收即税务机关按纳税人提供的账表所反映的经营情况，依照适用税率计算缴纳税款的方式。该方式适用于从事工业生产和商业经营的纳税人，由企业进行纳税申报，税务机关查账核实其营业额和所得额，依税率计征。

（2）查定征收。查定征收即由税务机关根据纳税人的生产销售情况，按月对其生产产品核定产量和销售额，依税率计征税款的一种方式。该方式适用于规模小、生产不固定、账册不健全的纳税人。

（3）查验征收。查验征收即由税务机关对纳税人销售的应税产品查验数量，按市场一般销售价计算销售收入征税的一种方式。该方式适用于在集贸市场从事贸易活动的纳税人。

（4）定期定额征收。定期定额征收即由纳税人自行申报，税务机关核定其应纳税额与流转税、所得税合并征收的一种方式。该方式适用于一些没有账簿、难准确计算纳税额的小型企业及个体工商户。

（三）税务检查

税务检查是指税务机关依照法律的规定，对纳税人、扣缴义务人履行纳税义务和履行代收、代扣代缴义务的情况进行审查监督的活动。税务检查的主体是税务机关；税务检查的客体是纳税人所从事的各项应税活动和应税行为；税务检查的主要依据为税法和税收征管制度；税务检查的对象是纳税人、扣缴义务的缴纳或解缴税款的情况。

根据《税款征管法》的规定，税务机关有权进行税务检查。纳税人、扣缴义务人必须接受税务机关依法进行的税务检查，如实反映情况，提供有关资料，不得拒绝、隐瞒，有关部门和单位应当支持、协助。税务机关有责任为被检查人保守秘密。

税务机关调查税务违法案件时，对与案件有关的情况和资料，可以记录、录音、照相、录像和复制。

（四）法律责任

纳税人违反税法行为的法律责任，主要有以下几方面：

(1) 一般违法行为由税务机关责令限期改正，并可处以罚款。

(2) 对纳税人偷税、欠税、抗税和骗税行为，尚未构成犯罪的，除追缴偷、欠、抗、骗的税款外，并处以 5 倍以下的罚款；构成犯罪的，则由司法机关追究其刑事责任。

【资料阅读】

纳税人违反税法行为的法律责任

2012 年 7 月，王珍在宝康县工商局办理了临时营业执照从事服装经营，但未向税务机关申请办理税务登记。9 月，被宝康县税务所查处，核定应缴纳税款 300 元，限其于次日缴清税款。王珍在限期内未缴纳税款，对核定的税款提出异议，税务所不听其申辩，直接扣押了其价值 400 元的一件服装。扣押后仍未缴纳税款，税务所将服装以 300 元的价格销售给内部职工，用以抵缴税款。

【问题】

(1) 对王珍的行为应如何处理？

(2) 请分析宝康县税务所的执法行为有无不妥？

【分析】

(1) 对王珍未办税务登记的行为，税务所应责令限期改正，可以处以 2000 元以下的罚款；逾期不改正的，税务机关可提请工商机关吊销其营业执照。

(2) 对于扣押后仍不缴纳税款的，应当经县以上税务局(分局)局长批准，才能拍卖或变卖货物抵税；应依法变卖所扣押的商品、货物应依法定程序，由依法成立的商业机构销售，而不能自行降价销售给职工；纳税人对税务机关做出的决定享有陈述权和申辩权，税务所未听取王珍的申辩。

七、税务行政复议

税务行政复议是指纳税人对税务机关及其工作人员的具体行政行为不服，依法向上一级税务机关提出申诉，受理申诉的税务机关对该具体行政行为进行复查，并作出复议决定的行为。

我国《税收征管法》规定：纳税人、扣缴义务人、纳税担保人同税务机关在纳税上发生争议时，必须依照法律、行政法规的规定缴纳或者解缴税款及滞纳金，然后可以在收到税务机关填发的缴款凭证之日起 60 日内向上一级税务机关申请复议。上一级税务机关应当自收到复议申请之日起 60 日内作出复议决定。对复议决定不服的，可以在接到复议决定书之日起 15 日内向人民法院起诉。

【典型案例】

空头支票 + 监交

某国有企业发生如下情况：

2015 年 2 月，会计科长王某退休，在与新任会计科长张某办理会计交接手续时，因厂长在外地出差，人事科长负责监交工作。

2015 年 8 月，产品转型急需外购一批原材料，供货方提出先预付材料款 30 万元。因该企业资金周转困难，会计科长张某指令会计人员给供货方开出一张 30 万元空头转账支票。

2016 年 2 月，企业财务会计报告对外报出时，主管会计工作的副厂长、总会计师和会计科长张某在财务报告上加盖名章，厂长在财务会计报告上签名，并加盖单位公章。

【问题】

(1) 该企业会计工作交接是否符合会计法律制度的规定？简要说明理由。

(2) 哪些单位有权对该企业签发空头转账支票行为提出赔偿要求？赔偿金额各是多少？

(3) 该企业在财务会计报告的签章是否符合《中华人民共和国会计法》的规定？简要说明理由。

【分析】

(1) 不符合法律规定。一般会计人员办理交接手续，由会计机构负责人(会计主管人员)监交。会计机构负责人(会计主管人员)办理交接手续，由单位负责人监交，必要时主管单位可以派人会同监交。

(2) 供货方和银行。供货方支票金额的 2%，即 0.6 万元。银行是 5%，但不低于 1000 元，即 1.5 万元。

(3) 法律规定。《中华人民共和国会计法》规定财务会计报告应当由单位负责人和主管会计工作的负责人、会计机构负责人(会计主管人员)签名并盖章；设置总会计师的单位，还须由总会计师签名并盖章。

税务行政复议

2015 年 5 月王某开办了一电器修理部，并在区工商局办理营业执照，在区国税局办理税务登记，2015 年 6 月正式开业。7 月 24 日，区国税局直属税务所进行例行检查，发现王某发票存在缺少存根联、存根联被涂改等情形，于是扣留发票带回税务所进一步检查。7 月 28 日，该税务所根据其自行制定的《发票管理办法》做出处理决定：责令其改正违法行为，处以罚款 3000 元。王某不服，以发票存根联被其儿子撕毁、乱画、但并未偷税为由，8 月 4 日向市国税局申请复议。市国税局接到其递交的复议申请后，认为税务所有执法权，因而，应由其直接的上一级国税局受理复议。8 月 10 日市国税局以自己无管辖权为由，裁定不予受理。

【问题】

(1) 本案中市国税局接到复议申请后的处理是否合法，为什么？

(2) 若你是复议机关，你认为此案应如何做出复议决定？

【分析】

(1) 市国税局的处理不合法，应在接到复议申请后5日内进行审查，决定是否受理，并告知申请人，而市国税局的审查期限超过法律规定时间。税务所属于区国税局的派出机构。虽然对于派出机构以自己的名义做出的具体行政行为不服，向设立该派出机构的部门申请复议，但对于符合复议法规定，应予受理而不属于本机关受理的行政复议申请，应告知申请人向哪个复议机关提出。市国税局未履行告知义务。

(2) 税务所只有2000元以下的行政处罚权，所以罚款3000元的处理决定不合法，应予以撤销。同时，责令该税务所在一定期限内重新做出具体行政行为。本案中，税务所的处罚依据即该税务所自行制定的《发票管理办法》显然不合法，复议机关应在30日内依法处理。处理期间，中止对具体行政行为的审查。

本 章 小 结

1. 会计法是指调整会计法律关系的法律，有广义和狭义之分。广义的会计法是指国家颁布的有关会计方面的法律、法规和规章的总称；狭义的会计法是专指全国人民代表大会常务委员会通过的《中华人民共和国会计法》。会计法的主要内容包括会计法的原则、会计管理法律规定、会计核算制度、会计监督机制以及违反会计法的法律责任。

2. 税法是调整税收关系的法律规范，是由国家最高权力机关或其授权的行政机关规定的有关调整国家在筹集财政资金方面形成的税收关系的法律规范的总称。目前我国的税种主要包括流转税、所得税、资源税、财产税和行为税五大税种。其中流转税又包括增值税、营业税、消费税和关税，所得税分为企业所得税和个人所得税。

知识结构

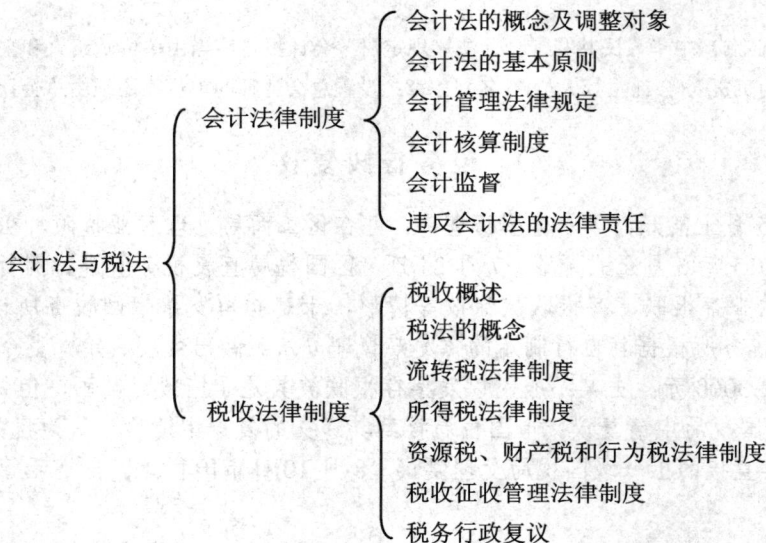

会计法与税法
- 会计法律制度
  - 会计法的概念及调整对象
  - 会计法的基本原则
  - 会计管理法律规定
  - 会计核算制度
  - 会计监督
  - 违反会计法的法律责任
- 税收法律制度
  - 税收概述
  - 税法的概念
  - 流转税法律制度
  - 所得税法律制度
  - 资源税、财产税和行为税法律制度
  - 税收征收管理法律制度
  - 税务行政复议

思 考 题

1. 会计法规定应当办理会计手续、进行会计核算的经济业务有哪些？
2. 什么叫原始凭证？会计法对原始凭证有哪些规定？
3. 会计法明确规定公司、企业进行会计核算不准有哪些行为？
4. 财政部门对各单位的哪些情况可以实施会计监督？
5. 什么是税收，其特点是什么？税收的种类有哪些？
6. 简述税法的构成要素。
7. 我国现行的主要税种有哪些？
8. 怎样计算增值税？

案 例 演 练

【**案例 1**】 天力公司内部机构调整：会计李某负责会计档案保管工作，调离会计工作岗位，离岗前与接替者王某在财务科长的监交下办妥了会计工作交接手续。李某负责会计档案工作后，公司档案管理部门会同财务科将已到期会计资料编造清册，报请公司负责人批准后，由李某自行销毁。年底，财政部门对该公司进行检查时，发现该公司原会计李某所记的账目中有会计作假行为，而接替者王某在会计交接时并未发现这一问题。财政部门在调查时，原会计李某说，已经办理会计交接手续，现任会计王某和财务科长均在移交清册上签了字，自己不再承担任何责任。

根据会计法律制度的有关规定，回答下列问题：

(1) 公司销毁档案是否符合规定？

(2) 公司负责人是否对会计作假行为承担责任？简要说明理由。

(3) 原会计李某的说法是否正确？简要说明理由。

【**案例 2**】 税务机关在税务检查中发现某企业采取多列支出，少列收入的手段进行虚假纳税申报，少缴税款 9000 元，占其应纳税额的 8%。

根据相关的法律规定，简要回答下列问题：

(1) 该企业的行为属于什么行为，是否构成犯罪？

(2) 该企业应承担什么法律责任？

第十二章 劳动和社会保障法律制度

📖 **学完本章后，你应该能够：**

➢ 了解劳动法、劳动合同、劳动争议、社会保障的定义与调整对象；
➢ 熟悉劳动法、处理劳动争议、社会保障法的基本原则与法律效力；
➢ 掌握劳动保护制度、劳动纪律制度、社会保障法的基本内容。

📖 **案例导入**

竞业限制、违约金、经济补偿金、解除劳动合同、欠薪

王某于 2015 年 10 月 9 日与某电脑公司签订劳动合同，被聘为技术员，聘期两年。双方当事人在劳动合同中约定了竞业禁止：合同解除或终止后，王某三年内不得在本地区从事与该公司相同性质的工作，如违约，王某须一次性赔偿电脑公司经济损失 10 万元。

因电脑公司拖欠王某 2016 年 9 月、10 月两个月的工资，2016 年 11 月 15 日，王某向区劳动争议仲裁委员会申请仲裁，要求解除劳动合同；补发两个月工资，给付经济补偿金；确认劳动合同中的竞业禁止约定条款无效。

你认为该案件应当如何判决？

【分析】

根据《劳动法》和《劳动合同法》等相关法律法规的规定，用人单位与劳动者应当按照劳动合同的约定，全面履行各自的义务。用人单位应当按照劳动合同约定和国家规定，向劳动者及时足额支付劳动报酬。在劳动者已履行劳动义务的情况下，用人单位未按劳动合同约定的数额、日期或方式支付劳动报酬的，劳动者可以与用人单位解除劳动合同，并且用人单位要按照劳动合同法规定的经济补偿金的支付标准向劳动者支付经济补偿金。在该案例中，用人单位没有按照劳动合同的约定，向劳动者按时足额支付劳动报酬，因而劳动者有权解除劳动合同，要求用人单位支付所欠付的劳动报酬，并支付延期支付工资的经济补偿金。

竞业限制是指负有特定义务的劳动者在任职期间或者离任后的一定期间内，不得自营或者为他人经营与所任职的企业同类性质的行业，不得泄露用人单位的商业秘密和与知识产权相关的保密事项。为了保护用人单位的商业秘密，限制恶意竞争，根据《劳动合同法》第 23 条的规定，用人单位有权与负有保密义务的劳动者签订竞业禁止条款。同时，根据竞业限制的规定，劳动者在解除或终止劳动关系的竞业限制期间将不能利用自己比较占优势的从业技术进行劳动，从而获得相应的劳动报酬。竞业禁止这种对劳动权能的限制，必将导致劳动者竞业禁止期间收入的降低，往往会造成劳动者生活质量的下降。为了保障劳动者竞业禁止期间的生活质量，《劳动合同法》第 23 条、第 24 条对经营限制的适用主体、行业范围、时间范围、区域范围、经济补偿、违约金等都进行必要的合理性限制。因此，竞业禁止对用人单位来说，其应当

支付竞业禁止劳动者在竞业禁止期间的经济补偿金，并在与劳动者约定竞业禁止条款时，对竞业禁止劳动者的主体范围和保密事项范围、竞业禁止的地域范围和竞业禁止年限进行合理的限制。否则，用人单位不约定竞业禁止经济补偿金或不实际支付该经济补偿金的，竞业禁止约定条款对劳动者无效。在该案例中，用人单位尽管与劳动者约定了竞业限制条款和违反竞业限制劳动者应当支付违约金的条款，但是，由于用人单位并没有按照法律规定，向劳动者支付竞业限制补偿金，因此，该竞业限制义务就终止，即劳动者无需支付违约金。

第一节　劳动法概述

一、劳动法的概念

劳动法是调整劳动关系以及与劳动关系密切联系的一些关系的法律。1994 年 7 月 5 日第八届全国人民代表大会常务委员会第八次会议通过《中华人民共和国劳动法》(以下简称《劳动法》)，自 1995 年 1 月 1 日起实施。我国劳动法的内容包括：劳动合同、集体合同、工作时间和休息休假、工资、劳动安全卫生、女职工和未成年工的特殊保护、社会保险和福利、劳动争议处理等。

二、劳动法的调整对象

(一)劳动关系

劳动关系指在实现社会劳动过程中，劳动者与所在单位(即用人单位)之间的社会劳动关系。一般意义上的劳动是指人们为创造社会财富所进行的有意识、有目的的活动，而劳动法意义上的劳动专指职工为谋生而从事的，履行劳动法规、集体合同和劳动合同所规定义务的集体劳动。该种劳动关系的特征表现为：

(1) 当事人是劳动者和用人单位，双方当事人是特定的。
(2) 它的内容以劳动力的所有权与使用权相分离为核心。
(3) 它是人身关系属性与财产关系属性的结合。
(4) 兼具平等性和隶属性。

(二)与劳动关系密切联系的某些关系

与劳动关系密切联系的某些关系，即在劳动关系运行过程中及其前后为实现劳动关系而发生的社会关系，具体包括以下几点。

(1) 处理劳动争议而发生的关系。
(2) 执行社会保险方面的关系。
(3) 监督劳动法律、法规的执行方面的关系。
(4) 工会组织与企业、事业单位、国家机关之间的关系。
(5) 劳动管理方面发生的关系。

三、我国劳动法的适用范围

我国《劳动法》第 2 条规定："在中华人民共和国境内的企业、个体经济组织(以下统称用人单位)和与之形成劳动关系的劳动者,适用本法。国家机关、事业组织、社会团体和与之建立劳动合同关系的劳动者,依照本法执行。"根据这一规定及有关的劳动行政法规,《劳动法》对人的适用范围如下:

(1) 在中国境内的企业、个体经济组织和与之形成劳动关系的劳动者。

(2) 国家机关、事业组织、社会团体实行劳动合同制度的以及按规定应实行劳动合同制的工勤人员;其他通过劳动合同与国家机关、事业组织、社会团体建立劳动关系的劳动者,适用劳动法。

(3) 实行企业化管理的事业组织的人员。

实行公务员制度的国家机关以及参照公务员制度的事业组织和社会团体与其工作人员,不适用劳动法,适用国家公务员法。农村劳动者(乡镇企业职工和进城务工、经商的农民除外)、现役军人和家庭保姆等不适用劳动法。

第二节　劳动合同法

一、劳动合同的概念和特征

我国《劳动法》第 16 条规定:"劳动合同是劳动者和用人单位确立劳动关系、明确双方权利和义务的协议。"劳动合同区别于民事合同之处在于,其有自己独有的下列特征。

1．劳动合同主体具有特定性

一方是劳动者,另一方是用人单位。双方在自主选择、协商缔结合同时是平等的,在履行合同内容时具有从属性特点。

2．劳动合同具有较强的法定性

劳动合同内容主要以劳动法律、法规为依据,劳动法规定的最低劳动条件和劳动标准,用人单位必须遵守。劳动合同双方当事人不可通过协商来降低法定的劳动条件和劳动标准。

3．劳动合同的客体为劳动力,是一种特殊的商品

所谓劳动力,是人所具有的并在生产使用价值时运用的体力和脑力的总和,其存在具有人身性;其形成具有长期性,必须达到法定劳动行为能力年龄方可投入使用;其储存具有短期性,脑力、体力劳动不在当日支出并不会累计到次日而产生双倍能量效应;其再生产具有不可间断性;其投入和使用具有不可分割性,劳动者不可能在同时把劳动力让渡给不同的用人单位;其支出具有可重复性和不可回收性。由此,也使劳动合同既具有人身性质,又具有财产性质。

除此之外，劳动合同是诺成性合同、附合性合同、双务合同、有偿合同、继续性合同。

二、劳动合同的订立

劳动合同的订立是指劳动者与用人单位之间确立劳动关系，明确双方权利义务的法律行为。

（一）订立劳动合同的原则

《劳动法》第 17 条规定："订立和变更劳动合同，应当遵循平等自愿、协商一致的原则，不得违反法律、行政法规的规定。"由此可见，订立劳动合同应遵循以下原则：

(1) 合法原则。合法原则包括：① 劳动合同的主体合法。劳动者应是年满 16 周岁的，具有劳动权利能力和劳动行为能力的人，可以是中国人、外国人和无国籍人。用人单位应具有使用劳动力的权利能力和行为能力。② 内容合法。主要看劳动合同的法定内容，即由劳动法规定的，劳动合同当事人必须遵守的内容，主要包括最低劳动条件和最低劳动标准，也包括集体合同所确定的标准。③ 订立程序和形式合法。劳动合同订立的程序必须符合法律的规定，未经双方协商一致、强迫订立的劳动合同无效。《劳动法》规定劳动合同应当以书面形式订立。劳动合同形式有主件和附件之分，后者又包括用人单位内部劳动规则和专项劳动协议。

(2) 平等自愿、协商一致的原则。

（二）订立劳动合同的过程

劳动合同的订立过程，可分为确定合同当事人和确定合同内容两个阶段。

在确定合同当事人阶段，由用人单位与劳动者通过一定方式进行相互选择，以确定劳动合同的双方当事人。它一般由用人单位的招工(招聘)行为和劳动者的应招(应聘)行为相结合而构成。此阶段的程序包括公布招工(招聘)简章、自愿报名、全面考核、择优录用(聘用)并书面通知等环节。

在确定合同内容阶段，用人单位与劳动者就劳动合同的具体内容，通过平等协商，实现意思表示一致，以确立劳动关系和明确相互权利义务。订立劳动合同的程序一般包括下述主要环节：

(1) 用人单位提出劳动合同草案和介绍内部劳动规则。

(2) 双方商定劳动合同内容。

(3) 双方签名盖章，凡属不需要鉴证的劳动合同，在双方当事人签名盖章后成立。

(4) 按照国家规定或当事人要求需要鉴证的劳动合同，应将其文本送交合同签订地或履行地的合同鉴证机构进行鉴证，经鉴证后才生效。

三、劳动合同的内容

（一）必备条款

劳动合同的内容具体包括必备条款和可备条款。必备条款是法律规定劳动合同必须具备的条款。根据《劳动法》第 19 条，劳动合同应当具备以下内容：

(1) 劳动合同期限。《劳动法》第 20 条规定："劳动合同的期限分为有固定期限、无固定期限和以完成一定的工作为期限。劳动者在同一用人单位连续工作满十年以上，当事人双方同意续延劳动合同的，如果劳动者提出订立无固定期限的劳动合同，应当订立无固定期限的劳动合同。"

(2) 工作内容，即用人单位对劳动者提供劳动的具体要求，如工作岗位、劳动的质量和数量等。

(3) 劳动保护和劳动条件，即用人单位为劳动者提供的劳动保护措施和符合国家规定标准的工作环境。

(4) 劳动报酬，包括劳动者应当享有的工资、奖金、津贴等。

(5) 劳动纪律，即劳动者应当遵守的用人单位内部劳动规则。

(6) 劳动合同终止的条件，即法律规定或双方当事人协商约定的合同终止条件。

(7) 违反劳动合同的责任，即当事人由于过错造成劳动合同不能够履行或不适当履行而应当承担的法律责任。

（二）可备条款

可备条款是除了法定必备条款之外，劳动合同可以具备的内容，其具体包括以下内容。

(1) 试用期。劳动合同的试用期是指劳动者和用人单位之间为相互了解、选择而约定的考查期。试用期一般适用于初次就业或再次就业的劳动者。劳动者被用人单位录用后，双方可以在劳动合同中约定试用期，试用期包含在劳动合同期限内；劳动合同仅约定试用期的，试用期不成立，该期限为劳动合同期限。劳动合同期限三个月以上不满一年的，试用期不得超过一个月；劳动合同期限一年以上不满三年的，试用期不得超过二个月；三年以上固定期限和无固定期限的劳动合同，试用期不得超过六个月。

同一用人单位与同一劳动者只能约定一次试用期。以完成一定工作任务为期限的劳动合同或者劳动合同期限不满三个月的，不得约定试用期。

(2) 保守商业秘密和专有技术秘密，即可以在终止劳动关系后的一定时间内劳动者保守商业秘密的义务；同时，用人单位应当给予劳动者一定经济补偿。

(3) 竞业禁止条款，即可以约定掌握用人单位商业秘密的劳动者在终止或解除劳动合同后的一定期限内，不能到与用人单位生产同类产品或经营同类有竞争关系的其他单位任职，也不得自己生产、经营同类产品；同时，用人单位应当给予劳动者一定经济补偿。

除了以上必备条款和可备条款外，我国劳动法还规定了禁止约定的条款，即用人单位在与劳动者订立劳动合同时，不得以任何形式向劳动者收取定金、保证金或抵押金。对违反规定的，由公安部门和劳动保障行政部门责令用人单位退还给劳动者。

四、劳动合同的效力

劳动合同依法成立，从合同成立之日或者合同约定生效之日起就具有法律效力。

劳动合同无效，是指劳动合同由于缺少有效要件而全部或部分不具有法律效力。其中，全部无效的劳动合同，所确立的劳动关系应予以消灭；部分无效的劳动合同，所确立的劳动关系可以依法存续，只是部分合同条款无效，如果不影响其余部分的效力，其余部分仍然有效。

劳动合同无效的原因可归纳为下述几种：

(1) 合同主体不合法，即劳动者或用人单位不符合法定条件。

(2) 合同内容不合法，即合同缺少法定必要条款，或者合同条款违反劳动法规、劳动政策和集体合同的要求。

(3) 合同形式不合法，即未采用法定的书面形式或标准形式。

(4) 订立程序不合法，即订立合同未履行法定必要程序。

(5) 意思表示不真实，即订立合同过程中，由于欺诈、威胁、乘人之危、重大误解等而导致当事人的意思表示不真实。

在劳动合同无效的范畴中，还包括内部劳动规则无效的问题。由于内部劳动规则是劳动合同的附件，因而内部劳动规则无效一般不影响劳动合同的效力；但对于以内部劳动规则的某部分内容为依据的劳动合同条款来说，则可能随着内部劳动规则的该部分内容的无效而无效。

劳动合同的无效，由劳动争议仲裁委员会或者人民法院确认。劳动合同无效的法律后果一般是，自订立时起就没有法律约束力。对此应理解为自订立时起无效劳动合同就不能作为确定当事人权利和义务的依据，而不应理解为像无效民事合同那样自订立时起就不对当事人产生权利和义务。这是因为，劳动力支出后就不可回收，由此决定了对无效劳动合同已履行的部分，即劳动者所实施的劳动行为和所得的物质待遇，不能适用返还财产、恢复原状的处理方式，并且对处于事实劳动关系中的劳动者应当依法予以保护。实践中，对无效劳动合同的法律后果有必要按照下列两个阶段认定和处理：

(1) 自合同订立时起至合同被确认无效时止，合同全部无效的当事人之间仅存在事实劳动关系，合同部分无效的当事人之间并存着部分劳动法律关系和部分事实劳动关系，事实劳动关系中当事人的权利和义务应当以劳动法规、劳动政策、集体合同和内部劳动规则的有关规定为依据重新确定。其中，劳动者如果未得到或未全部得到劳动法规、劳动政策、集体合同和内部劳动规则所规定标准的物质待遇，用人单位应当按照该标准予以补偿。

(2) 自合同被确认无效时起，全部无效的合同所引起的事实劳动关系应予终止；部分无效的合同中，无效条款应当由劳动法规、劳动政策、集体合同和内部劳动规则中的有关规定所取代，或者由当事人依法重新商定的合同条款所取代。

劳动合同被依法确认无效，还会导致特殊的法律后果，其中主要有以下几种。

(1) 用人单位对劳动者收取保证金或扣押证件等物品的，应当返还给劳动者。

(2) 劳动合同全部无效而用人单位对此有过错的，如果当事人双方都具备主体资格而劳动者要求订立劳动合同的，在终止事实劳动关系的同时，用人单位应当依法与劳动者订立劳动合同。因为在这种情况下确认劳动合同无效，并未否定劳动合同订立程序的第一阶段(即确定合同当事人阶段)双方所作出的同意与对方订立劳动合同的意思表示，所以可重新开始劳动合同订立程序的第二阶段(即确定合同内容阶段);并且,这样做可避免劳动者因劳动合同无效而失业。

(3) 用人单位对劳动合同无效有过错,如果给劳动者造成损害的,应当承担赔偿责任。

(4) 用人单位因使用童工,还导致对童工安置、治疗和赔偿的责任,以及承受行政处罚甚至刑事处罚的责任。

【资料阅读】

劳动合同的有效性

赵某是某公司的销售代理。2014 年,该公司与其签订劳动合同。合同规定:赵某可以从产品销售利润中提取 60% 的提成,本人的病、伤、残、亡等企业均不负责。在一次外出公干中,由于交通事故,赵某负伤致残。赵某和该公司发生了争议并起诉到劳动行政部门,要求解决其伤残保险待遇问题。请对该案例进行分析。

【分析】

《劳动合同法》第 3 条规定的订立劳动合同要遵循的合法原则,是指劳动合同的订立不得违反法律、法规的规定。法律、法规既包括现行的法律、行政法规,也包括以后颁布实施的法律、行政法规,既包括劳动法律、法规,也包括民事、刑事、行政和经济方面的法律、法规。合法原则包括:劳动合同的主体必须合法;劳动合同的内容必须合法和劳动合同订立的程序和形式合法。

《劳动合同法》第 26 条规定:用人单位免除自己的法定责任,排除劳动者权利的,属于劳动合同的无效或者部分无效。赵某与公司订立的劳动合同中规定的公司不负担赵某任何伤残待遇费的条款属于用人单位免除自己的法定责任,内容明显违法。因此,这一条款是无效的。

五、劳动合同的履行和变更

(一) 劳动合同的履行

劳动合同的履行是指当事人双方按照劳动合同规定的条件,履行自己所应承担义务的行为。《劳动法》第 17 条第 2 款规定:"劳动合同依法订立即具有法律约束力,当事人必须履行劳动合同规定的义务。"

当事人履行劳动合同,必须遵循亲自履行原则、权利义务统一原则、全面履行原则、协作履行原则。对于劳动合同中内容不明确的条款,应当先依法确定其具体内容,然后履行。一般认为,用人单位内部劳动规则有明确规定的,就按照该规定履行;用人单位内部劳动规则未作明确规定的,就按集体合同的规定履行;集体合同未作明确规定的就按照有关劳动法规和政策的规定履行;劳动法规和政策未作明确规定的,就按照通行的习惯履行;没有可供遵循之习惯的,就由双方协商确定如何履行,其中,劳动给付义务也可按照用人单位的指示履行。

（二）劳动合同的变更

劳动合同的变更，是指当事人双方对依法成立、尚未履行的劳动合同条款所作的修改或增减。劳动合同的变更，只限于劳动合同条款内容的变更，不包括当事人的变更。

劳动合同变更应当遵循平等自愿、协商一致的原则，不得违反法律、行政法规的规定。任何一方当事人不得擅自变更，否则要承担相应的法律责任。根据我国劳动法的规定，允许变更劳动合同的情形有：

(1) 双方当事人经协商达成变更的协议。

(2) 订立劳动合同时所依据的法律、行政法规和规章已经修改或废止。

(3) 劳动合同条款与集体合同规定不同。

(4) 企业上级主管部门批准或根据市场变化决定转产或调整生产任务。

(5) 劳动合同订立时所依据的客观情况发生重大变化，致使劳动合同无法履行。

(6) 企业严重亏损或因发生自然灾害，确实无法按照原约定的条件履行劳动合同的。

(7) 劳动者因健康状况而不能从事原工作的。

(8) 法律、法规允许的其他情况。

六、劳动合同的解除

劳动合同的解除是指当事人依法提前终止劳动合同效力的法律行为。劳动合同的解除使得劳动关系提前终止，但对已经履行的部分不产生解除的效力。

（一）解除劳动合同的条件和程序

劳动合同的解除可分为协商解除、单方解除和自行解除。

1. 协商解除

经双方当事人协商一致，劳动合同可以解除。用人单位对被解除劳动合同的劳动者应根据其工作年限给予一定经济补偿。

2. 用人单位单方解除

用人单位在下列三种情况下不需要与劳动者达成合意而单方解除合同：

(1) 即时解除，即用人单位无须以任何形式提前告知劳动者，就可随时通知劳动者解除合同。根据《劳动法》25条的规定，劳动者有下列情形之一的，用人单位可以解除劳动合同：在试用期间被证明不符合录用条件的；严重违反劳动纪律或者用人单位规章制度的；严重失职，营私舞弊，对用人单位利益造成重大损害的；被依法追究刑事责任的。即时解除发生时，用人单位无须给予劳动者经济补偿。

(2) 预告解除，即用人单位需要提前通知劳动者。根据《劳动法》26条的规定，有下列情形之一的，用人单位可以解除劳动合同，但是应当提前30日以书面形式通知劳动者本人：劳动者患病或非因工负伤，医疗期满后，不能从事原工作也不能从事由用人单位另行安排的工作的；劳动者不能胜任工作，经过培训或调整工作岗位，仍不能胜任工作的；劳动合同订立时所依据的客观情况发生重大变化，致使原劳动合同无法履行，经当事人协商仍不能就变更劳动合同达成协议的。对预告解除用人单位应根据劳动者的工作年限给予一定经济补偿。

(3) 是因经济性裁员而发生的解除，即用人单位濒临破产、进行法定整顿期间或生产经营状况发生严重困难，为改善生产经营状况而辞退大批人员。根据《劳动法》第 27 条的规定，用人单位濒临破产进行法定整顿期间或者生产经营状况发生严重困难，确需裁减人员的，应当提前 30 日向工会或者全体职工说明情况，听取工会或者职工的意见，经向劳动行政部门报告后，可以裁减人员。用人单位从裁员之日起 6 个月内录用人员的，应当优先录用被裁减的人员。此种劳动合同的解除也应当根据劳动者的工作年限给予一定的经济补偿。

为保护劳动者的合法权益，防止用人单位滥用单方解除权，劳动法规从两个方面限制用人单位的解除权。一方面规定用人单位解除劳动合同时，工会认为不适当的，有权提出意见；如果用人单位违反法律、法规或劳动合同的，工会有权处理；劳动者申请仲裁或提起诉讼的，工会应当给予支持和帮助。另一方面规定了禁止用人单位解除劳动合同的情况，即劳动者有下列情形之一的，用人单位不得依据《劳动法》第 26 条、27 条的规定解除劳动合同。

(1) 患职业病或因工负伤并被确认丧失或部分丧失劳动能力的。

(2) 患病或者负伤，在规定的医疗期内的。

(3) 女职工在孕期、产期、哺乳期内的。

(4) 法律、行政法规规定的其他情形。

3. 劳动者单方面解除

劳动者单方面解除，即劳动者在具备法律规定的条件时，无须与用人单位协商一致就可单方解除劳动合同。劳动者单方解除劳动合同的情况有两种：

第一种情况是即时辞职，即劳动者在具备法律规定的正当理由时，不需要预先通知用人单位，随时可解除劳动合同。根据我国《劳动法》第 32 条的规定，劳动者可以随时通知用人单位解除劳动合同的情形有以下几种：

(1) 在试用期内的。

(2) 用人单位以暴力、威胁或非法限制人身自由的手段强迫劳动的。

(3) 用人单位未按照劳动合同约定支付劳动报酬或者提供劳动条件的。

第二种情况是预告辞职，即劳动者应当提前以书面形式通知用人单位解除劳动合同。我国《劳动法》第 31 条规定，劳动者解除劳动合同，应当提前 30 天以书面形式通知用人单位。此项规定是对劳动者任意解除劳动合同的一种限制，有利于保护用人单位的合法利益。

4. 劳动合同自行解除

劳动合同自行解除，即指因法律规定的特殊情况发生而导致劳动合同自行提前终止法律效力。自行解除有严格的适用条件，并且一旦发生自行解除，无需办理相关的手续。根据我国劳动法规的规定，劳动者被开除、除名或因违纪被辞退的，劳动合同自行解除。

(二) 劳动合同解除后的经济补偿

劳动合同解除后的经济补偿是指因解除劳动合同而由用人单位给予劳动者的一次性经济补偿。根据我国《劳动法》第 28 条的规定以及《违反和解除劳动合同的经济补偿办法》的有关规定，用人单位在法定条件下应当依照国家有关规定一次性给予劳动者经济补偿。其中包括：

(1) 经济补偿金。劳动合同经协议解除，或者由用人单位解除(因试用不合格或劳动者有过错行为而解除者除外)的，按劳动者在本单位工龄，每满 1 年给相当于 1 个月工资的经济补偿金。但是，经协议解除或者因劳动者不能胜任工作被用人单位解除的，最多给予不超过 12 个月工资的金额。

(2) 医疗补助费。劳动合同因劳动者患病或非因工负伤而由用人单位解除的，还应发给不低于 6 个月工资的医疗补助费，对患重病或绝症者还应增加医疗补助费。

(3) 禁止同业竞争补偿费。约定劳动者为保守用人单位商业秘密而在劳动合同终止后一定期间不与该用人单位进行同业竞争的，用人单位应当给予该劳动者一定数额的经济补偿。

2001 年 4 月 30 日起施行的《最高人民法院关于审理劳动争议案件适用法律若干问题的解释》第 15 条进一步规定了用人单位有下列情形之一，迫使劳动者提出解除劳动合同的，用人单位应当支付劳动者的劳动报酬和经济补偿，并可支付赔偿金。

(1) 以暴力、威胁或非法限制人身自由的手段强迫劳动的。
(2) 未按照劳动合同约定支付劳动报酬或提供劳动条件的。
(3) 克扣或无故拖欠劳动者工资的。
(4) 拒不支付劳动者延长工作时间工资报酬的。
(5) 低于当地最低工资标准支付劳动者工资的。

【资料阅读】

退休前解除劳动合同

56 岁的张先生在一家公司已经任职十七年，他与公司的合同于 2013 年 1 月 31 日到期。由于他工龄太长，所以单位无论如何也不愿意再与他续签劳动合同了。于是单位在 2013 年 1 月 1 日正式通知他合同到期后，终止双方之间的劳动合同。张先生认为自己已经工作十七年了，而且马上就快退休，现在单位提出终止，是不应该而且也没有人情味的一种做法。

那么，单位是否有权终止合同张先生的合同？张先生应该怎样保护自己的权利？

【分析】

一般情况下，在劳动合同到期时，单位也好，个人也好，都是有权单方终止合同关系的。但是针对工龄比较长且将要达到法定退休年龄的老职工，《劳动合同法》第 42 条规定"劳动者有下列情形之一的，用人单位不得依照本法第 40 条、第 41 条的规定解除劳动合同：……(五)在本单位连续工作满十五年，且距法定退休年龄不足五年的；……"及第 45 条"劳动合同期满，有本法第 42 条规定情形之一，劳动合同应当续延至相应的情形消失时终止"之规定。以上是《劳动合同法》对于老职工做出的特殊保护。

　　本案中，由于张先生在单位已经工作了十七年，而且他现在已经 56 岁，正好距法定退休年龄不足五年，所以对于他，单位是无权终止与他的劳动关系的，直至达到法定退休年龄。

七、劳动合同的终止

　　劳动合同的终止是指符合法律规定或当事人约定的情形时，劳动合同的效力即行终止。劳动法规定，劳动合同期满或当事人约定的劳动合同终止条件出现，劳动合同即行终止。劳动合同终止的情形有：

　　(1) 劳动合同期限届满。

　　(2) 企业宣告破产或依法被解散、关闭、撤销。

　　(3) 劳动者被开除、除名或因违纪被辞退。

　　(4) 劳动者完全丧失劳动能力或死亡。

　　(5) 劳动者达到退休年龄。

　　(6) 法律、法规规定的其他情况。

八、违反劳动合同的赔偿责任

　　违反劳动合同的赔偿责任是指当事人由于自己的过错造成劳动合同的不履行或不适当履行，而应承担的经济责任。

(一) 用人单位承担的赔偿责任

　　用人单位在下列情形下承担赔偿责任：

　　(1) 用人单位故意拖延不订立劳动合同，即招用后故意不按规定订立劳动合同以及劳动合同到期后故意不及时续订劳动合同的。

　　(2) 由于用人单位的原因订立无效或部分无效的劳动合同。

　　(3) 用人单位违反规定或劳动合同的约定侵害女职工或未成年工合法权益的。

　　(4) 用人单位违反规定或劳动合同的约定解除劳动合同的。

　　用人单位对劳动者造成损害的，按下列规定予以赔偿：

　　(1) 造成劳动者工资收入损失的，按劳动者本人应得工资收入支付给劳动者，并加付应得工资收入 25% 的赔偿费用。

　　(2) 造成劳动者劳动保护待遇损失的，应按国家规定补足劳动者的劳动保护津贴和用品。

　　(3) 造成劳动者工伤、医疗待遇损失的，除按国家规定提供治疗期间的医疗待遇外，还应支付相当于医疗费用 25% 的赔偿费用。

　　(4) 造成女职工和未成年工身体健康损害的，除按国家规定提供治疗期间的医疗待遇外，还应支付相当于医疗费用 25% 的赔偿费用。

　　(5) 劳动合同约定的其他赔偿费用。

（二）劳动者承担的赔偿责任

劳动者违反规定或劳动合同的约定解除劳动合同，对用人单位造成损失的，劳动者应赔偿用人单位下列损失。

(1) 用人单位招收录用其所支付的费用。

(2) 用人单位为其支付的培训费用，双方另有约定的按约定办理。

(3) 对生产、经营和工作造成的直接经济损失。

(4) 劳动合同约定的其他赔偿费用。

（三）连带赔偿责任

用人单位招用未解除劳动合同的劳动者，给原用人单位造成经济损失的，除该劳动者承担直接赔偿责任外，该用人单位应当承担连带赔偿责任，其赔偿的份额不低于对原用人单位造成经济损失总额的70%。

【资料阅读】

服务期限的违约金

公司派王某到美国接受为期6个月的专业技术培训，培训费用为3万6千元。为此，公司和王某签订一个服务期协议，王某接受培训后必须为公司服务3年，否则要向公司支付违约金。如果王某培训后在公司工作满 2 年后想解除合同，那么王某应该支付多少违约金？

【分析】

根据《劳动合同法》第22条的规定，用人单位为劳动者提供专项培训费用，对其进行专业技术培训的，可以与该劳动者订立协议，约定服务期。劳动者违反服务期约定的，应当按照约定向用人单位支付违约金，违约金的数额不得超过用人单位提供的培训费用，用人单位要求劳动者支付的违约金不得超过服务期尚未履行部分所应分摊的培训费用。在案例中，王某违反服务期协议，应当赔偿公司 1 万 2 千元(即 36000 元违约金分摊到 3 年的服务期，每年为 12000 元)，而不需要全部赔偿。

第三节　社会保障法律制度

一、社会保障法的概念

社会保障法是指调整社会保障关系的法律规范的总和。社会保障关系是政府、团体和个人之间，在保障社会成员基本生活需要并不断提高其生活水平的过程中发生的，以社会保障行为的产生、存续和消灭为内容的社会关系。它是广泛的主体以多样的行为、综合的方式，引发的多种社会关系的复杂组合。具体来讲，社会保障法包括社会保险关系、社会救助关系、社会福利关系和社会优抚关系。

二、社会保障法的基本原则

（一）社会保障水平与经济发展相适应原则

虽然一国的社会保障法与该国的文化传统、价值观念、政治制度等的关系也十分紧密，但是在某种意义上说，经济发展制约特定国家的社会保障项目、覆盖范围、保障程度等社会保障因素，并随着经济的发展变化而变化。在幅员辽阔、发展水平不均衡的我国，社会保障水平与经济发展相适应原则不仅是指全国的总体社会保障水平和经济发展相适应，更重要是各地的社会保障水平与各地的经济发展相适应。

（二）国家责任原则

我国《宪法》规定："中华人民共和国公民在年老、疾病或者丧失劳动能力的情况下，有从国家和社会获得物质帮助的权利。国家发展为公民享受这些权利所需要的社会保障、社会救济和医疗卫生事业。国家和社会保障残废军人的生活，抚恤烈士家属，优待军人家属。国家和社会帮助安排盲、聋、哑和其他有残疾的公民的劳动、生活和教育。"由此可见，国家对其公民负有普遍的保障义务和责任。国家应当建立公共社会保障体系、普遍的社会保险管理体系、社会保障资金和基金的监督管理体系等。同时，非常重要的一点是，在已经运行的社会保障制度出现资金困难时，无论国家最初是何种角色，其都毫无例外地会充当最后的责任人，以国家之财力和政策维持社会保障制度乃至整个社会的正常运转。

（三）社会化原则

社会保障之所以是"社会"保障，是因为其奉行社会化原则。一切社会成员都平等地享有社会保障的权利。同时，无论在资金上、参与主体上以及在社会保障的管理和运营方面，都应广泛运用社会机构和个人的力量，实现以全社会之力量办全社会之事。

三、社会保障法的基本内容

社会保障法的内容包括社会保险、社会救助、社会福利和社会优抚四个部分。社会保险是社会保障的主体部分，内容丰富；保险、社会救助、社会福利和社会扰抚的内容则相对单薄。

社会保险是一种为丧失劳动能力、暂时失去劳动岗位或因健康原因造成损失的人口提供收入或补偿的一种社会和经济制度。社会保险的基本项目是养老保险、医疗保险、工伤保险、失业保险以及生育保险等。

社会救助是国家对不能维持最低生活水平的社会成员给予物质救济的法律制度，主要有自然灾害救助、最低生活保障救助、贫困地区救助、法律服务救助、扶贫救助等。

社会福利是指国家依法为所有公民普遍提供旨在保证一定生活水平和尽可能提高生活

质量的资金和服务的社会保障制度。社会福利包括公共福利、职工福利和专门福利。

社会优抚是国家对为国家安全和社会秩序作出重大贡献的特殊社会成员及其家属提供物质帮助和精神鼓励的法律制度，主要包括社会优待、抚恤制度。

【资料阅读】

工伤保险赔偿

杨某原系某厂职工，经厂方安排借调到某公司工作，并由某公司向杨某支付劳务费。2013 年 2 月，杨某在某公司工作时意外受伤。由于其劳动关系在某工厂，故杨某向所在的工厂提出工伤认定申请，并要求按伤残等级享受工伤保险待遇。但该工厂认为，杨某是在某公司受的伤，应该由某公司承担工伤保险的责任。

请问：某厂的看法是否正确？

【分析】

不正确。《工伤保险条例》规定，职工被借调期间受到工伤事故伤害的，由原用人单位承担工伤保险责任，但原用人单位与借调单位可以约定补偿办法。本案例中的杨某虽然是在某公司受的伤，但由于其劳动关系在某厂，因而某厂应该承担工伤保险的责任。但由于某厂与某公司之间存在一种职工的借调关系，所以两家企业之间可以协商，如果某公司同意，可由某公司支付一定的赔偿费用。

四、社会保险的概述

(一) 社会保险的概念

我国《劳动法》第 70 条规定："国家发展社会保险事业，建立社会社会保险制度，设立社会保险基金，使劳动者在年老、患病、工伤、失业、生育等情况下获得帮助和补偿。由此来看，社会保险是指国家通过立法设立社会保险基金，使劳动者在暂时或永久丧失劳动能力以及失业时获得物质帮助和补偿的一种社会保障制度。

这表明：保险的对象仅限于劳动者和劳动者法定范围内的亲属，不包括其他人；保险的内容范围限于劳动风险中的各险种，不包括此外的财产、经济等风险；保险支付的依据是基于客观原因导致的暂时或永久丧失劳动能力或失去工作岗位，不包括主观因素所导致的损害；社会保险是兼有补偿性质和物质帮助性质的保障制度，前者是指对劳动者过去劳动或所缴保险费的相应补偿，后者是指这种支付带有互济互助性质，主要作用是保障劳动者的基本生活需要。

(二) 社会保险的特征

(1) 强制性，即社会保险是国家通过立法强制实施的。我国《劳动法》第 72 条规定："用人单位和劳动者必须依法参加社会保险，缴纳社会保险费。"

(2) 补偿性，即劳动者在年老、患病、工伤、失业、生育等情况下，从社会获得物质帮助和补偿。

(3) 互济性，即通过统筹社会保险基金来帮助和补偿遭遇劳动风险的劳动者。这实际上是将用人单位和劳动者缴纳的社会保险费，按照规定的标准转移给退休者、患病者、工伤者、失业者、生育者使用，体现用人单位和劳动者相互间的互济性。

五、社会保险的基本法律问题

（一）社会保险当事人

社会保险当事人包括保险人、投保人、被保险人和受益人。

保险人又称承保人，在我国称社会保险经办机构，它是指依法经办社会保险业务的主体。县级以上地区应当设立社会保险经办机构，在社会保障行政主管部门的管理下统一经办社会保险业务。投保人是为被保险人的利益向保险人投办保险的主体，一般为用人单位。但在有的情况下，劳动者也是投保人。被保险人是直接对社会保险标的具有保险利益的主体，一般指已经由用人单位或其本人投办社会保险的劳动者，可以依法领取社会保险金和享受其他社会保险待遇。受益人是基于同被保险人的一定关系而享有一定保险利益的主体，可成为受益人的，一般只限于法定范围内的被保险人的亲属。

（二）社会保险结构

《劳动法》对社会保险的基本机构作了设计，即在强制实行国家基本社会保险的同时，鼓励用人单位根据本单位的实际情况为劳动者建立补充保险，并提倡劳动者个人进行储蓄性保险。因此，我国社会保险制度是实行基本社会保险、单位补偿保险、个人储蓄保险的多层次社会保险结构。

基本社会保险是指国家立法建立并强制实施的社会保障遭遇劳动风险的劳动者基本生活需要的保险制度，它是第一层次，也是最主要的保险方式。基本社会保险的特点是：覆盖面广，适用于各类企业、个体经济组织和与之形成劳动关系的劳动者，以及国家机关、事业组织、社会团体和与之建立劳动合同的劳动中；标准统一，各地区、各类企业、各种劳动者实行统一的保险项目缴费比例和统一的保险待遇标准；强制程度高，基本社会保险是法定的强制保险，保险基金统一筹集和使用。

单位补充保险是指除了社会基本保险以外，用人单位根据自己的经济条件为劳动者投保高于社会基本保险标准的补充保险，它是第二层次的保险。补充保险以用人单位具有经济承受能力为前提条件，由用人单位自愿投保。

个人储蓄保险是指劳动者个人以储蓄形式参加社会保险，它是第三层次的保险。劳动者根据自己的经济能力和意愿决定是否投保，具有自愿性，是对国家基本保险和单位补充保险的补充。

（三）享受社会保险待遇的条件

对于不同项目的社会保险待遇，其享受的条件是不同的，但一般包括以下两项。

1. 具备被保险人和受益人的资格

我国社会保险制度在逐步扩大被保险人的范围，原则上已经把各种用人单位、各种用工形式的职工都包括在内。从我国现行的法规中所列举的受益人来看，作为受益人的职工亲属，应当是本人没有生活来源而职工对其负有供养义务的人，其中大多为直系亲属，还包括配偶和旁系亲属。

2. 实际发生法定的社会保险事故

社会保险事故是指劳动者衰老、失业、伤残、疾病、生育等劳动风险事故。只有在保险事故已经实际发生的情况下，被保险人和受益人才有权实际享受社会保险待遇。

（四）社会保险待遇计算依据

计算劳动保险待遇的依据，是指在确定给予劳动保险待遇之后，进而确定给付数量的依据。当前，我国确定劳动保险待遇数量的依据如下几项。

1. 工资

据以确定保险待遇数额的工资主要有三种：职工个人月工资，它在一定意义上可以反映其向社会提供的实际劳动贡献，因而通常被作为计算各项保险待遇数额的基数；本单位月平均工资，即职工所在单位在发生保险事故的上一年度或本年度的人均月工资，这往往是用作计算某项社会保险待遇(如丧葬费、抚恤金等)的基数；社会月平均工资，即法定某个部门或机构依法确定和公布的本地区职工在一定期间内的月平均工资。为了保障保险待遇免受物价上涨等因素的影响，有的保险待遇项目有必要部分地同社会月平均工资挂钩，形成保险待遇随着社会平均工资水平提高而增长的正常增长机制。

2. 工龄

工龄是指职工自建立劳动关系起，以工资收入为主要生活来源或全部来源的工作时间，也可称为工作年限。工龄一般分为一般工龄、连续工龄和缴费工龄。对计算社会保险待遇有法律意义的只是连续工龄和缴费工龄。

3. 保险费

缴纳保险费是同享受保险待遇相对应的义务，缴纳保险费的数额或年限与保险待遇水平成正比。这里的保险费数额是指已计入职工个人账户的用人单位和职工本人所缴纳的保险费总额。

4. 特殊贡献

一般规定有特殊贡献的职工的保险待遇高于同等条件下一般职工的保险待遇标准，通常是按照据以计算保险待遇数额的月工资的比率或月数适当提高或增加。

5. 国家宏观调控

保险待遇的规定受国家宏观调控，受国家经济、社会政策的调节。

六、社会保险的具体法律制度

我国《劳动法》第 73 条规定："劳动者在下列条件下，依法享受社会保险待遇：退休；患病、负伤；因工伤残或者患职业病；失业；生育。劳动者死亡后，其遗属依法享受遗属津贴。劳动者享受社会保险待遇的条件和标准由法律、法规规定。劳动者享受的社会保险金必须按时足额支付。"

我国的社会保险项目有：养老保险、医疗保险、工伤保险、失业保险和生育保险。

(一) 养老保险法律制度

养老保险是指劳动者在因年老或病残而丧失劳动能力的情况下，退出劳动领域，从国家和社会获得物质帮助，以满足其年老生活需要的社会保险制度。

养老保险待遇享受的条件有三种：退休、离休和退职。根据 1997 年 7 月 6 日《国务院关于建立统一的企业职工基本养老保险制度的决定》，养老保险制度改革主要内容有：企业交纳基本养老保险费(以下简称企业缴费)的比例，一般不得超过企业工资总额的 20%。个人交纳基本养老保险费(以下简称个人缴费)的比例，1997 年规定不得低于本人缴费工资的 4%，1998 年起每两年提高 1 个百分点，最终达到本人缴费工资的 8%。

职工建立基本养老保险个人账户，个人缴费全部记入个人账户，其余部分从企业缴费中划入。

本决定实施后参加工作的职工，个人缴费年限累计满 15 年退休后按月发给基本养老金。本决定实施前参加工作、实施后退休，且个人缴费和视同缴费年限累计满 15 年的人员，按照新老办法平衡衔接、待遇水平基本平衡等原则，在发给基本养老金和个人账户养老金的基础上再确定过渡性养老金，过渡性养老金从养老保险基金中解决。

(二) 医疗保险法律制度

医疗保险是指保障劳动者及其供养的亲属非因工病伤后从国家和社会获得医疗帮助的社会保险制度。

根据 1994 年 4 月 14 日国家体改委、财政部、劳动部、卫生部印发的《关于职工医疗制度改革的试点意见》，职工医疗制度改革的主要内容是：

(1) 职工医疗保险费用由用人单位和职工个人缴纳。用人单位缴费参照本城市上年实际支出的职工医疗费用换算成职工工资总额的一定比例交纳。不超过职工工资总额 10%的，由省级人民政府决定；超过职工工资总额 10%的，由省级人民政府审核后，报经国家财政部批准。职工个人缴费先从本人工资的 1%起步，由用人单位从职工工资中代扣，今后随着工资增加逐步提高。

(2) 建立社会统筹医疗基金和职工个人医疗账户相结合的制度。用人单位为职工交纳的医疗保险的费用的大部分(不低于 50%)和职工交纳的医疗保险费用，记入个人医疗账户，用于支付个人的医疗费用。个人医疗账户的本金和利息为职工个人所有，可以结转使用和继承。用人单位为职工交纳的医疗保险费用的其余部分进入社会统筹医疗基金，由市医疗保险机构管理，集中调剂使用。

(3) 建立对职工个人的医疗费用制约机制，减少浪费。职工就医，医疗费用首先从个人医疗账户支付；个人医疗账户不足支付时，先由职工自付。按年度计算，职工在个人医疗账户之外自付的医疗费，超过本人年工资收入 5%以上的部分，由社会统筹医疗基金支付，但个人仍要负担一定比例。个人负担的比例随费用的升高而降低：超过本人年工资收入 5%以上，但不足 5000 元的部分，个人负担 10%~20%；5000~10000 元的部分，各人负担 8%~10%；超过 10000 元的部分，个人负担 2%。

【资料阅读】

商业保险可以代替社会保险吗?

某外商投资企业拒绝参加社会保险,其外方老板的理由是,"我已经在保险公司花钱给每个员工买了两份商业保险。员工已经很有保障了,就不用参加社会保险了。"

问题:外方老板的话对不对,为什么?

【分析】

不对。基本社会保险费的征缴范围中包括外商投资企业,因而外商投资企业应按规定参加基本社会保险。参加社会保险具有强制性,是应参加企业的义务,是其职工应享有的权利,并不能以商业保险代替社会保险。

(三) 工伤保险法律制度

工伤保险又称职业伤害赔偿保险,是指职工因工负伤、病残、死亡,依法获得经济赔偿和物质帮助的一种社会制度。

1. 工伤范围

1996 年 8 月 12 日劳动部发布的《企业职工工伤保险试行办法》第 8 条规定:"职工由于下列情形负伤、致残、死亡的,应当认定为工伤:从事本单位日常生产、工作或者本单位负责人临时指定的工作的,在紧急情况下,虽未经本单位负责人指定,但从事直接关系本单位重大利益的工作的;经本单位负责人安排或者同意,从事与本单位有关的科学实验、发明创造和技术改进工作的;在生产工作环境中接触职业性有害因素造成职业病的;在生产工作的时间和区域内,由于不安全因素造成意外伤害的,或者由于工作紧张突发疾病造成死亡或经第一次抢救治疗后全部丧失劳动能力的;因履行职责遭致人身伤害的;从事抢险、救灾、旧人等维护国家、社会和公共利益的活动的;因公、因战致残的军人复员专业到企业后旧伤复发的;因公外出期间,由于工作原因,遭受交通事故或其他以外事故造成伤害或者失踪的,或因突发疾病造成死亡或者经第一次抢救治疗后全部丧失劳动能力的;在上下班的规定时间必经路线上,发生无本人责任或者非本人主要责任的道路交通机动车事故的;法律、法规规定的其他情形。"

我国《劳动法》第 9 条规定:"职工由于下列情形之一造成负伤、致残、死亡的,不应认定为工伤:犯罪或违法;自杀或自残;斗殴;酗酒;蓄意违章;法律、法规规定的其他情形。"

2. 劳动鉴定和工伤评残

职工在工伤医疗期内治愈或者伤情处于稳定状态,或者医疗期满仍不能工作的,应当进行劳动能力鉴定,评定伤残登记并定期复查伤残状况。各级劳动鉴定委员会应当按国家制定的工伤与职业病致残程度鉴定标准(国家标准 GB/T16180—1996;以下简称评残标准),对因工负伤或者患职业病的职工伤残后丧失劳动能力的程度和护理依赖程度进行等级鉴定。符合评残标准一级至四级为全部丧失劳动能力；五级至六级为大部分丧失劳动能力；七级至十级为部分丧失劳动能力。

3．工伤保险待遇

(1) 工伤保险待遇。医疗期，按轻伤、重伤的不同情况确定为 1~24 个月，严重工伤或职业并需延长医疗期的，最长不超过 36 个月；医疗费用，挂号费、住院费、医疗费、药费、就医路费全部报销；伙食补助费，住院治疗的，按当地因公出差伙食补助标准 2/3 发给住院伙食补助费；工伤津贴，医疗期内停发工资，改为按月发给工伤津贴，工伤津贴标准相当于工伤职工受伤前 12 个月内平均工资收入。医疗期满仍需治疗的，继续享受工伤医疗待遇。

(2) 工伤残疾待遇。评残为 1~4 级的，应退出生产、工作岗位，终止与企业的劳动关系，享受伤残抚恤金待遇，包括一次性伤残补助金和定期伤残抚恤金；连续要护理的，按月发给护理费；异地安家的，发给安家补助费；必须安置假肢等辅助工具的，按规定的标准报销费用。评残为 5~6 级的，原则上安排适当工作，并发给一次性伤残补助金。评残为 7~10 级、难以安排工作的，按月发给伤残抚恤金。因伤残造成本人工资降低时，由所在单位发给在职伤残补助金。

(3) 因工死亡待遇。因工死亡的，按规定的标准发给丧葬补助金、一次性死亡补助金和供养亲属抚恤金。

【资料阅读】

工 伤 的 认 定

职工王某在骑自行车上班途中与另一骑车人刘某相撞，造成骨折，责任完全在刘某，刘对此无异议。事后王某以在上班途中发生意外为由，要求按工伤处理。

请问：王某的要求是否合理？能否按工伤对待？

【分析】

王某不应按工伤处理。按照《工伤保险条例》规定，具备上下班途中和机动车事故伤害两个要件，就可以认定为工伤。王某虽然符合上下班路途这一要件，但却与"道路交通机动车事故"条件不符，因而不能认定为工伤。

(四) 失业保险制度

1993 年 4 月 12 日国务院发布《国有企业职工待业保险规定》，对待业职工、待业保险基金的筹集和管理、待业保险基金的使用、组织管理机构的职责等各项内容都做了具体规定。

1．失业人员范围

《国有企业职工待业保险规定》第 2 条规定："本规定所称待业职工是指因下列情形之一失去工作的国有企业(以下简称企业)职工：依法宣告破产的企业的职工；濒临破产的企业在法定整顿期间被精简的职工；按照国家有关规定被撤销、解散企业的职工；按照国家有关规定停产整顿企业被精简的职工；终止或者接触劳动合同的职工；企业辞退、除名或者开除的职工；依照法律、法规规定或者按照省、自治区、直辖市人民政府规定，享受待业保险的其他职工。

2．失业保险的主要内容

企业按照全部职工工资总额的 0.6% 缴纳失业保险费，最多不得超过企业职工工资总额的 1%。失业人员失业前在企业连续工作 1 年以上，但不足 5 年的，领取失业救济金的期限最长为 12 个月；失业人员失业前在企业连续工作 5 年以上的，领取失业救济金的期限最长为 24 个月。事业救济金的发放标准为相当于当地民政部门规定的社会救济金额的 120%～150%，具体金额由省、自治区、直辖市人民政府确定。

失业人员有下列情况之一的，失业保险机构停止发给失业救济金及其他费用：领取失业救济金期限届满的；参军或者出国定居的；重新就业的；无正当理由，两次不接受劳动就业服务机构介绍就业的；在领取失业救济金期限内被劳动教养或者被判刑的。

失业人员医疗费的发放标准由省、自治区、直辖市人民政府规定。失业人员丧葬补助费和其供养的直系亲属的抚恤费、救济费的发放标准，参照当地职工社会保障有关规定办理。

（五）生育保险制度

生育保险是指女职工因生育而从国家和社会获得医疗、休息等方面物质帮助的社会保险制度。1994 年 12 月 14 日劳动部发布的《企业职工生育保险试行办法》，适用于城镇企业及职工。

1．生育保险基金筹集

企业按照一定比例向社会保险经办机构缴纳生育保险费，建立生育保险基金。生育保险费的提取比例由当地人民政府确定，但最高不得超过工资总额的 1%。职工个人不交纳生育保险费。

2．生育保险待遇

(1) 产假。女职工生育法律、法规的规定享受产假。

(2) 生育津贴。产假期间的生育津贴按照本企业上年度职工月平均工资计发，由生育保险基金支付。

(3) 生育医疗费。女职工生育的检查费、接生费、手术费、住院费和药费由生育保险基金支付，超出规定的医疗服务费和药费(含自费药品和营养药品的药费)由职工个人负担。

(4) 生育疾病医疗费。女职工生育出院后，因生育引起疾病的医疗费，按照医疗保险待遇办理。

【典型案例】

试用期期限内，违法解除劳动合同的法律责任

2014 年 1 月 10 日，小王入职时，公司告知他有三个月的试用期，但是没有与小王签

订书面的劳动合同。2014 年 3 月 15 日，公司通知小王，由于他在试用期表现不佳，所以公司决定辞退他。小王觉得很委屈，因为在试用期内他确实努力工作而且自认为表现是很好的。在这种情况下，小王应该怎么办？

【分析】

公司应当在 1 月份之内与小王签订书面的劳动合同。根据《劳动合同法》第 10 条规定：建立劳动关系，应当订立书面劳动合同。已建立劳动关系，未同时订立书面劳动合同的，应当自用工之日起一个月内订立书面劳动合同。由于公司截止到 3 月 15 日，仍然未与小王签订书面的劳动合同，因而违反了上述法律规定，根据《劳动合同法》第 82 条规定：用人单位自用工之日起超过一个月不满一年未与劳动者订立书面劳动合同的，应当向劳动者每月支付二倍的工资。所以公司应当向小王支付 2 月份的双倍工资。

由于公司与小王之间没有订立书面劳动合同，根据《劳动合同法》第 19 条第 4 款规定：试用期包含在劳动合同期限内。劳动合同仅约定试用期的，试用期不成立，该期限为劳动合同期限。所以公司与小王口头约定的试用期是无效的。在此情况下，公司无权以小王在试用期表现不佳为由进行辞退。所以，公司辞退小王是一种违法的行为，按照《劳动合同法》第四十八条的规定，用人单位违反本法规定解除或者终止劳动合同，劳动者要求继续履行劳动合同的，用人单位应当继续履行；劳动者不要求继续履行劳动合同或者劳动合同已经不能继续履行的，用人单位应当依照本法第 87 条规定，即依照本法第 47 条规定的经济补偿标准的二倍向劳动者支付赔偿金。所以，小王可以要求继续履行劳动合同，如果小王不要求继续履行劳动合同的，用人单位应当按照经济补偿标准的二倍向小王支付赔偿金。

我国社会救助体系的现状和存在问题

客观地讲，经过几十年的建设，我国的社会救助体系基本框架已经建立起来了，而且在保护贫困者基本生活需要、救助受灾群众方面也发挥了积极的作用。这些年来，民政部门着力推进建立一个覆盖城乡的社会救助体系，已建立了城乡低保制度、灾民临时救助制度、城乡医疗救助制度、农村五保供养制度和流浪乞讨人员救助制度。此外，还建立了医疗、教育、住房救助制度和法律援助制度。这些制度的建立有效地保证了困难群体的基本生活，目前通过这些救助制度的实施，有 1.5 亿多群众得到了不同形式的救助。

但从实际工作来看，我国现行的社会救助体系还存在一些亟待解决的困难和问题。

一是应救未救问题。总体上讲，现有社会救助制度覆盖面较窄，不能涵盖全体贫困人口。在城市，人均收入高于低保标准而低于当地最低工资的相对贫困人群还没有得到有效救助；在农村，还有数以百万计的符合五保条件的五保人员没有纳入供养范围，还有数百万的因病、因残、年老体弱缺乏劳动能力造成常年生活困难的人员没有纳入救助范围。此外，由于反应机制不太灵活和手段较为落后，面对重大自然灾害时，一些受灾群众也得不到及时有效的救助。

二是救助水平低的问题。根据民政部发布的统计公报显示，2006 年城市居民享受城市最低生活保障的平均保障标准仅为 169.6 元/人·月，全年共发放城市最低生活保障资金222.1 亿元，人均补差也只有 82.9 元/月；而农村人口享受的农村最低生活保障人均补差仅为 33.2 元/月。均远低于当年的城乡居民平均消费水平。灾害救助也是如此。比如此次雨雪冰冻灾害中,各级共投入救灾资金 13.98 亿元,累计救助铁路公路滞留人员和受灾群众 655.5 万人,人均大约只有 213 元钱。

三是救助资金问题。这个问题主要表现在三个方面:一是社会救助资金总量不足的问题。与城乡困难群众的需要相比,还有很大的距离;二是救助资金配置不合理的问题。特别表现为重城市、轻农村;三是救助资金管理不平衡的问题。救助资金解决的是最困难群众和受灾群众的基本生活问题,保障的是其生存权,应该通过中央到地方实行专项转移支付的形式进行管理。目前面向城市居民的救助资金主要通过专项转移的形式解决,仅有的一点农村五保供养救助资金则通过一般性转移支付或"打捆"的方式下拨。结果,由于层层挤占、挪用,资金最终落实到救助对象的头上已经寥寥无几了。

四是社会服务机构严重匮乏,福利设施短缺。与庞大的救助队伍相比,我国的福利院、救助站、养老机构等数量不足,福利设施大多十分简陋且短缺。比如我国目前约有 3250 万老年人需要不同形式的长期护理。但截至 2007 年年底,全国共有各种类型的老年人福利机构床位 131 万多张,仅占 60 岁以上的老年人口的 0.9%,这不仅大大低于发达国家 5~7% 的水平,也低于巴西等发展中国家 2%~3% 的水平。

本 章 小 结

1. 劳动法是调整劳动关系以及与劳动关系密切联系的一些关系的法律。我国劳动法的内容包括:劳动合同、集体合同、工作时间和休息休假、工资、劳动安全卫生、女职工和未成年工的特殊保护、社会保险和福利、劳动争议处理等。我国《劳动法》第 2 条规定:"在中华人民共和国境内的企业、个体经济组织(以下统称用人单位)和与之形成劳动关系的劳动者,适用本法。国家机关、事业组织、社会团体和与之建立劳动合同关系的劳动者,依照本法执行。"

2. 劳动合同是劳动者和用人单位确立劳动关系、明确双方权利和义务的协议。劳动合同依法订立即具有法律约束力,当事人必须履行劳动合同规定的义务。任何一方当事人不得擅自变更,否则要承担相应的法律责任。如遇特殊情况必须变更劳动合同的,劳动合同的变更,只限于劳动合同条款内容的变更,不包括当事人的变更。经双方当事人协商一致,劳动合同可以解除,但用人单位对被解除劳动合同的劳动者应根据其工作年限给予一定经济补偿。劳动合同履行过程中当事人由于自己的过错造成劳动合同的不履行或不适当履行,应承担相应的经济赔偿责任。

3. 社会保障法是指调整社会保障关系的法律规范的总和。社会保障关系是政府、团体和个人之间,在保障社会成员基本生活需要并不断提高其生活水平的过程中发生的,以社会保障行为的产生、存续和消灭为内容的社会关系。社会保障法的内容包括社会保险、社会救助、社会福利和社会优抚四个部分。社会保险是社会保障的主体部分和核心内容,保险、社会救助、社会福利和社会优抚是社会保障的重要补充部分。

知识结构

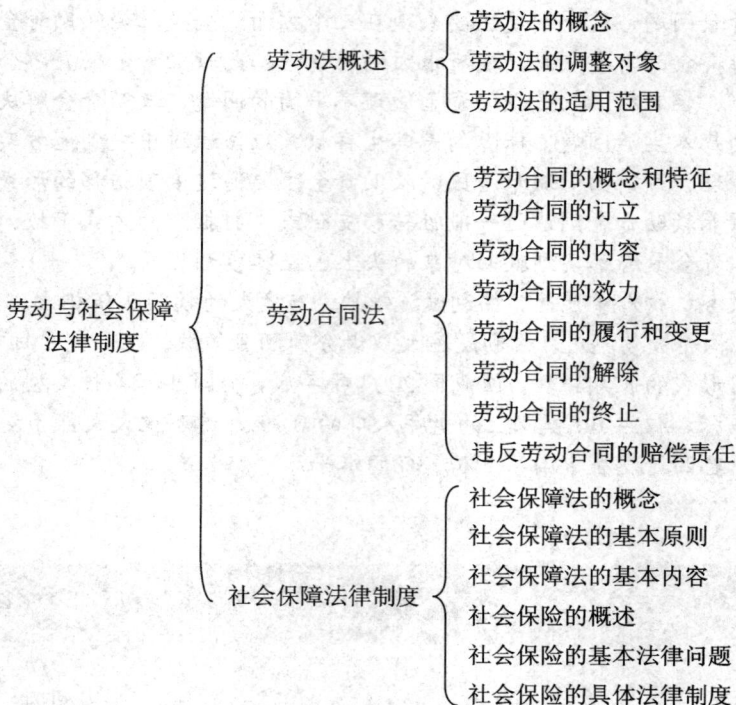

劳动与社会保障法律制度
- 劳动法概述
  - 劳动法的概念
  - 劳动法的调整对象
  - 劳动法的适用范围
- 劳动合同法
  - 劳动合同的概念和特征
  - 劳动合同的订立
  - 劳动合同的内容
  - 劳动合同的效力
  - 劳动合同的履行和变更
  - 劳动合同的解除
  - 劳动合同的终止
  - 违反劳动合同的赔偿责任
- 社会保障法律制度
  - 社会保障法的概念
  - 社会保障法的基本原则
  - 社会保障法的基本内容
  - 社会保险的概述
  - 社会保险的基本法律问题
  - 社会保险的具体法律制度

思 考 题

1. 劳动法律体系是怎样构成的？
2. 劳动合同的主要内容包括什么？
3. 劳动标准与劳动合同之间的关系。
4. 劳动纠纷的解决渠道有哪些？
5. 我国社会保险制度中包括哪些保险项目？

案 例 演 练

【案例 1】 某技术有限公司公开招聘员工，在当地一家晚报上登出招工启事，主要内容为：本企业因生产经营需要，招工 20 名，条件为：大专以上文化程度，35 岁以下，限本市城镇户口，身体健康，男女不限，经笔试面试合格后录用为本单位正式职工，月工资 900～2000 元。李某为女性，学历为大专，原在一家商厦工作，从报上得知招工信息后，参加了这次招工考试，笔试在参加考试的人员中名列第一名，面试也获通过。李某认为自已一定会被录取，于是辞去原工作。但迟迟未接到该公司的录用通知，并得知同一批参加考试的人员被录用的已开始在该公司工作。李某遂到该公司询问为什么不录用自己，该公司人事部门回答，因李某是女性，虽考试成绩优秀，但公司内定女性的学历须在本科以上，李某的学历不符合招工要求，故不予录用。李某遂向当地劳动行政部门反映此事。

请分析：

(1) 该公司的做法是否合法，为什么？

(2) 对该公司的这种行为，劳动争议仲裁委员会应如何处理？

【**案例2**】 史小姐供职于一家律师事务所，担任行政工作。2013年底，史小姐发现自己怀孕了，刚开始史小姐不敢向事务所说明这个情况，后来随着肚子越来越大，再也无法隐瞒时，才向所主任说明了怀孕这个事实。主任得知后，较为恼火，第二天就让行政主管通知史小姐被辞退了。史小姐怎么也想不到是这个结果。

请分析：在这种情况下，史小姐如何办才好？

第十三章 仲裁法与民事诉讼法

✏ **学完本章后，你应该能够：**

➤ 了解仲裁与民事诉讼的程序；
➤ 了解仲裁法的基本原则、民事诉讼的基本原则；
➤ 熟悉仲裁法基本制度、民事诉讼管辖。

📖 **案例导入**

娃哈哈达能案

达能在杭州仲裁案和桂林诉讼案中皆落败，2007年12月11日，达能在上海发表声明，称其对杭州仲裁委员会的裁决结果"表示震惊"，合资公司将依法提出撤销申请。另外，其对于桂林中院的判决结果也不认同，将依照司法程序向广西壮族自治区高级人民法院提出上诉。

杭州仲裁案：达能将申请撤销裁决

杭州仲裁案要追溯到2007年6月，娃哈哈集团向杭州仲裁委员会提起商标转让纠纷仲裁申请，要求确认娃哈哈集团与合资公司于1996年2月29日签署的《商标转让协议》已经终止，杭州仲裁委员会于6月14日受理了此案，随后合资公司提出仲裁反请求，即裁决娃哈哈集团立即履行《商标转让协议》，办理"娃哈哈"商标转让申请。杭州仲裁委员会于2007年11月15日宣布了裁决结果，即确认自1999年12月6日起，娃哈哈集团与合资公司于1996年2月29日签订的《商标转让协议》已经终止，并驳回合资公司的仲裁反请求。

对此结果，达能方面表示"感到震惊"，其在声明中表示，仲裁庭的裁决是完全错误的，因为它严重违背客观事实真相，对《商标法》《商标法实施细则》等法律、法规的理解错误或不当，并且与商标转让司法实践中存在的惯例严重不符。对于这一裁决，合资公司将依法提出撤销申请。

根据《中华人民共和国仲裁法》规定，仲裁实行一裁终局的制度，但法律也同时规定，若当事人提出证据证明裁决有某些《仲裁法》具体列出情形的，可以向仲裁委员会所在地的中级人民法院申请撤销裁决。

桂林诉讼：达能将提起上诉

而在此前的2007年11月12日，达能也刚刚在娃哈哈诉其"竞业禁止"的桂林诉讼中败诉。2007年6月底，娃哈哈方面表示，达能方委派到双方各合资公司的三位外籍董事范易谋、秦鹏和嘉柯霖在担任各合资公司副董事长或董事期间，均同时兼任了达能(亚洲)有限公司等与合资公司有业务竞争关系的多家公司的董事及高管职务，随后娃哈哈方面在沈阳等地提起了诉讼。此次，桂林市中院受理的诉讼主要是针对达能法籍董事嘉柯霖。

达能同时发表声明，认为"本案被告嘉柯霖先生担任乐百氏、益力等公司董事的职务行为，并不违反《公司法》有关竞业禁止的相关规定。""桂林中院对于此次案件的判决是错误的，不仅对案件的审理缺乏应有的透明度，而且对相关事实的认定缺乏法律依据，适用法律明显有误，其判决结果完全不能令人信服。"达能表示，其将依照司法程序向广西壮族自治区高级人民法院提出上诉。

在 2007 年 12 月 9 日，娃哈哈集团曾联合桂林祥昇工贸有限责任公司针对此案发表联合声明。声明称"达能法籍董事兼任多家有同业竞争关系公司的董事，侵害了这些公司的商业秘密，也损害了这些公司其他股东的利益，其行为违反了中华人民共和国《公司法》相关规定，理应得到纠正，桂林中院的一审判决是公正的、正确的。我们相信二审法院也会作出公正的终审判决。"

斯德哥尔摩最终一裁

2007 年 5 月 9 日，达能亚洲及其全资子公司正式向瑞典斯德哥尔摩商会仲裁院提出 8 项仲裁申请，其中 7 项仲裁是合资公司的外方股东针对中方股东提出的仲裁，一项针对宗庆后一人，主要涉及其违反了非竞争条款和保密条款。

在经历了 2 年的诉讼之后，这场纠纷却以和解的方式画上了句号。值得一提的是就在"达娃"和解当天晚些时候，曾被认为会决定"达娃之争"命运的斯德哥尔摩仲裁结果也随之出炉——斯德哥尔摩商会(下称"SCC")仲裁院 9 月 30 日晚做出裁决，认定宗庆后与娃哈哈集团等严重违反了相关合同，使达能因不正当竞争蒙受了重大损失。

这无疑是一个讽刺。因为，这份曾经被认为是"达娃之争"终极审判的仲裁书对于已经和解的达能和娃哈哈，已经没有任何实际意义。更有趣的是达能斯德哥尔摩获胜和与娃哈哈和解发生在同一天，前后仅仅相差几个小时。

关于媒体问及达能与娃哈哈在斯德哥尔摩进行仲裁的问题，达能仅确认，9 月 30 日，斯德哥尔摩商会仲裁院仲裁庭就达能 - 娃哈哈纠纷做出了裁决。并低调指出："这一裁决并不会影响达能与娃哈哈双方达成的友好和解方案。在 9 月 30 日双方签署和解协议后，斯德哥尔摩仲裁的程序已暂停；待和解协议执行完毕后，双方将终止与双方之间纠纷有关的所有法律程序。达能对与娃哈哈达成的和解协议表示满意，它为彻底解决争端提供了关键性的机遇。"

这场历时近三年，辗转三大洲，前前后后进行了大小近百次诉讼仲裁的案件终于尘埃落定。

(案例来源：http://jjckb.xinhuanet.com/gnyw/2007-12/12/content_77511.htm；http://finance.ifeng.com/roll/20091106/1437558.shtml)

第一节 仲 裁 法

案例导入

甲市 A 公司与乙市 B 公司于 2013 年 11 月，签订了一份 80 吨的苹果购销合同，合同中规定："与合同相关的一切争议均提交仲裁委员会仲裁。"后双方在交货过程中，因苹果质量发生纠纷，于是双方决定仲裁，A 公司坚持在甲市仲裁委员会仲裁，B 公司坚持在乙市仲裁委员会仲裁，双方达不成协议，最终 A 公司向甲市仲裁委员会提出仲裁申请。

请分析：

(1) 本案中的仲裁协议是否有效？

(2) 仲裁协议应包括哪些内容？

(3) 本案中甲市仲裁委员会能否受理 A 公司的仲裁申请，为什么？

一、仲裁法概述

(一) 仲裁的概念

仲裁亦称"公断"，是指纠纷当事人在争议发生前或争议发生后自愿达成协议，将纠纷提交仲裁机构，由仲裁机构依法做出对争议各方均有约束力的裁决。这是一种解决纠纷的方式。

仲裁具有以下特征：

1. 自愿性

当事人是否采用仲裁方式解决纠纷，完全是由当事人双方自愿决定的。同时，选择哪个仲裁机构、仲裁庭如何组成、仲裁哪些事项、是否达成和解或调解协议等，都由当事人自愿协商选择确定。

2. 约束性

仲裁的裁决对当事人均有约束力，当事人应当履行裁决，一方当事人不履行的，另一方当事人可以依法向人民法院申请执行，受申请的人民法院应当执行。

3. 快捷性

仲裁实行一裁终局的制度，仲裁裁决一旦作出即发生法律效力，当事人就同一纠纷再申请仲裁或者向人民法院起诉的，仲裁机构和人民法院将不予受理。一裁终局制不同于法院审判的两审终审制，可以实现经济纠纷迅速快捷解决。

(二) 仲裁法

仲裁法就是调整在仲裁过程中发生的各种关系的法律规范的总称。

仲裁是当今国际上通行的解决争议的重要方式。为保证公正、及时地仲裁经济纠纷，保护当事人的合法权益，保障社会主义市场经济健康发展，1994 年 8 月 31 日 第八届全国人民代表大会常务委员会第九次会议通过了《中华人民共和国仲裁法》(以下简称《仲裁法》)，该法自 1995 年 9 月 1 日起施行。

(三) 仲裁的适用范围

仲裁的适用范围是指可以仲裁的纠纷范围。我国《仲裁法》明确规定，平等主体的公民、法人和其他组织之间发生的合同纠纷和其他财产权益纠纷，可以仲裁。

但是，下列纠纷不能仲裁：

(1) 婚姻、收养、监护、扶养、继承纠纷。

(2) 依法应当由行政机关处理的行政争议。

(3) 劳动争议和农业集体经济组织内部的农业承包合同纠纷的仲裁。

(四) 仲裁法的基本原则

《仲裁法》的基本原则是仲裁立法的指导思想，是贯穿整个仲裁过程、仲裁机构和双方当事人必须遵循的基本准则。

1. 意思自治原则

《仲裁法》充分体现了当事人意思自治的原则，即是否选择仲裁作为解决纠纷的途径，选择哪家仲裁机构仲裁，哪些争议事项提交仲裁，选择哪个仲裁员和哪种形式的仲裁庭以及选择哪种审理方式和开庭形式，由当事人自愿决定，甚至仲裁时间、仲裁地点，当事人也可以选择。

2. 以事实为依据，以法律为准绳原则

仲裁必须根据事实，符合法律规定，公平合理地解决纠纷，即要保证公正处理经济纠纷，就必须以确凿的证据和事实为依据，以法律法规为处理纠纷的标准和衡量尺度。

3. 仲裁独立原则

仲裁独立指的是从仲裁机构的设置到解决仲裁纠纷的整个过程，都具有法定的独立性，具体表现如下：

(1) 仲裁独立于行政机关，与行政机关没有隶属关系，其依法独立仲裁，不受行政机关的干涉。

(2) 仲裁不实行级别管辖和地域管辖，仲裁组织体系中的仲裁协会、仲裁委员会和仲裁庭三者之间相互独立。

(3) 仲裁独立于审判。

(五) 仲裁法的基本制度

1. 协议仲裁制度

当事人采用仲裁方式解决纠纷，应当双方自愿，达成仲裁协议。没有仲裁协议，一方申请仲裁的，仲裁委员会不予受理。

2. 或裁或审制度

仲裁和诉讼是两种不同的争议解决方式。当事人达成仲裁协议，且协议有效的，应当向仲裁机构申请仲裁，不得向法院起诉；当事人没有仲裁协议或仲裁协议无效，不得申请仲裁，应当直接向法院起诉。

3. 一裁终局制

仲裁实行一裁终局的制度。裁决作出后，就发生法律效力。当事人就同一纠纷再申请仲裁或者向人民法院起诉的，仲裁委员会或者人民法院不予受理。

二、仲裁协议

（一）仲裁协议的概念

仲裁协议是双方当事人以书面形式订立的，在双方纠纷发生前或者纠纷发生后自愿达成的，请求仲裁机构对纠纷进行仲裁的意思表示。

仲裁协议包括合同中订立的仲裁条款和在主合同之外以其他书面方式签订的协议。

（二）仲裁协议的内容

仲裁协议应当具有下列内容：

(1) 请求仲裁的意思表示。

(2) 仲裁事项。

(3) 选定的仲裁委员会。

（三）仲裁协议的效力

仲裁协议依法成立，即具有法律约束力。仲裁协议独立存在，合同的变更、解除、终止或者无效，不影响仲裁协议的效力。

有些列情形之一的，仲裁协议无效：

(1) 约定的仲裁事项超出法律规定的仲裁范围的。

(2) 无民事行为能力人或者限制民事行为能力人订立的仲裁协议。

(3) 一方采取胁迫手段，迫使对方订立仲裁协议的。

(4) 口头订立的仲裁协议。

(5) 仲裁协议对仲裁事项或者仲裁委员会没有约定或者约定不明确的，当事人可以补充协议，达不成补充协议的，仲裁协议无效。

当事人对仲裁协议的效力有异议的，可以请求仲裁委员会作出决定或者请求人民法院作出裁定。一方请求仲裁委员会作出决定，另一方请求人民法院作出裁定的，由人民法院裁定。当事人对仲裁协议的效力有异议，应当在仲裁庭首次开庭前提出。

三、仲裁机构

仲裁机构包括仲裁委员会和仲裁协会。

（一）仲裁委员会

仲裁委员会是组织进行仲裁工作、解决经济纠纷的事业单位法人。仲裁委员会可以在直辖市和省、自治区人民政府所在地的市设立，也可以根据需要在其他设区的市设立，不按行政区划层层设立。仲裁委员会由上述规定的市级人民政府组织有关部门和商会统一组建。设立仲裁委员会，应当经省、自治区、直辖市的司法行政部门登记。仲裁委员会独立于任何行政机关，与行政机关没有任何隶属关系，仲裁委员会之间也没有隶属关系。

设立仲裁委员会应当具备下列条件：

(1) 有自己的名称、住所和章程。

(2) 有必要的财产。

(3) 有该委员会的组成人员。

(4) 有聘任的仲裁员人。

仲裁委员会由主任 1 人、副主任 2～4 人和委员 7～11 人组成。仲裁委员会的主任、副主任和委员由法律、经济贸易专家和有实际工作经验的人员担任。仲裁委员会的组成人员中，法律、经济贸易专家不得少于 2/3。

仲裁委员会应当从公道正派的人员中聘请仲裁员。仲裁员的选任应当符合法律规定的下列条件之一：

(1) 从事仲裁工作满 8 年的。

(2) 从事律师工作满 8 年的。

(3) 曾任审判员满 8 年的。

(4) 具有法律研究、教学工作并具有高级职称的。

(5) 具有法律专业知识、从事经济贸易等专业工作并具有高级职称或具有同等专业水平的。

（二）仲裁协会

中国仲裁协会是社团法人，是仲裁委员会的自律性组织。仲裁委员会是中国仲裁协会的会员。中国仲裁协会的章程由全国会员大会制订。中国仲裁协会根据章程对仲裁委员会及其组成成员、仲裁员的违纪行为进行监督。中国仲裁协会依照仲裁法和民事诉讼法的有关规定制订仲裁规则。

四、仲裁程序

（一）申请和受理

1．申请

当事人申请仲裁应当符合下列条件：有仲裁协议；有具体的仲裁请求和事实、理由；属于仲裁委员会的受理范围。

当事人申请仲裁，应当向仲裁委员会递交仲裁协议、仲裁申请书及副本。仲裁申请书应当载明下列事项：

(1) 当事人的姓名、年龄、职业、工作单位和住所，法人或者其他组织的名称、住所和法定代表人或者主要负责人的姓名、职务。

(2) 仲裁请求和所根据的事实、理由。

(3) 证据和证据来源、证人姓名和住所。

当事人、法定代理人可以委托律师和其他代理人进行仲裁活动。委托律师和其他代理人进行仲裁活动的，应当向仲裁委员会提交授权委托书。

2．受理

仲裁委员会自收到仲裁申请书之日起 5 日内，认为符合受理条件的，应当受理并通知当事人；认为不符合受理条件的，应当书面通知当事人不予受理，并说明理由。

仲裁委员会受理仲裁申请后，应当在仲裁规则规定的期限内将仲裁规则和仲裁员名册送达申请人，并将仲裁申请书副本和仲裁规则、仲裁员名册送达被申请人。被申请人收到仲裁申请书副本后，应当在仲裁规则规定的期限内将答辩书副本送达申请人。被申请人未提交答辩书的，不影响仲裁程序的进行。

当事人达成仲裁协议，一方向人民法院起诉未声明有仲裁协议，人民法院受理后，另一方在首次开庭前提交仲裁协议的，人民法院应当驳回起诉，但仲裁协议无效的除外；另一方在首次开庭前未对人民法院受理该案提出异议的，视为放弃仲裁协议，人民法院应当继续审理。

（二）仲裁庭的组成

1．仲裁庭的组成

仲裁庭可以由三名仲裁员或者一名仲裁员组成。由三名仲裁员组成的，设首席仲裁员。当事人约定由三名仲裁员组成仲裁庭的，应当各自选定或者各自委托仲裁委员会主任指定一名仲裁员，第三名仲裁员由当事人共同选定或者共同委托仲裁委员会主任指定，第三名仲裁员是首席仲裁员。当事人约定由一名仲裁员成立仲裁庭的，应当由当事人共同选定或者共同委托仲裁委员会主任指定仲裁员。当事人没有在仲裁规则规定的期限内约定仲裁庭的组成方式或者选定仲裁员的，由仲裁委员会主任指定。

仲裁庭组成后，仲裁委员会应当将仲裁庭的组成情况书面通知当事人。

2．仲裁员的回避

仲裁员有下列情形之一的，必须回避：

(1) 是本案当事人或者当事人、代理人的近亲属。

(2) 与本案有利害关系。

(3) 与本案的当事人、代理人有其他关系，可能影响公正仲裁的。

(4) 私自会见当事人、代理人或者接受当事人、代理人的请客送礼的。

当事人有权提出回避申请，当事人提出回避申请应当说明理由，并在首次开庭前提出。回避事由在首次开庭后知道的，可以在最后一次开庭终结前提出。仲裁员是否回避由仲裁委员会主任决定；仲裁委员会主任担任仲裁员时，由仲裁委员会集体决定是否需要回避。

（三）开庭和裁决

1．开庭

仲裁应当开庭进行，当事人协议不开庭的，仲裁庭可以根据仲裁申请书、答辩书以及其他材料作出裁决。仲裁一般不公开进行，当事人协议公开的，可以公开进行，但是涉及国家机密的除外。

仲裁委员会应当在仲裁规则规定的期限内将开庭日期通知双方当事人。当事人有正当理由的，可以在仲裁规则规定的期限内请求延期开庭；是否延期，由仲裁庭决定。

申请人经书面通知，无正当理由不到庭或者未经仲裁庭许可中途退庭的，可以视为撤回仲裁申请。被申请人经书面通知，无正当理由不到庭或者未经仲裁庭许可中途退庭的，可以缺席裁决。

当事人申请仲裁后，可以自行和解。达成和解协议的，可以请求仲裁庭根据和解协议作出裁决书，也可以撤回仲裁申请。当事人达成和解协议，撤回仲裁申请后反悔的，可以根据仲裁协议申请仲裁。

2．裁决

仲裁庭在作出裁决前，可以先行调解。当事人自愿调解的，仲裁庭应当调解。达成调解协议的，仲裁庭应当制作调解书或者根据协议的结果制作裁决书。调解书与裁决书具有同等法律效力，调解书经双方当事人签收后，即发生法律效力。

调解不成或在调解书签收前当事人反悔的，仲裁庭应当及时作出裁决。裁决应当按照多数仲裁员的意见作出，少数仲裁员的不同意见可以记入笔录。仲裁庭不能形成多数意见时，裁决应当按照首席仲裁员的意见作出。

裁决书自作出之日起发生法律效力。

五、法院对仲裁的协助与监督

（一）仲裁裁决的撤销

当事人提出证据证明裁决有下列情形之一的，可以向仲裁委员会所在地的中级人民法院申请撤销仲裁裁决：

(1) 没有仲裁协议的。

(2) 裁决的事项不属于仲裁协议的范围或者仲裁委员会无权仲裁的。

(3) 仲裁庭的组成或者仲裁的程序违反法定程序的。

(4) 裁决所根据的证据是伪造的。

(5) 对方当事人隐瞒了足以影响公正裁决的证据的。

(6) 仲裁员在仲裁该案时有索贿受贿，徇私舞弊，枉法裁决行为的。

人民法院认定该裁决违背社会公共利益的，应当裁定撤销。

当事人申请撤销裁决的，应当自收到裁决书之日起 6 个月内提出。人民法院应当在受理撤销裁决申请之日起 2 个月内，作出撤销裁决或者驳回申请的裁定。

人民法院受理撤销裁决的申请后，认为可以由仲裁庭重新仲裁的，通知仲裁庭在一定期限内重新仲裁，并裁定中止撤销程序。仲裁庭拒绝重新仲裁的，人民法院应当裁定恢复撤销程序。

（二）仲裁裁决的执行

当事人应当履行裁决，一方当事人不履行的，另一方当事人可以依照《中华人民共和国民事诉讼法》(以下简称《民事诉讼法》)的有关规定向人民法院申请执行，受申请的人民法院应当执行。

被申请人提出证据证明裁决有《民事诉讼法》第 217 条第 2 款规定的下述情形之一的，应经人民法院组成合议庭审查核实，裁定不予执行。

(1) 当事人在合同中没有订有仲裁条款或者事后没有达成书面仲裁协议的。

(2) 裁决的事项不属于仲裁协议的范围或者仲裁机构无权仲裁的。

(3) 仲裁庭的组成或者仲裁的程序违反法定程序的。

(4) 认定事实的主要证据不足的。

(5) 适用法律确有错误的。

(6) 仲裁员在仲裁该案时有贪污受贿、徇私舞弊、枉法裁决行为的。

一方当事人申请执行裁决，另一方当事人申请撤销裁决的，人民法院应当裁定中止执行。

人民法院裁定撤销裁决的，应当裁定终结执行。撤销裁决的申请被裁定驳回的，人民法院应当裁定恢复执行。

第二节　民事诉讼法

案例导入

A 市某羊毛衫加工厂与 B 市某商场在 A 市签订了羊毛衫购销合同，合同履行地不详。后因合同履行问题发生纠纷，羊毛衫厂和商场分别向各自所在地的 A 市、B 市人民法院提起诉讼。

请分析：

(1) 该案中哪个人民法院具有管辖权，为什么？

(2) 根据《民事诉讼法》的相关规定，人民法院的管辖权是如何划分的？

一、民事诉讼法概述

(一) 民事诉讼的概念

民事诉讼是指人民法院依照法律规定，在当事人和其他诉讼参与人的参与下，依法解决讼争的活动。民事诉讼法主要用于人民法院受理公民之间、法人之间、其他组织之间，以及他们相互之间因财产关系和人身关系提起的民事诉讼。

民事案件的审判权由人民法院行驶。

(二) 民事诉讼的基本原则与基本制度

1. 基本原则

(1) 诚实信用原则。

(2) 独立审判原则。

(3) 自愿与合法原则。

(4) 诉讼当事人权利平等原则。

(5) 以事实为依据，以法律为准绳原则。

2．基本制度

(1) 合议制度。

(2) 回避制度。

(3) 公开审判制度。

(4) 两审终审制度。

二、民事诉讼管辖

民事诉讼管辖是指各级人民法院之间以及不同地区的同级人民法院之间，受理第一审民事案件的分工和权限，可分为级别管辖、地域管辖、移送管辖和指定管辖。

（一）级别管辖

级别管辖是指上下级人民法院之间，对第一审民事案件受理范围上的分工和权限。级别管辖的确定标准主要是以案件的性质、繁简程度、影响力大小和当事人的行政隶属关系等情况决定的。

我国法院分为 4 级：基层人民法院、中级人民法院、高级人民法院、最高人民法院。此外，还有专门法院，如军事法院、海事法院、铁路运输法院等。

依据民事诉讼法的规定，基层人民法院管辖第一审经济纠纷案件，法律另有规定的除外。

中级人民法院管辖下列第一审民事案件：重大涉外案件；在本辖区有重大影响的案件；最高人民法院确定由中级人民法院管辖的案件。

高级人民法院管辖在本辖区有重大影响的第一审民事案件。

最高人民法院管辖两类案件：一是在全国有重大影响的案件；二是认为应当由本院审理的案件。

（二）地域管辖

地域管辖是按照人民法院的辖区，确定同级法院之间受理第一审案件的分工和权限，具体划分如下：

1．一般地域管辖

一般地域管辖是指人民法院按照"原告就被告"的原则确定管辖法院的一种管辖，即由被告住所地人民法院管辖。如果被告住所地与经常居住地不一致的，由经常居住地人民法院管辖。对法人或其他组织提起的诉讼，由被告住所在地人民法院管辖。

同一诉讼的几个被告住所地、经常居住地在两个以上人民法院辖区的，该人民法院都有管辖权。

两个以上人民法院都有管辖权的诉讼，原告可以向其中一个人民法院起诉；原告向两个以上有管辖权的人民法院起诉的，由先立案的人民法院管辖。

2．特殊地域管辖

特殊地域管辖是以诉讼标的所在地，或引起法律关系发生、变更、消灭的法律事实所在地为依据确定管辖法院的一种管辖。《民事诉讼法》中规定了下列特殊地域管辖：

(1) 因合同纠纷提起的诉讼由被告住所地或者合同履行地人民法院。

(2) 因保险合同纠纷提起的诉讼，由被告住所地或者保险标的物所在地人民法院管辖。

(3) 因票据纠纷提起的诉讼，由被告住所地或者票据支付地人民法院管辖。

(4) 因公司设立、确认股东资格、分配利润、解散等纠纷提起的诉讼，由公司住所地人民法院管辖。

(5) 因铁路、公路、水上、航空运输和联合运输纠纷提起的诉讼输始发地、目的地或者被告住所地人民法院管辖。

(6) 因侵权行为提起的诉讼，由侵权行为地或者被告住所在地人民法院管辖。

(7) 因铁路、公路、水上、航空事故请求损害赔偿提起的诉讼，由事故发生地或者车辆、船舶最先到达地、航空器最先降落地或者被告住所地人民法院管辖。

(8) 因船舶碰撞或者其他海事损害事故请求赔偿提起的诉讼，由碰撞发生地、碰撞船舶最先到达地、加害船舶被扣留地或者被告住所地人民法院管辖。

(9) 因海难救助费用提起的诉讼，由救助地或者被救助船舶最先到达地人民法院管辖。

(10) 因共同海损提起的诉讼，由船舶最先到达地、共同海损理算地或者航程终止地人民法院管辖。

3. 专属地域管辖

专属地域管辖是指法律规定案件必须由特定法院管辖，其他法院无权受理，当事人也不得协议变更受理法院，主要包括如下几种情况：

(1) 因不动产纠纷提起的诉讼，由不动产所在地人民法院管辖。

(2) 因港口作业中发生的纠纷提起的诉讼，由港口所在地人民法院管辖。

(3) 因继承遗产纠纷提起的诉讼，由被继承人死亡时住所地或主要遗产所在地人民法院管辖。

4. 协议地域管辖

协议地域管辖是指当事人在纠纷发生前或发生后，以协议方式确定第一审民事案件的管辖法院。根据《民事诉讼法》的相关规定，合同的双方当事人可以在书面合同中协议选择被告住所地、合同履行地、合同签订地、原告住所地、标的物所在地人民法院管辖，但是不得违反级别管辖和专属地管辖的相关规定。

（三）移送管辖

移送管辖是指人民法院受理某一案件后，发现对受理的案例无管辖权的，将案件移送给有管辖权的人民法院受理。两个以上的人民法院对同一案件都有管辖权并已分别立案的，后立案的人民法院得知有关法院先立案的情况后，应当在 7 日内裁定将案件移送先立案的人民法院。当事人基于同一法律关系或者同一法律事实而发生纠纷，以不同诉讼请求分别向有管辖权的不同法院起诉的，后立案的法院在得知有关法院先立案的情况后，应当在 7 日内裁定将案件移送先立案的法院合并审理。

（四）指定管辖

指定管辖是指上级人民法院依照裁定将某一案件指定下级人民法院管辖。当受移送的人民法院认为受移送的案件不属于本院管辖的，应当报请上级人民法院指定管辖，不得再自行移送；有管辖权的人民法院由于特殊原因，不能行驶管辖权的，由上级人民法院指定管辖；人民法院之间因管辖权发生争议，由争议双方协商，争议双方协商解决不了的，应当报请它们的共同上级人民法院指定管辖。

三、民事审判程序

（一）第一审程序

第一审程序是指人民法院在审理当事人起诉案件所适用的程序，它包括简易程序和普通程序。

对于法庭审理事实清楚、权利义务关系明确、争议不大的简单的民事案件，适用简易程序。适用简易程序的民事案件，原告可以口头起诉，一般由审判员一人独任审理。适用简易程序审理案件，应当在立案之日起三个月内审结。

对于一般的和重大、疑难的一审民事纠纷案件适用普通程序。普通程序一般包括以下几个阶段：

1. 起诉和受理

起诉是公民、法人和其他组织因自己的民事权益受到侵害或与他人发生争议，向人民法院提出诉讼请求的行为。起诉必须符合下列条件：原告是与本案有直接利害关系的自然人、法人和其他组织；有明确的被告；有具体的诉讼请求和事实、理由；属于人民法院主管和受诉人民法院管辖；提交诉状。

受理是指人民法院接受原告起诉，启动诉讼程序的行为。人民法院受到起诉，经审查，认为符合起诉条件的，应当在7日内立案，并在立案之日起5日内将起诉状副本发送被告，被告在收到之日起15日内提出答辩状。人民法院认为不符合起诉条件的，应当在7日内裁定不予受理；原告对裁定不服的，可以提出上诉。

2. 审理前的准备

人民法院应当在立案后5日内将起诉状副本发送被告，被告在收到后15日内提交答辩状。被告提出答辩状的，人民法院在收到答辩状后5日内将答辩状副本发送给原告；被告不提出答辩状的，不影响人民法院的审理。人民法院应当在受理案件通知书和应诉通知书中，向当事人告知有关的诉讼权利义务，或者是口头予以告知。

人民法院审判员必须认真审核诉讼材料，调查收集必要的证据，并根据当事人自愿的原则，在事实清楚的基础上，分清是非，进行调解。调解达成协议，必须双方自愿，不得强迫。调解协议的内容不得违反法律规定。调解达成协议，人民法院应当制作调解书，调解书经双方当事人签收后，既具有法律效力；调解未达成协议或调解书送达前一方反悔的，人民法院应当及时判决。

3. 开庭审理

人民法院审理民事案件，除涉及国家秘密、个人隐私或者法律另有规定的以外，应当公开进行。涉及商业秘密的案件，当事人申请不公开审理的，可以不公开审理。

开庭审理可分为以下阶段：

(1) 庭审准备。

人民法院审理民事案件，应当在开庭三日前通知当事人和其他诉讼参与人。公开审理的应当公告当事人的姓名、案由和开庭的时间和地点。

开庭审理前，书记员应当查明当事人和其他诉讼参与人是否到庭，宣布法庭纪律。原告经传票传唤，无正当理由拒不到庭的，或者未经许可中途退庭的，可以按撤诉处理；被告反诉的，可以缺席判决；被告经传票传唤，无正当理由拒不到庭的，或者未经许可中途退庭的，可以缺席判决。

(2) 宣布开庭。

由书记员宣布当事人及诉讼代理人入庭，并宣布法庭纪律。审判长核对当事人，宣布案由，宣布审判人员、书记员名单，告知当事人有关的诉讼权利义务，询问当事人是否提出回避申请。

(3) 法庭调查。

审判长宣布法庭调查开始后，按照下列顺序进行：

① 当事人陈述。

② 证人作证，宣读未到庭的证人证言。

③ 出示书证、物证和视听资料。

④ 宣读鉴定结果。

⑤ 宣读勘验笔录。

(4) 法庭辩论。

审判长宣布法庭辩论开始后，当事人及其诉讼代理人就本案争议的问题进行辩论。法庭辩论的顺序是：首先由原告及其诉讼代理人发言，然后由被告及其诉讼代理人答辩，最后是第三人及其诉讼代理人发言或答辩。

(5) 法庭辩论后的调解。

经过法庭辩论，审判长可询问当事人是否愿意调解，当事人同意调解的，可当庭进行调解，也可休庭后进行调解。经过调解，双方当事人达成协议的，应当在调解协议上签字盖章，人民法院应当根据双方当事人达成的调解协议制作调解书送达当事人。双方当事人达成协议后当即履行完毕，不要求发给调解书的，应当记入笔录，在双方当事人、合议庭成员、书记员签名或盖章后，即具有法律效力。

(6) 合议庭评议。

开庭审理后调解不成的，应当及时判决。合议庭休庭评议，就案件的性质、认定的事实、适用法律和处理结果做出结论。合议庭评议案件实行少数服从多数的原则，评议中的不同意见，书记员必须如实记入笔录。

4. 判决

合议庭评议后，当庭宣判的由审判长宣读判决书，并且在 10 日内发送判决书；定期宣判的，宣判后立即发给判决书。

判决书应当写明：案由、诉讼请求、争议的事实和理由；判决认定的事实、理由和适用的法律依据；判决结果和诉讼费用的负担；上诉期间和上诉的法院。

(二) 第二审程序

第二审程序是指当事人不服一审判决、裁定而上诉至上一级人民法院进行审理所适用的程序。

当事人不服地方人民法院第一审判决的，有权在判决书送达之日起 15 日内(对裁定不服的上诉期为 10 日)向上一级人民法院提起上诉。上诉状应当通过原审人民法院提出，并按照对方当事人或者代表人的人数提出副本。当事人直接向第二审人民法院上诉的，第二审人民法院应当在 5 日内将上诉状移交原审人民法院。

原审人民法院收到上诉状，应当在 5 日内将上诉状副本送达对方当事人，对方当事人在收到之日起 15 日内提出答辩状。人民法院应当在收到答辩状之日起 5 日内，将副本送达上诉人；对方当事人不提出答辩状的，不影响人民法院审理。原审人民法院收到上诉状、答辩状，应当在 5 日内连同全部案卷和证据，报送第二审人民法院。

第二审人民法院对上诉案件，应当组成合议庭，开庭审理。经过审理，按下列情况分别处理：

(1) 原判决认定事实清楚，适用法律正确的，判决驳回上诉，维持原判决。

(2) 原判决适用法律错误的，依法改判。

(3) 原判决认定事实错误，或者原判决认定事实不清，证据不足，裁定撤销原判决，发回原审人民法院重审，或者查清事实后改判。

(4) 原判决违反法定程序，可能影响案件正确判决的，裁定撤销原判决，发回原审人民法院重审。

对上诉案件，人民法院可以进行调解。调解达成协议，应当制作调解书，调解书送达后，原审人民法院的判决即视为撤销。

第二审人民法院的判决、裁定，是终审的判决、裁定。

(三) 审判监督程序

审判监督程序又称再审程序，是指人民法院对已经发生法律效力的判决、裁定发现确有错误，依法进行再审给予纠正的一种特殊程序。

当事人的申请符合下列情形之一的，人民法院应当再审：

(1) 有新的证据，足以推翻原判决、裁定的。

(2) 原判决、裁定认定的基本事实缺乏证据证明的。

(3) 原判决、裁定认定事实的主要证据是伪造的。

(4) 原判决、裁定认定事实的主要证据未经质证的。

(5) 对审理案件需要的证据，当事人因客观原因不能自行收集，书面申请人民法院调查收集，人民法院未调查收集的。

(6) 原判决、裁定适用法律确有错误的。

(7) 违反法律规定，管辖错误的。

(8) 审判组织的组成不合法或者依法应当回避的审判人员没有回避的。

(9) 无诉讼行为能力人未经法定代理人代为诉讼或者应当参加诉讼的当事人，因不能归责于本人或者其诉讼代理人的事由未参加诉讼的。

(10) 违反法律规定，剥夺当事人辩论权利的。

(11) 未经传票传唤，缺席判决的。

(12) 原判决、裁定遗漏或者超出诉讼请求的。

(13) 据以作出原判决、裁定的法律文书被撤销或者变更的。

对违反法定程序可能影响案件正确判决、裁定的情形，或者审判人员在审理该案件时有贪污受贿，徇私舞弊，枉法裁判行为的，人民法院应当再审。

四、民事执行程序

执行程序是指人民法院对已经发生法律效力的判决、裁定及其他法律文书的规定，强制义务人履行义务的程序。

对已经发生法律效力的判决书、裁定书、调解书和其他应由人民法院执行的法律文书，当事人必须履行。如果一方当事人拒绝履行的，另一方当事人可以在法定期限内(从法律文书规定履行时间的最后一日起计算，双方或者一方当事人是公民的为 1 年，双方是法人或者其他组织的为 6 个月)向人民法院申请执行。执行的具体措施有：扣留、提取、冻结、划拨被执行人在金融机构的存款或者劳动收入；查封、扣押、冻结、拍卖、变卖被执行人的财产等。

本 章 小 结

1. 仲裁亦称"公断"，是指纠纷当事人在争议发生前或争议发生后自愿达成协议，将纠纷提交仲裁机构，由仲裁机构依法做出对争议各方均有约束力的裁决，这是一种解决纠纷的方式。仲裁具有自愿性、约束性、快捷性的特征。

2. 民事诉讼管辖是指各级人民法院之间以及不同地区的同级人民法院之间，受理第一审民事案件的分工和权限。民事诉讼管辖可分为级别管辖、地域管辖、移送管辖和指定管辖。

知识结构 🎋

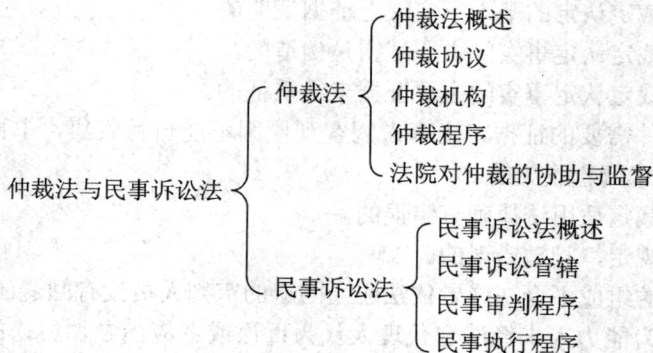

思 考 题

1. 简述仲裁的概念与特征。
2. 简述仲裁法的适用范围与基本原则。
3. 简述仲裁协议的效力。
4. 简述民事诉讼的基本原则与基本制度。
5. 简述民事诉讼管辖的相关规定。
6. 简述民事诉讼程序。
7. 简述民事诉讼与仲裁的区别。

案 例 演 练

【案例 1】　王某与李某于 5 月 19 日签订货物运输合同，口头约定就合同履行当中的问题提交北京仲裁委员会仲裁。5 月 26 日，双方在履行合同中发生纠纷，王某与李某 5 月 27 日签订仲裁协议，约定提交天津仲裁委员会仲裁。

请分析：此案件能否仲裁，若能应由谁仲裁？

案例解析：

此案件可仲裁，应由天津仲裁委员会仲裁，因为口头约定无效。

【案例 2】　甲、乙离婚一案诉至法院，法院判决离婚。判决生效后甲对夫妻共同财产的分割有异议，并有一处房产未作处理。甲向原审人民法院的上一级法院申请再审。

请分析：法院该如何处理？

案例解析：

法院会审查裁定是否再审，对遗漏的财产告知当事人另行起诉。

参 考 文 献

[1]　李东方. 公司法教程. 北京：中国政法大学出版社，2009(9).

[2]　范健，王建文. 公司法. 北京：法律出版社，2011(4).

[3]　[美]肯尼思.S 费伯. 公司法. 北京：中国人民大学出版社，2012.

[4]　江伟. 民事诉讼法. 北京：高等教育出版社，2013(9).

[5]　国务院法制办. 中华人民共和国民事诉讼法(案例注释版). 北京：中国法制出版社，2013(9).

[6]　张卫平. 民事诉讼法. 北京：法律出版社，2013(8).

[7]　周友军. 权法教程. 北京：中国人民大学出版社，2009(6).

[8]　王利明，尹飞，程啸. 中国物权法教程. 北京：人民法院出版社，2007(5).

[9]　江伟. 仲裁法. 北京：中国人民大学出版社，2012(8).

[10]　郭玉军，肖永平，冯果. 仲裁法实训教程. 武汉：武汉大学出版社，2010(8).

[11]　沈幼伦. 合同法教程. 北京：北京大学出版社，2008(1).

[12]　郑辉. 合同法教程. 西安：西北工业大学出版社，2010(6).

[13]　武汉东. 知识产权法. 北京：北京大学出版社，2008(2).

[14]　王迁. 知识产权法教程. 北京：中国人民大学出版社，2014(3).

[15]　朱晔. 经济法. 广州：暨南大学出版社，2012.

[16]　黄锡生. 经济法学. 重庆：重庆大学出版社，2010.

[17]　李建人. 经济法. 北京：北京交通大学出版社，2010.

[18]　张冬云. 实用经济法. 北京：清华大学出版社，2009.

[19]　钟礼生. 经济法概论. 北京：北京邮电大学出版社，200(8).

[20]　刘丹冰. 简明经济法教程. 西安：西北工业大学出版社，2007.

[21]　张伯双. 经济法概论. 北京：北京交通大学出版社，2006.

[22]　任东方. 经济法概论. 北京：北京工业大学出版社，2006.

[23]　黄飞. 实用经济法. 天津：天津大学出版社，2003.

[24]　黄月华. 经济法. 南京：东南大学出版社，2003.

[25]　邓春林. 经济法教程. 西安：西北大学出版社，2002.